Die Genehmigungsfiktion nach § 377 HGB
bei Falschlieferung und Quantitätsabweichung

Zivilrechtliche Schriften

Beiträge zum Wirtschafts-, Bank- und Arbeitsrecht

Herausgegeben von Arnd Arnold, Dorothee Einsele, Jan Lieder und Hartmut Oetker

Begründet von Peter Kreutz und Dieter Reuter

Band 69

PL ACADEMIC RESEARCH

Philipp Hohmann

Die Genehmigungsfiktion nach § 377 HGB bei Falschlieferung und Quantitätsabweichung

Eine Untersuchung zur Interessenharmonisierung bei Handelskäufen unter vergleichender Berücksichtigung des internationalen Einheitsrechts

PL ACADEMIC RESEARCH

Bibliografische Information der Deutschen Nationalbibliothek
Die Deutsche Nationalbibliothek verzeichnet diese Publikation in der Deutschen Nationalbibliografie; detaillierte bibliografische Daten sind im Internet über http://dnb.d-nb.de abrufbar.

Zugl.: Kiel, Univ., Diss., 2017

D 8
ISSN 0941-147X
ISBN 978-3-631-73320-2 (Print)
E-ISBN 978-3-631-73426-1 (E-PDF)
E-ISBN 978-3-631-73427-8 (EPUB)
E-ISBN 978-3-631-73428-5 (MOBI)
DOI 10.3726/b11764

PL Academic Research ist ein Imprint der Peter Lang GmbH.

Peter Lang – Frankfurt am Main · Bern · Bruxelles · New York · Oxford · Warszawa · Wien

Diese Publikation wurde begutachtet.

www.peterlang.com

Für Marie Louise
Meinen Eltern

Vorwort

Die vorliegende Arbeit wurde im Herbst 2016 von der Rechtswissenschaftlichen Fakultät der Christian-Albrechts-Universität zu Kiel als Dissertation angenommen. Sie entstand während meiner Tätigkeit als Wissenschaftlicher Mitarbeiter am dortigen Lehrstuhl von Herrn Prof. Dr. Jan Lieder, LL.M. (Harvard). Rechtsprechung und Literatur konnten bis Ende Juni 2017 berücksichtigt werden.

Mein ganz besonderer Dank gilt an erster Stelle meinem Doktorvater Herrn Prof. Dr. Jan Lieder, dessen erster Doktorand ich sein durfte und mir die Möglichkeit geboten hat, an seinem Lehrstuhl in Kiel zu arbeiten. Er hat mir durch seinen Themenvorschlag bei der endgültigen Auswahl sehr geholfen und die Arbeit in wunderbarer Weise betreut. Speziell für seine stete Gesprächsbereitschaft, die mir oftmals entscheidende Denkanstöße lieferte und über so manchen juristischen Tiefpunkt hinweghalf, bin ich ihm zu außerordentlichem Dank verpflichtet.

Für die Übernahme und äußerst zügige Erstellung des Zweitgutachtens danke ich Herrn Prof. Dr. Michael Stöber. Ferner schulde ich den Herausgebern der Schriftenreihe „Zivilrechtliche Schriften – Beiträge zum Wirtschafts-, Bank- und Arbeitsrecht“ für die Aufnahme der Arbeit in diese Dank.

Besonders herzlich möchte ich mich bei meiner Tante, Frau Elke Hohmann, meinem ehemaligen Lehrer, Herrn Ludwig Hohmann, sowie meinem Schwiegervater, Herrn Otto Krieger, RiAG a.D., bedanken, die ihre Freizeit für das mühevolle Korrekturlesen der Arbeit opferten.

Außerordentlich dankbar bin ich meinen Eltern, Edeltrud und Stefan Hohmann, sowie meinem Bruder, Herrn Christian Hohmann, die jeweils auf ihre ganz eigene Weise zum Gelingen der Arbeit beigetragen und meinen beruflichen Werdegang gefördert haben.

Schließlich gilt der größte Dank meiner lieben Ehefrau, Frau Marie Louise Hohmann, die mich neben den Korrekturarbeiten und steter Diskussionsbereitschaft, vor allem durch ihre unablässige und umfassende Unterstützung während der gesamten Promotionszeit unterstützt hat. Ohne ihren Rückhalt und die fortwährende Motivation, die sie mir gegeben hat, wäre diese Arbeit nicht möglich gewesen.

Kiel, Juni 2017 *Philipp Hohmann*

Inhaltsverzeichnis

A. Einleitung

Das *Schreckgespenst aller Kaufleute*![1] So wurde die Aliudlieferung auf Grund der alten Fassung des § 378 HGB bezeichnet. Das Reichsgericht[2] begann 1914 mit der Einführung einer doppelten Differenzierung beim Kauf von Gattungssachen zwischen *Peius* und *Aliud* sowie bei Letzterem zwischen *genehmigungsfähigem* und *-unfähigem*, was im Laufe der Dekaden zu unvorhersehbaren und teils willkürlichen Entscheidungen führte. So wurde die Frage erforderlich, ob Sommer- statt des bestellten Winterweizens[3] eine völlig andere Sache oder mangelhaften Winterweizen darstellt oder jugoslawisches Buchenholz[4] als schlechtes rumänisches oder eine ganz andere Warengattung zu qualifizieren ist, um nicht unter die ehemalige 6-monatige Verjährungsfrist zu fallen.[5] Nach der Schuldrechtsmodernisierung 2002 sollten willkürliche Abgrenzungen der Vergangenheit angehören, sodass die Gleichstellung von *Stück-* und *Gattungskauf* sowie *Aliud* und *Peius* eine gewichtige Rolle einnahmen. Seitdem sind gemäß § 434 III BGB Falsch- und quantitative Zuweniglieferungen einem Sachmangel gleichgestellt und kaufrechtliche Gewährleistung mitsamt der besonderen Verjährungsregeln als Rechtsfolge in den §§ 437 ff. BGB positivrechtlich kodifiziert.

Die Thematik der handelsrechtlichen Genehmigungsfiktion zeigt speziell bei Falschlieferungen und Quantitätsabweichungen eine langwährende Streittradition auf, die bis ins Spätmittelalter zurückzuverfolgen ist.[6] Dabei veränderte sich der Schwerpunkt der historischen Diskussionen um Aliud und Mengenabweichung von einer generellen Anwendbarkeit[7] der Untersuchungs- und Rügeobliegenheit über objektive Ausnahmen[8] bis hin zu bürgerlichrechtlichen Voraussetzungen[9]

1 *Edye*, S. 26.
2 RGZ 86, 90.
3 RGZ 103, 77; BGH, NJW 1968, 640.
4 BGH, BeckRS 1961, 31188535 = DB 1961, 671.
5 Weitere zahlreiche Beispielsfälle: BGHZ 52, 51 (salmonellenverseuchtes Hasenfleisch); BGH, NJW 1969, 787 (Inlands- statt Auslandsschrott); 1975, 2011 (von der bestellten Norm abweichende Wellstegträger); 1989, 218 (mit Diethylen-Glykol verunreinigter Wein); DB 1960, 1387 (mit Kokosschale verunreinigter Pfeffer); WM 1977, 821 (jaucheverseuchte Champignonkonserven).
6 Siehe unten B. I.
7 Siehe unten B. II. 2.
8 Siehe unten B. II. 3.
9 Siehe unten C. IV.

stetig. Auch in der jüngeren Rechtsprechung ist die Thematik immer noch von Bedeutung, was nicht zuletzt eine neue Entscheidung des *OLG Karlsruhe*[10] vom 19. Juli 2016 sowie vermehrt obergerichtliche Entscheidungen der letzten Jahre auf handelsrechtlicher[11], aber auch auf bürgerlichrechtlicher[12] Ebene, bestätigen.

Die Wichtigkeit der Genehmigungsfiktion bestätigt sich weiterhin durch das immer rasantere Voranschreiten der technischen Entwicklung und dient somit umso mehr dem allgemeinen Interesse des Handelsverkehrs an schneller und rechtssicherer Abwicklung von Handelsgeschäften. Wegen der fortschreitenden Globalisierung erlangt das internationale Einheitsrecht ebenfalls eine immer größer werdende Bedeutung, was auch an der wachsenden Anzahl von höchstrichterlichen und obergerichtlichen Entscheidungen unter Anwendung des UN-Kaufrechts zu Falschlieferungen und Quantitätsabweichungen abzulesen ist.[13]

I. Gegenstand der Arbeit und Gang der Darstellung

Gegenstand der Arbeit ist die Aufarbeitung, Analyse und Bewertung der handelsrechtlichen Rügeobliegenheit, insbesondere die Rechtsfolgen der Genehmigungsfiktion nach § 377 II, III Hs. 2 HGB bei Falschlieferungen und Quantitätsabweichungen. Überdies ist eine vergleichende Darstellung des Themas für den internationalen Warenhandel Gegenstand der Arbeit, sodass das UN-Kaufrecht, welches für Teile des modernisierten Schuldrechts gewissermaßen Pate stand, als internationales Einheitsrecht berücksichtigt wird. Daher ist eine Gliederung der Arbeit in vier Kapitel angezeigt.

Zunächst wird die historische Entwicklung der handelsrechtlichen Untersuchungs- und Rügeobliegenheit dargestellt und speziell die Rechtsfolgen von Aliudlieferungen und Mengenabweichungen werden analysiert. Angefangen vom Ursprung als Handelsbrauch wird anschließend die Kodifikationsgeschichte

10 OLG Karlsruhe, Urt. v. 19.07.2016 – 12 U 31/16, BeckRS 2016, 13273 = BB 2016, 2065.

11 OLG Brandenburg, Urt. v. 30.06.2011 – 6 U 72/10, BeckRS 2011, 17734 = ZGS 2011, 484; OLG Naumburg, Urt. v. 30.12.2010 – 10 U 16/10, BeckRS 2011, 17000; OLG Brandenburg, Urt. v. 23.05.2007 – 7 U 4/07, juris; OLG Stuttgart, Urt. v. 08.02.2006 – 3 U 215/03, BeckRS 2006, 10647.

12 OLG Hamm, MDR 2011, 472; OLG Frankfurt a.M., NJW-RR 2007, 1423.

13 BGHZ 132, 290; OGH Wien, TranspR-IHR 1999, 48; Schweizerisches BG, IHR 2004, 252; OLG Brandenburg, IHR 2014, 228; OLG Saarbrücken, IHR 2010, 202; OLG Düsseldorf, Urt. v. 21.04.2004 I-15 U 222/02, CISG-online Nr. 914; OLG Celle, IHR 2004, 106; OLG Koblenz, IHR 2003, 172; OLG Rostock, IHR 2003, 19; Ontario Superior Court of Justice, IHR 2001, 46. Vgl. weiter: LG Köln, IHR 2007, 162; LG Tübingen, IHR 2003, 236; LG Landshut, BeckRS 1995, 12347.

des heutigen § 377 HGB, beginnend Mitte des 19. Jahrhunderts mit dem *preußischen Entwurf eines Handelsgesetzbuches* (pr. HGB-E) und der anschließenden Einführung des *Allgemeinen Deutschen Handelsgesetzbuches* (ADHGB), näher betrachtet. Im Mittelpunkt steht dabei der Umgang mit Falschlieferungen und Quantitätsabweichungen im Rahmen des Handelskaufs. Danach wird die Einführung des *Handelsgesetzbuches* (HGB) bis hin zur *Schuldrechtsreform* im Jahre 2002 veranschaulicht. Speziell der Ausnahmetatbestand des § 378 HGB a.F. rückt dabei in den Fokus und verdeutlicht besonders den damaligen Reformbedarf.

Das zweite Kapitel befasst sich mit den Voraussetzungen der Genehmigungsfiktion nach § 377 HGB n.F. und konzentriert sich dabei im Rahmen der zu rügenden Warenmängel auf Falschlieferungen und Quantitätsabweichungen. Zunächst wird das *Identitätsaliud* beim Stückkauf analysiert. Schwerpunktmäßig geht es dabei um den Streit einer teleologischen Reduktion auf Gattungskäufe und der speziellen Problematik der sog. *Flucht in die Nacherfüllung*. Im Anschluss ist die Analyse von *Qualifikationsalia* beim Gattungskauf angezeigt. Insbesondere die Leistung von sog. *Extrem-* oder *Totalalia* wird dabei bewertet. Außerdem werden die Neuerungen der Schuldrechtsreform beleuchtet, die sich innerhalb des § 434 III Alt. 1 BGB in Bezug auf die Voraussetzungen ergeben haben sowie die Behandlung von höherwertigen Aliudlieferungen (sog. *Melius*). Zuletzt umfasst das Kapitel die Lieferung von quantitativen Abweichungen – namentlich das *Minus*, das in § 434 III Alt. 2 BGB positivrechtlich kodifiziert wurde, aber auch die Lieferung von Übermengen (sog. *Plus*), die im alten Kaufrecht sowohl vom Gewährleistungsrecht als auch von der Rügeobliegenheit respektive der Genehmigungsfiktion umfasst waren, nach der Schuldrechtsreformierung allerdings nicht mehr expressis verbis auftauchen. Im Mittelpunkt steht dabei die Analyse der Differenzierung von *offen deklarierten* sowie *verdeckten* Mengenabweichungen.

Als drittes Kapitel werden die Rechtsfolgen der unterlassenen bzw. versäumten Rüge bei Falschlieferungen und Quantitätsabweichungen aufgearbeitet, analysiert und bewertet. Abschließend zu den jeweils behandelten Fallgruppen (*Aliud*, insbesondere dem *Melius* und *Minus*) werden einzelne Vorschläge zur Optimierung von Käufer- und Verkäuferinteressen unterbreitet, wobei ein eigener Lösungsansatz entwickelt wird.

Im abschließenden vierten Kapitel wird eine vergleichende Darstellung der aufgezeigten Problemstellungen im internationalen Warenhandel anhand des UN-Kaufrechts beschrieben.

In der Schlussbetrachtung wird die Arbeit mit rechtspolitischen Vorschlägen bezüglich des § 377 HGB und des § 434 BGB abgerundet, die die problematische Handhabung der unterschiedlichen Aliud- und fehlerhaften Mengenlieferungen erleichtern sollen.

II. Zielstellung der Arbeit

Die Interessen beider Vertragsparteien zu harmonisieren und insbesondere die Rechtslage käuferfreundlicher zu gestalten, gleichzeitig aber den eigentlichen Zweck der Norm – Schutz des Verkäufers – nicht zu schwächen, ist die Zielstellung der vorliegenden Arbeit. Aus den hervorgehenden Erkenntnissen des analytischen Teils, werden eigene Ansatzpunkte für Lösungsmöglichkeiten zu entwickeln sein, die die Interessen der Parteien auch in ökonomischer Hinsicht berücksichtigen sowie parallel dazu die schnelle Abwicklung von Handelsgeschäften nicht gefährden.

Die handelsrechtliche Untersuchungs- und Rügeobliegenheit und infolge ihrer Versäumung die Genehmigungsfiktion des § 377 HGB sind der Mittelpunkt der handelskaufrechtlichen Mängelgewährleistung. Die enorme Wichtigkeit der Vorschrift wird daran deutlich, dass bis heute Streitigkeiten im Handelskaufrecht überwiegend an § 377 HGB scheitern.[14] Anliegen der Arbeit ist es daher, einen Beitrag zur Schutzoptimierung sowohl von Handelsverkäufer als auch von -käufer zu leisten.

14 Vgl. *Bayer/Lieder*, Handels- und GesellschaftsR, Rn. 305; Heymann/*Emmerich/Hoffmann*, HGB, § 377 Rn. 1; *K. Schmidt*, HR, § 29 Rn. 34 f.; Saenger/Aderhold/Lenkaitis/Speckmann/*Klein*, HaGesR, § 2 Rn. 147; Haag/Löffler/*Stadie*, HGB, § 377 Rn. 1. Zum alten Recht noch: *von Hoyningen-Huene*, Jura 1982, 8 (14); *Fabricius*, JZ 1965, 271 (271 f.).

B. Historische Entwicklung

Gewährleistungsrechte waren zunächst im deutschen Recht völlig unbekannt, sodass nach dem Kauf von mängelbehafteten Waren auf rechtlicher Ebene keine Möglichkeit bestand, Ausgleich zu erlangen.[15] Der Käufer musste sich beim Kauf von beweglichen Sachen in Acht nehmen, sodass der bereits im römischen Recht angewandte Grundsatz des „caveat emptor" galt.[16]

I. Ursprung als Handelsbrauch

In Regionen mit regem Handelsverkehr – speziell im hanseatischen Raum – entwickelten sich erste Grundzüge der heutigen Untersuchungs- und Rügeobliegenheit, wobei noch zwischen Platz- und Distanzkauf differenziert wurde.[17] Bereits Abschnitt VI Art. 27 des Hamburger Stadtrechts von 1270[18] enthielt als Kerngedanken, was jemand gekauft und besehen habe und in seinen Gewahrsam brachte, müsse von ihm bezahlt werden. Im lübischen Recht (1294), aber auch in südlicheren Regionen, waren ähnliche Regelungen bekannt.[19] Auf Veranlassung von Kaufleuten wurde für den Platzkauf das Prinzip aufgestellt, dass die Verbindlichkeit des Verkäufers für Mängel einzustehen dann ende, wenn die Ware dessen Waage passiert habe.[20] Folglich entstanden viele sprichwörtliche Redensarten[21], die den Käufer zur Vorsicht und Achtsamkeit riefen und ihm als Warnfunktion dienten.[22] Selbst bei Einhaltung der gebotenen Sorgfalt blieben nachträglich erkennbare Mängel unbeachtet.[23] Beispielhaft dafür stand der Schiffskauf im lübischen Recht[24]. Befand ein Käufer die besehene Ware für gut

15 *Rabel*, Das Recht des Warenkaufs, Bd. 2, S. 102; so auch *Klischies*, S. 9; *Recknagel*, S. 42.
16 *Honsell*, GS Kunkel, S. 53 (56); *Recknagel*, S. 42; vgl. auch *Jakobs*, Gesetzgebung im Leistungsstörungsrecht, S. 128.
17 *Conze*, S. 93; *Scheer*, S. 58.
18 Abgedruckt in: *Lappenberg*, Die ältesten Stadt- Schiff- und Landrechte Hamburgs, S. 35 f.
19 Vgl. *Hach*, Das alte lübische Recht, S. 369 f.; *Schuster*, Das Wiener Stadtrechts- oder Weichbildbuch, S. 74.
20 Heise/Cropp/*Cropp*, Juristische Abhandlungen, 163 (163 f.).
21 „Augen auf, Kauf ist Kauf" oder „Wer die Augen nicht auftut, tue den Beutel auf".
22 *O. v. Giercke*, Deutsches Privatrecht, Bd. III, S. 467.
23 Heise/Cropp/*Cropp*, Juristische Abhandlungen, 163 (177 f.).
24 Artikel 322 des lübischen Rechts, Kodex III, abgedruckt in: *Hach*, Das alte lübische Recht, S. 499; Wörtlich übereinstimmend mit Abschnitt VI Art. 27 Hamburger Stadtrecht von 1270 (Fn. 18).

und nahm diese sodann entgegen, musste er die gesamte abgenommene Menge bezahlen, auch wenn die Qualität auf dem Schiff nach unten hin schlechter ausfiel.[25] Sobald der Käufer die Ware in seinen Gewahrsam nahm, galt dies als konkludente Billigung der gesamten Ware.[26]

Von diesem Grundsatz gab es zu dieser Zeit nur wenige Ausnahmen. Eine Beanstandung war in jedem Fall dann möglich, wenn der Verkäufer den Mangel arglistig verschwieg.[27] Allerdings konnte er sich durch Eid exkulpieren.[28]

Bei Distanzkäufen konnten die beschriebenen Regelungen des Platzkaufs keine Abhilfe schaffen. Der Käufer war erst mit dem Erhalt der Ware im Stande, diese einseitig auf Mängel hin zu untersuchen. Bei Beanstandung auf Grund fehlerhafter Beschaffenheit musste er dies dem Verkäufer gleich am nächsten Posttage nach Empfang mitteilen und die Kaufsache zurücksenden.[29] Wurde eine solche Benachrichtigung unterlassen, durfte vom Verkäufer angenommen werden, der Käufer sei – im Wege einer vermuteten konkludenten Billigung – mit der Ware einverstanden.[30]

II. Kodifikationsgeschichte des heutigen § 377 HGB

Im 19. Jahrhundert strebte das Bedürfnis weg von mehreren nebeneinander stehenden Einzelkodifikationen hin zu Gesamtkodifikationen, die idealerweise grenzüberschreitend für die gesamte deutsche Bevölkerung Anwendung finden sollte.

---

25 Vgl. Heise/Cropp/*Cropp*, Juristische Abhandlungen, 163 (176); *Klischies*, S. 18.

26 Heise/Cropp/*Cropp*, Juristische Abhandlungen, 163 (176); vgl. auch *Raisch*, Geschichtliche Voraussetzungen, dogmatische Grundlagen und Sinnwandel des Handelsrechts, S. 277, der auf die Nachweise bei *O. v. Giercke*, Deutsches Privatrecht, Bd. III, S. 467 verweist.

27 *Conze*, S. 97; vgl. auch *O. v. Giercke*, Deutsches Privatrecht, Bd. III, S. 467; für den Schiffskauf *Baumeister*, Das Privatrecht der Hansestadt Hamburg, Bd. 1, § 50 III, S. 341; vgl. ausführlich auch zu Falschlieferungen und Quantitätsabweichungen *Goldschmidt*, Handbuch des Handelsrechts, 1. Bd, 2. Abth. (1868), §§ 62, 63.

28 Heise/Cropp/*Cropp*, Juristische Abhandlungen, 163 (165); *Conze*, S. 97; *Klischies*, S. 27.

29 Heise/Cropp/*Cropp*, Juristische Abhandlungen, 163 (164, 184); *Conze*, 103 ff.

30 Heise/Cropp/*Cropp*, Juristische Abhandlungen, 163 (184); *Conze*, S. 103, 107 f.

1.) Entwurf eines Handelsgesetzbuches für die preußischen Staaten von 1857

Aus den Motiven des Entwurfs heißt es zur Beschränkung auf Sendungswaren, dass der Handelsbrauch nur für diese eine Untersuchungspflicht mit ungesäumter Mängelanzeige auferlege. Es wird dabei auf Art. 370 SpHGB[31], Art. 347 WüHGB-E[32] sowie auf mehrere zeitgenössische Literaturstimmen[33] verwiesen, die einen solchen Handelsbrauch bestätigten. Der Verkäufer müsse alsbald wissen, ob der Käufer die Ware behalten wolle, um die Möglichkeit eines Weiterverkaufs oder der Beweissicherung zu haben. Dem Käufer dürfe dagegen nicht die Möglichkeit gegeben werden, über die Entwicklung des Marktpreises spekulieren zu können. Indes sollte jedoch ebenso wenig an starren Fristen festgehalten, sondern vielmehr unter Berücksichtigung der besonderen Umstände jedes Einzelfalls eine gerechte Entscheidung getroffen werden.[34]

In Art. 264 PrHGB-E[35] ist dann erstmals die Genehmigungsfiktion bei unterlassener bzw. nicht rechtzeitiger Mängelrüge schriftlich im Gesetzestext fixiert worden. Damit wurde die Genehmigung der mängelbehafteten Ware nun gesetzlich und unwiderlegbar fingiert. Dabei ähneln die Absätze 1–3 dem heutigen § 377 I-III HGB sowohl in Inhalt als auch in Anordnung und Aufmachung stark. Somit ist Art. 264 PrHGB-E als erste historische Vorgängervorschrift von § 377 HGB anzusehen.[36]

---

31 *Schumacher*, Spanisches Handelsgesetzbuch, S. 86.

32 Entwurf eines Handelsgesetzbuches für das Königreich Württemberg mit Motiven, I. Theil Entwurf des Handelsgesetzbuches, Stuttgart 1839, abgedruckt in: *Schubert*, HGB-E für Württemberg, S. 106 f.

33 Vgl. *Brinckmann*, Lehrbuch des Handelsrechts, § 74, S. 300 f.; *Pardessus*, Cours de Droit Commercial, Tome 2nd, 3e édit., p. 275; *Pöhls*, Darstellung des Handelsrechts, Bd. 1, § 80 S. 166, der sich auf den Kauf auf Probe bezieht. *Bender*, Grundsätze des engeren Handelsrechts, § 87, S. 200 f., der jedoch eine Minderung bei nicht rechtzeitiger Rüge zulassen will; Heise/Cropp/*Cropp*, Juristische Abhandlungen, 163 (164), der den Handelsbrauch jedoch mit dem gemeinen Recht für unvereinbar hält. A.A.: *Thöl*, Das Handelsrecht, Bd.1, 3. Aufl., § 84 S. 354 ff., der als Rechtsfolge nur eine Beweislastumkehr annimmt, jedoch keinen Gewährleistungsausschluss; *Treitschke*, Der Kaufcontract, § 99 S. 239, doch soll bei unterlassener oder nicht rechtzeitiger Rüge dem Käufer kein Nachteil daraus erwachsen.

34 Entwurf eines Handelsgesetzbuchs für die Preußischen Staaten, Nebst Motiven, Zweiter Theil: Motive, Berlin 1856, abgedruckt in: *Schubert*, HGB-E für Preußen, Motive, S. 141 f.

35 Zitiert nach: Entwurf eines Handelsgesetzbuchs für die Preußischen Staaten, Nebst Motiven, Erster Theil: Entwurf, Berlin 1857, abgedruckt in: *Schubert*, HGB-E für Preußen, Entwurf, S. 50.

36 Im Ergebnis so auch *Mock*, S. 14.

2.) Allgemeines Deutsches Handelsgesetzbuch von 1861

Art. 347 ADHGB[37] nahm die Regelung des Art. 264 PrHGB-E mit leichten Abänderungen[38] als Vorlage auf.[39] Die Regelung galt sowohl für den Stück- als auch für den Gattungskauf.[40] Unverändert blieb dabei die Beschränkung auf Distanzkäufe, da nach Ansicht der Kommission kein berechtigtes Interesse für die Anwendung auf Platzgeschäfte bestand.[41] Dies sollte den Partikulargesetzgebern[42] freigestellt bleiben.

Art. 347 I ADHGB wies den Käufer an, die Ware unverzüglich nach Ablieferung zu untersuchen, soweit dies nach dem ordnungsmäßigen Geschäftsgange tunlich war, und dem Verkäufer sofort anzuzeigen, wenn sie sich als nicht vertrags- oder gesetzmäßig herausstellte. Soweit es sich um verborgene Mängel handelte, waren diese gemäß Abs. 3 sofort nach ihrer Entdeckung anzuzeigen. Durch den Zusatz „nach dem ordnungsmäßigen Geschäftsgange tunlich" sollten skrupulöse Untersuchungen vermieden werden. So reichten bei umfangreichen Lieferungen stichprobenartige Untersuchungen aus.[43]

a) Falschlieferungen

Art. 347 ADHGB fand nur auf Qualitätsmängel unmittelbare Anwendung, sodass die heute benannten Falschlieferungen nicht erfasst wurden.[44] Das ROHG lehnte eine analoge Anwendung auf Alia in mehreren Entscheidungen[45] strikt ab.[46] „Ein Genusskauf kann durch die Lieferung einer Waare von anderer Gattung, als gekauft worden ist, nicht erfüllt werden, deshalb ist auf den Fall einer

---

37 BGBl. des Norddeutschen Bundes 1869, S. 404, 474.

38 In der Kommission wurde vorgeschlagen, die Untersuchung lediglich Kaufleuten aufzubürden, da sich Vor- und Nachteile nur im Handelsverkehr unter solchen ausgleichen würden. Dies lehnte man jedoch ab, sodass Art. 347 ADHGB gemäß Art. 273 I, 277 ADHGB auch auf einseitige Handelskäufe anwendbar war, bei denen ein Konsument von einem Kaufmann Ware bezog.

39 Protokolle ADHGB, II. Theil, S. 643 ff.

40 *von Hahn*, ADHGB, Art. 347 § 2; *Makower*, ADHGB, Art. 347 Anm. 20 lit. d.

41 Protokolle ADHGB, II. Theil, S. 656 f.; nach *Mock*, S. 15, ist Art. 347 ADHGB ausschließlich auf Platzgeschäfte anwendbar, wobei es sich um einen Druckfehler handeln muss, da er im Kontext auf Art. 264 PrHGB-E verweist.

42 MwN. *von Hahn*, ADHGB, Art. 347 § 28.

43 Protokolle ADHGB, II. Theil, S. 643 f.

44 *Makower*, ADHGB, Art. 347 Anm. 20 lit. b; von *Hahn*, ADHGB, Art. 347 §§ 12, 13.

45 ROHGE 7, 409; 14, 367 (371); 19, 402 (403).

46 *Winkler*, S. 225.

solchen Lieferung das im Art. 347 aufgestellte Präjudiz der Genehmigung der Erfüllung unanwendbar“[47]. Durch Auslegung der Norm versuchte man, die Ansicht des ROHG zu stärken respektive zu begründen: „Der Begriff der *gesetzmässigen* Beschaffenheit der Waare ist im Sinne des Art. 347 – in Folge der Citirung des Art. 335 in demselben – ein im Verhältnis zu dem Begriffe der *vertragsmässigen* Beschaffenheit der Waare subsidiärer, ergänzender. [...] Da nun eine Waare [...] nur dann nicht von *gesetzmässiger* Beschaffenheit ist, wenn sie nicht *Handelsgut mittlerer Art und Güte* ist, so ist dieselbe auch nur dann *nicht vertragsmässig* im Sinne des Art. 347, wenn sie nicht der vereinbarten Art und Güte ist“[48]. Dass sich diese Ansicht des ROHG und eines Großteils der zeitgenössischen Literatur für die Rechtssicherheit im Handelsverkehr ex post als Unglück erweisen würde, war freilich nicht vorhersehbar. Sehr kritisch und dementsprechend mit einer analogen Anwendung auf Aliudlieferungen sympathisierend war zu diesem Zeitpunkt lediglich *Schlodtmann*, der in der genannten Rechtspraxis eine „[...] unerschöpfliche Fundgrube für Streitigkeiten, in deren Entscheidung subjektive Willkür ihren Tummelplatz findet“[49], sah.

b) Quantitätsabweichungen

Da sich die Vertragsmäßigkeit der Ware gemäß Art. 347 ADHGB nur auf die Qualität bezog, waren Quantitätsabweichungen ebenfalls nicht davon erfasst.[50] Die Gemeinsamkeit von Qualitäts- und Quantitätsfehler liege zwar in der Nichterfüllung des Kaufvertrages, jedoch bestehe der innere Unterschied darin, dass ersterer die vollständige Übergabe einer fehlerhaften Sache darstellt, letzterer die unvollständige Überreichung eines mangelfreien Gegenstandes.[51]

So verneinte das ROHG zunächst die Frage, ob Art. 347 ADHGB analog auf Quantitätsmängel anwendbar sei und ergänzte, dass lediglich eine ausdrückliche bzw. konkludente Genehmigung der Quantitätsabweichung zum Ausschluss der Käuferrechte führen könne.[52] Das Gericht nahm jedoch in Einzelfällen die

47 ROHGE 24, 404 (405).

48 *Hanausek*, Die Haftung des Verkäufers für die Beschaffenheit der Waare, 1. Abtheilung, § 27, 2 f).

49 *Schlodtmann*, ZHR 37 (1890), 1 (9); vgl. weiter die sehr kritischen Ausführungen von *Schlodtmann*, ZHR 37 (1890), 1 ff., mwN.

50 Protokolle ADHGB, II. Theil, S. 644–666; von *Hahn*, ADHGB, Art. 347 § 12; *Makower*, ADHGB, Art. 347 Anm. 20 lit. b; *Puchelt*, ADHGB, Art. 347 Anm. 5 lit. b; *Koch*, Central-Organ, Neue Folge, Bd. 1, 1865, 210.

51 *Koch*, Central-Organ, Neue Folge, Bd. 1, 1865, 210 (211).

52 ROHGE 2, 60 (61 f.); 4, 131 (134); 15, 411 (412); *Winkler*, S. 227 ff., mwN.

sofortige Rügepflicht bei Quantitätsmängeln an, wenn der gute Glaube dies verlangte, namentlich bei (teilweisem) Verbrauch ohne vorherige Untersuchung des nunmehr verbrauchten Quantums[53] oder bei widerspruchsloser Fortsetzung einer seit Jahren andauernden Geschäftsbeziehung trotz kontinuierlicher Minuslieferungen[54].

3.) Das Handelsgesetzbuch von 1897

Das HGB von 1897 trat gem. Art. 1 I EGHGB i.V.m. Art. 1 I EGBGB gleichzeitig mit dem BGB am 1. Januar 1900 in Kraft. Gegenüber Art. 347 ADHGB ist der bis heute unveränderte § 377 HGB in zwei wesentlichen Punkten modifiziert worden. Zum einen wurde die Vorschrift auch auf Platzgeschäfte ausgedehnt und zum anderen galt sie nun ausschließlich für beiderseitige Handelskäufe. Das noch von der Nürnberger Kommission zur Beratung des ADHGB genannte Nichtbestehen eines Ausdehnungsinteresses auf Platzgeschäfte[55] war somit nicht mehr zutreffend. Das zeigte sich insbesondere daran, dass durch viele Partikulargesetzgeber die Ausdehnung bereits erfolgt war.[56] Dabei blieb es bei der Beschränkung auf Kaufleute, da die Ausweitung einer Untersuchungs- und Rügeobliegenheit auf den Zivilkauf nicht sachgemäß erschien.[57]

Die Wirkung der Genehmigungsfiktion nach § 377 II, III HGB erstreckte sich nun auch auf Falschlieferungen und Quantitätsabweichungen, da § 378 HGB a.F. neu eingefügt wurde:[58]

> *„Die Vorschriften des § 377 finden auch dann Anwendung, wenn eine andere als die bedungene Ware oder eine andere als die bedungene Menge von Waren geliefert ist, sofern die gelieferte Ware nicht offensichtlich von der Bestellung so erheblich abweicht, dass der Verkäufer die Genehmigung des Käufers als ausgeschlossen betrachten mußte.“*

Damit sollte die oftmals schwierige Unterscheidung zwischen einer Abweichung der bestellten Warenbeschaffenheit und der Lieferung einer anderen als der bestellten Warengattung erleichtert werden. Gemäß § 378 Hs. 2 HGB a.F. galt

---

53 ROHGE 15, 302.

54 ROHGE 1, 122, (125 f.); 1, 148 (149 f.).

55 Protokolle ADHGB, II. Theil, S. 656 f.

56 Denkschrift HGB, abgedruckt in: *Schubert/Schmiedel/Krampe*, Quellen zum HGB, Bd. II/2, S. 1135; *von Hahn*, ADHGB, Art. 347 § 28 mwN.

57 Denkschrift HGB, abgedruckt in: *Schubert/Schmiedel/Krampe*, Quellen zum HGB, Bd. II/2, S. 1135.

58 Das HGB in der alten Fassung gültig bis zum 31.12.2001, abgedruckt in: RGBl. 1897, S. 219 (313).

jedoch die Ausnahme, dass die Gleichstellung – und damit die Fiktionswirkung der Genehmigung – nicht stattfinde, wenn die Abweichung von der bestellten Ware so erheblich sei, dass der Verkäufer die Genehmigung des Käufers als ausgeschlossen erachten müsse. Man erhoffte sich davon mehr Einzelfallgerechtigkeit und erwartete in der Praxis angemessenere Ergebnisse.[59]

Insbesondere beim Gattungskauf war die Unterscheidung zwischen Waren aus einer anderen und mangelhafter Waren aus der bestellten Gattung oftmals schwierig bzw. unmöglich.[60] Das resultierte naturgemäß aus der Relativität des Gattungsbegriffs, da sich weder allgemeingültige noch gesetzliche Kriterien für die Abgrenzung von Warengattungen bestimmen lassen.[61] Durch die Schaffung des § 378 HGB a.F. sollte diese Problematik beseitigt werden, denn die Interessenlagen stimmten oftmals überein.[62] Das Interesse des Verkäufers schnell über Beanstandungen des Käufers unterrichtet zu werden, ist bei Schlecht- und Falschlieferungen identisch. Weiterhin könne das gelieferte Aliud für den Käufer durchaus weniger nachteilig sein als die Qualitätsabweichung, sodass auch hier eine Rüge bzw. Genehmigungsfiktion gerechtfertigt sei.[63]

Die Unterscheidungsproblematik wurde jedoch durch den Ausnahmetatbestand des § 378 Hs. 2 HGB a.F. nur verschoben und nicht beseitigt, weshalb die Vorschrift auch als „*Schreckgespenst aller Kaufleute und Schiedsgerichte*“[64] galt.

a) Falschlieferungen bis zur Schuldrechtsreform 2002

Wurde beim Stückkauf eine andere als die bedungene Ware geliefert, waren die Gewährleistungsregeln der §§ 459 ff. BGB a.F. trotz der Rügelast aus § 378 HGB a.F. nicht anzuwenden, sondern es handelte sich um Nichterfüllung, sodass die §§ 320 ff. BGB a.F. sowie § 433 I BGB a.F. Abhilfe schafften.[65] Da beim Stückkauf kein Nachlieferungsanspruch existierte, hätte die Geltung der §§ 459 ff. BGB a.F.

59 Denkschrift HGB, abgedruckt in: *Schubert/Schmiedel/Krampe*, Quellen zum HGB, Bd. II/2, S. 1137 f.

60 ROHGE 14, 367 (371); 24, 404 (405 f.); RGZ 18, 55; Staub/*Brüggemann*, HGB, 4. Aufl., § 378 Rn. 4; ausführlich *Singer*, ZIP 1992, 1058 (1059 ff.) mwN.

61 BGH, NJW 1975, 2011; *Flessa*, MDR 1955, 138 (139); *Marburger*, JuS 1976, 638 (640); Schlegelberger/*Hefermehl*, HGB, § 378 Rn. 5.

62 Vgl. Denkschrift HGB, abgedruckt in: *Schubert/Schmiedel/Krampe*, Quellen zum HGB, Bd. II/2, S. 1138; Staub/*Brüggemann*, HGB, 4. Aufl., § 378 Rn. 4.

63 Denkschrift HGB, abgedruckt in: *Schubert/Schmiedel/Krampe*, Quellen zum HGB, Bd. II/2, S. 1138; *Marburger*, JuS 1983, 1 (3).

64 *Edye*, S. 26.

65 BGH, NJW 1979, 811; Baumbach/Hopt/*Hopt*, HGB, 30. Aufl., § 378 Rn. 6.

die Verwehrung der Vertragserfüllung zur Folge gehabt, wofür man auch beim Handelskauf keine Notwendigkeit sah.[66] Durch die Genehmigungsfiktion waren die Leistungsstörungsrechte ausgeschlossen und der Käufer musste den vereinbarten Kaufpreis zahlen.[67] Der Verkäufer konnte nach h.M. jedoch auch auf die Genehmigungswirkung der §§ 377, 378 HGB a.F. verzichten und über § 812 BGB das Aliud kondizieren.[68]

Nimmt man den reinen Wortlaut des § 378 HGB a.F., verwies dieser lediglich auf die Rügepflicht des § 377 HGB und ihre Rechtsfolgen. Da aber die Gewährleistungsvorschriften in §§ 459 ff. BGB a.F. nur auf Mängel Anwendung fanden, waren dem Wortlaut nach auch Falschlieferungen beim Gattungskauf nur über allgemeines Leistungsstörungsrecht abzuwickeln. In seiner grundlegenden *„Kawamatta-Seide-Entscheidung“*[69] hat das Reichsgericht 1914 jedoch entschieden, dass der Sinn und Zweck des § 378 HGB a.F. weiter reiche.

Würde man annehmen, dass dem Käufer die Untersuchungs- und Rügelast sowohl bei Schlecht- als auch bei Falschlieferung auferlegt sei, nach erfolgter Rüge jedoch Gewährleistungsregeln nur bei Schlecht- und allgemeine Leistungsstörungsregeln nur bei Falschlieferungen anzuwenden wären, würde die Abgrenzung nicht aufgehoben, sondern nur verschoben. Nach erfolgter Rüge müsste wiederum abgegrenzt werden. Beim genehmigungsfähigen Qualifikationsaliud fänden die §§ 459 ff. BGB a.F., insbesondere aber § 480 I BGB a.F. Anwendung.[70] Im Schrifttum war diese Entscheidung höchst umstritten. Rechtsprechung und herrschende Lehre schlossen sich indes hinsichtlich des beiderseitigen Handelskaufs an.[71]

---

66 BGH, NJW 1979, 811; *Hüffer*, JA 1981, 143 (146); a.A. *Kramer*, NJW 1979, 2023 f., der neben den §§ 459 BGB a.F. auch § 480 I BGB a.F. analog auf das Identitätsaliud anwenden wollte.

67 Staub/*Brüggemann*, HGB, 4. Aufl., § 378 Rn. 42; *Marburger*, JuS 1983, 1 (10).

68 U.a. Staub/*Brüggemann*, HGB, 4. Aufl., § 378 Rn. 43 ff.; *Oertmann*, ZHR 80 (1917), 48 (56 f.); *Koppensteiner*, BB 1971, 547 (553); *Knöpfle*, NJW 1979, 693; *K. Schmidt*, HR, 5. Aufl., § 29 III 5 c, S. 823; a.A. *Hein*, ZHR 87 (1924), 54 (78 f., 87), der die Herausgabe des Aliud nur über eine Irrtumsanfechtung zulassen wollte.

69 RGZ 86, 90.

70 RGZ 86, 90 (92).

71 BGHZ 115, 286 (295 f.); BGH, NJW-RR 1992, 1076. U.a.: *von Caemmerer*, FS Martin Wolff, 3 (13 ff.); Schlegelberger/*Hefermehl*, HGB, § 378 Rn. 14; Staub/*Brüggemann*, HGB, 4. Aufl., § 378 Rn. 60 ff.; Baumbach/Hopt/*Hopt*, HGB, 30. Aufl., § 378 Rn. 5; MüKo-BGB/*Westermann*, 3. Aufl., § 459 Rn. 23; *Canaris*, HR, 23. Aufl., § 31 Rn. 47; *Kramer*, NJW 1979, 2023; *Hüffer*, JA 1981, 143 (145). Noch weitergehender Soergel/*Huber*, BGB, 12. Aufl., Vor § 459 Rn. 124 ff.; a.A. *Oertmann*, ZHR 80 (1917), 48 (57 ff.);

Durch die Genehmigungsfiktion waren schließlich auch beim Gattungskauf alle Rechte ausgeschlossen, die dem Käufer auf Grund der Falschlieferung zustanden, und der vereinbarte Kaufpreis musste entrichtet werden.[72] Ebenso wie beim Stückkauf konnte der Verkäufer auf die Genehmigungswirkung verzichten.[73]

b) Quantitätsabweichungen bis zur Schuldrechtsreform 2002

Bei der Lieferung von abweichenden Mengen musste zunächst unterschieden werden, ob es sich um reine Mengenabweichungen oder dabei zugleich um einen Sachmangel handelte, da sich die Folgen der Genehmigungsfiktion bei Letzterem direkt aus § 377 HGB ergaben. Reine Quantitätsabweichungen lagen vor, wenn bei der Lieferung einer Gesamtmenge diese in Anzahl, Gewicht, Fläche oder Volumen von der Bestellung abwichen.[74] Quantitätsabweichungen, welche gleichzeitig auch einen Sachmangel darstellten, konnten beispielsweise extra zugeschnittene Waren sein, die bei der Lieferung nicht die richtigen Maße aufwiesen[75] oder Überschussmengen, die nur durch unzumutbare Schwierigkeiten wieder ausscheidbar gewesen waren[76]. Nach unterlassener oder nicht rechtzeitiger Rüge konnten in diesen Fällen die Gewährleistungsvorschriften der §§ 459 ff. BGB a.F. nicht mehr geltend gemacht werden.[77]

In den Fällen reiner Quantitätsabweichungen entsprach die Behandlung von Minderlieferungen dem Zweck der §§ 377, 378 HGB a.F. Durch die Genehmigungsfiktion sollte der Verkäufer vor Ungewissheiten bzgl. der Inanspruchnahme von Leistungsstörungsrechten durch den Käufer geschützt werden. Er sollte sich ohne eine Rüge auf die Vertragsgemäßheit seiner gelieferten Ware verlassen können. Des Weiteren sollte dadurch das Allgemeininteresse an der schnellen Abwicklung von Handelsgeschäften geschützt werden.[78] Durch die

Fabricius, JuS 1964, 46 (51); *Schultz*, NJW 1980, 2172 (2174); *Marburger*, JuS 1983, 1 (9); *Knöpfle*, JZ 1979, 11 (12 ff.); *Knöpfle*, NJW 1989, 871 (875).

72 Schlegelberger/*Hefermehl*, HGB, § 378 Rn. 9; Staub/*Brüggemann*, HGB, 4. Aufl., § 378 Rn. 42.

73 U.a. Staub/*Brüggemann*, HGB, 4. Aufl., § 378 Rn. 43 ff.; *Oertmann*, ZHR 80 (1917), 48 (56 f.); *Koppensteiner*, BB 1971, 547 (553); *Knöpfle*, NJW 1979, 693; *K. Schmidt*, HR, 5. Aufl., § 29 III 5 c, S. 823; a.A. *Hein*, ZHR 87 (1924), 54 (78 f., 87), der die Herausgabe des Aliud nur über eine Irrtumsanfechtung zulassen wollte.

74 Staub/*Brüggemann*, HGB, 4. Aufl., § 378 Rn. 31.

75 BGH, NJW 1996, 1826 (1827); Staub/*Brüggemann*, HGB, 4. Aufl., § 378 Rn. 32 mwN.

76 RGZ 23, 126.

77 Baumbach/Hopt/*Hopt*, HGB, 30. Aufl., § 378 Rn. 7.

78 *Mailänder*, ZHR 126 (1964), 89 (95 f.).

Genehmigungsfiktion konnte der Verkäufer demnach den gesamten Kaufpreis verlangen, ohne dabei die Fehlmenge nachliefern zu müssen, da er durch die unterlassene oder verspätete Rüge den Vertrag bereits erfüllt hatte.[79]

§ 378 HGB a.F. war jedoch restriktiv auf verdeckte Minuslieferungen anzuwenden. Bei einer offen deklarierten Minderlieferung war die Herabsetzung des Kaufpreises auf die tatsächlich gelieferte Menge anerkannt, falls dies nicht bereits durch den Verkäufer in dieser Höhe im Lieferschein oder der Rechnung angesetzt war. Der Verkäufer dürfe nicht selbst das Minus anzeigen, aber gleichzeitig eine Rüge des Käufers erwarten.[80]

Davon abweichend gestaltete sich die Interessenlage bei Mehrlieferungen. Dem Wortlaut der §§ 378, 377 II, III HGB a.F. nach, dürfte der Käufer das Mehr behalten und wäre trotzdem nur zur Zahlung des vereinbarten Kaufpreises verpflichtet gewesen. Das hätte jedoch dem verkäuferfreundlichen Zwecke der Normen widersprochen. Der Verkäufer war in dieser Konstellation nicht der Gefahr einer unerwarteten Inanspruchnahme des Käufers ausgesetzt, da diesem durch die Mehrlieferung keine Gewährleistungsrechte zustanden. In seinem Interesse stand vielmehr eine Erhöhung des vereinbarten Kaufpreises. Demnach lief der Käufer durch die Genehmigungsfiktion nicht Gefahr, seine Gewährleistungsansprüche zu verlieren, sondern vielmehr zur Zahlung eines höheren Kaufpreises verpflichtet zu sein. Sinn und Zweck der bestehenden Rügelast war es jedoch, die Vertragspartner durch die Genehmigungsfiktion nach Ablauf der Rügefrist vor unerwarteter Inanspruchnahme des jeweils anderen zu schützen. Theoretisch hätte demzufolge immer derjenige rügen müssen, dem ein Rechtsverlust drohte. Bei der Minderlieferung war das der Käufer, bei der Mehrlieferung der Verkäufer.[81]

Im zeitgenössischen Schrifttum ist die Lieferung eines leicht ausscheidbaren Mehr sehr unterschiedlich aufgefasst worden. Grundlegend dafür war ein Urteil des *LG Hamburg*[82] im Jahr 1912. Darin wurde die ratio legis der

79 BGHZ 91, 293 (300); *Leonhard*, JW 1917, 90; *von Caemmerer*, FS Martin Wolff, 3 (21 f.); *Mailänder*, ZHR 126 (1964), 89 (99); *Hüffer*, JA 1981, 143 (145 f.). Staub/*Brüggemann*, HGB, 4. Aufl., § 378 Rn. 52; Baumbach/Hopt/*Hopt*, HGB, 30. Aufl., § 378 Rn. 8; Schlegelberger/*Hefermehl*, HGB, § 378 Rn. 21. A. A.: *Oertmann*, JW 1916, 1462 (1463 f.); Schlegelberger/*Hildebrandt*, HGB, 3. Aufl., § 378 Rn. 16; Düringer/Hachenburg/*Hoeniger*, HGB, § 378 Anm. 14 ff.; *J. v. Gierke*, Handelsrecht, S. 481.

80 Staub/*Brüggemann*, HGB, 4. Aufl., § 378 Rn. 54; Schlegelberger/*Hefermehl*, HGB, § 378 Rn. 21; *K. Schmidt*, HR, 5. Aufl., § 29 III 5 d; *Canaris*, HR, 23. Aufl., § 31 Rn. 44; *Koppensteiner*, BB 1971, 547 (549 f.); *Hüffer*, JA 1981, 143 (146).

81 Vgl. für den gesamten Abschnitt: *Mailänder*, ZHR 126 (1964), 89 (96 f.).

82 LG Hamburg, LZ 1913, 175.

Genehmigungsfiktion derartig ausgelegt, dass der Käufer einen Rechtsnachteil erleiden müsse, was nur durch Erhöhung des vereinbarten Kaufpreises erreicht werden könne. Viele Stimmen schlossen sich im Ergebnis dem Urteil an, wenn auch teils mit unterschiedlicher Begründung.[83] Andere wiederum sahen den Anwendungsbereich des § 378 HGB a.F. gar nicht eröffnet, da die Anwendung der condictio indebiti, diejenige des § 378 HGB a.F. überflüssig mache und der Überschuss demnach wie unbestellte Ware zu behandeln sei.[84] Einzig eine untechnische Rüge käme in Betracht, sodass bei einer Nichtanzeige der Mehrlieferung unter Umständen nach Treu und Glauben eine konkludente Vertragserweiterung angenommen werden könne.[85] *Koppensteiner* konkretisierte diesen Gedanken mit dem Vorschlag einer konkludenten Vertragserweiterung bei offen deklarierten Mehrlieferungen.[86]

Bei nur schwer bzw. nicht ausscheidbaren Mehrmengen wurde hingegen wie bei der Aliudlieferung verfahren.[87]

c) Der Ausnahmetatbestand des § 378 Hs. 2 HGB a.F.

Die Rügelast bzw. die Genehmigungswirkung galt jedoch nur, wenn das Aliud oder die Mengenabweichung nicht unter den Ausnahmetatbestand des § 378 Hs. 2 HGB a.F. fiel. Die o.g. Wirkungen entfalteten sich gerade dann nicht, wenn die Falschlieferung oder die Quantitätsabweichung *„offensichtlich genehmigungsunfähig"* war. Das bedeutete, dass dem Käufer die Untersuchungs- und Rügelast nicht auferlegt wurde, sofern die gelieferte Ware dergestalt von der Bestellung abwich, dass der Verkäufer die Genehmigung des Käufers offensichtlich als ausgeschlossen betrachtete. Dabei musste die Abweichung dermaßen evident sein, dass sie nicht als Erfüllung des Kaufvertrages gedacht sein konnte und der Käufer die Rüge redlicherweise für überflüssig halten durfte.[88]

---

83 *von Caemmerer*, FS Martin Wolff, 3 (22); Baumbach/Hopt/*Hopt*, HGB, 30. Aufl., § 378 Rn. 9; *Oertmann*, JW 1916, 1462 (1462 f.); Schlegelberger/*Hefermehl*, HGB, § 378 Rn. 22; *von Hoyningen-Huene*, Jura 1982, 8 (16). Vgl. auch bereits LG Leipzig, LZ 1909, 170 (170 f.); ferner *Marburger*, JuS 1983, 1 (12), der die Kaufpreiserhöhung auf Grund analoger Anwendung der §§ 315, 316 BGB a.F. annahm.

84 *Mailänder*, ZHR 126 (1964), 89 (96 ff., 99 ff.); *Koppensteiner*, BB 1971, 547 (552); Staub/*Brüggemann*, HGB, 4. Aufl., § 378 Rn. 26; *Hüffer*, JA 1981, 143 (146).

85 RG, LZ 1919, 966; Staub/*Brüggemann*, HGB, 4. Aufl., § 378 Rn. 26.

86 *Koppensteiner*, BB 1971, 547 (551 f.).

87 Staub/*Brüggemann*, HGB, 4. Aufl., § 378 Rn. 28 f.

88 Vgl. *von Caemmerer*, FS Martin Wolff, 3 (11); Staub/*Brüggemann*, HGB, 4. Aufl., § 378 Rn. 76.

Dieser Ausnahmetatbestand sollte jedoch eng ausgelegt werden.[89] „*Offensichtlich*" sollte nur sein, was unter verständigen Kaufleuten bei objektiver Betrachtung keine vernünftigen Zweifel an der Genehmigungsunfähigkeit aufkommen ließ. Im Umkehrschluss bedeutete dies, dass soweit Zweifel angebracht sein durften, vom Käufer gerügt werden musste. Der Begriff war dabei nicht rein visuell zu verstehen, sondern fand auch auf versteckte Fehler Anwendung, wenn nach objektiver Betrachtung bei Entdeckung keine Zweifel aufkamen.[90] Trotz allem ergingen in der Praxis nur wenige Urteile, die eine genehmigungsfähige Falschlieferung annahmen.[91]

Sinn und Zweck der Gesetzesinitiative bezüglich des § 378 HGB a.F. war die Beseitigung der Differenzierung zwischen Aliud und Peius. Dieses Ziel wurde jedoch gerade nicht erreicht. Vielmehr wurde die Unterscheidung nur verschoben und zusätzlich zwischen Genehmigungsfähigkeit und –unfähigkeit eine zweite erzwungen.[92]

War beispielsweise gemahlener Pfeffer bestellt und es wurde ein Gemisch bestehend aus 50% gemahlenem Pfeffer und 50% geriebenen Kokosschalen geliefert, musste zunächst geklärt werden, ob es sich um schlechten Pfeffer oder um eine andere Ware handelte. Entschied man sich nach der Rechtsauffassung des BGH für ein Aliud, musste danach noch entschieden werden, ob dieses genehmigungsfähig oder –unfähig war.[93] Im vorliegenden Fall wurde das Gemisch als nicht genehmigungsfähig gewertet. Interessant, jedoch unbeantwortet blieb die Frage, wie die Entscheidung bei einem Mischverhältnis von 60:40 oder 80:20 ausgesehen hätte. Wäre ein solches Mischverhältnis dann als schlechter Pfeffer gewertet worden? Oder wäre das Aliud gegebenenfalls genehmigungsfähig?

Die Rechtsprechung steuerte zu dieser Problematik noch hinzu, dass sie den ursprünglich sehr restriktiv auszulegenden Ausnahmetatbestand oftmals als

89 RGZ 98, 157 (159); RG, LZ 1922, 121; BGH, DB 1969, 1056.

90 Vgl. RG, LZ 1912, 751; RG, JW 1923, 176 (177); *von Caemmerer*, FS Martin Wolff, 3 (8); Staub/*Brüggemann*, HGB, 4. Aufl., § 378 Rn. 77; Schlegelberger/*Hefermehl*, HGB, § 378 Rn. 29; a.A. *Heymann/Kötter*, Handelsgesetzbuch, 21. Gesamtaufl., § 378 Anm. 4, S. 835, die eine größere und buchstäblichere „Offensichtlichkeit" forderten.

91 RGZ 98, 157 (159); BGH, WM 1985, 975 (977); NJW 1992, 566 (569); NJW-RR 1992, 1076; vgl. auch *Rust*, S. 84.

92 Vgl. RGZ 84, 355 (356 f.); 99, 37 (38 f.); 103, 77 (78 ff.); BGH, NJW 1968, 640; DB 1960, 1387; KG, OLGE 41, 235.

93 BGH, DB 1960, 1387.

Billigkeitskorrektiv für eine versäumte Rüge verstand[94] oder um die kurze Verjährungsfrist von § 477 BGB a.F., die lediglich 6 Monate betrug, zu umgehen.[95] Somit wurde im Laufe der Zeit das Regel-Ausnahme-Prinzip ins Gegenteil verkehrt.[96]

Rechtsfolge des § 378 Hs. 2 HGB a.F. war somit die Befreiung des Käufers von der Rügeobliegenheit, unabhängig davon, ob der Verkäufer wissentlich oder irrtümlich lieferte.[97] Mithin war auf Grund der vorliegenden Nichterfüllung des Vertrages das allgemeine Leistungsstörungsrecht anwendbar, selbst wenn die gelieferte Ware der Probe entsprach, die jedoch bereits genehmigungsunfähig war.[98] Die Ansprüche konnten nach den allgemeinen Verjährungsregeln gem. §§ 194 ff. BGB a.F. geltend gemacht werden. Der Verkäufer durfte das Gelieferte wiederum nach den Regeln der ungerechtfertigten Bereicherung kondizieren.[99] Bei einem Verbrauch oder Weiterverkauf der Sache wurde eventuell eine stillschweigende Genehmigung als Billigung der gelieferten Ware angenommen[100], es sei denn, der Käufer hatte sich seine Ansprüche vorbehalten.[101]

4.) Änderungen durch das Schuldrechtsmodernisierungsgesetz

Durch das Schuldrechtsmodernisierungsgesetz wurden Falsch- und Minderlieferungen mit der Zustellung von Qualitätsmängeln gleichgestellt, § 434 III BGB n.F.[102] Jede Abweichung der gelieferten von der vertraglich bestellten Ware führt nun zur Anwendung des Gewährleistungsrechts mit seinen verkürzten

94 Staub/*Brüggemann*, HGB, 4. Aufl., § 378 Rn. 79; vgl. auch *Mailänder*, ZHR 126 (1964), 89 (116). Beispiele aus der Rechtsprechung: RG, JW 1917, 710; BGH, BB 1953, 992; Vorinstanz: OLG Nürnberg, VersR 1953, 103; OLG Hamburg, OLGE 22, 49.

95 *Flume*, AcP 193 (1993), 89 (95 f.). Beispiele aus der Rechtsprechung: BGH, NJW 1968, 640 (640 f.); 1969, 787 (788); 1986, 659 (660 f.); 1989, 218 (219); JZ 1967, 321 (321 f.); vgl. auch *Singer*, ZIP 1992, 1058 (1061 f.).

96 *Emmerich*, JuS 1997, 98 (102); vgl. auch Rust, S. 84. Weitere Beispiele: RG, JW 1923, 176 (176 f.); BGH, BB 1953, 992; NJW 1994, 2230 (2230 f.); OLG Hamburg, NJW-RR 1994, 1397 (1398).

97 RG, JW 1923, 44.

98 RG, JW 1917, 710; BGH, DB 1960, 1387.

99 Staub/*Brüggemann*, HGB, 4. Aufl., § 378 Rn. 81 ff.; Schlegelberger/*Hefermehl*, HGB, § 378 Rn. 34 f.

100 RG, WarnR 1913, 329; im Gegensatz dazu RG, JW 1917, 710, das trotz Verarbeitung keine Billigung annahm.

101 RG, LZ 1925, 545.

102 *Canaris*, Schuldrechtsreform 2002, S. XXII; Huber/Faust/*Huber*, Schuldrechtsmodernisierung, § 12 Rn. 59; Henssler/Graf von Westphalen/*Graf von Westphalen*, Schuldrechtsreform, § 434 Rn. 54.

Verjährungsregeln. Für die Anwendung von allgemeinem Leistungsstörungsrecht bleibt demnach kein Spielraum.[103] Dadurch wurde der Rechtsgedanke des auf Grund der Gleichstellung gestrichenen § 378 HGB a.F. in das Bürgerliche Recht übernommen und verallgemeinert. Die Änderung geht sogar darüber hinaus, da der Ausnahmetatbestand ersatzlos gestrichen wurde.[104] Die Neuregelung gilt sowohl für den Stück- als auch für den Gattungskauf. Dadurch werden Abgrenzungen jeglicher Art vermieden.[105] Trotz der Streichung des § 378 HGB a.F. bleibt die kaufmännische Rügepflicht und die mit ihr verbundene Genehmigungsfiktion nach § 377 HGB bestehen.[106]

III. Zusammenfassende Würdigung

Die Entwicklung der handelsrechtlichen Untersuchungs- und Rügeobliegenheit vom anfänglich römischrechtlichen Prinzip des *caveat emptor* hin zur heutigen zentralen Norm des Handelskaufs, hat ihren Ursprung im spätmittelalterlichen Handelsbrauch über Platz- und Distanzkäufe. Dort galt die verspätete oder unterlassene Mängelrüge als vermutete, stillschweigende Billigung der zugesandten Ware und war im Grundsatz noch widerlegbar.[107]

Eine wegweisende Fragestellung der Kodifikationsgeschichte des heutigen § 377 HGB war die Anwendbarkeit der Rügeobliegenheit auf Falschlieferungen und Quantitätsabweichungen sowie die aus der Versäumung resultierenden Rechtsfolgen. Bis zur Einführung des § 378 HGB a.F. befand sich diese Thematik in einem Rechtsvakuum, das durch das Handelsgesetzbuch von 1897 ausgemerzt werden sollte.

Die eigentliche Intention der Problembeseitigung bei der Unterscheidung von Schlecht- und Falschlieferung blieb jedoch unerreicht und ein zusätzliches Abgrenzungsproblem durch den Ausnahmetatbestand wurde geschaffen. Der legislatorische Wille der Schaffung größerer Einzelfallgerechtigkeit ist durchaus hervorzuheben und anzuerkennen, führte jedoch zu mehr Willkür als bei der vormals bloßen Unterscheidung von Aliud und Peius ohnehin bestand.

---

103 Huber/Faust/*Huber*, Schuldrechtsmodernisierung, § 12 Rn. 60.

104 *Canaris*, Schuldrechtsreform 2002, S. XXII.

105 *Canaris*, Schuldrechtsreform 2002, S. XXII; Huber/Faust/*Huber*, Schuldrechtsmodernisierung, § 12 Rn. 60 f.; Henssler/Graf von Westphalen/*Graf von Westphalen*, Schuldrechtsreform, § 434 Rn. 55.

106 Henssler/Graf von Westphalen/*Graf von Westphalen*, Schuldrechtsreform, § 434 Rn. 59.

107 Vgl. *Klischies*, S. 82.

C. Voraussetzungen und ratio legis der Genehmigungsfiktion nach § 377 HGB

Im nachstehenden Teil werden zunächst die ratio legis des § 377 HGB und anschließend die allgemeinen Voraussetzungen der handelsrechtlichen Rügeobliegenheit aufgezeigt. Insbesondere die ersatzlose Streichung des § 378 HGB a.F. und die Gleichstellung von Schlecht- und Falschlieferungen werden bis heute kontrovers diskutiert.

I. Zweck

Nach ständiger Rechtsprechung des BGH[108] dient die dem Handelskäufer obliegende Untersuchungs- und Rügelast vordergründig dem allgemeinen Interesse des Handelsverkehrs an einer einfachen und schnellen Abwicklung von Handelsgeschäften und zugleich dem Interesse der Rechtsklarheit bzw. -sicherheit. § 377 HGB soll dabei in erster Linie die Interessen des Handelsverkäufers schützen, indem er frühzeitig darüber in Kenntnis gesetzt wird, ob die Ware durch den Käufer akzeptiert wird oder mit weiteren Lieferanstrengungen gerechnet werden muss. Weiterhin soll er schnellstmöglich in die Lage versetzt werden, Feststellungen und Dispositionen zur Schadensabwehr treffen zu können, um dadurch weitergehende Mängelfolgeschäden beim Käufer oder Dritten zu vermeiden und so eine rasche Wiederherstellung des Rechtsfriedens zu ermöglichen. In diesem Zusammenhang erfüllt die Untersuchungs- und Rügeobliegenheit lediglich eine besondere Funktion der allgemeinen Schadensabwendungs- und Schadensminderungspflicht nach § 254 II BGB[109]. Ferner ist für den Verkäufer von Interesse, möglichst viele Beweise, die mit zunehmender Zeit nach Ablieferung nur schwerlich feststellbar sind, zu sichern, um sich vor Gewährleistungsansprüchen des Käufers schützen zu können. Außerdem dient die handelsrechtliche Rügeobliegenheit der etwaigen Sicherung von Regressforderungen des Verkäufers gegen seinen Zulieferer, soweit der gerügte Mangel nicht bereits nach Ablieferung der Ware durch den Lieferanten für den Verkäufer erkennbar bzw. feststellbar war. Dabei soll eine möglichst sachgerechte Risikoverteilung zwischen Käufer und Verkäufer erreicht werden.

---

108 BGHZ 66, 208 (213 f.); 91, 293 (299 f.); 101, 49 (53); 101, 337 (345); 107, 331 (337); vgl auch BGH, BB 1978, 1489; NJW 1985, 2417 (2418); WM 1987, 1299 (1302).

109 Vgl. nur Palandt/*Grüneberg*, BGB, § 254 Rn. 36 f.

Die neuere Literatur schließt sich den Argumenten der Rechtsprechung an.[110] Insbesondere *Canaris* hebt nachdrücklich den Verkäuferschutzzweck der Norm hervor. Richtigerweise treffe die Beweislast eines Mangels ohnehin nicht den Verkäufer, sondern den Käufer, sowohl nach den allgemeinen Regeln als auch nach § 363 BGB. Weiterhin betont er, dass der Verkäufer (als Kaufmann) schutzwürdiger sei, da dieser ein erhöhtes Bedürfnis an Organisations-, Prozess- und Kalkulationssicherheit habe. Bei einer Vielzahl von Geschäften liege dem kaufmännischen Verkäufer besonders daran, zeitnah zu wissen, ob ein ordnungsgemäß durchgeführter Vertrag vorliegt, da er ansonsten vorsorglich Rückstellungen bilden, Unterlagen längerfristig aufbewahren sowie unproduktive Streitigkeiten führen müsse.[111] Zudem könne dies dem kaufmännischen Käufer auch zugemutet werden, da man von ihm – im Gegensatz zu einem Privatkäufer – eine unverzügliche Mängelrüge erwarten dürfe und die Fiktionswirkung ihn daher nicht unangemessen benachteilige.[112]

Für den einzelnen Käufer kann eine unverzügliche Mängelrüge auch Vorteile schaffen. Durch ein zügiges Feststellen von etwaigen Mängeln und der daran anschließenden Mitteilung an den Verkäufer fallen die o.g. Rückstellungen nicht an, wodurch der unsichere Schwebezustand[113] für den Verkäufer durch die definitive rechtliche Erledigung des Vertrags verkürzt wird. Dadurch werden „unnötige" Transaktionskosten minimiert, was ökonomisch betrachtet zu einem Sinken der Kaufpreise für den Endabnehmer führt.[114] Außerdem können Gefahren für die Allgemeinheit durch eine schnellstmögliche Mitteilung verringert werden. Exemplarisch dafür stehen zahlreiche Rückrufaktionen diverser Automobilhersteller, bei denen Mängel im Rahmen der Warenendkontrolle durch den Produzenten selbst nicht festgestellt wurden und erst durch Mängelrügen Dritter – sei es durch Verkäufer oder Käufer – etwaige Mangelfolgeschäden minimiert werden konnten. Die eingesparten Schadensersatz- oder gering gehaltenen Nacherfüllungskosten wirken sich dadurch nicht negativ auf die Gesamtkosten

---

110 U.a. Staub/*Brüggemann*, HGB, 4. Aufl., § 377 Rn. 1 ff.; Röhricht/Graf von Westphalen/Haas/*Wagner*, HGB, § 377 Rn. 3 f.; MüKo-HGB/*Grunewald*, § 377 Rn. 3; Baumbach/Hopt/*Hopt*, HGB, § 377 Rn. 1; BeckOK-HGB/*Schwartze*, § 377 Rn. 1 ff.; GK-HGB/*Achilles*, § 377 Rn. 1; Heymann/*Emmerich/Hoffmann*, HGB, § 377 Rn. 4; Koller/Kindler/Roth/Morck/*Roth*, HGB, § 377 Rn. 2, 10.

111 *Canaris*, HR, § 29 Rn. 42; BeckOK-HGB/*Schwartze*, § 377 Rn. 1; vgl. auch *Lettl*, Handelsrecht, § 12 Rn. 50; *Schwark*, JZ 1990, 374 (375); *Marburger*, JuS 1983, 1 (11).

112 *Canaris*, HR, § 29 Rn. 43.

113 BeckOK-HGB/*Schwartze*, § 377 Rn. 2.

114 *Lehmann*, WM 1980, 1162 (1168).

der Ware aus.[115] Auch hierbei hat die unverzügliche Rüge rechtsökonomisch eine herausragende Stellung inne, indem sie zu einer möglichst optimalen Allokation knapper Ressourcen führt.

Als Zweck des § 377 HGB ist die Verhinderung von Marktpreisspekulationen oder gar schikanösem Verhalten des Käufers zu Recht in den Hintergrund geraten. Zum einen waren diese Gesichtspunkte bei der Einführung des preußischen HGB-E bzw. des ADHGB eine Antwort auf das eher *verkäuferfeindliche* römische Recht. Zur damaligen Zeit war es üblich, dass der Käufer bei günstiger Konjunkturlage über Mängel hinwegsah, während im umgekehrten Fall Fehler gerügt wurden, die ansonsten unbeanstandet blieben.[116] Zum anderen erscheint bereits fraglich, ob diese Zwecke überhaupt durch eine Mängelanzeige erreicht würden.[117]

Als übergeordneter Zweck dient § 377 HGB dem allgemeinen Interesse des Handelsverkehrs an schneller Abwicklung von Handelsgeschäften sowie der Rechtssicherheit und -klarheit.

II. Beidseitiger Handelskauf

Der sachliche Anwendungsbereich des § 377 HGB ist eröffnet, wenn der von den Parteien geschlossene Vertrag einen Handelskauf beinhaltet. Es muss sich also um einen Kaufvertrag i.S.d. § 433 BGB handeln, der den Erwerb von Waren (§ 373 HGB) oder Wertpapieren (§ 381 I HGB) zum Gegenstand hat, oder um Verträge, auf die Kaufrecht entsprechende Anwendung findet, namentlich einen Tausch (§ 480 BGB) und die Werklieferung (§ 651 BGB, § 381 II HGB). Waren meint bewegliche Sachen[118] i.S.d. § 90 BGB oder unkörperliche Gegenstände, die – im handelsrechtlichen Sinne[119] – bei objektiver Betrachtung Gegenstände

115 *Lehmann*, WM 1980, 1162 (1168); *Sieber*, S. 13; ausf. *Lieder*, Die rechtsgeschäftliche Sukzession, § 3 (S. 50 ff.).

116 Vgl. *Dernburg*, Lehrbuch des preußischen Privatrechts, Bd. II, S. 398 § 146; Entwurf eines Handelsgesetzbuchs für die Preußischen Staaten, Nebst Motiven, Zweiter Theil: Motive, Berlin 1856, abgedruckt in: *Schubert*, HGB-E für Preußen, Motive, S. 141; Protokolle ADHGB, II. Theil, S. 645.

117 Vgl. nur *Niedrig*, S. 92 ff., 99 f. mwN.

118 Bis zur Handelsrechtsreform 1998 in § 1 II Nr.1 HGB a.F. legaldefiniert.

119 Bspw. Standardsoftware, Elektrizität oder Fernwärme, die im bürgerlichrechtlichen Sinne keine Sachen sind; vgl. RGZ 130, 85 (88); BGH NJW 1961, 453 (455); 1982, 930 (931); 1990, 1290 (1291); 2000, 1415; 2007, 2394; OLG Frankfurt NJW 1980, 2531 (2532).

des Warenumsatzes[120] sind. Grundstücke fallen nicht unter den Warenbegriff des Handelskaufs.[121] Zum einen würde auf Grund der Formgebundenheit eine Einbeziehung von Grundstücksgeschäften in den sachlichen Anwendungsbereich den Zweck der schnellen Abwicklung von Handelsgeschäften unterlaufen. Zum anderen sind die Normen des Handelskaufs – insbesondere §§ 373, 377 (Ablieferung), 379 HGB – nicht auf die Situation des Grundstückskaufs ausgelegt.

Kein Handelskauf ist der in § 453 BGB geregelte Kauf von Rechten, sofern diese nicht unter § 381 I HGB fallen.[122] Zwar verweist § 453 BGB wie § 651 BGB auf die Regeln des Sachkaufs (§§ 433 ff. BGB), jedoch fehlt es dem Rechtskauf an einer handelsrechtlichen Parallelvorschrift (argumentum e contrario § 381 II HGB), sodass schon nicht von einer planwidrigen Regelungslücke ausgegangen werden kann.

Umstritten ist die Anwendung auf den Unternehmenskauf. Nach zutreffender überwiegender Ansicht[123] sind die Sondervorschriften des Handelskaufs nicht auf den Unternehmenskauf anwendbar, unabhängig davon, ob es sich bei dem Vertragsgegenstand um das Unternehmen als Vermögenseinheit (*asset deal*) oder um den Anteilserwerb des Unternehmensträgers (*share deal*) handelt. Bei Ersterem handelt es sich um sonstige Gegenstände i.S.d. § 453 I Alt. 2 BGB, da das Unternehmen als Gesamtheit von Sachen, Rechten und sonstigen Vermögenswerten, die keine Waren im handelsrechtlichen Sinne darstellen, veräußert wird und somit auch kein Warenumsatzgeschäft bzw. keine bewegliche Sache ist. Letzteres unterliegt bereits einem Rechtskauf i.S.d. § 453 I Alt. 1 BGB.

§ 377 I HGB verlangt dem Wortlaut nach einen Kauf, der für beide Teile ein Handelsgeschäft darstellt. Nach zutreffender herrschender Ansicht findet die Vorschrift daher nur Anwendung, wenn sowohl Käufer als auch Verkäufer zum Zeitpunkt des Vertragsschlusses Kaufleute i.S.d. §§ 1 ff. HGB sind und der

---

120 *K. Schmidt*, HR, § 29 Rn. 6, 42: kein Warenumsatzgeschäft besteht bei der Einbringung einer mangelhaften Sacheinlage in eine Gesellschaft.

121 Anderer Ansicht nur *Dreier*, ZfIR 2004, 416 (418 ff.).

122 Baumbach/Hopt/*Hopt*, HGB, Vor § 373 Rn. 8; Koller/Kindler/Roth/Morck/*Roth*, HGB, Vor §§ 373–381 Rn. 1; *Canaris*, HR, § 29 Rn. 2 aE.

123 Hk-HGB/*Stöber*, Vor §§ 373–381 Rn. 7; Staub/*Koller*, HGB, Vor § 373 Rn. 28; Heymann/*Emmerich/Hoffmann*, HGB, § 377 Rn. 7; Schlegelberger/*Hefermehl*, HGB, § 377 Rn. 6; EBJS/*Müller*, HGB, § 377 Rn. 2; Röhricht/Graf von Westphalen/Haas/*Wagner*, HGB, § 377 Rn. 7; Koller/Kindler/Roth/Morck/*Roth*, HGB, § 377 Rn. 3; *Schröcker*, ZGR 2005, 63 (95 ff.). Anderer Ansicht: MüKo-HGB/*Grunewald*, Vor § 373 Rn. 4; Oetker/*Koch*, HGB, Vor §§ 373–381 Rn. 36.

Vertrag für sie jeweils ein Handelsgeschäft gem. §§ 343 f. HGB darstellt.[124] Wegen der fehlenden planwidrigen Regelungslücke ist eine analoge Anwendung auf kaufmannsähnliche Personen[125], Freiberufler[126], Kleingewerbetreibende[127] oder Unternehmergeschäfte[128] abzulehnen.[129] Des Weiteren ist auch de lege ferenda eine einseitige Anknüpfung der Kaufmannseigenschaft lediglich beim Käufer nicht zu befürworten[130], da der Verkäufer nur dann ein schützenswertes Interesse an einer unverzüglichen Rüge des Käufers hat, wenn er selbst schnellstmöglich disponieren können muss.[131] Es genügt jedoch, wenn auf Seiten des Käufers ein Scheinkaufmann auftritt.[132]

III. Ablieferung und Untersuchung der Ware

Das HGB stellt für den beiderseitigen Handelskauf auf einen vom bürgerlichrechtlichen Kauf verschiedenen Zeitpunkt ab. § 377 I HGB verlangt eine unverzügliche[133] Untersuchung der Ware nach der Ablieferung, während § 434 I BGB i.V.m. §§ 446, 447 I BGB auf den Zeitpunkt des Gefahrübergangs abstellt. Letzterer genügt jedoch nicht (immer) den Anforderungen des beiderseitigen

---

124 *Oetker*, Handelsrecht, § 8 Rn. 29 f.; *Steinbeck*, Handelsrecht, § 35 Rn. 2; *Canaris*, HR, § 29 Rn. 45; *Weller/Prütting*, Handels- und GesellschaftsR, § 35 Rn. 912; Oetker/*Koch*, HGB, § 377 Rn. 3; Koller/Kindler/Roth/Morck/*Roth*, § 377 Rn. 4; Hk-HGB/*Stöber*, § 377 Rn. 2; Röhricht/Graf von Westphalen/Haas/*Wagner*, HGB, § 377 Rn. 8.

125 So *Hopt*, AcP 183 (1983), 608 (689 f.).

126 *Raisch*, Geschichtliche Voraussetzungen, dogmatische Grundlagen und Sinnwandel des Handelsrechts, S. 292.

127 So *R. Schmitt*, Die Rechtsstellung der Kleingewerbetreibenden nach dem Handelsreformgesetz, S. 298 ff.

128 *K. Schmidt*, HR, § 29 Rn. 45, der analog § 377 ausreichen lässt, wenn das Geschäft auf beiden Seiten zu einem Unternehmen gehört (sog. B2B-Gechäfte); damit sympathisierend wohl auch Baumbach/Hopt/*Hopt*, HGB, § 377 Rn. 3.

129 BT-Drucks. 13/8444, S. 30; *Bayer/Lieder*, Handels- und GesellschaftsR, Rn. 318; *Canaris*, HR, § 29 Rn. 47; Staub/*Brüggemann*, HGB, 4. Aufl., § 377 Rn. 22; EBJS/*Müller*, HGB, § 377 Rn. 9.

130 So aber *Schwartze*, FS Delle Karth, 951 (963); BeckOK-HGB/*Schwartze*, § 377 Rn. 5.

131 Wie hier auch *Brox/Henssler*, Handelsrecht, § 21 Rn. 399.

132 *Fischinger*, Handelsrecht, § 7 Rn. 729; *Lettl*, Handelsrecht, § 12 Rn. 54; *Teichmann*, Handelsrecht, § 7 Rn. 1096; MüKo-HGB/*Grunewald*, § 377 Rn. 10; Röhricht/Graf von Westphalen/Haas/*Wagner*, HGB, § 377 Rn. 8; a.A.: *Oetker*, Handelsrecht, § 8 Rn. 30, der auch auf Verkäuferseite einen Scheinkaufmann als ausreichend für die Eröffnung des Anwendungsbereichs des § 377 HGB hält.

133 Ohne schuldhaftes Zögern im Sinne des § 121 I BGB.

Handelskaufs, da eine Genehmigungsfiktion nach § 377 HGB – die zum Ausschluss von Käuferrechten führt – zwingend die Möglichkeit zu einer Untersuchung der Ware voraussetzt, sodass ein etwaiger Mangel ordnungsgemäß gerügt werden kann. Die Ablieferung i.S.d. § 377 HGB ist demnach – identisch mit dem Verjährungsbeginn nach § 438 II BGB[134] – ein tatsächlicher (faktischer), einseitiger Vorgang (Realakt). Eine Ablieferung der gekauften Ware liegt somit vor, wenn der Verkäufer sie zur Erfüllung seiner Vertragspflicht aus seiner Verfügungsgewalt entlässt und sie derart in den Machtbereich des Käufers gelangt, dass dieser sie dort untersuchen und auf ihre Beschaffenheit hin prüfen kann.[135] Bevor der Verkäufer nicht ordnungsgemäß abgeliefert hat, d.h. entsprechend der konkreten vertraglichen Parteivereinbarungen (zur vereinbarten Zeit, am vereinbarten Ort), besteht keine Rügeobliegenheit des Käufers, sodass der Zeitpunkt der Ablieferung – vollkommen unabhängig vom Zeitpunkt des Gefahrübergangs – bei der Anwendung von § 377 HGB von elementarer Bedeutung ist.[136]

Nach ordnungsgemäßer Ablieferung verlangt § 377 I HGB eine unverzügliche Untersuchung, soweit dies nach ordnungsmäßigem Geschäftsgange tunlich ist. Auf die subjektiven Fähigkeiten oder Kenntnisse des Käufers kommt es dabei nicht an, da dies dem Zweck der Norm entgegenstehen würde. Alleiniger Maßstab ist die im Handelsverkehr allgemeine Erwartung für die jeweilige Branche oder Betriebsgröße, wobei auf Parteiabreden oder Handelsbräuche (vgl. § 346 HGB) Rücksicht zu nehmen ist.[137] Die Anforderungen an eine Untersuchung sind letztlich durch eine Interessenabwägung zu ermitteln. Ein schutzwürdiges Interesse des Verkäufers an einer alsbaldigen Untersuchung durch den Käufer kann dann besonders groß sein, wenn er bei bestimmungsgemäßer Weiterverarbeitung der Kaufsache mit hohen Mangelfolgeschäden rechnen muss, deren drohendes Ausmaß allein der Käufer überschauen kann. Andererseits dürfen im Rahmen der gebotenen Interessenabwägung die Anforderungen an eine ordnungsgemäße

134 Vgl. nur Palandt/*Weidenkaff*, BGB, § 438 Rn. 15.

135 So bereits RGZ 5, 28 (31 f.); 91, 289 (290); BGHZ 60, 5 (6); 93, 338 (345); 143, 307 (311); BGH, NJW 1961, 730; Baumbach/Hopt/*Hopt*, HGB, § 377 Rn. 5; Hk-HGB/*Stöber*, § 377 Rn. 4; Heymann/*Emmerich*/Hoffmann, HGB, § 377 Rn. 37; Oetker/*Koch*, HGB, § 377 Rn. 7; EBJS/*Müller*, HGB, § 377 Rn. 22.

136 Staub/*Brüggemann*, HGB, 4. Aufl., § 377 Rn. 24, 28; MüKo-HGB/*Grunewald*, § 377 Rn. 18; vgl. auch *Glaser*, JR 1955, 281 (282).

137 *Bayer/Lieder*, Handels- und GesellschaftsR, Rn. 326; Oetker/*Koch*, HGB, § 377 Rn. 40; Hk-HGB/*Stöber*, § 377 Rn. 21.

Untersuchung nicht überspannt werden.[138] Insbesondere richten sich die Sorgfaltsanforderungen der Untersuchung an Art und Menge der Waren sowie den technischen, organisatorischen, zeitlichen und finanziellen Aufwand.[139] Bei Massenwaren genügt eine repräsentative Untersuchung von Stichproben.[140] Eine fehlende Untersuchung an sich führt nicht zur Rechtsfolge der Genehmigungsfiktion. Das Gesetz stellt bei Auftreten von Mängeln auf die fehlende oder nicht rechtzeitige Rüge ab, sodass bei pauschaler – freilich ordnungsgemäßer – Mängelanzeige trotz Verletzung der Untersuchungsobliegenheit nicht zwingend die Käuferrechte von § 377 II, III HGB präkludieren müssen.[141]

IV. Warenmängel als Rügegrund i.S.v. § 377 HGB

Die Rügeobliegenheit des Handelskäufers gem. § 377 I HGB stellt als zentrale Voraussetzung auf einen Mangel[142] der gelieferten Ware ab. Auch nach der Schuldrechtsreform 2002 sind hiervon unstreitig Sachmängel (Qualitätsmängel) i.S.d. § 434 I BGB sowie Montagefehler i.S.d. § 434 II BGB von § 377 HGB erfasst.[143] Dass § 434 I, II BGB n.F. unter Umständen[144] weiter geht als § 459 BGB a.F., soll dabei nicht näher ausgeführt werden.

---

138 Vgl. statt vieler nur BGH, ZIP 2016, 722 Rn. 20 ff.; OLG Karlsruhe, Urt. v. 19.07.2016 – 12 U 31/16, BeckRS 2016, 13273 Rn. 33 ff., 38 ff. = BB 2016, 2065 (2067 f.) = IBR 2016, 3087 mit Anm. *Rodemann*.

139 *Bayer/Lieder*, Handels- und GesellschaftsR, Rn. 326; MüKo-HGB/*Grunewald*, § 377 Rn. 38; EBJS/*Müller*, HGB, § 377 Rn. 81.

140 RGZ 106, 359 ff. (10 von 5.000 Dosen Apfelmark); BGH, BB 1977, 1019 (5 oder 6 von 2400 Dosen Champignons); OLG Hamburg, MDR 1965, 390 f. (4% einer Lieferung Gurkenkonserven).

141 EBJS/*Müller*, HGB, § 377 Rn. 56; Staub/*Brüggemann*, HGB, 4. Aufl., § 377 Rn. 70; vgl. auch Hk-HGB/*Stöber*, § 377 Rn. 21.

142 Das HGB enthält keinen speziellen Mangelbegriff, sodass beim Handelskauf weiterhin gem. Art. 2 I EGHGB der Mangelbegriff des BGB (§ 434) Anwendung findet.

143 Allgemeine Meinung: MüKo-HGB/*Grunewald*, § 377 Rn. 53; Koller/Kindler/Roth/Morck/*Roth*, HGB, § 377 Rn. 5; Baumbach/Hopt/*Hopt*, HGB, § 377 Rn. 12 f.; Oetker/*Koch*, HGB, § 377 Rn. 20; EBJS/*Müller*, HGB, § 377 Rn. 61; Röhricht/Graf von Westphalen/Haas/*Wagner*, HGB, § 377 Rn. 10; Heymann/*Emmerich/Hoffmann*, HGB, § 377 Rn. 16 ff.; Hk-HGB/*Stöber*, § 377 Rn. 12; BeckOK-HGB/*Schwartze*, § 377 Rn. 19.

144 Vgl. MüKo-BGB/*Westermann*, § 434 Rn. 26 ff.; BeckOK-BGB/*Faust*, § 434 Rn. 19 ff.; Palandt/*Weidenkaff*, BGB, § 434 Rn. 9 ff.; Staudinger/*Matusche-Beckmann*, BGB, 2014, § 434 Rn. 4.

Entscheidend für die nachfolgende Untersuchung ist die Gleichstellung von qualitativ schlechter Ware (Peius) und einer anderen als der gekauften (Aliud) sowie Abweichungen in der gelieferten Quantität gem. § 434 III BGB, jeweils unter Bezugnahme der Auswirkungen auf die Genehmigungsfiktion des § 377 HGB in Folge der ersatzlosen Streichung des alten § 378 HGB.

1.) Falschlieferung i.S.d. § 434 III Alt. 1 BGB

Nach § 434 III Alt. 1 BGB steht es nunmehr einem Sachmangel gleich, wenn der Verkäufer eine andere Sache liefert. Daher ist auch der Anwendungsbereich des § 377 HGB für den beiderseitigen Handelskauf eröffnet. Dem Handelskäufer obliegt bzgl. des Mangels eine Rüge, die bei Säumnis eine Genehmigung der Ware fingiert.[145] Trotz der auf den ersten Blick eindeutigen Formulierung und der gewährleistungsrechtlichen Gleichbehandlung von Stück- und Gattungskauf im reformierten Schuldrecht des BGB besteht im Schrifttum Uneinigkeit darüber, ob § 434 III BGB tatsächlich alle Arten der Falschlieferung erfasst.

a) Das Identitätsaliud

Eine der bedeutendsten Änderung zur vorherigen Rechtslage war die Anpassung der besonderen gewährleistungsrechtlichen (2 Jahre nach Ablieferung der Ware, § 438 I Nr. 3, II BGB, anstatt 6 Monaten, § 477 BGB a.F.) zu den allgemeinen Verjährungsregeln (nunmehr 3 Jahre, §§ 195, 199 I BGB n.F., anstatt 30 Jahre §§ 195, 198 BGB a.F.). Die noch vor Inkrafttreten des SMG bestehende große Divergenz der unterschiedlichen Verjährung von Falsch- und Schlechtlieferung wurde vom Gesetzgeber beseitigt. Trotzdem ist umstritten, ob § 434 III Alt. 1 BGB für den Stückkauf auf die Leistung einer gegenständlich vollkommen anderen Kaufsache als vom Verkäufer geschuldet (sog. *Identitätsaliud*) Anwendung findet.[146]

---

145 Nach der Schuldrechtsreform: OLG Karlsruhe, Urt. v. 19.07.2016 – 12 U 31/16, BeckRS 2016, 13273 Rn. 18 ff. = BB 2016, 2065; OLG Brandenburg, Urt. v. 30.06.2011 – 6 U 72/10, BeckRS 2011, 17734 = ZGS 2011, 484; OLG Naumburg, Urt. v. 30.12.2010 – 10 U 16/10, BeckRS 2011, 17000; OLG Brandenburg, Urt. v. 23.05.2007 – 7 U 4/07, juris Rz. 25 ff.

146 Von der Rtspr. bisher nicht entschieden; iE offengelassen OLG Frankfurt a.M., NJW-RR 2007, 1423 (1424).

aa) Teleologische Reduktion auf Gattungskauf

Eine in der Literatur vertretene Ansicht[147] argumentiert bei der Nichtanwendbarkeit des § 434 III BGB auf das Identitätsaliud vor allem mit der Gesetzesbegründung und der ratio legis des ersatzlos gestrichenen § 378 HGB. Dessen Grundgedanke bei der Eingliederung in das bürgerliche Recht war es, die Unterscheidung von Aliud und Peius zu beseitigen. Die – so die damalige Meinung – willkürlichen und teils unlösbaren Abgrenzungsschwierigkeiten seien jedoch lediglich im Gattungskauf aufgetreten[148] und beim Stückkauf gerade nicht vorhanden. Die Gleichstellung von Schlecht- und Falschlieferung sei bei einem Identitätsaliud nicht notwendig, da in diesen Fällen die Gefahr von Abgrenzungsschwierigkeiten auf Grund zahlreicher Gattungsunterarten von vornherein nicht bestehe.[149] Dadurch werde die Norm im Falle einer Anwendung auf das Identitätsaliud nahezu funktionslos. Auf Grund der vertraglich eindeutig konkretisierten Kaufsache sei dem Käufer eine verkürzte Gewährleistungsfrist nach § 438 BGB nicht zuzumuten und die Leistung eines Identitätsaliud stets als Nichterfüllung des geschlossenen Kaufvertrages einzuordnen, sodass der ursprüngliche primäre Erfüllungsanspruch gem. § 433 I BGB fortbestehe und damit weiterhin dem allgemeinen Verjährungsregime gem. §§ 195, 199 BGB von 3 Jahren unterliege.[150]

§ 434 BGB konkretisiere die kaufvertragliche Leistungspflicht des Verkäufers aus § 433 I 2 BGB, die Sache frei von Sach- und Rechtsmängeln zu verschaffen. Nach *Thier*[151] ist diese Konkretisierung jedoch unabhängig von der vertraglichen Verschaffungspflicht nach § 433 I 1 BGB, sodass die Lieferung einer anderen als der im Vertrag individuell festgelegten Sache bereits gegen eben diese verstoße und nicht gegen die Verpflichtung mängelfrei zu leisten. Der Anwendungsbereich des § 434 III sei für das Identitätsaliud somit schon nicht eröffnet. Des Weiteren zeige sich bereits aus der Gesetzesbegründung, dass eine Einbeziehung des Stückkaufsaliud in die kaufrechtliche Gewährleistungssystematik vom Gesetzgeber nicht beabsichtigt wurde, wenn es dort heißt: „Wird beim Stückkauf ein Identitätsaliud geliefert, so kommt neben dem Erfüllungsanspruch auf Lieferung

147 *Canaris*, Schuldrechtsreform 2002, S. XXIII; *Lettl*, JuS 2002, 866 ff.; *Schulze*, NJW 2003, 1022 f.; *Thier*, AcP 203 (2003), 399 ff.; *Altmeppen/Reichard*, FS Huber, S. 73 ff.; Hk-BGB/*Saenger*, § 434 Rn. 20; *Oechsler*, Vertragliche Schuldverhältnisse, Rn. 140 ff.; Schimmel/Buhlmann/*Andres*, FraHdbSR, S. 460 Rn. 49; *Medicus/Petersen*, Bürgerliches Recht, Rn. 288; *Schimmel/Buhlmann*, Fehlerquellen, V 5 b ff, S. 125 f.

148 BT-Drucks. 14/6040, S. 87, 211.

149 *Canaris*, Schuldrechtsreform 2002, S. XXIII.

150 *Lettl*, JuS 2002, 866 (871 aE).

151 *Thier*, AcP 203 (2003), 399 (403 f.).

der gekauften Sache ein davon verschiedener Nachlieferungsanspruch nicht in Betracht."[152]

Eine teleologische Reduktion des § 434 III BGB auf Gattungsschulden sei ferner zu befürworten, damit der (unredliche) Verkäufer nicht dazu geneigt sei, dem Käufer nach Lieferung eines Identitätsaliud entgegenzuhalten, eine Nacherfüllung sei auf Grund des unverhältnismäßig hohen Kostenaufwands nunmehr nach §§ 437 Nr. 1, 439 I, III 1, 3 BGB unmöglich.[153] Der Verkäufer könne sich auf derartige Weise den höheren Anforderungen der Unmöglichkeit nach § 275 II BGB entziehen. Dieser verlangt für ein Leistungsverweigerungsrecht des Schuldners ein grobes Missverhältnis zu dem Leistungsinteresse des Gläubigers, während bei § 439 III 1, 3 BGB lediglich ein Missverhältnis zur Entlastung des Verkäufers ausreiche (sog. *Flucht in die Nacherfüllung*).[154] Eine derartige Privilegierung des Verkäufers strebe beim Stückkauf gegen das Identitätsinteresse des Käufers. Gerade beim Stückkauf sei die individuell ausgewählte Kaufsache wesentlich für die Entscheidung zur Schließung des Kaufvertrages über exakt dieses konkret ausersehene „Stück". Umgekehrt wisse der Verkäufer um das Identitätsinteresse des Käufers und seiner – im Gegensatz zur Gattungsschuld – beschränkten Erfüllungsmöglichkeit, sodass ihm das höhere Risiko bekannt sei und im Vorfeld bereits in die Kaufpreiskalkulation mit einfließen werde.[155]

bb) Uneingeschränkte Anwendung

Die überwiegende Gegenansicht[156] lehnt eine teleologische Reduktion des § 434 III Alt. 1 BGB auf Gattungsschulden hingegen ab. Bei Lieferung eines Identitätsaliud finde ebenso wie beim Peius Sachmängelgewährleistungsrecht über § 437 BGB Anwendung. An die Stelle des ursprünglichen Erfüllungsanspruchs trete nunmehr ein inhaltsgleicher Nachlieferungsanspruch i.S.d. § 439 I Alt. 2 BGB. Als

152 BT-Drucks. 14/6040, S. 216 li. Sp. aE.

153 *Altmeppen/Reichard*, FS Huber, 73 (83).

154 *Oechsler*, Vertragliche Schuldverhältnisse, Rn. 136, 140 ff.

155 *Thier*, AcP 203 (2003), 399 (409 f.).

156 *Brors*, JR 2002, 133; *Brüggemeier*, WM 2002, 1376 (1378); *Dauner-Lieb/Arnold*, JuS 2002, 1175; BeckOK-BGB/*Faust*, § 434 Rn. 107; *Musielak*, NJW 2003, 89; *Lorenz*, JuS 2003, 36; *Tiedtke/Schmitt*, JZ 2004, 1092 (1093 f.); Huber/Faust/*Huber*, Schuldrechtsmodernisierung, § 12 Rn. 61; *Lorenz/Riehm*, Neues Schuldrecht, Rn. 494; Henssler/Graf von Westphalen/*Graf von Westphalen*, Schuldrechtsreform, § 434 Rn. 55; Palandt/*Weidenkaff*, BGB, § 434 Rn. 52a; MüKo-BGB/*Westermann*, § 434 Rn. 44 ff.; BeckOK-HGB/*Schwartze*, § 377 Rn. 20; *Oetker/Maultzsch*, Vertragliche Schuldverhältnisse, § 2 Rn. 159; Eckert/Maifeld/Matthiessen/*Matthiessen*, HdbKR, Rn. 393.

ungeschriebene Voraussetzung des § 434 III BGB verlange die Gleichstellung von Aliud und Peius, dass der Verkäufer mit der gelieferten Sache seine Vertragspflicht erfüllen will.

cc) Eigene Stellungnahme

Eine teleologische Reduktion des Anwendungsbereichs von § 434 III Alt. 1 BGB auf Gattungskäufe kann nicht überzeugen und ist abzulehnen.

(1) Wortlaut

Zwar lässt sich durchaus hören, dass der Wortlaut des § 434 III BGB nicht derart eindeutig erscheint, wie es auf den ersten Blick vermuten lässt. Heißt es vergleichend in Abs. 2: „Ein Sachmangel ist auch dann gegeben, wenn die vereinbarte Montage [...] unsachgemäß durchgeführt worden ist", so liest sich Abs. 3: „Einem Sachmangel steht es gleich, wenn der Verkäufer eine andere Sache [...] liefert". Allerdings ist die Lieferung einer *anderen Sache* eben kein Sachmangel i.S.e. Schlechtlieferung, sondern die Erbringung einer falschen – sei es auch qualitativ gleichwertigen – Leistung; in Bezug auf den Stückkauf namentlich ein mit der vertraglich geschuldeten Kaufsache nicht identisches Aliud. Der vom Gesetzgeber unterschiedlich gewählte Wortlaut macht deutlich, dass Aliudlieferungen ebensowenig die geschuldete Leistung erfüllen wie Peiuslieferungen, jedoch in den Rechtsfolgen gleichgestellt werden.[157] Um Irrtümer, die auf die alte Rechtslage zurückzuführen sind – speziell auch für den Gattungskauf – zu vermeiden, wäre ein anderslautender Normtext jedoch begrüßenswert gewesen. Etwa:

> *„Liefert der Verkäufer eine andere Sache oder eine zu geringe Menge, so kann der Käufer die in § 437 bezeichneten Rechte ebenfalls geltend machen."*[158]

Eine Ambivalenz des Normtextes wird vereinzelt darin gesehen, dass bei der Formulierung des Gesetzgebers von vornherein Auslegungsprobleme nicht ausgeschlossen wurden, indem er das Identitätsaliud nicht ausdrücklich in den Gesetzestext mitaufnahm.[159] Jedoch ist den Befürwortern einer teleologischen Reduktion entgegenzuhalten, dass der Wortlaut des § 434 III BGB auch das Identitätsaliud umfasst. Des Weiteren unterscheidet das gesamte neue Kaufrecht systematisch nicht zwischen Stück- und Gattungskauf. Zudem ist die Beseitigung

---

157 Vgl. auch *Stöber*, S. 140.

158 In Anlehnung an *Rust*, S. 98.

159 *Brors*, JR 2002, 133 (134), unter Bezugnahme auf die Doppeldeutigkeit der Gesetzesbegründung.

der unterschiedlichen Behandlung im Rahmen des Gewährleistungsrechts, der Gesetzesbegründung eindeutig zu entnehmen.[160]

(2) Systematik

Auch die Argumentation eines auf den Stückkauf nicht passenden Nacherfüllungsanspruchs kann nicht überzeugen. Vielmehr ist sie nicht in Einklang mit der nach der Schuldrechtsmodernisierung grundlegenden höchstrichterlichen Rechtsprechung zum vorrangigen Nacherfüllungsrecht[161] im neuen Kaufrecht zu bringen. Auch wenn bei der Lieferung eines Identitätsaliud nur die Alternative der Neulieferung nach § 439 I Alt. 2 BGB bleibt[162], so ist dies dogmatisch nicht identisch mit dem ursprünglichen Erfüllungsanspruch des § 433 I 1 BGB. Zwar ist *Thier*[163] darin zuzustimmen, dass der Verkäufer freilich nicht mit *irgendeiner* mangelfreien Sache seine kaufvertragliche Primärpflicht erfüllen kann, sondern nur mit der individuell durch den Käufer konkretisierten Stückschuld. Eindeutig geht der Wille des historischen Gesetzgebers aber nicht aus den Gesetzgebungsmaterialien hervor, eine Beschränkung des § 434 III BGB auf Gattungsschulden beabsichtigt zu haben. Auf die betreffende Passage[164] beruft sich vielmehr auch die überzeugendere Gegenauffassung, wenn sie darin lediglich die inhaltliche Übereinstimmung von ursprünglichem Erfüllungs- zum modifizierten Nachlieferungsanspruch beim Identitätsaliud sieht.[165] Bei der Leistung eines Identitätsaliud durch den Verkäufer ist die Nachbesserungsvariante (§ 439 I Alt. 1 BGB) realiter nicht möglich.

(3) Historik

Auf der alten Rechtslage lässt sich ebenso wenig eine stichhaltige Argumentation der Kritiker aufbauen, da § 378 HGB a.F. unstreitig als Vorbild des heutigen § 434 III BGB diente. Der Verweis, dass § 378 HGB a.F. ausschließlich die Gleichstellung

---

160 BT-Drcks. 14/6040, S. 94; so auch Staudinger/*Matusche-Beckmann*, BGB, 2014, § 434 Rn. 147.

161 BGHZ 168, 64 (72 ff.), wonach auch beim Stückkauf vorrangig ein Nachbesserungs- oder Nachlieferungsanspruch nach § 439 I BGB besteht und eine Nacherfüllung nicht generell unmöglich i.S.d. § 275 BGB ist.

162 AG Aachen, NJW-RR 2005, 1143: Der Käufer habe grundsätzlich auch bei einer Falschlieferung (im zu entscheidenden Fall lag ein Identitätsaliud vor) ein Recht auf Nacherfüllung gemäß § 439 BGB.

163 *Thier*, AcP 203 (2003), 399 (404 f.).

164 BT-Drucks. 14/6040, S. 216 li. Sp. aE.

165 *Dauner-Lieb/Arnold*, JuS 2002, 1175; *Musielak*, NJW 2003, 89 (90); *Tiedtke/Schmitt*, JZ 2004, 1092 (1093).

von Schlecht- und Falschlieferung auf den Gattungskauf beschränkte, ist nach heutiger Rechtslage jedoch streng abzulehnen. Insofern entschied der BGH[166] zutreffend, dass die Anwendung des kaufrechtlichen Gewährleistungsrechts (§§ 459 ff. BGB a.F.) bei Lieferung eines Identitätsaliud den primären Vertragserfüllungsanspruch des Käufers abschnitt. Nach altem Kaufrecht war lediglich für den Gattungskauf ein Nachlieferungsrecht des Käufers vorgesehen (§ 480 BGB a.F.). Beim Kauf einer Speziessache blieb lediglich das Recht auf sofortige Wandelung und Minderung. Seit der Schuldrechtsreform und der Gleichstellung von Stück- und Gattungskauf ist dieser für den Käufer ungebührliche Zustand allerdings passé. § 439 I BGB n.F. spricht demnach vielmehr für eine Einbeziehung des Identitätsaliud in den Anwendungsbereich des § 434 III BGB.

Des Weiteren galt nach früherer Rechtslage in § 433 I 1 BGB a.F. die Übergabe und Eigentumsverschaffung der Kaufsache als primäre Leistungs- bzw. Erfüllungspflicht des Verkäufers. Ein Identitätsaliud war daher Nichterfüllung, die mangelhafte Sache jedoch Schlechterfüllung des Vertrages, da der Verkäufer das vom Käufer ausgewählte Stückgut leistete.[167] Heute ist Erfüllungspflicht nach § 433 I 2 BGB n.F. die Übergabe und Eigentumsverschaffung einer *mangelfreien* Sache. In Folge der Gleichstellung in § 434 III BGB ist demnach sowohl die Schlecht- als auch die Falschlieferung mängelbehaftet und somit genau genommen Nichterfüllung der primären vertraglichen Leistungspflicht des Verkäufers. Es kann daher auch kein Unterschied bei der Anwendung des Gewährleistungsrechts zwischen Aliud und Peius bestehen.

(4) Telos

Eine teleologische Reduktion scheidet auch unter Berücksichtigung des Normzwecks aus. Dieser soll die oftmals schwierige Unterscheidung von Aliud und Peius entfallen lassen. Es ist naheliegend zu argumentieren, dass bei Lieferung eines Identitätsaliud solche Abgrenzungsschwierigkeiten – schon nach früherer Rechtslage – nicht bestünden. Zwar werden beim Stückkauf in der Tat nur wenige Schwierigkeiten aufkommen und die Abgrenzungsprobleme in der Regel beim Gattungskauf auftreten. Auszuschließen ist es indes nicht. Man denke nur an folgendes Beispiel[168]:

166 Die zugrunde gelegte Entscheidung: BGH, NJW 1979, 811.

167 Vgl. *Hein*, ZHR 87 (1924), 54 (62 f.).

168 So auch schon beispielhaft *Dauner-Lieb/Arnold*, Jus 2002, 1175 (1176); *Oetker/Maultzsch*, Vertragliche Schuldverhältnisse, § 2 Rn. 159.

Die Kunstliebhaberin K schließt mit der Kunsthändlerin V einen Kaufvertrag über das Originalgemälde „Sonnenaufgang" des bekannten Künstlers P. Indessen liefert V in Folge einer Verwechslung das ebenfalls von P stammende Originalgemälde „Sonnenuntergang", das indessen weit weniger wertvoll ist. Beide Gemälde unterscheiden sich nur in Details.

Selbst wenn man die Ansicht vertritt, dass eine Abgrenzung beim Stückkauf unnötig sei und dem vertragstreuen Käufer das kurze Verjährungsregime des Kaufrechts aufgezwungen würde, ist dies keine unzumutbare Belastung. Auf Grund der nunmehr zweijährigen Verjährungsfrist mit Ablieferung der Sache (§ 438 I Nr. 3, II BGB) ist dem Käufer – selbst bei unerwartet großen Abgrenzungsschwierigkeiten – in Anbetracht der gewährleistungsrechtlichen Behelfe, insbesondere dem Nachlieferungsanspruch, eine Gleichstellung von Schlecht- und Falschlieferung auch im Falle eines Identitätsaliud zuzumuten. Schließlich bestand in dem Bestreben des Reformgesetzgebers auch die Harmonisierung der besonderen und allgemeinen Leistungsstörungssysteme sowie der Auflösung des Nebeneinanders von Erfüllungs- und Gewährleistungsansprüchen[169], zumal der Käufer es noch selbst in der Hand hat, die – nach der Gegenauffassung leicht erkennbare – Lieferung der falschen Stückschuld als nichtgeschuldete zurückzuweisen.[170]

Die Kritik einer „zwecklosen Normenanwendung" kann daher nicht überzeugen, denn angesichts der o.g. nicht auszuschließenden Abgrenzungsprobleme bei einem vertraglich individuell bestimmten Kaufgegenstand, müssten die Vertreter der Gegenauffassung konsequenterweise auch unproblematische Abgrenzungen von Schlecht- und Falschlieferung beim Gattungskauf aus dem Anwendungsbereich des § 434 III Alt. 1 BGB reduzieren.[171]

(5) Flucht in die Nacherfüllung

Das Argument einer unzulässigen Privilegierung des (unredlichen) Verkäufers bei einseitiger Erzwingung des für ihn günstigeren Nacherfüllungsanspruchs – sog. *Flucht in die Nacherfüllung* – durch Leistung eines Aliud überzeugt nicht vollends. Wie bereits ausgeführt, kann der Verkäufer selbstredend nicht *irgendeine* mangelfreie, nicht geschuldete Sache an den Käufer leisten, um damit seine Vertragspflicht zu erfüllen. Insbesondere wenn der Verkäufer ein Aliud in der Absicht liefert, den höheren Anforderungen der Unmöglichkeitseinrede des

169 BT-Drucks. 14/6040, S. 210 f.

170 Vgl. *Lorenz*, JuS 2003, 36 (38).

171 So auch *Giesen*, S. 18 f.; vgl. auch *Grunewald*, Kaufrecht, § 7 I Rn. 34 aE.

§ 275 II BGB zu entfliehen, widerspräche es dem allgemeinen Gebot von Treu und Glauben (§ 242 BGB), wenn er sich im Anschluss an das Nachlieferungsverlangen des Käufers auf § 439 III 1, 3 BGB beriefe. Entsprechendes muss auch für die Genehmigungsfiktion des Handelskaufs gelten. Liefert der Verkäufer arglistig ein Aliud, und versäumt es der Käufer, ordnungsgemäß zu rügen, wird man dem Verkäufer die Berufung auf die Genehmigungsfiktion über § 377 V HGB absprechen. Die Käuferansprüche verjährten dementsprechend nach der regelmäßigen Verjährungsfrist in Folge des § 438 III 1 BGB.

Soweit der Käufer im Wege der Klageerhebung den Verkäufer in den für ihn nachteiligen § 275 II BGB drängen will, stellt sich die Frage nach der jeweiligen Darlegungs- und Beweislast.

(a) Oechslers Ansatz

Insoweit ist *Oechsler*[172] zuzustimmen, dass in dieser Situation eine Beweiserleichterung für den (redlichen) Käufer gelten muss. Den gewählten Ansatz eines Prima-facie-Beweises und als benötigten Erfahrungssatz desselben, die Rechtsprechung des Ausnahmetatbestands der Genehmigungsunfähigkeit (§ 378 Hs. 2 HGB a.F.) heranzuziehen, ist jedoch abzulehnen. Das Ziel der Gleichstellung von Aliud und Peius sowie der Abschaffung des Abgrenzungsmerkmals des genehmigungs- oder nicht genehmigungsfähigen Aliud[173], würde mit einer solchen Heranziehung als Erfahrungssatz des Anscheinsbeweises kollidieren.

(b) Eigener Ansatz

Ein Blick in das bereits als Vorbild der Neuordnung des Schuldrechts dienende UN-Kaufrecht kann an dieser Stelle durchaus hilfreich sein. Das rechtspolitische Bestreben einer käuferfreundlicheren Annäherung des § 377 HGB in für den nicht schutzwürdigeren Verkäufer noch immer vorteilhaften Einzelfällen, ist seit längerem zu erkennen.[174] Die Ausnahme der Rügeobliegenheit des § 377 V HGB verlangt dennoch ein arglistiges Verschweigen des Mangels durch den Verkäufer. Demgegenüber nennt Art. 40 CISG die Kenntnis der Vertragswidrigkeit oder die Tatsache, dass er darüber nicht in Unkenntnis sein konnte.[175]

---

172 *Oechsler*, NJW 2004, 1825 (1828).

173 BT-Drucks. 14/6040, S. 216 re. Sp. aE.

174 So *K. Schmidt*, HR, § 29 Rn. 71.

175 Letztere Wendung bezieht sich auf grob fahrlässige Unkenntnis (h.M.), siehe dazu E. II. 2.

In Anlehnung daran[176], sollte de lege ferenda – unabhängig davon, ob im Wege der Feststellungs- oder Leistungsklage – eine schlüssige Darlegung zu der klagweisen Durchsetzung des Anspruchs seitens des Käufers genügen. Gelingt ihm diese, ist sodann der sich auf § 439 III 1, 3 BGB oder auf die Genehmigungsfiktion des § 377 HGB berufende Verkäufer verpflichtet, den Beweis zur Entkräftung des Käuferverdachts zu erbringen. Eine solche Privilegierung des Käufers im Wege einer *sekundären Beweislastverteilung* kann jedoch nur unter der Bedingung erfolgen, dass die Arglist oder Bösgläubigkeit des Verkäufers als *evident* anzusehen ist. Für eine solche Evidenz müssten zumindest mehrere, verschiedenartige, offensichtliche Verdachtsmomente vorliegen, die eine solche Beweiserleichterung in Einzelfällen rechtfertigt. Eine derartige Beweislastregelung würde dem Verkäufer im Regelfall auf Grund des bestehenden prozessualen Risikos den wirtschaftlichen Anreiz zu einer Flucht in die Nacherfüllung durch bewusste Lieferung eines weniger wertvollen Aliud nehmen.[177] Dies entspricht zum einen dem Gedanken der oben dargelegten Käuferprivilegierung, zum anderen liegt sodann auch kein Verstoß gegen die allgemeinen Beweislastgrundsätze vor.

(6) Ergebnis

Letztendlich muss der Einwand entschieden abgelehnt werden, eine Beschränkung des § 434 III BGB auf Gattungsschulden bzw. Qualifikationsalia mit der alten Rechtslage zu begründen. Das Identitätsaliud war vor Inkrafttreten des SMG beim Handelskauf nach § 378 HGB a.F. ebenso zu rügen. Erst nach ordnungsgemäßer Rüge wurde zwischen Stück- und Gattungskauf unterschieden, da als Rechtsfolge die Anwendung verschiedener Leistungsstörungsrechte notwendig erschien. Unterblieb die unverzügliche Mitteilung i.S.d. §§ 377, 378 HGB a.F., fingierte das Gesetz die Genehmigung der Ware, sodass beim Identitätsaliud nunmehr der Erfüllungsanspruch des § 433 I 1 BGB a.F. verwehrt blieb. Der primäre Erfüllungsanspruch war damit bei Versäumung der Rügeobliegenheit – mit Ausnahme der Genehmigungsunfähigkeit (§ 378 Hs. 2 HGB a.F.) – ebenso präkludiert wie die Gewährleistungsansprüche beim Gattungsaliud und bei Schlechtleistungen. Durch ersatzlose Streichung des ehemaligen § 378 HGB muss § 434 III Alt. 1 BGB n.F. uneingeschränkt für alle Falschlieferungen Anwendung finden.[178] Würde man einer teleologischen Reduktion des Identitätsaliud beipflichten, folgte daraus die Ungleichbehandlung mit dem Sachmangel.

---

176 Vgl. BGH, IHR 2004, 201; *Müller*, IHR 2005, 16.

177 Im Ergebnis auch *Jessel*, S. 82 ff.

178 So auch *Kramer*, FS Honsell, S. 247 (255 f.).

V demontiert und verkauft zwei Kräne gleichen Typs. K hat den jüngeren dieser Kräne gekauft, aber bei der Lieferung zunächst nicht bemerkt, dass er – wie aus der Fabriknummer ersichtlich – den älteren erhalten und in Benutzung genommen hat.[179]

Einen Grund, warum § 377 HGB hier nicht zur Anwendung kommen sollte, ist im obigen Beispielsfall nicht ersichtlich. Auch wenn der von V gelieferte Kran voll funktionsfähig ist und keinerlei Qualitätsmängel i.S.d. § 434 I BGB aufweist, ist es nicht der von K gekaufte jüngere Kran und somit eine Falschlieferung beim Stückkauf. Die Gegenansicht wird hier nicht absprechen können, dass die Verkehrserwartung von einem ordentlichen Kaufmann eine Untersuchung sowie eine Rüge gem. § 377 HGB erwartet, auch wenn es sich um ein Identitätsaliud handelt. Die Konsequenz wäre infolge der ersatzlosen Streichung des § 378 HGB a.F. jedoch eine nicht mehr vorhandene Rügeobliegenheit des Handelskäufers für Identitätsalia, denn § 377 HGB setzt einen Mangel der abgelieferten Ware voraus. Eine solche Regelungslücke ist vom Gesetzgeber nicht gewollt[180] und auch im Hinblick auf den Zweck einer schnellen und rechtssicheren Abwicklung von Handelsgeschäften sowie einer möglichst baldigen Rechtsklarheit des Verkäufers nicht förderlich. Ergo kann keinesfalls von einer Funktionslosigkeit bzw. einer zwecklosen Normanwendung des § 434 III Alt. 1 BGB bei Falschlieferung einer Stückschuld durch den Verkäufer gesprochen werden.[181]

b) Das Qualifikationsaliud beim Stückkauf

Seit der Gesetzgeber den Vorrang des subjektiven Fehlerbegriffs[182] in § 434 I 1 BGB positivrechtlich verankert hat, fällt das Qualifikationsaliud beim Stückkauf unter den Qualitätsmangel nach § 434 I BGB. Im Unterschied zu einem Identitätsaliud, bei dem die gelieferte Sache gegenständlich von der vertraglich geschuldeten individualisierten Sache abweicht, spricht man von einem Qualifikationsaliud, wenn die erbrachte Leistung zwar identisch mit der gekauften Sache ist, jedoch nicht mit der geschuldeten Art übereinstimmt, die beim Vertragsschluss angenommen wurde.

179 Beispiel aus *K. Schmidt*, HR, § 29 Rn. 60.

180 BT-Drucks. 14/6857, S. 41 (re. Sp. oben).

181 So auch *Wiese*, AcP 206 (2006), 902 (909).

182 BT-Drucks. 14/6040, S. 212 (re. Sp); zum objektiven Fehlerbegriff vgl. aus neuerer Zeit nur noch *Knöpfle*, Der Fehler beim Kauf, S. 265 ff., 349.

Gekauft wurde eine goldene Uhr der Marke Rolex. Nach Lieferung ebendieser stellt sich die Uhr als lediglich vergoldet heraus[183].

Gekauft wurden 214 Fass „Haakjöringsköd" schwimmend per Dampfer „Jessica". Beide Parteien gehen bei Vertragsschluss davon aus, dass es sich bei der Bezeichnung um „Walfleisch" handelt. Realiter bedeutet es jedoch „Haifischfleisch". Letzteres befand sich auf dem Dampfer und wird dem Käufer geliefert[184].

Da § 434 I 1 BGB auf die vereinbarte Beschaffenheit abstellt, ist die Artabweichung beim Spezieskauf bereits unter den Sachmangelbegriff des § 434 I 1 BGB zu subsumieren, sodass § 434 III BGB keine Anwendung findet.[185] Bereits nach dem Sprachgebrauch kann es beim Stückkauf, der sich gerade nach einer individuell ausgesuchten Ware bestimmt, nicht um eine Falschlieferung handeln, wenn die tatsächlich erbrachte Leistung mit der vertraglich konkretisierten übereinstimmt. Es wurde gegenständlich das Gekaufte geliefert. Stellt sich heraus, dass die auf dem Dampfer gekauften 214 Fässer Haifischfleisch beinhalten und nicht wie vertraglich vereinbart Walfleisch, dann weicht die Ist-Beschaffenheit von der vertraglich vereinbarten Soll-Beschaffenheit ab. Im Rahmen des Stückkaufs kann also nicht von Qualifikationsalia gesprochen werden, sondern lediglich von Identitätsalia.[186]

c) Die Aliudlieferung beim Gattungskauf

Im Gegensatz zum Identitätsaliud fällt das Qualifikationsaliud beim Gattungskauf unstreitig unter den Anwendungsbereich des § 434 III Alt. 1 BGB. Hierbei liegt eine Falschlieferung vor, wenn die geleistete Ware nicht der vereinbarten Gattung zuzuordnen ist. Uneinigkeit besteht jedoch in der Behandlung des sog. *Total- oder Extremaliud*[187].

---

183 BGHZ 96, 214.

184 RGZ 99, 147.

185 Anders nur *Schulze*, NJW 2003, 1022, unter Berufung auf die Gesetzesbegründung, BT-Drucks. 14/6040, S. 216 li. Sp. unten. Dort heißt es im Anschluss an das Identitätsaliud beim Stückkauf, dass beim Qualifikationsaliud die Nacherfüllung durch Lieferung einer anderen Sache, die die vereinbarte Qualifikation hat, durchaus denkbar und sinnvoll sei.

186 Vgl. statt aller *Tiedtke/Schmitt*, JZ 2004, 1092 (1094).

187 Die bereits im Rahmen des Stückkaufs besprochene „Flucht in die Nacherfüllung" als Missbrauchsmöglichkeit des Verkäufers zur leichteren Entziehung seiner vertraglichen Primärpflicht, gilt entsprechend für das nachfolgend zu behandelnde Extremaliud beim Gattungskauf; vgl. zur Veranschaulichung: *Steinbeck*, Handelsrecht, § 35 Rn. 8 f.

aa) Die Anwendung des § 378 HGB a.F. auf das Extremaliud

Die ersatzlose Streichung des § 378 HGB a.F. hat ebenfalls das Wegfallen eines Ausnahmetatbestandes zur Konsequenz, wie er noch in § 378 Hs. 2 HGB a.F. existierte:

„*Die Vorschriften des § 377 finden auch dann Anwendung, […]* sofern die gelieferte Ware nicht offensichtlich von der Bestellung so erheblich abweicht, dass der Verkäufer die Genehmigung des Käufers als ausgeschlossen betrachten musste."[188]

Nach alter Rechtslage waren solche „krassen" Falschlieferungen von diesem erfasst und wurden als nicht genehmigungsfähig von der Rügeobliegenheit des Handelskäufers ausgenommen. Daher wird vereinzelt[189] favorisiert, den aufgehobenen § 378 HGB a.F. in § 434 III BGB n.F. hineinzulesen und im Falle extremer Abweichungen von gelieferter zu gekaufter Ware, als Abgrenzungsmerkmal zu interpretieren. Danach sei *de lege lata* weiterhin bei der Leistung eines nicht genehmigungsfähigen Totalaliud – i.S.d. § 378 HGB a.F. – allgemeines Leistungsstörungsrecht anzuwenden.

bb) Behandlung ohne objektives Ausnahmekriterium

Dagegen wird zu Recht eingewandt, dass die Zielsetzung einer Aufhebung der unzutreffenden inneren Verschiedenheit von Aliud und Peius durch Fortgeltung des § 378 HGB a.F. in Form einer normativen Auslegung in Grenzfällen des § 434 III BGB ebenso wenig richtig sein könne. Die Anwendung der besonderen kaufrechtlichen Gewährleistungsregeln gem. §§ 437 ff. BGB seien auch bei extremen Abweichungen nicht einzuschränken.[190] Insbesondere sei dies durch ein fortgeltendes objektives Abgrenzungsmerkmal zwischen genehmigungs- und nicht genehmigungsfähigen Falschlieferungen im Rahmen des § 434 III BGB nicht zu erreichen.

cc) Eigene Stellungnahme

Der letztgenannten Auffassung ist zuzustimmen. In der Regierungsbegründung wird die Streichung des § 378 HGB a.F. damit begründet, dass die vom Gesetzgeber restriktiv gemeinte Ausnahmeregelung von der Rechtsprechung zu extensiv

---

188 Hervorhebung durch Verfasser.

189 *Ehmann/Sutschet*, Modernisiertes Schuldrecht, S. 221 f.; wohl auch Westermann/*Buck*, Das Schuldrecht 2002, S. 118; zweifelnd ebenfalls *Medicus/Petersen*, Bürgerliches Recht, Rn. 288; noch weitergehend *Altmeppen/Reichard*, FS Huber, 73 (94 ff.).

190 *Tiedtke/Schmitt*, JZ 2004, 1092 (1094 f.); *Lettl*, JuS 2002, 866 (868); vgl. auch *Musielak*, NJW 2003, 89 (92); *Jessel*, S. 114; BeckOK-HGB/*Schwartze*, § 377 Rn. 20.

ausgelegt wurde, sodass unvorhersehbare und teils widersprüchliche Ergebnisse erzielt wurden. Ein faktischer Fortbestand des § 378 HGB a.F. für Falschlieferungen, die gravierende Abweichungen der von den Vertragsparteien vereinbarten Beschaffenheit aufweisen, steht erkennbar im Widerspruch zum Willen des Gesetzgebers. Zum einen umfasst der Wortlaut des § 434 III BGB ebenso das Extremaliud wie das bereits dargestellte Identitätsaliud. Zum anderen lässt sich dieser Gedanke eindeutig aus der Entstehungsgeschichte der Normen (§ 378 HGB a.F. und § 434 III BGB n.F.) ablesen. Darüber hinaus war ursprünglich im ersten Diskussionsentwurf zum SMG in § 434 III BGB-E noch ein zweiter Halbsatz als Ausnahmetatbestand vorgesehen:[191]

> „*Einem Sachmangel steht es gleich, wenn der Verkäufer eine andere Sache oder eine zu geringe Menge liefert*, es sei denn, dass sie als Erfüllung offensichtlich nicht in Betracht kommt."[192]

Nach der gegen den Ausnahmepassus dargebrachten Kritik wurde dieser wiederum bereits in der konsolidierten Fassung gestrichen. Die Gefahr, dass ein objektives Abgrenzungsmerkmal der offensichtlichen Erfüllungstauglichkeit ähnliche Rechtsprechungskapriolen in Folge von Abgrenzungsschwierigkeiten auslösen könnte, wie sie vormals bestanden, wurde demnach zutreffend moniert.[193] Diese Vorgehensweise kann somit kein geeignetes Mittel zur Harmonisierung der gegenseitigen Interessen darstellen und de facto keine durch die Reform bezweckte kohärente Vereinfachung sein.

Wenn nun de lege lata die uneingeschränkte Fortgeltung des § 378 HGB a.F. vorgetragen wird, steht dies in einem weiteren Punkt im Widerspruch zur legislativen Intention. Der Grund, weshalb die streng restriktiv auszulegende Ausnahme der nicht genehmigungsfähigen Aliudlieferung von der früheren Rechtsprechung zu einem Billigkeitskorrektiv pervertiert wurde, lag unter anderem an der großen Divergenz der unterschiedlichen Verjährungslänge. Durch die Annäherung von Gewährleistungs- und allgemeiner Nichtleistungsverjährung, entfällt ein essentielles Hauptmotiv zur extensiven Auslegung eines Ausnahmetatbestandes. Einer weiterhin unterschiedlichen Behandlung von Peius und Aliud hinsichtlich des anzuwendenden Leistungsstörungsrechts ist damit eine wichtige Grundlage entzogen. Es kommt daher gerade nicht mehr auf eine

191 Abgedruckt in: *Canaris*, Schuldrechtsreform 2002, S. 3 (26).

192 Hervorhebung durch Verfasser.

193 Ernst/Zimmermann/*Zimmer*, Zivilrechtswissenschaft und Schuldrechtsreform, 191 (198); vgl. auch *Gsell*, JZ 2001, 65 (66 f.) Fn. 18, die auch fehlende Konformität mit der Verbrauchsgüterkauf-RL beanstandet.

Unterscheidung zwischen genehmigungsfähiger und nicht genehmigungsfähiger Erfüllungsleistung an.[194]

Dies hat der Gesetzgeber auch ausdrücklich klargestellt und eine seit jeher scharf im Schrifttum kritisierte unterschiedliche Behandlung von Extremaliud und gravierenden Qualitätsmängeln damit aufgehoben.

Beim Gattungskauf ist auf Grund des subjektiven Fehlerbegriffs bereits kein Unterschied zu erkennen, denn geschuldet ist gem. § 243 I BGB eine – noch nicht konkret bestimmte – Sache mittlerer Art und Güte, für den Handelskauf entsprechend ein Handelsgut i.S.e. „Ware“[195] mittlerer Art und Güte, § 360 HGB. Ob nun eine andere Warengattung oder eine Ware, die nicht mittlerer Art und Güte ist, geliefert wird, stellt systematisch keinen Unterschied dar. Beide Lieferungen weichen von der vereinbarten Sollbeschaffenheit ab und können keine Konkretisierung gem. § 360 HGB i.V.m. § 243 II BGB herbeiführen. Daher ist nunmehr kein Grund erkennbar, weshalb extreme Falschlieferungen anders zu behandeln sein sollten als extreme Schlechtlieferungen, die ebenfalls deutlich von der vertraglich vereinbarten Sollbeschaffenheit abweichen.[196] Schließlich stellt der Wortlaut des § 434 III BGB nicht auf einen bestimmten Grad der Abweichung von der Sollbeschaffenheit ab und hat für die Gleichstellung von Aliud und Peius somit keine Bedeutung.[197]

dd) Zusammenfassung

Zusammenfassend kann somit festgehalten werden, dass auch besonders gravierende bzw. extreme Falschlieferungen von § 434 III Alt. 1 BGB erfasst werden. Insbesondere kommt ein objektives Ausnahmemerkmal, sei es eine faktisch fortgeltende Unterscheidung von genehmigungsfähigen oder nicht mehr genehmigungsfähigen Falschlieferungen i.S.d. § 378 Hs. 2 HGB a.F. oder eine Abgrenzung zwischen offensichtlich erfüllungstauglichen oder erfüllungsuntauglichen im Sinne des o.g. § 434 III BGB-E nicht in Betracht.

---

194 Staudinger/*Matusche-Beckmann*, BGB, 2014, § 434 Rn. 147 f. aE; BeckOK-BGB/*Faust*, § 434 Rn. 108; MüKo-BGB/*Westermann*, § 434 Rn. 45; vgl. für den Handelskauf auch *Kramer*, FS Honsell, S. 247 (255 f.).

195 Vgl. nur MüKo-HGB/*Welter*, § 360 Rn. 19 ff.

196 BT-Drucks. 16/6040, S. 216 re. Sp. unten; so auch *Mock*, S. 30 f.; *Schaeffer*, S. 138 f.

197 Oetker/*Koch*, HGB, § 377 Rn. 29.

d) Ungeschriebene Voraussetzung des § 434 III BGB

In der Gesetzesbegründung wird als nunmehr ungeschriebene Voraussetzung der Gleichstellung von Aliud und Peius verlangt, dass der Verkäufer die Leistung als Erfüllung seiner Pflicht zu erbringen hat. Der Käufer muss zusätzlich erkennen können, dass mit der Leistung ein Zusammenhang zwischen der gelieferten Ware und der vertraglichen Verpflichtung des Verkäufers besteht. Es darf sich dabei nicht um eine andere Verbindlichkeit aus einem anderen Vertragsverhältnis handeln.[198] Mit anderen Worten ist die Gleichstellungsvoraussetzung eine vom Schuldner subjektiv zu erbringende Zuordnung seiner Leistung zum vertraglich Geschuldeten, die vom Leistungsempfänger objektiv zu erkennen sein muss.

Wie diese ungeschriebene Voraussetzung der Gleichstellung von Aliud und Peius konkret ausgestaltet werden soll, ließ der Gesetzgeber in der Begründung jedoch offen.

aa) Tilgungsbestimmung

Zweifelsohne ist für die Gleichstellung von Aliud und Peius vorauszusetzen, dass die Lieferung des Verkäufers in Erfüllung seiner kaufvertraglichen Hauptleistungspflicht erbracht werden muss. Überwiegend wird dabei die Anwendung einer Tilgungsbestimmung (vgl. § 366 BGB) durch den Schuldner befürwortet.[199] Hierbei soll der Verkäufer durch eine ausdrückliche, einseitige, rechtsgeschäftsähnliche Erklärung die Falschlieferung dem zugrunde liegenden Kaufvertrag zuordnen. Unterlässt er eine explizite Tilgungsbestimmung, komme es insoweit auf die Erkennbarkeit seines Verhaltens aus der Sicht eines objektiven Empfängers an. Der innere Willen des Leistenden und dessen Wahrnehmung und Erkenntnis im Empfängerhorizont des Leistungsadressaten, seien demnach entscheidendes Kriterium für die Gleichstellung, analog §§ 133, 157 BGB.

---

198 BT-Drucks. 16/6040, S. 216 re. Sp.

199 *Lorenz*, JuS 2003, 36 (37 f.); *Lorenz/Riehm*, Neues Schuldrecht, Rn. 495; *Thier*, AcP 203 (2003), 399 (415 f.); *Tiedtke/Schmitt*, JZ 2004, 1092 (1095 ff.); Erman/*Grunewald*, BGB, § 434 Rn. 61; Staudinger/*Matusche-Beckmann*, BGB, 2014, § 434 Rn. 144; BeckOK-BGB/*Faust*, § 434 Rn. 109; Palandt/*Weidenkaff*, BGB, § 434 Rn. 52, 57; Eckert/Maifeld/Matthiessen/*Matthiessen*, HdbKR, Rn. 397; *Reinicke/Tiedtke*, Kaufrecht, Rn. 361 ff.

bb) Gebilligter Leistungstransfer i.S.v. § 363 BGB

Vereinzelt[200] wird die noch weitergehende Ansicht vertreten, dass der ursprüngliche Erfüllungsanspruch des § 433 I 1 BGB erst in dem Zeitpunkt in modifiziertes Gewährleistungsrecht gem. § 437 BGB übergehen dürfe, wenn der Käufer an der dem Kaufvertrag zugrunde liegenden Leistung des Verkäufers mitgewirkt habe. Vorher müsse es bei den allgemeinen Folgen der §§ 280 ff., §§ 320 ff. BGB einer nicht ordnungsgemäßen Erfüllung bleiben. Die Lieferung eines Aliud i.S.d. § 434 III BGB setze demnach einen (teilweisen) Leistungstransfer der Ware i.S.d. § 433 I 1 BGB voraus, den der Käufer durch eine rechtsgeschäftsähnliche Handlung als Erfüllung billigt. Auf Grund eines solchen – durch den Käufer gebilligten – Leistungstransfers entstehe ein erhöhtes Interesse beider Vertragsparteien an Rechtsbeständigkeit. Die Billigung des Käufers entspreche einer Annahme als Erfüllung gem. § 363 BGB, die gewöhnlich in der Entgegennahme der Leistung erfolgen werde. Die Billigung beziehe sich nicht auf die Mängelfreiheit der Sache, sondern auf die zumindest teilweise Erfüllung der Hauptleistungspflicht des Verkäufers. Bei einer Falschlieferung sei § 434 III BGB daher erst anwendbar, wenn der Käufer das gelieferte Aliud (irrtümlich) als Erfüllung der Verkäuferpflicht i.S.d. § 433 I 1 BGB annehme. Die durch § 363 BGB herbeigeführte Beweislastumkehr diene durch eine Mitwirkung des Käufers der Rechtssicherheit und -klarheit, die den Übergang vom Erfüllungs- zum modifizierten Gewährleistungsstadium rechtfertige. Weist der Käufer die Leistung zurück, bleibe es bei den Rechtsbehelfen des allgemeinen Leistungsstörungsrechts.

cc) Keine Leistungszweckbestimmung

Einzig *Musielak*[201] vertritt die Ansicht, dass § 434 III BGB ohne Einschränkungen auf Falschlieferungen anzuwenden sei. Werde ein zur Lieferung entsprechender Erfüllungswille des Verkäufers verlangt, könne dies nur anhand der Gesetzesbegründung erfolgen. Gegenstand der Auslegung sei jedoch nicht die Begründung eines Gesetzes, sondern das Gesetz selbst. Aus der Begründung könne lediglich die Regelungsabsicht des Gesetzgebers gezogen werden, welche selbst lediglich eines von mehreren Auslegungskriterien darstelle und somit keinesfalls allein als verbindlich anzuerkennen sei.[202] Allein aus dem Wortlaut des § 434 III Alt. 1 BGB („[...], wenn der Verkäufer eine andere Sache [...] liefert".) lasse

200 *Oetker/Maultzsch*, Vertragliche Schuldverhältnisse, § 2 Rn. 146 ff., 160 ff.; vgl. auch *Kohler*, AcP 204 (2004), 606 (617 ff.).

201 *Musielak*, NJW 2003, 89 (91 f.).

202 Vgl. statt aller *Larenz*, Methodenlehre, S. 320 ff. und 343 ff.

sich ein Ansatzpunkt für eine vorauszusetzende Tilgungsbestimmung erblicken. Verlange man vom Verkäufer für jede Lieferung einen Erfüllungswillen i.S.e. Tilgungsbestimmung, nähere man sich der *Theorie von der finalen Leistungsbewirkung*[203], die im Rahmen der Erfüllung neben dem realen Leistungserbringungsakt noch eine Leistungszweckbestimmung erfordert, die die Leistung einer bestimmten Schuld zuordnet. Die zweigliedrige Aufspaltung der Erfüllung werde jedoch zu Recht überwiegend abgelehnt, da sie keine sachgerechten Ergebnisse erziele, wenn der Schuldner ohne subjektive Einstellung handelt. Daher werde zu Recht vornehmlich die Erfüllung als realer Tilgungsakt aufgefasst (*Theorie der realen Leistungsbewirkung*[204]).

dd) Eigene Stellungnahme

Einer bei der Falschlieferung zusätzlich geforderten (irrtümlichen) Billigung des Käufers i.S.e. Annahme des Aliud als Erfüllung kann nicht zugestimmt werden. Die Gesetzesbegründung lässt keinen Schluss auf eine Mitwirkung des Käufers zu, sondern stellt ausweislich auf den für den Käufer erkennbaren subjektiven Leistungserfüllungswillen des Verkäufers ab.[205] Systematisch erscheint es nicht schlüssig, wenn der Käufer zunächst das Aliud geliefert bekommt und es „im Wesentlichen als vertragsmäßige Erfüllung" – kommensurabel mit der werkvertraglichen Abnahme (vgl. § 640 BGB) – billigt, um es eventuell später auf Grund einer ihm obliegenden Rügelast i.S.d. § 377 HGB wiederum als vertragswidrig zu beanstanden. Überdies läuft der Käufer dadurch Gefahr, dass in Folge der Genehmigungsfiktion seine auf die Falschlieferung bezogenen Gewährleistungsrechte präkludiert sind. Im Rahmen eines beiderseitigen Handelskaufs wird der Käufer die Ware ohnehin zeitnah nach Ablieferung untersuchen (lassen), sodass eine vorherige Billigung i.S.e. einer Annahme als Erfüllung nach § 363 BGB nur sinnvoll erscheint, wenn die Falschlieferung bzw. der Mangel nicht evident ist. Ist das der Fall, unterfällt die Fehlleistung § 377 III HGB und eine vorherige Billigung wäre damit obsolet. Ist unterdessen die Leistung offensichtlich ein Aliud, wird der Käufer in den Fällen extremer Abweichungen die Lieferung entweder unmittelbar als Nichterfüllung zurückweisen oder unverzüglich nach Ablieferung rügen, um die ihm zustehenden Rechte zu erhalten.

---

203 Vgl. nur *Gernhuber*, Die Erfüllung und ihre Surrogate, § 5 II 8; aA noch *Ehmann*, JZ 2003, 702 (710 f.).

204 BGH, NJW 1991, 1294 (1295); 1992, 2698 (2699); vgl. statt aller *Larenz*, Schuldrecht I, § 18 I 5, S. 238 ff.

205 BT-Drucks. 14/6040, S. 216 re. Sp.; *Tiedtke/Schmitt*, JZ 2004, 1092 (1096).

Musielak[206] ist insofern zuzustimmen, dass Einschränkungen im Anwendungsbereich des § 434 III BGB in Form einer Tilgungsbestimmung durch den Verkäufer auf die Heranziehung der *Theorie von der finalen Leistungsbewirkung* hinauslaufen. Diese wird zu Recht von der überwiegenden Meinung im Schrifttum sowie der höchstrichterlichen Rechtsprechung abgelehnt, da sie die Erfüllungshandlung (künstlich) in einen zweigliedrigen Akt aufspalte und dadurch oftmals keine zufriedenstellenden, sachgerechten Lösungen erzielen kann.[207] Jedoch streitet dies nicht gegen eine Anwendung dergleichen, soweit die Anwendung der realen/tatsächlichen Erfüllung in Ausnahmefällen die geschuldete Leistung nicht der konkreten vertraglichen Pflicht zuordnen kann. In diesen Situationen ist das Zurückgreifen auf eine Tilgungsbestimmung durch den Schuldner bereits gesetzlich anerkannt und auch notwendig.[208] Hieraus allerdings abzuleiten, dass der Erfüllungsakt jederzeit eine subjektive Komponente benötige, wie dies die Theorie der finalen Leistungsbewirkung versucht, ist jedoch unnötig, denn sie macht Mögliches zu Notwendigem.[209] Die Setzung einer Tilgungsbestimmung für bestimmte Konstellationen ist vielmehr als Ausnahme der Regel vom rein realen Erfüllungsakt zu verstehen. Man vergleiche nur die Fälle, in denen der Schuldner dem Gläubiger aus mehreren Schuldverhältnissen zu gleichartigen Leistungen verpflichtet ist. Reicht das von ihm Geleistete nicht zur vollständigen Tilgung seiner Schuld aus, so wird gem. § 366 I BGB diejenige Schuld getilgt, welche er bei der Leistung bestimmt. Gleiches gilt für die Leistung eines Dritten auf eine fremde Schuld. Auch in diesen Konstellationen kommt es auf eine Tilgungsbestimmung durch den Dritten nach § 267 I BGB an. Nur so kann der Gläubiger die Drittleistung der Verpflichtung des eigentlichen Vertragspartners zuordnen.[210]

Es lässt sich somit festhalten, dass bei Anwendung der *Theorie von der realen Leistungsbewirkung* in Zweifelsfällen eine Tilgungsbestimmung seitens des Schuldners erforderlich sein kann. Wird nunmehr ein Aliud i.S.d. § 434 III Alt. 1 BGB geleistet, so würde durch die bewirkte Lieferung bereits Erfüllungswirkung als

---

206 *Musielak*, NJW 2003, 89 (91).

207 BGHZ 186, 269 (282) Rz. 25; MüKo-BGB/*Wenzel*, 5. Aufl. 2007, § 362 Rn. 13.

208 Vgl. BGH, NJW 1991, 1294 (1295); 2007, 3488 (3489); WM 2008, 1703 (1705 f.); 2014, 21 (23) Tz 21; Palandt/*Grüneberg*, § 362, Rn. 1; BeckOK-BGB/*Dennhardt*, § 362 Rn. 11, 21; Staudinger/*Olzen*, BGB, 2016, § 362 Rn. 22 ff.; MüKo-BGB/*Fetzer*, § 362 Rn. 10.

209 So auch *Tischendorf*, S. 88.

210 Vgl. *Larenz*, Schuldrecht I, § 18 I 5, S. 240 f.; MüKo-BGB/*Fetzer*, § 362 Rn. 10.

gesetzliche Folge gem. § 362 BGB eintreten.[211] Da eine andere Sache als geschuldet geliefert worden ist, muss vom Verkäufer eine ausdrückliche Tilgungsbestimmung verlangt werden. Nur so lässt es sich vermeiden, dass durch die Leistung irgendeines Gegenstandes die vertragliche Pflicht des Verkäufers nicht der geleisteten Schuld zugeordnet werden kann. Fehlt unterdessen eine solche Bestimmung, kann dies ebenfalls durch sein Verhalten und somit konkludent bestimmt werden. In diesen Fällen muss für den Käufer objektiv erkennbar sein, dass das geleistete Aliud der vertraglichen Verkäuferpflicht entspricht, etwa in Folge von Lieferscheinen, Rechnungen oder sonstigen Begleitpapieren, aus denen durch Auslegung analog §§ 133, 157 BGB geschlossen werden kann, dass die Leistungspflicht mit der Falschlieferung erfüllt werden soll.

Einer vom Verkäufer zu setzenden Tilgungsbestimmung ist bei Falschlieferungen nach § 434 III BGB zuzustimmen. Da eine andere als die gekaufte Sache geliefert wird, ist für den Vertragspartner anders nicht ersichtlich, ob es sich bei der Lieferung um eine Leistung zur Erfüllung der vertraglichen Pflicht des Verkäufers handelt.[212] Den Bedenken, dass es der Verkäufer nun in der Hand habe, durch einseitige rechtsgeschäftsähnliche Handlung den Käufer in das für ihn unter Umständen ungünstigere besondere Gewährleistungsrecht zu verweisen, kann entgegengehalten werden, dass Letzterer die Falschlieferung als nicht geschuldet zurückweisen, den unmodifizierten ursprünglichen Erfüllungsanspruch geltend machen und seine Gegenleistung betreffend die Einrede des nichterfüllten Vertrags gem. § 320 BGB erheben kann.[213] Selbst bei Annahme derselben ist durch die gesetzte Tilgungsbestimmung oder den objektiv zumindest zu erkennenden Erfüllungswillen, ein Nachteil in Folge der nunmehr – wegen § 438 II BGB objektiv beginnenden – zweijährigen Verjährungsfrist nicht zu erkennen. Im Hinblick darauf, dass Extremalia häufig leicht zu erkennen sein werden, ist dies auch nicht ungebührlich. Im Rahmen eines beiderseitigen Handelskaufs obliegt dem Käufer ohnehin eine Untersuchungs- bzw. Rügelast gem. § 377 HGB. Kommt er dieser nicht nach, werden in Folge der gesetzlich fingierten Genehmigung seine auf Grund der mängelbehafteten Lieferung zustehenden Rechte präkludiert, sodass er lediglich bei arglistigem (§ 377 V HGB, § 438 III BGB) Verschweigen oder evidenter Bösgläubigkeit[214] des Verkäufers schutzwürdig ist.

---

211 MüKo-BGB/*Fetzer*, § 362 Rn. 7; BeckOK-BGB/*Dennhardt*, § 362 Rn. 11; Jauernig/*Stürner*, BGB, § 362 Rn. 2.

212 OLG Hamm, MDR 2011, 472 (473).

213 Vgl. *Lorenz*, JuS 2003, 36 (38); *Medicus/Lorenz*, SR II, § 77 Rn. 98.

214 Siehe C. IV. 1. a. cc. (5). (b).

e) Rückbesinnung auf ursprünglich gedachten Telos des § 378 HGB a.F.

Zurückgehend auf die eigentliche Absicht der Ausnahmeregelung in Halbsatz 2 des aufgehobenen § 378 HGB wird in der handelsrechtlichen Literatur[215] eine Ausnahme der Rügeobliegenheit für *evidente Verwechslungsfälle* befürwortet. Werden Extremalia geliefert sei dies in der Regel auf Grund einer Verwechslung erfolgt. Eine weitere Ausnahme solle bei Falschlieferungen erfolgen, die für den Käufer ersichtlich als *neues Angebot* des Verkäufers zu erkennen seien, etwa weil die zu liefernde Ware nicht ohne Verzug erbracht werden könne. Bereits *von Caemmerer*[216] war der Ansicht, dass § 378 Hs. 2 HGB a.F. auf vom Empfänger erkennbare Verwechslungen oder neue Vertragsangebote einschränkend vom historischen Gesetzgeber gemeint war, mit anderen Worten im Grunde auf die Zusendung *„unbestellter Ware“*.

Liefere ein Lebensmittelhändler einem Gastwirt statt der bestellten Weihnachtskarpfen Gänse, so werde dieser erkennen, dass es sich hierbei um eine Verwechslung seitens des Lieferanten oder um ein neues Vertragsangebot des Verkäufers handle, über das man sich verständigen müsse. Der Empfänger werde in solch evidenten Fällen nicht annehmen, dass die Falschlieferung zur Erfüllung des ursprünglichen Vertrages geleistet wurde. Es sei daher nicht ersichtlich, die gelieferte Ware zu untersuchen, geschweige denn zu rügen, da für die Sicherung von Beschaffenheitsbeweisen kein Anlass geboten sei.

aa) Verwechslungsfälle

Die Besonderheit liegt nunmehr darin, dass der Verkäufer im Falle einer Verwechslung – entweder der Ware oder des Adressaten – keinen Erfüllungsversuch vornehmen wollte.[217] Es ist ihm vielmehr bewusst, dass die konkret gelieferte Ware nicht für den Empfänger bestimmt war, sodass weder subjektiv Erfüllungswille des Verkäufers noch ein für den Käufer objektiv zu erkennender (Schein-)Erfüllungswille vorliegt. Liefert der Verkäufer also statt der gekauften Kühlschränke Strümpfe oder Bücherregale ab, wird der Käufer vernünftigerweise nicht davon

---

215 Grundlegend bereits *von Caemmerer*, FS Martin Wolff, 3 (8 ff.); MüKo-HGB/*Grunewald*, § 377 Rn. 54; EBJS/*Müller*, HGB, Vor § 377 Rn. 64 ff.; Koller/Kindler/Roth/Morck/*Roth*, HGB, § 377 Rn. 5a. A.A.: Oetker/*Koch*, HGB, § 377 Rn. 28 f.; Heymann/*Emmerich/Hoffmann*, HGB, § 377 Rn. 22; Hk-HGB/*Stöber*, § 377 Rn. 13; wohl auch Baumbach/Hopt/*Hopt*, HGB, § 377 Rn. 16.

216 *von Caemmerer*, FS Martin Wolff, 3 (8 f., 13).

217 Vgl. noch *Müller*, WM 2011, 1249 (1252 f.); Koller/Kindler/Roth/Morck/*Roth*, HGB, § 377 Rn. 5a; jurisPK-BGB/*Pammler*, § 434 Rn. 150 aE; BeckOK-HGB/*Schwartze*, § 377 Rn. 20.

ausgehen, dass die Leistung zur Erfüllung des Kaufvertrags über die Kühlschränke geliefert wurde.[218] Gleiches gilt für erhaltene Äpfel anstelle der geschuldeten Ziegelsteine.[219] In solchen evidenten Verwechslungsfällen, kann und wird eine Tilgungsbestimmung seitens des Verkäufers regelmäßig nicht vorliegen. Ob in diesen Situationen eine Rüge des Käufers notwendig bzw. sinnvoll erscheint, darf daher bezweifelt werden.

Sollte bei einem andersartigen Verwechslungsfall der Verkäufer dennoch Bezug auf das der Leistung zugrunde liegende Vertragsverhältnis genommen haben, ändert sich nichts an der beiderseitigen Interessenlage.[220] Wird etwa auf Grund eines technischen Fehlers der automatisierten Förderbänder oder Warenregale die falsche Kaufsache angereicht und verpackt, jedoch mit der korrekten Lieferanschrift, Vertragsnummer sowie Artikelbeschreibung und Rechnung versandt, so wird zwar auf den geschlossenen und inhaltlich richtigen Vertrag durch die Tilgungsbestimmung auf o.g. Begleitpapieren Bezug genommen. Dennoch liegt eine Falschlieferung auf Grund der fälschlich dem Schuldverhältnis zugeordneten Ware vor. Hierbei kann dem Käufer eine Rüge wiederum zugemutet werden, da eine ausdrückliche – wenn auch von Verkäuferseite irrtümliche – Tilgungsbestimmung vorliegt.

Wird die Lieferung für den Käufer erkennbar durch das beauftragte Zustellunternehmen (Paketservice, Spedition, Frachtführer) vertauscht und dadurch an den falschen Adressaten geliefert, liegt bereits keine Falschleistung i.S.d. § 434 III BGB vor und somit auch keine vom Verkäufer zu erwartende Mängelrüge nach § 377 HGB.[221] Dem Verkäufer kann das Vertauschen oder Verwechseln der Pakete, Paletten, etc. nur zugerechnet werden, wenn der Zusteller als Erfüllungsgehilfe des Verkäufers handelt (vgl. § 278 BGB).

bb) Neues Vertragsangebot

Eine weitere mit dem ursprünglichen Telos des § 378 HGB a.F. in Einklang zu bringende Einschränkung des Anwendungsbereichs von § 434 III Alt. 1 BGB liegt möglicherweise in bewusst durch den Verkäufer geleisteten Falschlieferungen,

---

218 Vgl. MüKo-HGB/*Grunewald*, § 377 Rn. 54; EBJS/*Müller*, HGB, § 377 Rn. 226; aA *Tröger*, JuS 2005, 503 (511), der keine Gleichstellung bei Extremaliud mit dem Sachmangel aus Missbrauchsschutzgründen annehmen will.

219 Hk-HGB/*Stöber*, § 377 Rn. 13.

220 *Tiedtke/Schmitt*, JZ 2004, 1092 (1097); *Giesen*, S. 39 f.; vor der Schuldrechtsreform bereits *Knöpfle*, NJW 1989, 871 (873) Fn. 15; *Bitter/Bitter*, BB 1993, 2315.

221 So auch Baumbach/Hopt/*Hopt*, HGB, § 377 Rn. 16; NK-BGB/*Büdenbender*, § 434 Rn. 70 f.

weil er die geschuldete Ware nicht auf Lager hat und sie nicht rechtzeitig bzw. nicht schnell genug herbeischaffen kann.[222] Um einer gewährleistungsrechtlichen oder schadensrechtlichen Inanspruchnahme des Gläubigers zuvorzukommen, liefert der Schuldner eine andere als die vertraglich bedungene Ware, in der Absicht, dem Käufer mit der Lieferung ein neues Vertragsangebot zu unterbreiten oder den bestehenden abzuändern. Sind etwa in *von Caemmerers*[223] Beispielen keine Weihnachtskarpfen zu beschaffen, dann versucht der (Weihnachts-)Gänse liefernde Verkäufer allenfalls dem gegenseitigen Rücksichtnahmegebot (vgl. § 241 II BGB) bzw. der Schadensminderungspflicht (vgl. § 254 II 1 BGB) gerecht zu werden. Gleiches gilt für die Lieferung von Brennholz statt der nicht zu beschaffenden Briketts, um dem Kunden zumindest Heizmaterial zur Verfügung zu stellen.

Um nicht entgegen der gesetzgeberischen Zielsetzung Abgrenzungsschwierigkeiten zu erzeugen, sollte eine Einschränkung des § 434 III Alt. 1 BGB in solchen Fällen auf ausdrückliche neue Vertragsangebote beschränkt werden. Ein konkludentes neues Vertragsangebot durch den Verkäufer würde der Rechtssicherheit zuwiderlaufen. Wird die Aliudlieferung mit einem ausdrücklichen neuen Vertragsangebot verbunden, muss dem Käufer bewusst sein, dass die Lieferung nicht zur Erfüllung des – noch bestehenden – Vertrags erfolgte, sondern vielmehr ein neues Angebot bzw. ein Antrag zur Vertragsänderung bezweckt, das vom Käufer freilich noch akzeptiert oder ggf. neu ausgehandelt werden muss. Anderenfalls bestünde sonst ein Kontrahierungszwang. Dementsprechend kann von dem redlichen Verkäufer auch (noch) keine Mängelrüge nach § 377 HGB erwartet werden. Weist der Käufer das neue Angebot zurück, bleibt es bei dem ursprünglichen Erfüllungsanspruch gem. § 433 I 1 BGB, da ein Erfüllungsversuch seitens des Verkäufers noch nicht erfolgt ist.

cc) Fazit

Um dem Regelungsziel und dem Gedanken der Rechtssicherheit und -klarheit gerecht zu werden, benötigt § 434 III BGB in Folge der ersatzlosen Streichung des § 378 HGB a.F. eine angemessene Einschränkung jenseits der früheren – potentiellen – Genehmigungsfähigkeit.[224] Als ungeschriebene Voraussetzung der Gleichstellung von Aliud und Peius, hat die Lieferung einer falschen Sache mit

222 Vgl. auch *Bitter/Bitter*, BB 1993, 2315.

223 *von Caemmerer*, FS Martin Wolff, 3 (8 ff., insbesondere S. 13).

224 So auch *Thier*, AcP 203 (2003), 399 (416); zum Teil etwas weitergehend *Müller*, WM 2011, 1249 (1252 f.).

Erfüllungswillen des Verkäufers zu erfolgen, die für den Käufer aus dem verobjektivierten Empfängerhorizont heraus erkennbar sein muss. Der schnellen Abwicklung von Handelsgeschäften dient dabei eine vom Verkäufer zu setzende ausdrückliche oder konkludente Tilgungsbestimmung, die dem Käufer die Zuordnung des Aliud zum konkreten Vertrag möglich macht.

Einzuschränken ist der Anwendungsbereich des § 434 III BGB im Rahmen des beiderseitigen Handelskaufs für evidente Verwechslungen, bei denen kein Bezug von Leistung auf das konkrete vertragliche Schuldverhältnis hergestellt wurde. Liegt ausnahmsweise eine ausdrückliche – wenn auch irrtümliche – Tilgungsbestimmung vor, ist der Erfüllungswille erkennbar, sodass auf den Handelskauf bezogen die Untersuchungs- und Rügelast nach § 377 HGB besteht und in Folge einer Versäumung die Genehmigungsfiktion eintreten kann.

§ 434 III Alt. 1 BGB ist nicht erfüllt, wenn der beauftragte Zustelldienst die Lieferungen versehentlich vertauscht. Sendet der Verkäufer eine *unbestellte Ware* unter Bezugnahme eines neuen *ausdrücklichen* Vertragsangebots zu, so ist wiederum kein Grund für die Anwendung des § 434 III BGB und einer darauf folgenden Rüge nach § 377 HGB erkennbar.

Wird der neue Antrag zurückgewiesen, bleibt es bei dem ursprünglichen primären Erfüllungsanspruch des Gläubigers nach § 433 I BGB. Jedoch ist zu bedenken, dass nunmehr nicht bloß theoretisch, sondern vor allem praktisch, die Ausnahmen äußerst restriktiv anzuwenden sind.

f) Das Melius

Innerhalb der verschiedenen Falschlieferungen kann sich eine besondere Interessenkollision der Vertragsparteien ergeben, wenn die Aliudleistung des Verkäufers an den Käufer einen höheren Wert als die vertraglich vereinbarte Schuld aufweist. In diesem Fall handelt es sich um ein sog. *Melius*.

Bereits nach altem Recht war die Lieferung einer höherwertigen anderen als der bestellten Ware eine Thematik von gewisser Brisanz.[225] Auch nach der Modernisierung des Schuldrechts ist dieses Problemfeld nicht gänzlich beseitigt. § 434 III Alt. 1 BGB kodifiziert die Gleichstellung von Sachmängeln (Peius) mit der Lieferung anderer Sachen (Aliud). Somit unterfallen dem Wortlaut der Norm nunmehr jegliche Arten der Falschlieferung der kaufrechtlichen Mängelgewährleistungssystematik, soweit sie mit Leistungswillen des Verkäufers erbracht wurden. Beispiel:

---

225 Staub/*Brüggemann*, HGB, 4. Aufl., § 378 Rn. 21 ff.; Schlegelberger/*Hefermehl*, HGB, § 378 Rn. 23; *Marburger*, JuS 1983, 1 (11 f.), mwN.

Sporthaus B bekommt von Vertragspartner A statt der vertraglich vereinbarten Fußballschuhe aus Lederimitat der Marke C (Trainingsschuhe des Typs T im Wert von ca. 30 €) irrtümlich solche aus echtem Leder derselben Marke (Profischuhe des Typs P) geliefert, die jedoch ungleich wertvoller sind (ca. 200 €). Der Lieferung beigelegt war derweil die Rechnung über den ursprünglich vereinbarten Kaufpreis der Trainingsschuhe.

Bei einer solchen für den Käufer auf den ersten Blick positiven Aberration, steht die Lieferung meist nicht im Widerspruch zu seinen Interessen, eine andere als die vertraglich vereinbarte Kaufsache erhalten zu haben. Der Verkäufer wird aber gewöhnlich versuchen, die Ware herauszuverlangen, respektive ein in der Höhe aufgewertetes Äquivalent zu beziehen. In diesen Fällen stellt sich die Frage, ob auch die Lieferung einer höherwertigen Sache einem Sachmangel gem. § 434 III Alt. 1 BGB gleichgestellt werden sollte und die Anwendung der Gewährleistungsrechte der §§ 437 ff. BGB systematisch auf Meliuslieferungen passen.

aa) Teleologische Reduktion der Meliuslieferung

Im Kern geht es bei obenstehender Thematik um die Frage, ob durch die Lieferung eines höherwertigen Aliud der von den Parteien geschlossene Kaufvertrag gem. § 362 I BGB als erfüllt gelten kann. Denn kennzeichnend für die Erfüllung des Schuldverhältnisses ist die Befriedigung des Gläubigers durch den Erhalt der Schuldnerleistung.[226] Eine solche Befriedigung kann jedoch beim Gläubiger im Gegensatz zu einer „*Minderleistung*" bei der Lieferung einer höherwertigeren Sache naturgemäß schon eintreten.

Die Lieferung eines Melius sei jedoch gerade ein „*Mehr*" an Leistung und weiche dementsprechend nicht negativ von der vertraglich geschuldeten Soll-Beschaffenheit ab. Bei der Gleichstellung von Aliud und Peius könne bei einem positiven Abweichen – und damit auch beim werthöheren Aliud – bereits begriffslogisch nicht von einem Sachmangel gesprochen werden, denn dieser beinhalte ein „*Weniger*" an Leistung.[227] *Wenzel*[228] begründet eine teleologische Reduktion des Melius weiterhin mit der Systematik der §§ 433 I 2, 434 III BGB,

---

226 Vgl. jurisPK-BGB/*Kerwer*, § 362 Rn. 3; Hk-BGB/*Schulze*, Vor §§ 362–397, Rn. 1; Palandt/*Grüneberg*, BGB, Vor § 362 Rn. 3.

227 *Wenzel*, DB 2003, 1887 (1890); *Brors*, JR 2002, 133 (135 f.); *Thier*, AcP 203 (2003), 399 (419 f.); *Jessel*, S. 160 ff.; *Wiese*, AcP 206 (2006), 903 (906); wohl auch NK-BGB/*Büdenbender*, § 434 Rn. 80; vgl. auch *Schimmel/Buhlmann*, Fehlerquellen, V 5 b aa, S. 99.

228 *Wenzel*, DB 2003, 1887 (1890); vgl. auch *Brors*, JR 2002, 133 (136).

die gerade das Aliud mit einer zu gering gelieferten Menge verknüpfe. Daher könne ein positives Abweichen gerade nicht von der Gleichstellung umfasst werden. Die weitere Anwendung der Mängelgewährleistungsrechte (§§ 437 ff. BGB) sei folglich contra legem. Sie sei mit dem Telos der Mängelhaftung nicht zu harmonisieren, welcher im Schutz des Leistungsinteresses des Käufers liege. Die Lieferung einer höherwertigen Sache als der gekauften übertreffe jedoch exakt dieses Interesse und der Käufer sei demgemäß nicht schutzwürdig.[229] Erst bei Hinzutreten eines Qualitätsmangels[230] falle das Melius bereits nach § 434 I BGB unter das kaufrechtliche Gewährleistungsrecht, was *e contrario* gerade für eine teleologische Reduktion des § 434 III BGB spreche. Etwas einschränkender will *Jessel*[231] dabei den Anwendungsbereich des § 434 III BGB nur für die Fälle einer Meliuslieferung reduzieren, die tatsächlich das Interesse des Gläubigers befriedigen. Diejenigen, die zwar werthöher, jedoch für den Käufer unbrauchbar seien und daher sein Leistungsinteresse enttäuschten, könnten durchaus die Anwendung des Mängelgewährrechts rechtfertigen.

Im oben gewählten Sporthaus-Beispiel würde die Lieferung nach der hier beschriebenen Ansicht nicht unter den Anwendungsbereich des § 434 III BGB fallen. Der Vertrag zwischen B und A ist – vorausgesetzt, dass B die Lieferung nicht zurückgewiesen hat – somit gem. § 362 I BGB erfüllt.

bb) Anwendung des § 434 III BGB auf das Melius

Demgegenüber negiert ein Großteil der Literaturstimmen zutreffend eine teleologische Reduktion des § 434 III BGB.[232]

Eine teleologische Reduktion ist methodisch zulässig, wenn der Wortsinn als Grenze der subjektiv-teleologischen Auslegung des historischen Gesetzgebers über dasjenige hinausgeht, was Letzterer regeln wollte. Ziel war ausweislich, die Abgrenzung von Aliud und Peius aufzuheben und die Rechtsfolgen beider Lieferungen anzugleichen. Eine derartige Rechtsvereinheitlichung könnte als

---

229 *Thier*, AcP 203 (2003), 399 (419 f.), deshalb befürwortet *Thier* wohl eine analoge Anwendung des Nachlieferungsanspruchs (§§ 437 Nr. 1, 439 I BGB) bei Zurückweisung des Melius durch den Käufer, um auch in diesen Konstellationen die Angleichung der Verjährungsregeln zu gewähren und einer Privilegierung des Käufers entgegen zu steuern; *Jessel*, S. 160.

230 *Thier*, AcP 203 (2003), 399 (420).

231 *Jessel*, S. 160 f.

232 Vor allem *Tiedtke/Schmitt*, JZ 2004, 1092 (1097 f.); *Reinicke/Tiedtke*, Kaufrecht, Rn. 368.

vorrangiges Interesse der Rechtssicherheit einer teleologischen Reduktion entgegenstehen, da das Bedürfnis einer klaren und sicheren Rechtsanwendung die strikte Einhaltung der eindeutigen Norm (§ 434 III BGB) verlangt.[233]

cc) Eigene Stellungnahme

Die zuerst dargestellte Auffassung verkennt, dass es bei der Angleichung von Aliud, Peius und deren Rechtsfolgen nicht um den Wert oder den Grad des qualitativen Fehlers der gelieferten Sache geht, sondern um eine kohärente Lösung der vormals haarspalterischen Rechtspraxis.

Der Wortlaut des § 434 III BGB umfasst unzweideutig sämtliche Falschlieferungen und stellt diese einem Sachmangel gleich. Somit folgt aus der Lieferung einer anderen als der bedungenen Ware bereits unmittelbar der Mangel. Ob das geleistete Melius nun gravierend höherwertig ist als die vertraglich vereinbarte Kaufsache, spielt dabei keine Rolle.[234] Es soll gerade vermieden werden, dass im Rahmen des § 377 HGB i.V.m. § 434 III Alt. 1 BGB weiterhin darüber gestritten wird, ob das Gelieferte bloß anders oder auch tatsächlich schlechter oder besser als das Vereinbarte ist. Wäre dem so, würden bei rügeloser Entgegennahme eines Melius in praxi sämtliche Käufer einem Herausgabeverlangen des Verkäufers entgegenhalten, dass die gelieferte Ware zwar nicht dem vertraglich Vereinbarten entspreche, jedoch als Melius in der tatsächlichen Leistung enthalten und qualitativ nicht schlechter sei.[235] In diesem Fall wäre die zentrale Voraussetzung des § 377 HGB – Warenmangel – nicht gegeben und der Vertrag gem. § 362 I BGB erfüllt. Das Regelungsziel als solches würde mit einer teleologischen Reduktion des § 434 III BGB somit abermals ins Gegenteil verkehrt und dem (Reform-) Gedanken einer Rechtsvereinheitlichung der verschiedenen Leistungsstörungssysteme, welcher maßgeblich zu einer für beide Vertragsparteien sicheren und klaren Rechtslage beiträgt, zuwiderlaufen.[236]

Liefert der Schuldner daher ein höherwertiges Aliud an den Gläubiger, so steht diese Art der Falschlieferung ebenso einem Sachmangel gleich, sodass das Melius im Rahmen eines beiderseitigen Handelskaufs nach § 377 HGB i.V.m. § 434 III Alt. 1 BGB zu rügen ist.

---

233 *Larenz*, Methodenlehre, S. 391 f.; vgl. auch *Rüthers/Fischer/Birk*, Rechtstheorie, Rn. 902 f.

234 *Tiedtke/Schmitt*, JZ 2004, 1092 (1097 f.).

235 *K. Schmidt*, HR, § 29 Rn. 61; *Canaris*, HR, § 29 Rn. 55.

236 Vgl. *Fritsche*, FG Werner, S. 19 (21), mwN.

2.) Quantitätsabweichungen

Neben der Lieferung einer anderen als der bedungenen Ware erstreckte sich der Anwendungsbereich des § 378 HGB a.F. auch auf die Lieferung einer anderen als der bedungenen Menge von Waren. Dabei umfasste die alte Rechtslage beide möglichen Formen von Mengenabweichungen; Zuwenig- und Zuviellieferung (*Minus* und *Plus*), wobei das BGB (a.F.) keine der in § 378 HGB a.F. erfassten *Mängelerweiterung* gewährleistungsrechtlich regelte. Im Rahmen des schuldrechtlichen Modernisierungsprozesses und der damit verbundenen ersatzlosen Streichung des § 378 HGB a.F. findet man in § 434 III Alt. 2 BGB (n.F.) jedoch nicht die Gleichstellung von Quantitätsabweichung und Sachmangel. § 434 III BGB stellt neben dem Aliud nunmehr lediglich die Lieferung zu geringer Mengen dem Sachmangel gleich. Die Leistung eines größeren Quantums sucht der Rechtsanwender in den Vorschriften hingegen vergebens.

a) Minuslieferung

Im Rahmen der Mankolieferungen stellt sich bereits seit längerem die grundlegende Frage, welche Arten der Zuwenigleistung (noch) als Mangel- oder als reine Quantitätsabweichung zu klassifizieren sind. § 377 HGB setzt ausschließlich einen *Mangel* voraus, der nunmehr nach § 434 BGB definiert wird. Unter „*Mangel*" im weiteren Sinne des § 377 HGB versteht man alle Arten des bürgerlichrechtlichen Mangelbegriffs, namentlich Sachmängel im engeren Sinne gem. § 434 I, II BGB sowie die einem solchen gleichgestellten Tatbestände (§§ 434 III, 435 BGB). Dabei hat die reine Quantitätsabweichung einer vertraglich geschuldeten Gesamtmenge zum Gegenstand, dass sie in erster Linie nach Stückzahl, Gewicht, Fläche oder Volumen nicht mit der geschuldeten übereinstimmt.[237]

Eine Minuslieferung liegt demnach vor, wenn anstelle der 100 Flaschen Wein nur 90 geliefert werden[238] oder anstatt 100.000 Liter Diesel lediglich 90.000 Liter. Ohne Einschränkung – vergleichend mit der in § 378 Hs. 2 HGB a.F. erfolgten Ausnahme – ist in quantitativer Hinsicht das Fehlen eines generellen Prozentsatzes als Bagatellgrenze nicht vorgesehen.[239] Auf der Voraussetzungsebene hat

---

237 Vgl. Düringer/Hachenburg/*Hoeniger*, HGB, § 378 Anm. 7; Staub/*Brüggemann*, HGB, 4. Aufl., § 378 Rn. 31; BeckOK-HGB/*Schwartze*, § 377 Rn. 21; Staudinger/*Matusche-Beckmann*, BGB, 2014, § 434 Rn. 154; Palandt/*Weidenkaff*, BGB, § 434 Rn. 53; Beck-OK-BGB/*Faust*, § 434 Rn. 112; PWW/*Schmidt*, § 434 Rn. 83.

238 BT-Drucks. 16/6040, S. 187 li. Sp.

239 Vgl. NK-BGB/*Büdenbender*, § 434 Rn. 73; Erman/*Grunewald*, BGB, § 434 Rn. 63; *Reinicke/Tiedtke*, Kaufrecht, Rn. 379; vgl. auch Koller/Kindler/Roth/Morck/*Roth*, HGB,

es daher keine Bedeutung, ob von 100 Flaschen 10, 50 oder lediglich 2 Flaschen zu wenig geliefert werden bzw. von 100.000 Litern 10, 50 oder nur 2 % fehlen.

Auf Grund der in § 434 III BGB angeordneten Gleichstellung von Minus, Aliud und Peius, ist es nicht mehr notwendig, im Einzelnen exakt zu differenzieren, ob der vom Vertrag abweichend gelieferte Ist-Zustand der Schuldnerleistung als reines Quantum, Peius oder gar als Aliud unter den Mangelbegriff im weitesten Sinne des § 434 BGB fällt.[240] Somit können auch Gegenstände, die in bestimmten Maßen vom Käufer speziell für einen benötigten Verwendungszweck bestellt werden und die Ware diese Maße bei Lieferung nicht aufweisen, bereits als Peius unter § 434 I BGB[241] oder als Mancum unter § 434 III Alt. 2 BGB subsumiert werden[242]. Entsprechendes gilt für das Fehlen von Einzelteilen, ohne die die Ware funktionslos ist.[243] Der Rechtssicherheit dient dabei die Gleichstellung der verschiedenen *Mängelarten* im neuen Kaufrecht. In diesen Fallkonstellationen ist der Handelskäufer in jedem Fall zur ordnungsgemäßen Untersuchung respektive Mängelrüge angehalten, um die Fiktionswirkung des § 377 II, III HGB nicht zu seinen Ungunsten eintreten zu lassen. Praktisch entfaltet die Gleichstellung der Zuweniglieferung mit dem Peius für die Genehmigungsfiktion des § 377 HGB in diesen Konstellationen keine bemerkenswerte Wirkung.[244]

aa) Art des fehlenden Quantums

Gleichwohl ist § 434 III Alt. 2 BGB unbestritten nur anwendbar, wenn es sich zwischen den Parteien um *einen* konkreten Kaufvertrag handelt, auf den sich die gelieferte Mindermenge bezieht. Dabei ist umstritten, ob das Manko nur dann den

---

§ 377 Rn. 5b; Baumbach/Hopt/*Hopt*, HGB, § 377 Rn. 17; BeckOK-HGB/*Schwartze*, § 377 Rn. 21; *Oetker*, FS Canaris II, 313 (317 f.).

240 Statt aller Palandt/*Weidenkaff*, BGB, § 434 Rn. 53d; Heymann/*Emmerich/Hoffmann*, HGB, § 377 Rn. 27 ff.

241 BGH, NJW 1975, 2011: 32 cm anstatt 40 cm hohe Wellstegträger; die bestellten Tischdecken sind zu klein und passen daher nicht auf die vorhandenen Tische. Beide Lieferungen sind für den Käufer damit unbrauchbar.

242 Statt der 100 bestellten Bretter a 1,50 m, werden 90 Bretter der bestellten Länge geliefert (reines Quantitätsminus nach § 434 III Alt. 2 BGB). Statt der 100 Bretter a 1,50 m, werden 100 Bretter der Länge 1,15 m geliefert (schlichte Schlechtleistung bzw. Quantitätsmangel gem. § 434 I BGB). Es werden 90 Bretter a 1,15 m Länge geliefert (sowohl Peius als auch Minus i.S.d. § 434 BGB).

243 Vgl. BGH, NJW 1996, 1826 (1827): Lieferung von Schuhschäften ohne die ausreichende Anzahl von Schnürsenkeln; Lieferung von 20 Lastkraftwagen ohne die passenden Schlüssel.

244 *Oetker*, FS Canaris II, 313 (317); NK-BGB/*Büdenbender*, § 434 Rn. 76 aE.

Anwendungsbereich des besonderen Leistungsstörungsrechts (§§ 437 ff. BGB) eröffnet, wenn es sich dabei um ein Defizit gleichartiger Sachen[245] handelt oder auch bei dem Fehlen von einzelnen Partien mehrerer ungleichartiger Sachen[246].

(1) Meinungsstand

Bestehen zwischen den Vertragsparteien mehrere Kaufkontrakte und erfüllt der Verkäufer nur einen, so liegt unzweifelhaft Nichterfüllung und keine Minuslieferung i.S.d. § 434 III Alt. 2 BGB bzgl. der anderen Verträge vor. Im Hinblick auf das Streben des Reformgesetzgebers nach Rechtsvereinheitlichung und der Auflösung willkürlicher Unterscheidungen muss diese Zielsetzung auch zu dem Ergebnis führen, ungleichartige Sachen, die – dem Parteiwillen entsprechend – nicht isoliert, sondern in ihrer Gesamtheit[247] als einheitlicher Kaufvertragsgegenstand seitens des Käufers erworben werden sollen, dem Anwendungsbereich des Mängelgewährleistungsrechts zu unterstellen. Die Zusammenlegung der Verträge als einen – dem Vertragszweck und dem Parteiwillen entsprechenden – funktional in Zusammenhang stehenden Kaufvertrag über ungleichartige Sachen liegt im Einklang mit dem Grundsatz der Privatautonomie (§ 311 I i.V.m. Art. 2 I GG).[248] In der Konsequenz handelt es sich dann um einen einheitlichen Kaufvertrag über verschiedene ungleichartige Kaufgegenstände, die bei Nichtlieferung einzelner Partien dennoch als Mindermenge i.S.d. § 434 III Alt. 2 BGB einzustufen sind.

Dagegen wird eingewandt, dass das Fehlen einzelner Sachen eines über mehrere ungleichartige Waren bestehenden Vertrags ein Fall der teilweisen Nichterfüllung und keiner der Leistungsstörung sei. Bereits der Wortsinn der Lieferung eines zu geringen Quantums sei im Laienverständnis als Gesamtmenge mehrerer gleichartiger Sachen zu verstehen. Des Weiteren streite der Umstand für das Verständnis gleichartiger Kaufgegenstände, dass reine Mindermengen – im Gegensatz zum Aliud – nach Stückzahl und Gewicht nur zu geringen

245 So die wohl herrschende Lehre: BeckOK-BGB/*Faust*, § 434 Rn. 112; jurisPK-BGB/*Pammler*, § 434 Rn. 156; Palandt/*Weidenkaff*, BGB, § 434 Rn. 53; PWW/*Schmidt*, BGB, § 434 Rn. 83; Staudinger/*Matusche-Beckmann*, BGB, 2014, § 434 Rn. 157; MüKo-BGB/*Westermann*, § 434 Rn. 49 aE; EBJS/*Müller*, HGB, Vor § 377 Rn. 85; Eckert/Maifeld/Matthiessen/*Matthiessen*, HbdKR, Rn. 399; *Windel*, Jura 2003, 793 (795).

246 Erman/*Grunewald*, BGB, § 434 Rn. 64; NK-BGB/*Büdenbender*, § 434 Rn. 74 f.; *Heiderhoff/Skamel*, JZ 2006, 383 (391 f.).

247 Wohnzimmergarnitur bestehend aus Sessel, Couch, Tisch und unabhängig davon ein dazu passender Wandschrank vom selben Anbieter.

248 NK-BGB/*Büdenbender*, § 434 Rn. 75.

Abgrenzungsschwierigkeiten mit *„echten"* Sachmängeln führten.[249] Letztlich führe die Gesetzesbegründung lediglich gleichartige Gegenstände (90 statt 100 Flaschen Wein)[250] im Rahmen der Zuwenigllieferung an, bspw. die Lieferung von Fliesen, bei denen es wegen möglicher Farbabweichungen darauf ankommt, dass die Lieferung respektive Nacherfüllung aus einer Charge stammt.[251]

(2) Stellungnahme

Entscheidend sollte bei der Bestimmung des Minus nicht auf die Begriffe *ungleichartiges* oder *gleichartiges Defizit einer Gesamtmenge* eingegangen werden[252], sondern inhaltlich auf den Willen der Vertragsparteien. Wird daraus deutlich, dass ausschließlich eine Sachgesamtheit – sowohl gleichartiger als auch ungleichartiger Kaufgegenstände – vom Käufer gewollt ist und dies für den Verkäufer erkennbar (§§ 133, 157 BGB) und hinreichend kommuniziert wurde, ist die einheitliche Rechtsfolge der kaufrechtlichen Mängelgewähr entscheidend.

K bezieht von V mehrere Baumaterialien, namentlich Pflastersteine, Sand, Fliesen und Holz. Er bringt deutlich zum Ausdruck, dass es ihm auf die Lieferung aus einer Hand ankommt. V liefert nun mit Ausnahme der Fliesen vollständig.[253]

Für beide Parteien ist insoweit kein Nachteil ersichtlich, denn der Käufer trägt für die Herstellung des Zusammenhangs die Beweislast. Gelingt ihm ein solches Vorbringen nicht, besteht bezüglich der Fliesen keine Mankolieferung im Verhältnis zu der vollständigen Leistung der anderen Baumaterialien nach § 434 III Alt. 2 BGB, sondern weiterhin teilweise Nichterfüllung.

Hotelier H bestellt für eine Feier 100 Kisten einer Gesamtheit diverser Getränke bei G, der jedoch nur 90 Kisten liefert. Aus einer zweiten Bestellung von 100 Flaschen verschiedener Rot- und Weißweine, werden ebenfalls nur 90 Flaschen geliefert.[254]

In Einzelfällen erscheint die Abgrenzung, ob ein Minus i.S.d. § 434 III Alt. 2 BGB oder teilweise Nichterfüllung vorliegen, durchaus kompliziert. Alle dargestellten Fälle haben jedoch gemeinsam, dass vom Verkäufer eine zu geringe Menge erbracht wurde. Statt wie bisher zwischen Genehmigungsfähigkeit und –unfähigkeit

---

249 *Oetker/Maultzsch*, Vertragliche Schuldverhältnisse, § 2 Rn. 173; *Reinicke/Tiedtke*, Kaufrecht, Rn. 376 ff.

250 BT-Drucks. 16/6040, S. 187 li. Sp.

251 BT-Drucks. 14/6040, S. 216 re Sp.

252 So auch *Heiderhoff/Skamel*, JZ 2006, 383 (392).

253 Beispiel nach NK-BGB/*Büdenbender*, § 434 Rn. 74.

254 Beispiele angelehnt an *Heiderhoff/Skamel*, JZ 2006, 383 (391 f.).

des alten § 378 HGB abzugrenzen, käme es einem solchen gleich, bei den verkauften Sachen nunmehr nach dem Grad der Gleichartigkeit oder Ungleichartigkeit in § 434 III BGB zu unterscheiden. Das Gesetz wollte bewusst keine Ausnahmen machen, sodass keine Grundlage für das Ausklammern von einer Gesamtheit ungleichartiger Kaufgegenstände im Rahmen des § 434 III Alt. 2 BGB besteht. Denn § 434 III BGB war im Umkehrschluss explizit als Nachfolgenorm des § 378 HGB a.F. infolge dessen Streichung vom Gesetzgeber gewollt.[255]

Betrachtet man die Darstellung zur Falschlieferung[256], dann findet selbst bei der Lieferung von extremen Alia besonderes Gewährleistungsrecht Anwendung. Entscheidend ist sowohl für Falsch- als auch für Minuslieferungen, dass der Verkäufer in Erfüllung seiner vertraglichen Pflicht leistet und für den Käufer erkennbar dieser Zusammenhang zwischen Vertrag und Lieferung besteht.[257]

bb) Verdeckte Zuweniglieferung

Nach alter Rechtslage musste stets zwischen *verdeckter* und *offen* ausgelegter Abweichung der bedungenen Menge i.S.d. § 378 HGB a.F. differenziert werden.[258] Unter der Geltung des modernisierten Schuldrechts ist für den Käufer die Erkenntnis der Lieferung als Erfüllungsversuch durch den Verkäufer als Kriterium relevant, denn dieser Zusammenhang ist nur dann für ihn erkennbar, wenn die Leistung des Schuldners als vollständige Erfüllung seiner vertraglichen Verpflichtung erbracht wird.[259] Insoweit genügt wiederum eine Tilgungsbestimmung, die durch Lieferschein, Rechnung, Begleitpapiere, etc. ausreichenden Bezug zum Vertrag herstellt. Den Käufer treffen im Rahmen eines beiderseitigen Handelskaufs dann freilich auch die Obliegenheiten des § 377 HGB. Mit anderen Worten hat sich trotz des normativen Neuansatzes an der bisherigen Differenzierung zwischen *offener* und *verdeckter* Quantitätsabweichung auf tatbestandlicher Ebene wenig geändert.

Die verdeckte Minuslieferung ist unstreitig als Fall des § 434 III Alt. 2 BGB einzustufen.[260] Speziell in dieser Konstellation entfaltet § 377 HGB für beide

---

255 Stellungnahme des Bundesrates, BT-Drucks. 14/6857, S. 41 re Sp.

256 Siehe C. IV. 1.

257 Siehe C. IV. 1. d.

258 Siehe B. II. 3. b.

259 *Oetker*, FS Canaris II, 313 (320); *Canaris*, HR, § 29 Rn. 57 aE; *Hübner*, Handelsrecht, § 7 Rn. 603; *Steinbeck*, Handelsrecht, § 35 Rn. 11.

260 *Brox/Walker*, Besonderes Schuldrecht, § 4 Rn. 26; *Looschelders*, Schuldrecht BT, § 4 Rn. 76; jurisPK-BGB/*Pammler*, § 434 Rn. 157; Hk-BGB/*Saenger*, § 434 Rn. 21; MüKo-BGB/*Westermann*, § 434 Rn. 48; PWW/*Schmidt*, BGB, § 434 Rn. 83; Staudinger/

Seiten einen ausreichenden Anlass zur gegenseitigen Kontrolle. Stellt der Käufer unverzüglich nach Ablieferung der Ware eine quantitative Fehlmenge fest, die jedoch sowohl vertraglich nicht vereinbart als auch in der Tilgungsbestimmung (u.a. in Form der Rechnung, Lieferschein, etc.) nicht ausgewiesen ist, liegt eine die Rügeobliegenheit auslösende verdeckte Zuweniglieferung gem. § 377 I HGB i.V.m. § 434 III Alt. 2 BGB vor. Kommt er dieser ordnungsgemäß nach, kann er zunächst im Rahmen seiner kaufrechtlichen Gewährleistungsrechte Nacherfüllung (§§ 437 Nr. 1, 439 I BGB) verlangen.

cc) Offen ausgewiesene Mindermenge

Umgekehrt wird von einem Großteil des Schrifttums[261] die Situation einer offen ausgewiesenen Mindermenge beurteilt. Hierbei erlangt der Käufer zwar ebenfalls ein zu geringes Quantum an Ware, jedoch wird dieses Minus offen als Teilleistung im Rahmen eines Begleitschreibens ausgewiesen.

Der Verkäufer stellt in diesem Fall ebenfalls erkennbar für den Käufer den Zusammenhang zwischen Leistungspflicht und Schuldverhältnis her. Gleichwohl bleiben die Voraussetzungen der Gleichstellung von Minus und Peius dadurch unerfüllt. In dieser Situation erbringt der Verkäufer die Leistung gerade nicht als vollständige Erfüllung seiner vertraglichen Verpflichtungen, wodurch die vom Gesetzgeber gestellten Voraussetzungen an die Gleichstellung von Peius und Minus in Form der Tilgungsbestimmung nicht erfüllt sind.[262] Zu Teilleistungen sei der Verkäufer gem. § 266 BGB nicht berechtigt, sodass er wiederum keine Annahme respektive Rüge erwarten dürfe. Der Käufer könne die Teilleistung zurückweisen und weiterhin Erfüllung des Kaufvertrags – Lieferung der vollständig geschuldeten Menge – unmittelbar aus seinem primären Erfüllungsanspruch gem. § 433 I 1 BGB verlangen.[263] Außerdem stehe es ihm frei, neben der Zurückweisung sein Rücktrittsrecht nach § 323 BGB auszuüben oder Ersatz des

---

Matusche-Beckmann, BGB, 2014, § 434 Rn. 154; Heymann/*Emmerich/Hoffmann*, HGB, § 377 Rn. 30; Oetker/*Koch*, HGB, § 377 Rn. 31 aE; *Oetker*, FS Canaris II, 313 (320 f.); Erman/*Grunewald*, BGB, § 434 Rn. 63; BeckOK-BGB/*Faust*, § 434 Rn. 113; *Fischinger*, Handelsrecht, § 7 Rn. 733.

261 Nachw. oben Fn. 260.

262 BT-Drucks. 14/6040, S. 216 re. Sp.

263 Insoweit war die Rechtslage bereits vor der Reformierung des Schuldrechts; vgl. *Werner*, BB 1984, 221.

ihm durch die zurückgewiesene Teilleistung entstandenen Schadens geltend zu machen (§§ 280, 281, 286 BGB).[264]

Anstelle der Zurückweisung ist es dem Gläubiger aber auch anheimgestellt, die offen deklarierte Teilmenge *vorbehaltlos* anzunehmen und den noch ausstehenden Teil der vertraglich geschuldeten Restmenge – ebenfalls aus seinem primären Erfüllungsanspruch (§ 433 I 1 BGB) – zu verlangen. Eine unverzügliche Rüge ist nicht geboten, denn § 377 HGB erfordert einen Mangel der Ware, welcher wiederum nur über die besonderen Regeln des neuen Schuldrechts bestimmt wird. Eine *echte* oder *offene* Teilleistung i.S.d. § 266 BGB könne diese Vorgaben nicht erfüllen, sodass die der handelsrechtlichen Genehmigungsfiktion vorgehende Untersuchungs- und Rügeobliegenheit zulasten des Käufers keine Anwendung finde.[265] Zu beachten ist dabei, dass ein etwaiger späterer Rücktritt vom ganzen Vertrag nach § 323 V 1 BGB nur möglich sei, sollte er wider Erwarten kein Interesse an der bereits erbrachten Teilleistung haben. Hierbei trifft den Käufer jedoch die Beweislast nach § 363 BGB.[266]

dd) Stellungnahme

Die erschwerten Anforderungen an den Rücktritt vom Vertrag sind bei vorbehaltloser Annahme einer offen deklarierten Teilleistung sachgerecht.

Im Gegensatz zur verdeckten Minuslieferung i.S.d. § 434 III Alt. 2 BGB, bei der durch Tilgungsbestimmung des Schuldners ein vollständiger Erfüllungsversuch dem Gläubiger nach außen suggeriert wird, ist das negativ abweichende Quantum bei der *echten* Teilleistung für den Käufer offen erkennbar. Nimmt er diese dennoch vorbehaltlos an, sind ihm auch die höheren Anforderungen bei einem späteren Rücktritt vom ganzen Vertrag gem. § 323 V 1 BGB zumutbar. Die niedrigere Hürde des § 323 V 2 BGB ist für den Gläubiger nur im Rahmen der Gewährleistungsrechte sachgerecht, namentlich bei Lieferung eines Peius, Aliud oder eines verdeckten Minus. Entsprechendes gilt für die Geltendmachung eines

---

264 *Oetker*, FS Canaris II, 313 (320); Baumbach/Hopt/*Hopt*, HGB, § 377 Rn. 18; EBJS/*Müller*, HGB, Vor § 377 Rn. 88; Hk-BGB/*Saenger*, § 434 Rn. 21; Staudinger/*Matusche-Beckmann*, BGB, 2014, § 434 Rn. 152; BeckOK-BGB/*Faust*, § 434 Rn. 113.

265 *Oetker*, FS Canaris II, 313 (321); Hk-HGB/*Stöber*, § 377 Rn. 14; Oetker/*Koch*, HGB, § 377 Rn. 31, 133; Heymann/*Emmerich/Hoffmann*, HGB, § 377 Rn. 30, 121; MüKo-HGB/*Grunewald*, § 377 Rn. 110; EBJS/*Müller*, HGB, Vor § 377 Rn. 88 ff., § 377 Rn. 70, 228; Baumbach/Hopt/*Hopt*, HGB, § 377 Rn. 18, der jedoch auch eine Vertragsänderung für möglich hält. Vgl. weiter *Canaris*, HR, § 29 Rn. 57, 72; *Steinbeck*, Handelsrecht, § 35 Rn. 11; *Hübner*, Handelsrecht, § 7 Rn. 603; *Hüffer*, JA 1981, 143 (146).

266 Hk-BGB/*Schulze*, § 266 Rn. 6.

Schadensersatzes statt der Leistung, §§ 280 I, III, 281 I 2 oder 3 BGB. Zu dem dogmatischen Streit, ob bei jeder Zuweniglieferung § 323 V 2 oder stets § 323 V 1 BGB anzuwenden ist bzw. ob sich besonderes Kaufrecht durch Verweisung in § 437 Nr. 2 BGB auch auf das allgemeine Leistungsstörungsrecht auswirkt, soll im Rahmen dieser Arbeit keine Stellungnahme erfolgen. Zur vorstehenden Problematik kann es nur kommen, wenn das Manko ordnungsgemäß i.S.d. § 377 HGB gerügt wurde.[267]

Ob allerdings für alle Fälle einer offenen Zuweniglieferung die Anwendung des § 434 III Alt. 2 BGB versagt werden kann – und damit auch die Rügeerfordernis – ist fraglich.

Nicht jede offene Minderlieferung kann als bloße Teilleistung verstanden werden.[268] Es kommt vielmehr darauf an, ob die Zuweniglieferung im Sinne einer noch erfolgenden defizitären Restlieferung für den Käufer erkennbar ist.

Deklariert der Verkäufer im Lieferschein etwa (richtigerweise) eine Teilmenge, stelle jedoch (unrichtig) den gesamten Kaufpreis in Rechnung, kann der Käufer nicht ohne weiteres von einer bloßen Teilleistung i.S.d. § 266 BGB ausgehen.[269] Unerheblich bleibt aus welchen Gründen ein solcher Fehler in den Begleitpapieren auftaucht. Der Verkäufer kann sich bei der Ausstellung des Lieferscheins verschrieben oder auch geglaubt haben, das gelieferte Quantum habe der vertraglich vereinbarten Schuld entsprochen. In dem Glauben, den Vertrag in Folge eines solchen Irrtums erfüllt zu haben, ist der Verkäufer auf Grund der ratio legis des § 377 HGB schutzwürdig, es sei denn, der Gläubiger rügt ordnungsgemäß.[270] Dann muss jedoch auch das offen ausgewiesene Minus unter bestimmten Umständen als negative Quantitätsabweichung unter § 434 III Alt. 2 BGB subsumiert werden.

---

267 Vgl. dazu ausführlich *Grigoleit/Riehm*, ZGS 2002, 115 ff.; *Canaris*, ZRP 2001, 329 (334 f.); *Windel*, Jura 2003, 793, (796 f.); *Thier*, AcP 203 (2003), 399, (425 ff.); *Heiderhoff/Skamel*, JZ 2006, 383 ff.; *Lorenz*, NJW 2003, 3099; *Giesen*, S.95 ff.; *Jessel*, S. 127 ff.

268 Zweifelnd offenbar auch *Oetker*, Handelsrecht, § 8 Rn. 62 aE; vgl. ebenfalls BeckOK-HGB/*Schwartze*, § 377 Rn. 21: „Die Teillieferung wird allerdings als Ausnahme angeshen, die dem Käufer gegenüber zum Ausdruck gebracht werden muss, im Regelfall muss der Käufer also von einer Minderlieferung ausgehen und diese gem. Abs. 1 anzeigen".

269 *Bayer/Lieder*, Handels- und GesellschaftsR, § 7 Rn. 338; *K. Schmidt*, HR, § 29 Rn. 123.

270 So bereits *Werner*, BB 1984, 221 (223).

Bezugnehmend auf die bereits zur Falschlieferung dargestellte ungeschriebene Voraussetzung des § 434 III BGB[271], muss Entsprechendes auch für die zweite Alternative der Gleichstellungsnorm gelten.

Die Zuweniglieferung i.S.d. kaufrechtlichen Gewährleistungsvorschriften (§§ 437 ff. BGB) setzt voraus, dass (1.) subjektiv der Verkäufer mit der Leistung den ganzen Vertrag erfüllen will (verdecktes Minus) und (2.) dies objektiv für den Käufer erkennbar ist. Das bedeutet, dass eine offen deklarierte Mankoleistung nur dann nach den kaufrechtlichen Gewährleistungsregeln bzw. unter § 434 III Alt. 2 BGB subsumiert werden darf, wenn für den Gläubiger – trotz der in den Begleitpapieren „Lieferschein/Rechnung" ausgewiesenen negativen Quantitätsabweichung – objektiv erkennbar ist, dass der Schuldner davon ausgeht, seine vertragliche Primärpflicht i.S.d. § 362 BGB vollständig erfüllt zu haben. Ist im Lieferschein ein Minus ausgewiesen, im Weiteren jedoch der volle Kaufpreis in Rechnung gestellt worden, ist auf Grund der im Handelsverkehr gebotenen Schnelligkeit und Rechtsklarheit die Untersuchungs- und Rügeobliegenheit des Handelskäufers unverzichtbar. Vielmehr muss es sich einem sorgfältigen Kaufmann geradezu aufdrängen, dass der Verkäufer hierbei einem Fehler unterliegt.[272] Es zeigt sich, dass das ausgewiesene Manko im Lieferschein für sich allein noch nicht ausreicht, die Anwendung der kaufrechtlichen Gewährleistungsrechte auszuschließen. Die Vermutung einer Teilleistung i.S.d. § 266 BGB und der damit einhergehende Wegfall einer rechtserhaltenden Mängelrüge nach § 377 HGB bei jeder offen ausgewiesenen Minuslieferung kann daher nicht überzeugen.[273]

Noch deutlicher wird obiges, wenn im Lieferschein offen die Mindermenge ausgewiesen ist, es an einer entsprechenden Rechnung aber fehlt. Hierbei kann der Käufer die Schuldnerleistung zwar dessen vertraglicher Leistungspflicht zuordnen, jedoch ist für ihn nicht erkennbar, ob mit der Lieferung dieser vollständig erfüllt werden sollte. Folgt die Rechnung zeitlich später und weist einen der gelieferten Quantitätsabweichung entsprechend gemindert zu zahlenden Kaufpreis auf, so ist die Situation für den Käufer nicht weniger undurchsichtig. Einerseits könnte er davon ausgehen, mit der Lieferung sollte lediglich eine

---

271 Siehe oben C. IV. 1. d. dd.

272 Vgl. auch *Grünhoff*, S. 55.

273 In Anlehnung an *Werner*, BB 1984, 221 (223 f.). Anderer Ansicht: Hk-HGB/*Stöber*, § 377 Rn. 14; Oetker/*Koch*, HGB, § 377 Rn. 31, 133; Heymann/*Emmerich/Hoffmann*, HGB, § 377 Rn. 30, 121; MüKo-HGB/*Grunewald*, § 377 Rn. 110; EBJS/*Müller*, HGB, Vor § 377 Rn. 88 ff., § 377 Rn. 70, 228. Vgl. weiter *Canaris*, HR, § 29 Rn. 57, 72; *Steinbeck*, Handelsrecht, § 35 Rn. 11; *Hübner*, Handelsrecht, § 7 Rn. 603; *Hüffer*, JA 1981, 143 (146).

Teilleistung erbracht werden, andererseits könnten die Begleitpapiere auch insoweit zu deuten sein, dass damit eine vollständige Erfüllung erreicht werden sollte.[274] Um Rechtssicherheit zu erlangen und (rechtsökonomisch) kosten- und zeitintensiven Streitigkeiten zu entgehen, wird der sorgfältige Handelskäufer eine rechtserhaltende Rüge i.S.d. § 377 HGB vornehmen. Letzteres entspricht auch dem Rechtsgedanken des § 377 HGB, dass der Verkäufer schnellstmöglich Klarheit darüber haben soll, ob noch weitere Dispositionen zu treffen sind.

Bei einer offen deklarierten Minderlieferung besteht neben der Zurückweisung und der vorbehaltlosen Annahme noch eine dritte Möglichkeit für den Käufer.

Es steht ihm frei, das Minus unter dem Vorbehalt anzunehmen, dass die Restmenge vom Verkäufer noch geleistet wird.[275] Insbesondere für oben stehende Zweifelsfälle einer offen deklarierten negativen Quantitätsdifferenz enthält ein solches Vorgehen eine Risikominderung für den Käufer. Zum einen ist ein Teil der geschuldeten Menge in seinem Besitz, ohne dass ihn die Beweislastumkehr des § 363 BGB trifft, zum anderen hat er durch die Möglichkeit der Einrede des nichterfüllten Vertrags gegenüber dem Verkäufer ein effektives Druckmittel. Es ist dem Käufer – vorbehaltlich des § 320 II BGB – dadurch möglich, die gesamte Gegenleistung bis zur Erbringung der Restmenge gem. § 320 I BGB zurückzubehalten.[276] Jedoch wird man dem Käufer auch hier eine Untersuchungs- und Rügeobliegenheit auferlegen, die allerdings erst mit Ablieferung des ganzen geschuldeten Quantums Wirkung entfaltet.[277]

Von einer nicht zu rügenden Teilleistung i.S.d. § 266 BGB ist demnach nur dann auszugehen, wenn der Verkäufer in den Begleitpapieren expressis verbis klarstellt, es handle sich um eine Teillieferung mit einem etwaigen Vermerk, dass die Restmenge folge, oder einem unzweideutigen Hinweis, dass es sich um eine

---

274 So auch *Grünhoff*, S. 56.

275 *Ernst*, NJW 1997, 896 (904); *Windel*, Jura 2003, 793 (796).

276 MüKo-BGB/*Emmerich*, § 320 Rn. 41; *Ernst*, NJW 1997, 896 (904); vgl. auch Jauernig/*Stadler*, BGB, § 320 Rn. 16; Palandt/*Grüneberg*, BGB, § 320 Rn. 10; Staudinger/*Schwarze*, BGB, 2015, § 320 Rn. 34 aE; Staudinger/*Otto*, BGB, 2009, § 320 Rn. 38; vgl. ferner OLG München, Urt. v. 26.01.2011 – 7 U 3938/10, juris, Rz. 25.

277 EBJS/*Müller*, HGB, § 377 Rn. 229; Röhricht/Graf von Westphalen/Haas/*Wagner*, HGB, § 377 Rn. 17 f.; vgl. auch, allerdings differenzierend nach Verwendbarkeit der einzelnen Teillieferung oder ausschließlicher Verwendbarkeit als Gesamtmenge: Baumbach/Hopt/*Hopt*, HGB, § 377 Rn. 30; Heymann/*Emmerich/Hoffmann*, HGB, § 377 Rn. 69; Oetker/*Koch*, HGB, § 377 Rn. 18; Staub/*Brüggemann*, HGB, 4. Aufl., § 377 Rn. 40, 119.

Vorablieferung oder um etwas Kommensurables handelt.[278] Jedenfalls aus objektiver Sicht des Empfängers muss sich unzweifelhaft aus den Begleitumständen ergeben, dass der Verkäufer subjektiv mit der Teillieferung nicht den Vertrag vollständig erfüllen wollte, sondern die restliche Teilmenge noch geleistet wird.[279]

Für den Käufer trägt ein derartiges Vorgehen keine Nachteile, da er trotz des Hinweises des Verkäufers nicht verpflichtet ist, die gelieferte Teilmenge anzunehmen, und er jedenfalls keinerlei Rechtsverlust dadurch erleidet. Dem Käufer ist in dieser Konstellation bewusst, dass der Verkäufer nicht davon ausgeht, den Vertrag vollständig zu erfüllen. Aus den Begleitpapieren kann der Gläubiger eindeutig entnehmen, dass die Teillieferung des Schuldners keine Erfüllungswirkung entfalten soll. Dementsprechend ist eine Rügeobliegenheit entbehrlich. Umgekehrt wird der Verkäufer angehalten, den Käufer – entsprechend der ratio legis des § 266 BGB – vor großen Belästigungen durch unvollständige Leistungsversuche[280] zu bewahren.

ee) Zusammenfassende Würdigung

Die Differenzierung zwischen offener und verdeckter Zuweniglieferung sollte de lege lata weiter als Orientierungshilfe dienen. Zwar ist zutreffend, dass die Unterscheidung keine Stütze im Gesetzestext des § 434 III BGB findet und speziell beim praktisch wichtigen Fall des Kaufvertrages eine einheitliche Behandlung der Gewährleistungsrechte in größtmöglichem Umfang garantiert werden sollte.[281] Allerdings lässt sich dem entgegenhalten, dass der Gesetzgeber durchaus eine subjektive Komponente für die Gleichstellung vorsah.[282] Wie bereits dargestellt, kommt der Tilgungsbestimmung – in Form der Begleitpapiere – eine für den Gläubiger gut erkennbare Klarstellungsfunktion zugute. Den Stimmen, die den Anwendungsbereich des § 377 HGB anhand einer finalen Differenzierung zwischen offener und verdeckter Minusleistung bestimmen, wird daher größtenteils, jedoch nicht vollends zugestimmt. Insbesondere die *echte Teilleistung* sollte

278 *Werner*, BB 1984, 221 (223 f.); im Ergebnis zustimmend auch *Menhofer*, S. 114 ff.; *Grünhoff*, S. 62 f.; vgl. auch *Brors*, JR 2002, 133 (136), die § 434 III BGB als lex specialis zu § 266 BGB betrachtet.

279 Vgl. *Bayer/Lieder*, Handels- und GesellschaftsR, § 7 Rn. 338; *Oetker*, Handelsrecht, § 8 Rn. 62 aE.

280 Statt aller vgl. nur Soergel/*Forster*, BGB, § 266 Rn. 1; Staudinger/*Bittner*, BGB, 2014, § 266 Rn. 1.

281 Vgl. auch BT-Drucks. 14/6040, S. 187 li. Sp.; *Windel*, Jura 2003, 793, (794 f.); NK-BGB/*Büdenbender*, § 434 Rn. 77.

282 BT-Drucks. 14/6040, S. 216 re. Sp.

restriktiver ausgelegt werden und nicht jede offen deklarierte Teilmenge per se nach allgemeinem Leistungsstörungsrecht behandelt werden.

b) Pluslieferung

Die Zuviellieferung (Plus) ist infolge des Schuldrechtsmodernisierungsgesetzes nicht vom Wortlaut des § 434 III Alt. 2 BGB erfasst worden, obwohl § 378 HGB a.F. auch auf quantitative Mehrleistungen anwendbar war. Ob beim beiderseitigen Handelskauf die Rügeobliegenheit mit den damit verbundenen Rechtsfolgen weiterhin fortgelten müsse, ist dadurch zum Streitfall geworden.

aa) Analogie des § 434 III Alt. 2 BGB auf die „Plusleistung"

Da der Wortlaut keinen Spielraum für die Einbeziehung einer Mehrlieferung lässt, wird vereinzelt in der Literatur vertreten, dass § 434 III BGB im Wege einer Analogie auf positive Quantitätsabweichungen anzuwenden sei. Insbesondere *Pfeiffer*[283] streitet für eine Ausdehnung des § 434 III Alt. 2 BGB auf Zuviellieferungen im Wege einer Analogie und argumentiert dabei mit Art. 2 der Verbrauchsgüterkauf-RL[284]. Diese erwähne die Falschmengenlieferung nicht ausdrücklich, sondern erfasse in Abs. 1 die Lieferung vertragsgemäßer Güter. Dabei sei bei der Auslegung des Inhalts von besonderer Bedeutung, dass sich der Fehlerbegriff der Richtlinie größtenteils an Art. 35 CISG anlehne, der den Begriff der Vertragsmäßigkeit dahingehend konkretisiert, dass die Ware nach „Menge, Qualität und Art..." der vertraglichen Vereinbarung entsprechen müsse. Darunter falle somit auch die Mehrlieferung.[285]

Teilweise wird eine Analogie des § 434 III BGB befürwortet, wenn das zu viel gelieferte Quantum für den Käufer zu Nachteilen führen könne.[286] Die Pluslieferung begründe somit nur noch in den Fällen eine Mangelhaftigkeit der Ware, wenn sie in zu großen Abmessungen geliefert oder für den Käufer unausscheidbar bzw. unteilbar[287] sei.

---

283 *Pfeiffer*, ZGS 2002, 138 (139 f.).

284 RL 1999/44/EG, ABl. L 171, S. 12 ff.

285 *Pfeiffer*, ZGS 2002, 138 (139); zustimmend auch Henssler/Graf von Westphalen/*Graf von Westphalen*, Schuldrechtsreform, § 434 Rn. 54 aE; im Ergebnis auch Hoeren/Martinek/*Malzer*, SKK, § 434 Rn. 102.

286 *Canaris*, HR, § 29 Rn. 56; MüKo-HGB/*Grunewald*, § 377 Rn. 57; Erman/*Grunewald*, BGB, § 434 Rn. 65.

287 Koller/Kindler/Roth/Morck/*Roth*, HGB, § 377 Rn. 5b; wohl auch *Schaeffer*, S. 143.

bb) Keine Einbeziehung der Mehrlieferung

Der überwiegende Teil der Lehre lehnt hingegen eine analoge Anwendung des § 434 III Alt. 2 BGB auf positive Abweichungen in der Quantität ab, sodass im Ergebnis der zentrale bürgerlichrechtliche Anknüpfungspunkt der handelsrechtlichen Mängelrüge i.S.d. § 377 HGB nach der ersatzlosen Streichung des § 378 HGB a.F. weggefallen ist.[288]

cc) Stellungnahme

Letzterer Auffassung ist zuzustimmen. Gegen eine Analogie des § 434 III Alt. 2 BGB streitet vor allem, dass es – entgegen *Pfeiffer*[289] – an einer planwidrigen Regelungslücke fehlt. Der Gesetzgeber hat es vielmehr ganz bewusst unterlassen, die Fälle der Mehrlieferung in § 434 III BGB mit aufzunehmen. In Kenntnis des § 378 HGB a.F. stellte der Bundesrat in seinem Änderungsvorschlag zum Gesetzesentwurf deutlich heraus, dass es für die Fälle der Zuviellieferung einer Sonderregelung für den Handelskauf i.S.d. alten § 378 HGB auf Grund der Gepflogenheiten des Handelsverkehrs nicht bedürfe und sie daher entbehrlich sei.[290] Die darauf folgende Zustimmung des Rechtsausschusses des Deutschen Bundestags entspricht den Argumenten des Bundesrates.[291] Auch wenn sich die Fehlerhaftigkeit des Art. 2 Verbrauchsgüterkauf-RL unverkennbar an den Fehlerbegriff des UN-Kaufrechts anlehnt, bleibt europäisches Recht autonom auszulegen.[292] Insbesondere ist hierbei zu beachten, dass die Schutzrichtungen von UN-Kaufrecht und Verbrauchsgüterkauf-RL stark voneinander abweichen. Ersteres schützt vordergründig die Leichtigkeit des internationalen Handelsverkehrs, hingegen die Richtlinie den Verbraucher schützen will.[293] Der nationale Gesetzgeber war bei der Umsetzung der Richtlinie folglich nicht gezwungen, die positive Quantitätsabweichung in das Sachmängelgewährrecht mit aufzunehmen.

---

288 EBJS/*Müller*, HGB, § 377 Rn. 71; Oetker/*Koch*, HGB, § 377 Rn. 32; Baumbach/Hopt/*Hopt*, HGB, § 377 Rn. 19; Hk-HGB/*Stöber*, § 377 Rn. 15; GK-HGB/*Achilles*, § 377 Rn. 10; Röhricht/Graf von Westphalen/Haas/*Wagner*, HGB, § 377 Rn. 11; BeckOK-HGB/*Schwartze*, § 377 Rn. 22; *Oetker*, Handelsrecht, § 8 Rn. 37; *Hübner*, Handelsrecht, Rn. 606; Heymann/*Emmerich/Hoffmann*, HGB, § 377 Rn. 32 ff.; vgl. auch BeckOK-BGB/*Faust*, § 434 Rn. 117. Unklar jedoch *Hadding*, FS Kollhosser II, 175 (178), der das Plus nicht von § 434 III BGB, wohl aber von § 377 HGB umfasst sieht.

289 *Pfeiffer*, ZGS 2002, 138 (140).

290 BR-Drucks. 338/01, Nr. 149 (S. 85 f.).

291 BT-Drucks. 14/7052, S. 211 re. Sp.

292 So auch Staudinger/*Matusche-Beckmann*, BGB, 2014, § 434 Rn. 153.

293 *Unberath*, ZEuP 2005, 5 (16).

Überdies fehlt es für einen zulässigen Analogieschluss an dem Vorliegen einer vergleichbaren Interessenlage. Der argumentative Rückgriff auf Art. 2 I Verbrauchsgüterkauf-RL erlaubt ohnehin nur eine Ausdehnung des § 434 III Alt. 2 BGB auf Zuviellieferungen im Rahmen eines Verbrauchsgüterkaufs (§ 474 I BGB).[294] Es wären – selbst bei Zustimmung der Gegenansicht – schon nicht alle Situationen eines bürgerlichrechtlichen Kaufs und *a fortiori* nicht die Fälle eines beiderseitigen Handelskaufs davon erfasst, sodass es keine Auswirkungen auf die Untersuchungs- und Rügelast nebst Rechtsfolgen hätte. Vielmehr streitet *Pfeiffers* Argumentation der Anlehnung an das UN-Kaufrecht gegen ein Umsetzungsdefizit der Richtlinie. Im Hinblick auf die Zuviellieferung ist der Käufer (als Verbraucher) durch nationales Recht besser gestellt, denn mangels vergleichbarer Regelung der Art. 39, 52 II 2 CISG[295] in den §§ 433 ff. BGB, ist der Käufer nicht zur Rüge respektive Zahlung des zu viel gelieferten Quantums verpflichtet.[296] Minderung und Schadensersatz statt der Leistung (§ 437 Nr. 2, 3) passen im Hinblick auf die Zuviellieferung ohnehin nicht.

Zwar ist *Pfeiffer* darin zuzustimmen, dass es für den Käufer durchaus vorteilhaft wäre, einen verschuldensunabhängigen Anspruch auf Abholung der überschüssigen Menge im Wege der kostenlosen Nachbesserung § 439 I Alt. 1, II BGB gegen den Verkäufer zu haben. Allerdings ist ein solches Vorgehen praktisch obsolet. Der Käufer ist bei problemlos teilbaren, respektive ausscheidbaren Quantitätsabweichungen nicht auf besonderes Gewährleistungsrecht angewiesen. Bezogen auf die vertraglich geschuldete Menge ist der Kaufvertrag – vorbehaltlich einer qualitativen Mangelfreiheit – gem. § 362 BGB erfüllt. Das überschüssige Quantum ist somit ohne Rechtsgrund geliefert und wie unbestellte Ware[297] zu behandeln.

Beispiel[298]: *Anstatt 100 t tiefgefrorener Johannisbeeren werden 110 t Johannisbeeren geliefert.*

Ist die Lieferung qualitativ nicht zu beanstanden, ist der Vertrag über 100 t erfüllt. Die Leistung der übrigen 10 t ist ohne Rechtsgrund erfolgt und kann vom Verkäufer – vorbehaltlich § 814 BGB – nach § 812 I 1 Alt. 1 BGB kondiziert werden.

---

294 *Oetker*, FS Canaris II, 313 (316).

295 Siehe E. III. 3. b.

296 *Unberath*, ZEuP 2005, 5 (17).

297 Dabei ist zu beachten, dass § 241a BGB auf den beiderseitigen Handelskauf grundsätzlich nicht anwendbar ist.

298 Vgl. OLG Stuttgart, Urt. v. 08.02.2006 – 3 U 215/03, BeckRS 2006, 10647.

Führt eine Pluslieferung zu Behinderungen im Betriebsablauf oder zu zusätzlichen Kosten, ist dem Käufer in Form der ergänzenden Vertragsauslegung unter Berücksichtigung der Wertung des § 439 BGB ein verschuldensunabhängiger Anspruch auf Abtransport[299] oder auf Grund einer kaufvertraglichen Nebenpflichtverletzung (§§ 280 I, 241 II BGB), ein Schadensersatzanspruch zu gewähren, wobei für Letzteres ein Verschulden des Verkäufers zu vermuten sein wird. Kommt er diesem nicht nach, ist bei Unzumutbarkeit ein etwaiger Rücktritt vom Vertrag über § 324 BGB möglich. Im Übrigen kann der Anspruch ggf. auch wegen Eigentumsstörung auf die §§ 823 I, 1004 I 1 BGB gestützt werden.[300]

Für diejenigen Mehrlieferungen, die nicht ohne weiteres trennbar, ausscheidbar oder sonst nachteilig sind, lässt sich vortragen, dass in diesen Fällen in der Regel ohnehin eine Beschaffenheitsabweichung vorliegen wird und somit bereits ein Quantitätsmangel nach § 434 I BGB gegeben ist.[301] Man denke daran, dass Paneelholz in Breite und Länge für einen bestimmten, in der Fläche begrenzten Raum gleichmäßig zugeschnitten bestellt wurde und in zu großen Abmessungen geliefert wird, sodass ohne Abfallrestmenge kein Verlegen möglich erscheint.[302] In derartigen Konstellationen liegt bereits ein (Quantitäts-)Mangel i.S.d. § 434 I BGB vor, der dem Handelskäufer freilich die Rügelast nach § 377 HGB auferlegt.[303]

dd) *Fazit*

Die Zuviellieferung ist somit nicht im Wege einer analogen Anwendung des § 434 III Alt. 2 BGB auszudehnen, sodass die reine positive Quantitätsabweichung keinen zu rügenden Warenmangel i.S.d. § 377 HGB darstellt.

Methodisch ist der argumentative Rückgriff auf die Verbrauchsgüterkauf-RL für den beiderseitigen Handelskauf nicht nur unzutreffend, sondern auch nicht

---

299 Vgl. BeckOK-BGB/*Faust*, § 434 Rn. 117.

300 Vgl. für letztere Varianten NK-BGB/*Büdenbender*, § 434 Rn. 78; *Giesen*, S. 92; zum Rücktritt nach § 324 BGB *Unberath*, ZEuP 2005, 5 (18).

301 So auch Heymann/*Emmerich/Hoffmann*, HGB, § 377 Rn. 34; Hk-HGB/*Stöber*, § 377 Rn. 15; MüKo-BGB/*Westermann*, § 434 Rn. 50; NK-BGB/*Büdenbender*, § 434 Rn. 79; *Thier*, AcP 203 (2003), 399 (427); *Fritsche*, FG Werner, 19 (38); unklar, wohl aber zustimmend Staudinger/*Matusche-Beckmann*, BGB, 2014, § 434 Rn. 153 aE.

302 Vgl. die Beispiele nach Staub/*Brüggemann*, HGB, 4. Aufl., § 378 Rn. 28 f.; exemplarisch dienen ebenfalls die in falschen/zu großen Maßen gelieferten Tischdecken, die nicht ohne gebrauchsuntauglich zu werden auf die richtigen Maße zugeschnitten werden können.

303 So auch EBJS/*Müller*, HGB, § 377 Rn. 72; Heymann/*Emmerich/Hoffmann*, HGB, § 377 Rn. 34; *Oetker*, FS Canaris II, 313 (317); zur alten Rechtslage bereits Staub/*Brüggemann*, HGB, 4. Aufl., § 378 Rn. 28 f.

notwendig. Das überschüssige Quantum ist als indebitum ohne Rechtsgrund geleistet und folglich vom Verkäufer – vorbehaltlich § 814 BGB – nach § 812 I 1 Alt. 1 BGB zu kondizieren. Eine Anwendung des kaufrechtlichen Gewährleistungsrechts über § 437 BGB ist demzufolge contra legem.

Ist das Plus nicht ohne weiteres von der gelieferten Ware trennbar, ist stets zu prüfen, ob es sich um einen Quantitätsmangel handelt, der dann bereits unter den Anwendungsbereich des § 434 I BGB fällt. Sodann obliegt dem Käufer selbstredend eine rechtserhaltende Mängelrüge gemäß § 377 HGB.

D. Die Genehmigungsfiktion nach § 377 HGB: Rechtsfolgen der unterlassenen, versäumten oder nicht ordnungsgemäßen Mängelrüge bei Falschlieferung und Quantitätsabweichung

Unterlässt respektive versäumt der Käufer die – bei verdeckten Mängeln ggf. erst nach deren Entdeckung – unverzügliche, ordnungsgemäße Rüge der Warenmängel, so gilt die Ware nach § 377 II, III Hs. 2 HGB als „genehmigt".

I. Rechtsdogmatische Einstufung

Rechtsdogmatisch ist durch das Benutzen der Wendung *„gilt als"* nicht eindeutig, ob der historische Gesetzgeber darunter eine unwiderlegliche Vermutung[304] oder eine Rechtsfiktion[305] zu verstehen wissen wollte. Der Unterschied liegt hierbei auf der Tatbestandsebene, wobei die Wirkung der Rechtsfolge letztlich dieselbe ist.

Die unwiderlegliche Vermutung knüpft an einen tatsächlichen Umstand an (Vermutungsbasis), auf Grund dessen angeordnet wird, dass von einem vermuteten Tatbestand auszugehen ist. Die Vermutungsbasis begründet dabei eigenständig die Rechtsfolgen des vermuteten Tatbestandes, unabhängig davon, ob dieser tatsächlich vorliegt oder nicht.[306] Mit anderen Worten ordnete die unterlassene Rüge (VB) die Vertragsmäßigkeit der gelieferten Ware (RF) unabhängig davon an, ob der Käufer mit der Beschaffenheit der Ware einverstanden ist oder nicht. Im Ergebnis bedeutet das: Um eine unwiderlegliche Vermutung bejahen zu können, müsste auch ohne die Regelung des § 377 II, III Hs. 2 HGB die versäumte oder unterlassene Rüge eine tatsächliche Zustimmung des Käufers erklären können.[307]

304 RGZ 170, 155 (158).

305 RGZ 65, 49 (54); 106, 359 (360); BGHZ 101, 337 (347 f.); 107, 331 (337).

306 *Hausmann*, Rechtsfolgenanordnung, S. 50 ff.; *Leipold*, Beweislastregeln, S. 102 ff.; *Musielak*, Beweislast, S. 82 f.

307 Vgl. auch *Mock*, S. 56.

Demgegenüber handelt es sich bei der Rechtsfiktion um eine rechtliche Gleichbewertung verschiedener Tatbestände.[308] Die Fiktion ordnet nur in den Konstellationen die Rechtsfolgen des gesetzlich fingierten Tatbestandes an, in denen der fingierte Tatbestand sicher nicht erfüllt ist.[309] Fiktionsbasis (FB) und fingierter Tatbestand (fTb) unterscheiden sich demnach zwingend, müssen rechtlich jedoch vergleichbar sein.[310] Mit anderen Worten sind die unterlassene bzw. versäumte Mängelrüge (FB) sowie die tatsächliche Genehmigung in Ansehung eines Mangels (fTb) zwei unterschiedliche Sachverhalte, die rechtlich gleich bewertet werden. Dabei dürfen nicht einfach aus dem fingierten Tatbestand Rechtsfolgen abgeleitet werden, sondern es bleibt von Fall zu Fall zu prüfen, inwieweit die rechtliche Gleichbewertung jeweils gewollt und gerechtfertigt ist.[311] Der Handelskäufer trägt als passiver Teil das Risiko der Säumnis und darf deshalb nicht Schweigen, wenn er mit der gelieferten Ware nicht einverstanden ist.[312]

Die Formulierung *„gilt als genehmigt"* interpretiert die h.M. daher zutreffend als gesetzliche Fiktion einer Genehmigung der gelieferten Ware durch den Käufer; der gelieferte Kaufgegenstand gilt demzufolge als vertragsgemäß und die nicht angezeigten Mängel gelten als nicht vorhanden.[313] Gegen eine unwiderlegliche Vermutung der Genehmigung streitet insbesondere, dass auch im Handelsrecht das Schweigen bzw. Unterlassen der Mängelrüge nicht zu einer

308 *Esser*, Rechtsfiktionen, § 3 3.), S. 31 f.; zustimmend BGHZ 101, 337 (348).

309 *Hausmann*, Rechtsfolgenanordnung, S. 14, 54; *Leipold*, Beweislastregeln, S. 103; vgl. auch *Musielak*, Beweislast, S. 82 f.

310 *Esser*, Rechtsfiktionen, S. 31 ff.; *Hausmann*, Rechtsfolgenanordnung, S. 14 ff.

311 Esser, Rechtsfiktionen, S. 32; zustimmend auch BGHZ 101, 337 (348), bezogen darauf, ob die Verletzung der Rügeobliegenheit auch auf deliktische Ansprüche Wirkung entfaltet.

312 *Esser*, Rechtsfiktionen, S. 58 ff., insbesondere S. 61; anders Düringer/Hachenburg/*Hoeniger*, HGB, § 377 Anm. 58, der in der Genehmigungsfiktion eine sog. „unechte Willenserklärung" sieht.

313 *Canaris*, HR, § 29 Rn. 72; Hk-HGB/*Stöber*, § 377 Rn. 59; Baumbach/Hopt/*Hopt*, HGB, § 377 Rn. 45; Koller/Kindler/Roth/Morck/*Roth*, HGB, § 377 Rn. 21; Heymann/*Emmerich/Hoffmann*, HGB, § 377 Rn. 103; GK-HGB/*Achilles*, § 377 Rn. 56. Anders *K. Schmidt*, HR, § 29 Rn. 112, der den nicht gerügten Mangel als geheilt ansieht, dies für den Prozess jedoch ohne Belang sei; keinen Unterschied zwischen Fiktion und unwiderleglicher Vermutung sieht *Fikentscher*, Methoden des Rechts, Bd. IV, S. 265.

tatsächlichen Genehmigung i.S.e. Willenserklärung führen darf.[314] Folgte man *Oertmann*, so bekäme das irrtumsbedingte Schweigen bzw. Nichtrügen des Käufers einen Erklärungsgehalt, welcher durch Anfechtung mit ex tunc-Wirkung vernichtet werden könnte.

Der Gesetzestext des § 377 II, III Hs. 2 HGB ist dabei etwas unpräzise, denn die *„verdeckte Verweisung"*[315] auf die Rechtsfolgen der Genehmigung einer fehlerhaften Ware ist gesetzlich nicht geregelt. Die §§ 182, 184 BGB normieren Wirksamkeitsvoraussetzungen eines noch nicht entstandenen oder schwebend unwirksamen Rechtsgeschäfts, die Genehmigungsfiktion des § 377 II, III Hs. 2 HGB hingegen setzt bereits ein wirksam entstandenes Rechtsgeschäft voraus. Aus rechtshistorischer Sicht ist die Genehmigung i.S.d. § 377 HGB, wie beim Kauf auf Probe (§ 454 BGB – Art. 339 ADHGB), als *„Billigung der gelieferten Ware"*[316] zu verstehen. Eine terminologische Anpassung beider Normen wurde mit Inkrafttreten des HGB schlicht vergessen.[317]

Es geht jedoch nicht darum, eine vom Käufer nicht erfolgte Beanstandung der Ware durch eine fingierte Einverständniserklärung zu ersetzen, sondern dem Bedürfnis des Handelsverkehrs nach rascher und sicherer Abwicklung von Verträgen sowie dem Beweissicherungsbedürfnis des Handelsverkäufers gerecht zu werden. Letzten Endes handelt es sich bei der „Genehmigungsfiktion" des § 377 II, III Hs. 2 HGB um das gesetzestechnische Mittel, dem obliegenheitswidrigen Handelskäufer die Berufung auf den nicht gerügten Mangel abzuschneiden[318], genauer gesagt sind die nicht gerügten Mängel präkludiert.[319] Der ratio legis entspricht es daher, die Präklusionswirkung darauf zu beschränken, dass die Ware als vertragsgemäß bzw. mangelfrei i.S.d. § 434 I-III BGB einzustufen ist.[320]

---

314 Für unwiderlegliche Vermutung hingegen Ehrenberg/*Oertmann*, Handbuch des Handelsrechts, Bd. 4/II, § 75 S. 511 Fn. 47, denn in der Nichtbeanstandung könne auch ein wirklicher Ausdruck der Genehmigung liegen, es komme nur nicht darauf an.

315 Vgl. *Esser*, Rechtsfiktionen, S. 37 ff.

316 Ausführlich *Niedrig*, S. 148 ff.; *Lettl*, Handelsrecht, § 12 Rn. 89.

317 *Raisch*, FS Duden, 399 (399 f.); *Müller*, ZIP 1997, 661 (661 f.); EBJS/*Müller*, HGB, § 377 Rn. 218.

318 Staub/*Brüggemann*, HGB, 4. Aufl., § 377 Rn. 163.

319 Oetker/*Koch*, HGB, § 377 Rn. 116; vgl. auch *K. Schmidt*, HR, § 29 Rn. 112; sowie *Marburger*, JuS 1983, 1 (10), der in § 377 II, III Hs. 2 HGB eine in die Sprachform der Fiktion gekleidete gesetzliche Sanktion für das Unterlassen der rechtzeitigen Mängelrüge sieht. Ebenso *von Caemmerer*, FS Martin Wolff, 3 (21); *Larenz*, Schuldrecht II/1, § 41 I d 4; *Peters*, AcP 164 (1964), 340 (343).

320 Vgl. *Hönn*, BB 1978, 685 (688).

II. Grundsatz: Rechtsverlust der besonderen kaufrechtlichen Gewährleistungsrechte

Mit der Genehmigungsfiktion infolge der unterlassenen oder versäumten Mängelrüge tritt Erfüllungswirkung ein. Unabhängig davon, ob der Verkäufer sich darauf beruft, ist es dem Handelskäufer nicht mehr möglich, Rechte wegen der nicht ordnungsgemäßen Beschaffenheit der gelieferten Ware geltend zu machen.[321] Hinsichtlich der nicht gerügten Mängel beziehen sich die für den Käufer ausgeschlossenen Rechtsbehelfe in erster Linie auf die in § 437 BGB aufgezählten Gewährleistungsrechte, namentlich Nacherfüllung, Rücktritt, Minderung sowie die in § 437 Nr. 3 BGB aufgezählten Schadens- bzw. Aufwendungsersatzansprüche. Dabei werden sowohl Mangel- als auch Mangelfolgeschäden der konkret nicht gerügten Mängel von der Genehmigungsfiktion ausgeschlossen, da §§ 438 I, 437 Nr. 3 BGB ohne Differenzierung zwischen Schadensersatz statt der Leistung und Folgeschäden dem Gewährleistungsrecht bzw. der kurzen Verjährung unterstellt.[322] Ebenfalls erfasst die Präklusionswirkung des § 377 II, III Hs. 2 HGB sowohl die Einrede des nichterfüllten Vertrages (§ 320 BGB) als auch einen etwaigen Letztverkäuferregress (§ 478 II, VI BGB). Insbesondere lässt die Erfüllungswirkung der Genehmigungsfiktion das Anfechtungsrecht des Käufers nach § 119 II BGB nicht wieder aufleben.[323]

III. Rechtsfolgen der Falschlieferung

Besonderheiten hinsichtlich der Rechtsfolgen können sich ergeben, wenn dem Käufer ein Aliud geliefert wird. Dies kann zum einen die Rückgewähr der Falschlieferung betreffen, zum anderen auch die Gegenleistungspflicht des Käufers infolge der Genehmigungsfiktion. Entscheidende Voraussetzung für die nachfolgende Untersuchung ist, dass es der Handelskäufer versäumt oder unterlassen

---

321 BGH, NJW 1980, 782 (784); Hk-HGB/*Stöber*, § 377 Rn. 59; Röhricht/Graf von Westphalen/Haas/*Wagner*, HGB, § 377 Rn. 59; Baumbach/Hopt/*Hopt*, HGB, § 377 Rn. 46; BeckOK-HGB/*Schwartze*, § 377 Rn. 67; a.A. (Einrede): *Fabricius*, JZ 1965, 271 ff.; EBJS/*Müller*, HGB, § 377 Rn. 214; Düringer/Hachenburg/*Hoeniger*, HGB, § 377 Anm. 56.

322 *Canaris*, HR, § 29 Rn. 75; Koller/Kindler/Roth/Morck/*Roth*, HGB, § 377 Rn. 24; *Hübner*, Handelsrecht, § 7 Rn. 632 f.; *Teichmann*, Handelsrecht, § 7 Rn. 1034 f.; *Müller*, ZIP 2002, 1178; BeckOK-HGB/*Schwartze*, § 377 Rn. 69 f.; bereits vor der Schuldrechtsmodernisierung: BGHZ 66, 208 (213); 107, 331 (337).

323 Vgl. statt aller Heymann/*Emmerich/Hoffmann*, HGB, § 377 Rn. 103 f.; *Lettl*, Jura 2006, 721 (723); Saenger/Aderhold/Lenkaitis/Speckmann/*Klein*, HaGesR, § 2 Rn. 174; BeckOK-HGB/*Schwartze*, § 377 Rn. 71 ff.

hat, die Falschlieferung zu rügen, sodass durch die Genehmigungsfiktion des § 377 II, III Hs. 2 HGB i.V.m. § 434 III Alt. 1 BGB der Kaufvertrag als erfüllt gilt und damit seine in § 437 BGB abschließend aufgezählten Gewährleistungsrechte präkludiert sind.[324]

1.) Falschlieferungen ohne Erfüllungswillen des Verkäufers

Sofern eine Aliudlieferung des Verkäufers ausnahmsweise ohne Erfüllungswillen desselben an den Käufer erfolgte[325], kann – unabhängig davon, ob der Käufer tatsächlich gerügt hat – bereits keine Genehmigungsfiktion eintreten.

In derartig evidenten Verwechslungsfällen steht dem Verkäufer ein Rückforderungsanspruch gegen den Käufer unabhängig davon zu, ob die Verwechslung aus der Sphäre des Verkäufers oder infolge eines Vertauschens des beauftragten Zulieferunternehmens[326] erfolgte. Sofern der Käufer die Leistung nicht unmittelbar bei Lieferung zurückweist, ist er durch die Verwechslung ungerechtfertigt bereichert, sodass das gelieferte Aliud ein *indebitum* darstellt, welches vom Verkäufer nach § 812 I 1 Alt. 1 BGB zurückgefordert werden kann. Naturgemäß trifft den Käufer dann auch keine Gegenleistungspflicht.

2.) Lieferung eines minder- oder gleichwertigen Aliud

Liefert der Verkäufer irrtümlich ein minder- oder gleichwertiges Aliud an den Käufer und versäumt dieser die ordnungsgemäße Rüge, so folgt daraus, dass durch die Wirkung der Genehmigungsfiktion des § 377 II, III Hs. 2 HGB der Kaufvertrag als erfüllt gilt. Im Unterschied zu den vormals dargestellten evidenten Verwechslungsfällen gilt das jedoch nur, wenn der Verkäufer das Aliud irrtümlich zum Zwecke der Erfüllung seiner vertraglichen Leistungspflicht erbringt, d.h. mit entsprechender Tilgungsbestimmung, die objektiv aus Sicht des Käufers erkennbar sein muss.[327]

---

324 Aus der neuesten Rspr.: OLG Karlsruhe, Urt. v. 19.07.2016 – 12 U 31/16, BeckRS 2016, 13273, Rn. 18 ff., 52 = BB 2016, 2065 (2068).

325 Siehe C. IV. 1. e. aa. erster Absatz.

326 Siehe C. IV. 1. e. aa. letzter Absatz.

327 Siehe C. IV. 1. d., insbesondere aa. und dd.; aber auch C. IV. 1. e. aa. zweiter Absatz.

a) *Grundsätzliche Aufrechterhaltung des Kaufpreises und Ausschluss der Käuferrechte*

Liegen die gerade aufgezeigten Voraussetzungen vor, bewirkt die Genehmigungsfiktion, dass der Käufer trotz Zustellung eines geringwertigeren Aliud dieses behalten muss und dafür, den vollen vertraglich vereinbarten Kaufpreis an den Verkäufer zu entrichten hat.[328] Etwaige Verlangen des Käufers nach Nachlieferung (§ 439 I Alt. 2 BGB) der vereinbarten Kaufsache bzw. nach angemessener Minderung des ursprünglich vereinbarten Kaufpreises (§ 441 BGB) sind als besondere Gewährleistungsrechte infolge der unterlassenen Mängelrüge präkludiert.

aa) *Preisanpassung trotz verabsäumter Rüge*

Lediglich im älteren Schrifttum finden sich Stimmen für eine entgegengesetzte Herangehensweise, die jedoch bereits zur damaligen Zeit eine Minderheit darstellten. So war *Schumann*[329] der Auffassung, dass der Käufer bei der Lieferung eines geringwertigeren Aliud trotz versäumter Rüge den Kaufpreis angemessen mindern dürfe, was mit Austauschgedanken zu begründen sei. Das ist allerdings unzutreffend, denn so würde der obliegenheitswidrig handelnde Käufer den Normzweck des § 377 HGB ins Gegenteil verkehren. Des Weiteren hinge es vermutlich vom Zufall des jeweiligen Marktpreises ab, ob der Verkäufer mit Beanstandungen des Käufers rechnen müsse. Infolgedessen wäre spekulativem und schikanösem Verhalten des Käufers kein Einhalt geboten.

Vereinzelt[330] wurde ein differenzierender Ansatz bevorzugt. Die handelsrechtliche Rügeobliegenheit sei zwar eine verkäuferschützende Vorschrift, jedoch dürfe durch verabsäumte Rüge des Käufers der Verkäufer nicht unnötig bevorzugt werden. Sinn und Zweck des § 377 HGB sei die rasche Ausräumung von etwaigen Streitigkeiten über die Art der Leistung. Bestünden Zweifel über die Tatsachenfrage (Aliud bzw. Minderwert), so müsse die Genehmigungsfiktion die Möglichkeit der Preiskürzung abschneiden. Läge das Aliud hingegen noch vollständig und unverbraucht beim Käufer vor, so bestünde unzweifelhaft keine Notwendigkeit, diesen hinsichtlich des zu zahlenden Äquivalents zu sanktionieren, sodass das Telos der Norm eine Preiskürzung durchaus umfassen würde. Entsprechendes gelte für noch leicht feststellbare Tatsachen.

---

328 Vgl. statt aller *Bayer/Lieder*, Handels- und GesellschaftsR, Rn. 334 f.

329 *Schumann*, Handelsrecht II, § 10 III 3b (S. 110 aE).

330 *Peters*, AcP 164 (1964), 340 (348 und 352).

Diese älteren Literaturstimmen[331] gehen im Kern auf einen Aufsatz von *Paul Oertmann*[332] anno 1916 zurück, der den Einfluss unbeanstandeter Falschlieferungen auf den Vertragspreis untersuchte. Dabei monierte der Verfasser, dass nicht zwischen minder- und höherwertiger Aliudlieferung differenziert werde, sodass dieser Umstand bei Nichtbeachtung im Ergebnis öfter den Verkäufer benachteilige, obwohl der Normzweck des § 378 HGB a.F. diesen schützen solle. Es sei jedoch grob unbillig, dem Käufer den Minderwert zu verwehren, während dem Verkäufer ein Anspruch auf den Mehrwert einer Falschlieferung zustünde. *Oertmann*[333] unterstellte im Ergebnis sämtlichen Aliud- und Meliusleistungen, dass sie ohne besondere Preisvereinbarung gekauft worden seien und dafür – unter Ausschaltung des ursprünglich vereinbarten Äquivalents – der jeweilige Marktpreis respektive ein angemessener Preis als Gegenleistung maßgeblich sein müsse.

bb) Stellungnahme

Allerdings sind diese Theorien der Kaufpreisanpassung nicht haltbar, denn alle stellen gemeinsam darauf ab, dass die Fiktionswirkung des § 377 HGB nicht weiter reichen könne, als eine tatsächliche Genehmigung des Käufers. Dieser würde jedoch nur der Leistung zustimmen, wenn der Kaufpreis entsprechend angepasst würde.[334] Allerdings wird verkannt, dass der Zweck der Fiktion nicht dazu dient, ein fehlendes Einverständnis des Käufers nachzuholen, sondern der schnellen Abwicklung von Verträgen im Handelsverkehr sowie der Rechtsklarheit. Es soll schnellstmöglich Klarheit über die vertragsgemäße Erfüllung des Verkäufers herrschen, beziehungsweise diesem rasche Beweissicherungsmöglichkeiten

331 Vgl. vorher bereits *Schneider*, ZHR 54 (1904), 90 (91 ff., 94), der anmerkte, dass der § 378 HGB kein „Prokrustesbett“ sein soll, der Käufer jedoch die Beweislast für den Minderwert trage; *Schönfeld*, Recht 1905, 365 (366). Vgl. weiter Schlegelberger/*Hildebrandt*, HGB, 3. Aufl., § 378 Rn. 16, der ebenfalls eine unter dem Gebot von Treu und Glauben und unter Berücksichtigung der im Handel geltenden Gebräuche und Gewohnheiten den Kaufpreis trotz Genehmigungsfiktion an das gelieferte Aliud entsprechend anpassen will; vgl. weiter *Koenige/Teichmann/Koehler*, HGB, 4. Aufl. 1936, § 378 Anm. 4, die eine Nichtübereinstimmung von gelieferter und berechneter Ware nicht als Sachmangel, sondern als Berechnungsfehler ansehen, der nicht von § 378 HGB a.F. umgangen werden dürfe. Im Ergebnis wohl auch *J. v. Gierke*, Handelsrecht, § 60 V 4, S. 481; *R. Schmidt*, NJW 1962, 710 (716).

332 *Oertmann*, JW 1916, 1462 ff.

333 Oertmann, JW 1916, 1462 (1464).

334 Vgl. ausführlich zur Kritik der älteren Literaturstimmen: *Peters*, AcP 164 (1964), 340 ff.

durch die Rügelast des Käufers ermöglichen.[335] Durch die versäumte Rüge hat Letzterer Berufungen auf die Vertragswidrigkeit der Leistung verwirkt, sodass ihm auch nachträglich keine Beanstandungen hinsichtlich des vereinbarten Kaufpreises zustehen dürfen.

Daher entspricht die gegenwärtig vorherrschende Rechtspraxis der ratio legis des § 377 HGB und insbesondere dem Schutzzweck des Verkäufers vollkommen.[336] Durch den Ausschluss der Käuferrechte aus § 437 BGB sowie der Aufrechterhaltung des Kaufpreises ist der Handelskäufer deutlich angehalten, die Ware gründlich und unverzüglich nach Ablieferung zu untersuchen und ggf. auch zu rügen. Die Anpassung des Kaufpreises zugunsten des säumigen Käufers ist allein im Wege der *privatautonomen Vertragsanpassung* der Parteien möglich und kann nicht *ipso iure* aus dem Gebot von Treu und Glauben nach § 242 BGB erfolgen.[337] Ein in Abhängigkeit zum Wert des gelieferten Aliud anzupassender Kaufpreis verstieße zum einen gegen den in Art. 2 I GG verfassungsrechtlich verankerten Grundsatz der Privatautonomie und stünde zum anderen in unauflösbarem Wertungswiderspruch mit der Fiktionswirkung[338] des beiderseitigen Handelskaufs.

Insbesondere die Wertung des § 377 HGB i.V.m. § 434 III Alt. 1 BGB macht deutlich, dass bei einer infolge der Fiktion als vertragsgemäß geltenden Falschlieferung nicht der vertraglich vereinbarte Kaufpreis ipso iure angepasst werden kann, denn dieser ist als vereinbartes Äquivalent ebenfalls vertragsgemäß. Eine Anpassung von Rechts wegen verstieße gegen die allgemeinen Prinzipien des Privatrechts.

b) Herausgaberechte des Verkäufers

Zwar wird es in praxi selten vorkommen, dass der Verkäufer ein nicht rechtzeitig gerügtes minderwertiges Aliud herausverlangt, nichtsdestotrotz kann er ein Interesse daran haben, wenn die irrtümlich gelieferte Sache bereits einem anderen Kunden versprochen ist, der womöglich andernfalls zur Konkurrenz überläuft. Sofern der Handelsverkäufer das gelieferte Aliud zurückfordert, stellt sich die

---

335 Siehe C. I.

336 *Bayer/Lieder*, Handels- und GesellschaftsR, Rn. 335.

337 Siehe unten D. III. 3. a.

338 *Oetker*, Handelsrecht, § 8 Rn. 58; *K. Schmidt*, HR, § 29 Rn. 118; Heymann/*Emmerich/Hoffmann*, HGB, § 377 Rn. 117; vgl. auch *Hein*, ZHR 87 (1924), 54 (98), der zu Recht annimmt, dass eine Kaufpreisherabsetzung trotz Genehmigungsfiktion nichts anderes als ein verkapptes Minderungsrecht des Käufers darstellt.

Frage, inwiefern die durch § 377 II, III Hs. 2 HGB erfolgte Erfüllungswirkung beseitigt werden kann und, ob die Falschleistung, die auf Grund des Kaufvertrags in Verbindung mit einer Tilgungsbestimmung auch mit Erfüllungswillen erbracht wurde, nunmehr mit Rechtsgrund erfolgte, der für eine entsprechende Kondiktion hinderlich wäre. Auch die Frage der Eigentümerstellung und ein damit zusammenhängender Anspruch aus § 985 BGB kommt für eine Herausgabe des Aliud in Betracht.

aa) Verzicht des Verkäufers auf die Genehmigungswirkung

Einigkeit besteht darüber, dass der Verkäufer auf die vertragserfüllende Wirkung der Genehmigungsfiktion des § 377 II, III Hs. 2 HGB verzichten kann. Das ist auch zutreffend, da das verkäuferfreundliche Telos der Norm einen von diesem erklärten Verzicht zu seinen Lasten zulassen muss. Der Käufer soll infolge der Nichtrüge keinen Vorteil erlangen, sodass die Genehmigungsfiktion teleologisch dahingehend reduziert werden kann.[339] Der Verkäufer hat also nach Eintritt der Fiktionswirkung noch die Wahl, die Rechtsfolgewirkungen der ihn schützenden Norm des § 377 HGB gelten zu lassen oder auf sie zu verzichten und damit den Bereicherungsausgleich voranzutreiben. Die Erfüllungswirkung kann demnach durch Verzicht des Verkäufers beseitigt werden.

bb) Falschlieferung als Rechtsgrund

Ferner ist noch problematisch, ob die Lieferung eines Aliud ohne Rechtsgrund erfolgte, denn nur so ist eine *condictio indebiti*[340] nach § 812 I 1 Alt. 1 BGB erfolgsversprechend. Dabei ist bereits grundsätzlich umstritten, ob der Kaufvertrag den Rechtsgrund für das Behaltendürfen der Sache beim Käufer bildet.

---

339 Allgemeine Meinung: BGH, Urteil v. 18.03.1952, BeckRS 1952, 30815448; Baumbach/Hopt/*Hopt*, HGB, § 377 Rn. 47; EBJS/*Müller*, HGB, § 377 Rn. 306; Koller/Kindler/Roth/Morck/*Roth*, HGB, § 377 Rn. 33; Hk-HGB/*Stöber*, § 377 Rn. 63, 72; Röhricht/Graf von Westphalen/Haas/*Wagner*, HGB, § 377 Rn. 57. Für die Fälle eines höherwertigen Melius *Bayer/Lieder*, Handels-und GesellschaftsR, Rn. 335; *Oetker*, Handelsrecht, § 8 Rn. 60; im Ergebnis auch *K. Schmidt*, HR, § 29 Rn. 120.

340 Das „durch Leistung erlangte Etwas“ liegt zumindest in der unmittelbaren Besitzlage des Käufers.

(1) Kaufvertrag bildet keinen Rechtsgrund

Ein Teil der Lehre[341] ist der Auffassung, dass eine Falschlieferung bereits ohne Rechtsgrund erfolgt, da es an einem Kaufvertrag über das geleistete Aliud fehle. Zwar stelle § 434 III Alt. 1 BGB das Aliud mit einem Sachmangel gleich, trotzdem sei der Verkäufer weder zur Lieferung des einen noch des anderen berechtigt, sodass der Käufer auch keinen Anspruch darauf habe. § 434 III Alt. 1 BGB befasse sich nur mit den Käuferrechten, jedoch nicht mit denen des Verkäufers. Der Kaufvertrag könne somit nicht als Rechtsgrund für das Behalten der mängelbehafteten Ware und a fortiori nicht für das Behalten der Falschleistung fungieren. Im Ergebnis bleibe das gelieferte Aliud eine ohne Rechtsgrund geleistete Nichtschuld, die ohne Rücksicht auf § 434 III Alt. 1 BGB kondiziert werden könne.

(2) Kaufvertrag bildet Rechtsgrund

Die entgegenstehende Ansicht[342] lässt den Kaufvertrag grundsätzlich als Rechtsgrund für das Behaltendürfen der Ware zu. Unstreitig ist für eine Schlechtleistung der vertraglich vereinbarten Ware ein Rechtsgrund allgemein anerkannt.[343] Infolge der Gleichstellung von Peius und Aliud müsse das konsequenterweise auch für Letzteres gelten. Der Verkäufer habe zwar nicht vertragsgerecht, aber trotzdem auf Grundlage des Kaufvertrags – *cum causa* – geleistet.

(3) Stellungnahme

Letzterer Auffassung ist zuzustimmen. Zwar kann nicht bestritten werden, dass über die fälschlicherweise gelieferte Ware kein Kaufvertrag existiert. Bei einer „*Falschlieferung*" versteht sich dies jedoch bereits *eo ipso*. Es ist indes praxisfern anzunehmen, dass für die Aliudlieferung – und der Gleichstellung halber

---

341 *Emmerich/Doehner*, FS Kramer, S. 485 (491 ff.); Heymann/*Emmerich/Hoffmann*, HGB, § 377 Rn. 115; *Altmeppen/Reichard*, FS Huber, 73 (87); *Lorenz*, JuS 2003, 36 (38); *Lettl*, JuS 2002, 866 (869); NK-BGB/*von Sachsen Gesaphe*, § 812 Rn. 34; für das Melius auch Erman/*Grunewald*, BGB, Vor § 437 Rn. 29.

342 OLG Karlsruhe, Urt. v. 19.07.2016 – 12 U 31/16, BeckRS 2016, 13273, Rn. 53 = BB 2016, 2065 (2068); Staudinger/*Matusche-Beckmann*, BGB, 2014, § 437 Rn. 60; *Reinicke/Tiedtke*, Kaufrecht, Rn. 371; *Musielak*, NJW 2003, 89 (90); *Tiedtke/Schmitt*, JZ 2004, 1092 (1098); *Canaris*, Schuldrechtsreform 2002, S. XXIII; Huber/Faust/*Huber*, Schuldrechtsmodernisierung, § 13 Rn. 156. Nunmehr auch MüKo-BGB/*Westermann*, § 434 Rn. 46, § 437 Rn. 63. Unklar, wohl aber für einen im Kaufvertrag liegenden Rechtsgrund zumindest beim minderen Aliud NK-BGB/*Büdenbender*, § 437 Rn. 131 ff.

343 Vgl. statt aller nur Palandt/*Sprau*, BGB, § 812 Rn. 21, Einf v § 812 Rn. 6.

auch für die Schlechtlieferung – kein Rechtsgrund vorliege, denn auch diese Leistungen erfolgen, um die Verpflichtung aus dem Kausalgeschäft zu erfüllen. Andernfalls wäre eine Kondiktion wegen § 814 BGB ohnehin nicht begründet. Selbstredend ist auch die mit entsprechender Tilgungsbestimmung irrtümlich gelieferte falsche Sache nicht vertragsgerecht, aber dennoch zur Erfüllung des zu Grunde liegenden Kaufvertrags geleistet worden. Der Handelskäufer ist dadurch auch nicht unnötig belastet, denn er hatte es selbst in der Hand, rechtzeitig und ordnungsgemäß zu rügen und somit seine Gewährleistungsansprüche zu wahren.[344] Nähme man Gegenteiliges an – die Lieferung von Aliud und Peius erfolgten dann ohne Rechtsgrund – würde das gegen die Systematik des Gewährleistungsrechts verstoßen, denn die in § 437 BGB aufgezählten Rechte begründen bis zu ihrer Geltendmachung ein Recht zum Besitz, bis ein damit unvereinbarer Rechtsbehelf seitens des Käufers ausgeübt wird, namentlich Nacherfüllung in Form der Nachlieferung, Rücktritt und Schadensersatz statt der Leistung.[345] Ferner obläge es dem Verkäufer, einseitig die Gewährleistungsrechte des Käufers zu verhindern, denn er könnte die ohne Rechtsgrund gelieferte Ware in allen Fällen der Schlecht- bzw. Falschlieferung kondizieren.[346] Dies wäre freilich selbst trotz ordnungsgemäßer Rüge des Handelskäufers möglich, sodass etwa gegen dessen Willen zumindest die Gewähr der Minderung des Kaufpreises leerliefe.

Es bleibt somit festzuhalten, dass die mit Erfüllungswillen gelieferte und nicht gerügte Aliudleistung infolge der Genehmigungsfiktion des § 377 II, III Hs. 2 HGB zunächst das Rechtsgeschäft erfüllt, der Handelsverkäufer auf die erfüllende Fiktionswirkung aber einseitig verzichten kann. Dennoch hindert das Herausgabeverlangen des Verkäufers im Wege der Leistungskondiktion weiterhin ein Rechtsgrund, nämlich der weiterhin bestehende Kaufvertrag. Eine Anfechtung desselben wird regelmäßig – abgesehen von den Anfechtungsgründen nach § 123 BGB – nicht möglich sein, denn der Irrtum liegt gewöhnlich nicht bereits im Zeitpunkt des Vertragsschlusses vor, sondern entsteht regelmäßig erst im Rahmen der Vertragserfüllungsphase. Auch die Anfechtung der dinglichen Willenserklärung des Verkäufers wird regelmäßig nicht zum erwünschten Ergebnis führen, da der Geltendmachung eines Herausgabeanspruchs nach § 985 BGB das Recht zum Besitz des Käufers nach § 986 I BGB aus dem weiterhin bestehenden

344 Vgl. auch OLG Brandenburg, Urteil vom 23.05.2007 – 7 U 4/07 –, juris, Rz. 25, 31, 33.

345 Huber/Faust/*Huber*, Schuldrechtsmodernisierung, § 13 Rn. 156; *Tiedtke/Schmitt*, JZ 2004, 1092 (1098); BeckOK-BGB/*Faust*, § 437 Rn. 205.

346 MüKo-BGB/*Westermann*, § 437 Rn. 63; Staudinger/*Matusche-Beckmann*, BGB, 2014, § 437 Rn.60; im Ergebnis wohl auch Palandt/*Weidenkaff*, BGB, § 434 Rn. 57; Jauernig/*Berger*, BGB, § 437 Rn. 1, § 434 Rn. 23.

Kaufvertrag entgegensteht.[347] Somit verbleibt dem Verkäufer letztlich die Möglichkeit einer für beide Parteien interessengerechten Lösung, nämlich die Zuordnung des Aliud zum Kaufvertrag durch die irrtümlich gesetzte Tilgungsbestimmung zu beseitigen.[348]

cc) Anfechtung der Tilgungsbestimmung

Durch erfolgreiche Anfechtung der Zuordnung des Aliud zum Kaufvertrag könnte dem Käufer der Rechtsgrund für das Behaltendürfen entzogen werden, sodass die Falschlieferung kondizierbar würde.

(1) Rechtsnatur

Für die Frage der Anfechtung einer Tilgungsbestimmung kommt es auf die Einstufung der Rechtsnatur einer solchen an. Nur wenn man die Tilgungsbestimmung als einen Realakt ansähe[349] wären die Regeln über rechtsgeschäftliche Willenserklärungen nicht anwendbar, sodass dementsprechend die Anfechtung einer Tilgungsbestimmung nicht möglich wäre. Diese Ansicht ist jedoch dezidiert abzulehnen, da sich bereits aus dem Wortlaut des § 366 I BGB ergibt, dass eine Bestimmung des Schuldners eine zumindest schlüssige Erklärung voraussetzt, an die das Gesetz eine Rechtsfolge knüpft.[350] Eine Realhandlung ist demnach bereits vom Wortlaut her ausgeschlossen. Die irrtümlich gesetzte Tilgungsbestimmung ist somit grundsätzlich – gleichgültig, ob als rechtsgeschäftsähnliche Handlung oder als vollwertige Willenserklärung, zumindest entsprechend den Regeln über Willenserklärungen – anfechtbar.[351] Eine Streitentscheidung ist im Ergebnis überflüssig, da es keine Auswirkungen auf das Ergebnis hat.

---

347 *Emmerich/Doehner*, FS Kramer, S. 485 (490); vgl. für die Rückforderung des Melius: *Thier*, AcP 203 (2003), 399 (422); *Jessel*, S. 169.

348 Siehe C. IV. 1. d., insbesondere aa. und dd.; aber auch C. IV. 1. e. aa. zweiter Absatz.

349 So wohl nur *Zeiss*, JZ 1963, 7 (10); vgl. aber auch Soergel/*Zeiss*, BGB, 12. Aufl., § 366 Rn. 7.

350 *Ehricke*, JZ 1999, 1075 (1079).

351 Wegen fehlender Anfechtungserklärung noch offen gelassen, BGH, NJW 1974, 1132 (1133). Nunmehr allgemein anerkannt: BGHZ 106, 163 (166); BGH, WM 2006, 1289 (1291); OLG Hamm, NJW-RR 1989, 700 (701); Jauernig/*Stürner*, BGB, § 366 Rn. 5; Staudinger/*Olzen*, BGB, 2016, § 366 Rn. 34; BeckOK-BGB/*Dennhardt*, § 366 Rn. 6; MüKo-BGB/*Fetzer*, § 366 Rn. 9; Hk-BGB/*Schulze*, § 366 Rn. 3; Erman/*Buck-Heeb*, BGB, § 366 Rn. 3; jurisPK-BGB/*Kerwer*, § 366 Rn. 12; Palandt/*Grüneberg*, BGB, § 366 Rn. 7; PWW/*Pfeiffer*, BGB, § 366 Rn. 12; Soergel/*Schreiber*, BGB, § 366 Rn. 7.

Gleichwohl sollte die Tilgungsbestimmung aber als rechtsgeschäftsähnliche Handlung qualifiziert werden, denn der Schuldner ordnet seine Leistung lediglich dem Kausalgeschäft zu, sodass ihr nur eine benennende Funktion[352] zukommt. Die Rechtsfolge der Erfüllung tritt jedoch *ipso iure* ein und nicht auf Grund einer auf den Rechtserfolg der Erfüllung gerichteten subjektiven Willenserklärung.[353] Damit würde man sich wiederum der Theorie der finalen Leistungsbewirkung zu nahe annähern[354], die eine subjektive Leistungszweckbestimmung als notwendige Voraussetzung der Erfüllungshandlung i.S.d. § 362 BGB charakterisiert.

(2) Auslegung des Verzichts

Möchte der Handelsverkäufer nun das irrtümlich gelieferte und nicht ordnungsgemäß gerügte Aliud wiedererlangen, muss er zunächst auf den erfüllungswirkenden Eintritt der Genehmigungsfiktion des § 377 II, III Hs. 2 HGB verzichten. Dieses Verhalten ist nach §§ 133, 157 BGB dahingehend auszulegen, dass konkludent die Anfechtung der von ihm irrtümlich gesetzten Tilgungsbestimmung analog § 143 I BGB erklärt wird. Damit wird die Zuordnung des gelieferten Aliud zum Kaufvertrag, die der Falschlieferung erst die Qualität eines Erfüllungsakts gibt, analog § 142 I BGB ex tunc beseitigt, sodass damit auch der zum Behaltendürfen des Käufers führende Rechtsgrund rückwirkend entfällt.[355] Gleichwohl entstehen dem Käufer dadurch keine Nachteile. Zum einen benötigt der Verkäufer wie bei jeder Anfechtung einen Grund. Irrt sich der Verkäufer bspw. wegen eines Vergreifens, oder vergreift sich die Maschine infolge eines Eingabefehlers – etwa der Artikelnummer –, so liegt ein Erklärungsirrtum analog § 119 I Alt. 2 BGB vor, der entsprechend der gesetzlichen Anfechtungsfrist des § 121 BGB unverzüglich erklärt werden muss. Fraglich erscheint indes, ob der Käufer analog § 122 I BGB einen etwa entstandenen Vertrauensschaden gegen den Handelsverkäufer geltend machen kann. Zwar wird bei der irrtümlichen Lieferung eines geringwertigeren Aliud schwerlich ein Schaden entstehen, jedoch hatte der Käufer durchaus die Möglichkeit, durch ordnungsgemäße Untersuchung und Rüge diesen abzuwenden. Nach § 122 II BGB tritt die Schadensersatzpflicht des Anfechtenden nicht ein, wenn der Geschädigte zumindest den

352 So *Tischendorf*, S. 15; *Ehricke*, JZ 1999, 1075 (1079).

353 *Tischendorf*, S. 14 f., 25 f.; *Gernhuber*, Die Erfüllung und ihre Surrogate, § 5 III, 1 f.; so auch *Giesen*, S. 33.

354 Dazu siehe C. IV. 1. d. cc. und dd.

355 Vgl. BGHZ 106, 163 (168); BeckOK-BGB/*Dennhardt*, § 366 Rn. 6; MüKo-BGB/*Fetzer*, § 366 Rn. 9; Staudinger/*Olzen*, BGB, 2016, § 366 Rn. 34; *Thier*, AcP 203 (2003), 399 (423); *Ehricke*, JZ 1999, 1075 (1080).

Grund der Anfechtbarkeit infolge von Fahrlässigkeit nicht kannte bzw. kennen musste.[356] Durch sein obliegenheitswidriges Verhalten i.S.d. § 377 HGB bei einer Falschlieferung wird er sich diesem Argument – jedenfalls ab dem Zeitpunkt des Fiktionseintritts[357] – kaum entziehen können. Dennoch kann ein bis dahin entstandener etwaiger Vertrauensschaden (vgl. § 377 III HGB) nicht grundsätzlich negiert werden.

(3) Aufleben des Erfüllungsanspruchs aus dem Kaufvertrag

Außerdem ist der Handelskäufer noch anderweitig geschützt. Durch den Verzicht des Verkäufers auf die Fiktionswirkung des § 377 II, III Hs. 2 HGB und der damit einhergehenden konkludenten Anfechtungserklärung der Tilgungsbestimmung lebt sein Erfüllungsanspruch aus § 433 I BGB wieder auf, sodass er der Kondiktion des Handelsverkäufers zumindest ein Zurückbehaltungsrecht aus § 273 BGB entgegenhalten kann, bis er die laut (weiterhin bestehendem) Kaufvertrag geschuldete Leistung erhält. Demgegenüber besteht für den Verkäufer nicht die Verpflichtung, mit der Kondiktion die geschuldete Ware anzubieten, da der Käufer durch die Einrede des § 273 BGB ausreichend geschützt wird.[358] Spätestens ab dem Zeitpunkt der Kenntnis vom Kondiktionswillen des Verkäufers haftet der Käufer jedoch nach §§ 819, 818 IV BGB verschärft.[359]

Die dahingehenden Bedenken auf der bürgerlichrechtlichen Ebene, eine Anfechtung der Tilgungsbestimmung sei bei einem minderwertigen Aliud rechtsmissbräuchlich i.S.d. § 242 BGB, wenn es nur darum gehe, dem Käufer die kaufrechtlichen Gewährleistungsrechte abzuschneiden[360], treffen beim beiderseitigen Handelskauf so nicht zu. Zum einen ist der Handelskäufer weniger schutzwürdig, da seine Gewährleistungsrechte infolge der unterlassenen Rüge

356 Vgl. dazu kritisch mwN *Wiese*, AcP 206 (2006), 902 (926 f.).

357 Siehe dazu näher zum Melius: D. III. 3. c. bb. (3). (d).

358 MüKo-HGB/*Grunewald*, § 377 Rn. 107; Oetker/*Koch*, HGB, § 377 Rn. 130; aA (für gleichzeitiges Anbieten der geschuldeten Leistung Zug um Zug): Heymann/*Emmerich/Hoffmann*, HGB, § 377 Rn. 115; Koller/Kindler/Roth/Morck/*Roth*, HGB, § 377 Rn. 27a; vgl. auch *Emmerich*, Schuldrecht BT, § 4 Rn. 30 f.

359 MüKo-HGB/*Grunewald*, § 377 Rn. 107; Staub/*Brüggemann*, HGB, 4. Aufl., § 378 Rn. 47; Oetker/*Koch*, HGB, § 377 Rn. 130; vgl. weiter *Marburger*, JuS 1983, 1 (11); *K. Schmidt*, HR, § 29 Rn. 120; siehe dazu weitergehend unten D. III. 3. c. bb. (3).

360 Vgl. BeckOK-BGB/*Faust*, § 437 Rn. 201, 206; *Giesen*, S. 53 f., 56; *Reinicke/Tiedtke*, Kaufrecht, Rn. 371; vgl. weiter MüKo-BGB/*Westermann*, § 434 Rn. 46 aE; Hk-BGB/*Saenger*, § 437 Rn. 27; wohl auch Erman/*Grunewald*, BGB, Vor § 437 Rn. 29 aE.

bereits präkludiert waren.[361] Zum anderen genießt er durch die Anfechtung der Tilgungsbestimmung den Vorteil, dass sein ursprünglicher Erfüllungsanspruch wieder auflebt, da lediglich die Zuordnung des Aliud in Form der Tilgungsbestimmung, aber nicht der Kaufvertrag ex tunc beseitigt wird. Diese unterschiedliche Behandlung von bürgerlichrechtlichem und beiderseitigem Handelskauf ist wegen des Vorrangs der handelsrechtlichen Bestimmungen nach Art. 2 I EGHGB hinzunehmen.[362]

dd) Rei vindicatio

Wie bereits kurz angesprochen[363] ist es dem Handelsverkäufer freilich auch möglich, das irrtümlich gelieferte minderwertige Aliud in Gestalt der rei vindicatio gemäß § 985 BGB herauszuverlangen. Leistet der Verkäufer fälschlicherweise ein Aliud und nimmt der Käufer es entgegen, so verliert Ersterer durch die Übereignung i.S.d. § 929 S. 1 BGB zwar das Eigentum an der falschen Sache, jedoch ist der zustande gekommene dingliche Vertrag bzw. die dingliche Willenserklärung bei irrtümlicher Lieferung des Verkäufers von diesem anfechtbar. Infolge der Anfechtung – bspw. wegen Vertauschen oder Vergreifen nach § 119 I Alt. 2 BGB – bleibt das Eigentum an der Sache zwar auf Grund der ex tunc-Wirkung des § 142 I BGB beim Veräußerer, dennoch bleibt der schuldrechtliche Vertrag als Causa der Leistung bestehen und der Käufer hat aus diesem weiterhin ein obligatorisches Recht zum Besitz an dem Aliud gem. § 986 I BGB.[364] Da der weiterhin bestehende Kaufvertrag sowohl einen Rechtsgrund i.S.d. § 812 I 1 Alt. 1 BGB als auch ein Besitzrecht nach § 986 I BGB darstellt, ist auf die obigen Ausführungen zur Anfechtung der Tilgungsbestimmung mit dem Ziel der Beseitigung der Zuordnung des Aliud zum Vertrag entsprechend zu verweisen. Die rei vindicatio nach § 985 BGB ist beim Herausgabeverlangen eines irrtümlich gelieferten Aliud mit der condictio indebiti nach § 812 I 1 Alt. 1 BGB somit eng verzahnt.[365] Den Bedenken der Käuferbenachteiligung ist ebenso entgegenzuhalten, dass der Käufer beim beiderseitigen Handelskauf durch die bereits versäumte Rüge weniger schutzwürdig erscheint.

---

361 So sinngemäß auch *Lettl*, JA 2003, 948 (956).

362 So auch Oetker/*Koch*, HGB, § 377 Rn. 131.

363 Siehe D. III. 2. b. und im weiteren bb. (3).

364 Erman/*Ebbing*, BGB, § 986 Rn. 2, 7 f.; Jauernig/*Berger*, BGB, § 986 Rn. 8; *Emmerich/Doehner*, FS Kramer, S. 485 (490); *Giesen*, S. 57.

365 Vgl. *Emmerich/Doehner*, FS Kramer, S. 485 (492 ff.).

ee) Herausgabeverlangen als Folge eines „Nachlieferungsrechts" des Verkäufers

Im Sinne eines einheitlichen kaufrechtlichen Grundmodells präferiert *Wiese*[366] einen Rückgewähransatz jenseits des Bereicherungsrechts, indem er einen Rückgewähranspruch aus den Vorschriften der §§ 439 I, IV, 346 I BGB für den Verkäufer herleitet. Unabhängig vom Willen des Käufers sei einzige Voraussetzung, dass der Verkäufer gem. § 439 IV BGB eine mangelfreie Sache nachliefere.

(1) Herbeiführung eines Erfüllungssurrogats durch Hinterlegung

Wenn der Käufer das Aliud behalten und kein Nacherfüllungsverlangen geltend machen wolle, sei – so *Wiese* – die Annahme gerechtfertigt, dass der Verkäufer den Nachlieferungsanspruch nach § 439 I BGB auch gegen den Käuferwillen erfüllen dürfe, wenn Letzterer keine Wahlbefugnis zwischen verschiedenen Gewährleistungsrechten mehr habe.[367] Dieses „Nachlieferungsrecht" des Verkäufers gestalte sich derart, dass er sich unter den Voraussetzungen der allgemeinen Hinterlegungsregelungen (§§ 372 ff. BGB) durch wirksame Hinterlegung der mangelfreien, bestellten Ware von seiner Nacherfüllungspflicht befreien könne. Sodann habe der Verkäufer einen Anspruch gegen den Käufer auf Herausgabe des vormals gelieferten Aliud nach § 439 IV i.V.m. § 346 I BGB.[368] Grenzen eines solchen „Nachlieferungsrechts" des Verkäufers seien nach den in § 440 S. 1 BGB angesprochenen Grundsätzen, insbesondere der Unzumutbarkeit für den Käufer, zu beurteilen.[369]

(2) Eigene Stellungnahme

Ein solcher Ansatz ist im Ergebnis abzulehnen. Zwar genießt er den Vorteil, genuin kaufrechtliche Leistungsstörungen ausschließlich im System der besonderen Kaufgewährleistungsrechte zu lösen, sodass es keiner Ausweichung auf das Bereicherungsrecht bedarf. Es stellt sich aber bereits die Frage, ob dieser Lösungsansatz für sämtliche Arten von Schlecht- oder Falschlieferungen i.S.d. § 434 BGB Abhilfe schaffen kann. Auch beim bürgerlichen Kauf ist es nicht ungewöhnlich, dass eine oder mehrere Waren von enormer Größe oder erheblichem Umfang geliefert werden. Es wird demnach nicht selten vorkommen, dass

---

366 *Wiese*, AcP 206 (2006), 902 (936 ff.).

367 Im Rahmen des beiderseitigen Handelskaufs ergibt sich dies bereits infolge der Genehmigungsfiktion des § 377 II HGB.

368 *Wiese*, AcP 206 (2006), 902 (937).

369 *Wiese*, AcP 206 (2006), 902 (938 f.).

die zu hinterlegende Sache nicht hinterlegungsfähig[370] i.S.d. § 372 S. 1 BGB ist und der Schuldner, um in den Genuss des Erfüllungssurrogats (§ 378 BGB) zu kommen, sie gemäß § 383 BGB zu versteigern hat, wodurch es gewöhnlich zu Erlöseinbußen kommt. Zur Erlangung eines Herausgabeanspruchs für den Verkäufer erscheint dieser Weg sehr umständlich.

Indes ist im Rahmen des Handelskaufs mit den Vorschriften der §§ 373, 374 HGB auch die Möglichkeit gegeben, nach bürgerlichem Recht nicht hinterlegungsfähige Waren gem. § 373 I HGB in einem öffentlichen Lager zu hinterlegen, sodass es hierbei nicht zwingend zu einer öffentlichen Versteigerung kommt. Allerdings haben die handelsrechtlichen Bestimmungen des § 373 HGB wiederum den Nachteil, dass sie im Gegensatz zur bürgerlichrechtlichen Regelung (§ 378 BGB) keine Erfüllung durch die Hinterlegung bewirken, sondern stattdessen besondere Regelungen zum erleichterten Selbsthilfeverkauf beinhalten (§ 373 II-IV HGB) und dem Verkäufer nur die Aufbewahrungslast nehmen.[371] Des Weiteren erfolgt die Hinterlegung gem. § 373 I HGB zwar auf Gefahr und Kosten des Käufers, jedoch hat der Lagerhalter nur gegen seinen Vertragspartner einen Zahlungsanspruch, welcher regelmäßig der Verkäufer ist, da dieser ohne Vertretungsbefugnis nicht für den Käufer Verträge abschließen kann. Der Verkäufer muss also vorleisten und sich die für ihn erforderlichen Kosten im Wege des § 670 BGB vom Käufer zurückholen, als wäre er von diesem zur Einlagerung beauftragt worden.[372]

Letztlich erscheint eine solche Vorgehensweise sehr umständlich, um einen Herausgabeanspruch gegen den Käufer zu erlangen, und erweist sich als nicht praktikabel sowie für den Verkäufer – ökonomisch betrachtet – als ineffizient, da ihm zunächst zusätzliche Kosten entstünden, für die er das Zahlungsausfallrisiko des Käufers (vorläufig) übernehmen müsste.

---

370 Dazu: Palandt/*Grüneberg*, BGB, § 372 Rn. 2 f.; Staudinger/*Olzen*, BGB, 2016, § 372 Rn. 1 ff.; PWW/*Pfeiffer*, BGB, § 372 Rn. 8 ff.; jurisPK-BGB/*Ehlers*, § 372 Rn. 2 ff.; Jauernig/*Stürner*, BGB, § 372 Rn. 2; Hk-BGB/*Schulze*, § 372 Rn. 2.

371 Vgl. *Bayer/Lieder*, Handels- und GesellschaftsR, Rn. 308 f.; MüKo-HGB/*Grunewald*, §§ 373, 374 Rn. 19; Hk-HGB/*Stöber*, § 373 Rn. 12; *Canaris*, HR, § 29 Rn. 8.

372 MüKo-HGB/*Grunewald*, §§ 373, 374 Rn. 19; EBJS/*Müller*, HGB, § 373 Rn. 25; Baumbach/Hopt/*Hopt*, HGB, §§ 373, 374 Rn. 10; Hk-HGB/*Stöber*, § 373 Rn. 11; Staub/*Koller*, HGB, §§ 373, 374 Rn. 30 f.; aA Oetker/*Koch*, HGB, §§ 373, 374 Rn. 69, der nur objektiv erforderliche Aufwendungen erstatten will; offenlassend BeckOK-HGB/*Schwartze*, § 373 Rn. 11.

3.) Lieferung eines höherwertigen Melius

Vom Schutzgedanken des § 377 HGB ausgehend, kann bei der Lieferung eines höherwertigen Aliud (Melius) nicht ohne weiteres auf die vorstehenden Überlegungen zur minderen Aliudleistung verwiesen werden. Bei strikter Anwendung der handelskaufrechtlichen Bestimmungen würde sich die unterlassene oder versäumte Mängelrüge des Käufers nämlich zulasten des Verkäufers auswirken. Der Käufer würde geradezu herausgefordert, die Lieferung eines Melius nicht zu rügen, denn der Eintritt der Genehmigungsfiktion nach § 377 II, III Hs. 2 HGB wirkte so zu seinen Gunsten: namentlich das Behaltendürfen der höherwertigen Ware gegen Zahlung des im Kaufvertrag vereinbarten – naturgemäß (jetzt) nicht mehr äquivalenten – Kaufpreises. Die Regelung der Genehmigungsfiktion in § 377 HGB soll jedoch gerade im entgegengesetzten Sinne den Verkäufer besser stellen und zu einem Rechtsverlust auf Seiten des obliegenheitswidrig handelnden Käufers führen, sodass die strikte, wortlautgetreue Anwendung der Norm nicht in ihrem Sinne angewendet werden kann.

a) Kaufpreisproblematik bei Eintritt der Genehmigungsfiktion

Um den aufgezeigten Zweck der Rügeobliegenheit nicht ins Gegenteil zu verkehren, sind im Schrifttum mehrere Ansätze vertreten worden, die versuchten, eine kohärente Lösung für die Problematik des vom Käufer zu zahlenden Kaufpreises in Folge der eingetretenen Fiktionswirkung des § 377 II, III Hs. 2 HGB bei Lieferung eines höherwertigen Melius zu entwickeln. Im Kern haben sich zwei Meinungslager gebildet: Entweder wird eine wertproportionale Erhöhung des Kaufpreises präferiert[373] oder eine Anpassung der ursprünglich vereinbarten Gegenleistung ohne Vertragsänderung dezidiert abgelehnt[374].

aa) Kaufpreisanpassung

Infolge einer ungerügten Meliuslieferung des Käufers sind sich die Vertreter dieser Linie im Ergebnis einig, dass der Verkäufer einen erhöhten Kaufpreis verlangen könne. Jedoch divergieren die dogmatischen Begründungen zum Teil.

(1) Vertragsänderung kraft Gesetz

Teilweise wurde eine Vertragsänderung kraft Gesetz bevorzugt. Nach Lieferung eines Melius samt anschließend nicht ordnungsgemäßer Rüge durch den Käufer,

---

373 Siehe D. III. 3. a. aa.

374 Siehe D. III. 3. a. bb.

solle *ipso iure* der Vertrag dahingehend geändert werden, den vereinbarten Kaufpreis entsprechend des Wertes der gelieferten Ware zu erhöhen. Ist die gelieferte Ware also wertvoller als die bestellte, so habe der Käufer in Folge der Genehmigungsfiktion einen entsprechend höheren Kaufpreis zu entrichten.[375] Die Befürworter begründen diese Ansicht mit dem in der Rügeobliegenheit des § 377 HGB innewohnenden Zweck, den obliegenheitswidrig handelnden Käufer schlechter zu stellen als er stünde, wenn er ordnungsgemäß gerügt hätte. Auch bei der Lieferung eines wertvolleren Aliud dürfe der Verkäufer nicht die Folgen einer durch § 377 HGB fingierten Genehmigung tragen.[376] Im Gegenteil: Der Käufer dürfe durch die unterlassene Rüge keinen ungerechtfertigten Vorteil erlangen, sodass er infolge der Fiktionswirkung das Melius nicht nur behalten müsse bzw. nicht behalten könne, ohne verpflichtet zu sein, den entsprechend höheren Kaufpreis dafür zu zahlen.[377]

(2) Anpassung nach dem Grundsatz von Treu und Glauben

Wie bereits im Rahmen der weniger wertvollen Aliudlieferung angerissen[378], wurde vereinzelt vorgeschlagen, den ursprünglich vereinbarten Kaufpreis vollends auszublenden und infolge der Genehmigungsfiktion, den Markt- oder Ladenpreis respektive mangels eines solchen einen angemessenen Preis, als äquivalente Gegenleistung der gelieferten Ware zu betrachten.[379] Gestützt wurde diese Ansicht von dem im Vertragsrecht herrschenden Grundsatz von Treu und Glauben (§ 242 BGB). Mit Rücksicht auf die Verkehrssitte und den handelsrechtlichen Gewohnheiten und Gebräuchen, seien wertvollere Lieferungen als bestellt, infolge einer unterlassenen Mängelrüge auch nach dem tatsächlichen Wert zu bezahlen.

---

375 *Brox*, Handelsrecht, 18. Aufl., 2005, § 20 Rn. 362 aE; Schlegelberger/*Hefermehl*, HGB, § 378 Rn. 10, 23; *von Hoyningen-Huene*, Jura 1982, 8 (16); *Capelle*, Handelsrecht, 10. Aufl., § 12 IX 2a, S. 90. Im Ergebnis wohl auch für das Melius und nicht ausschließlich für die konkret zu entscheidende Mehrleistung: LG Hamburg, LZ 1913, S. 175; ebenso *Menhofer*, S. 143 ff.; unklar, aber wohl auch dahingehend sympathisierend *Meeske*, S. 197.

376 *Brox*, Handelsrecht, 18. Aufl., 2005, § 20 Rn. 362; *von Hoyningen-Huene*, Jura 1982, 8 (16); vgl. wohl auch *Meeske*, S. 197.

377 Schlegelberger/*Hefermehl*, HGB, § 378 Rn. 10, 23, 22.

378 D. III. 2. a.

379 *Oertmann*, JW 1916, 1462 (1464); ähnlich auch Schlegelberger/*Hildebrandt*, HGB, 3. Aufl., § 378 Rn. 16.

(3) Einseitige Leistungsbestimmung

Eine weitere mit dem Lösungsansatz der Kaufpreiserhöhung sympathisierende Untermeinung wählte dogmatisch einen von dem Vorstehenden verschiedenen Ansatz. Eine automatische Kaufpreiserhöhung könne weder aus dem Grundsatz von Treu und Glauben noch unmittelbar aus dem Telos des § 377 HGB hergeleitet werden.[380] Das ergebe sich bereits aus der Wahlmöglichkeit des Verkäufers, nach Eintritt der Genehmigungsfiktion[381] entweder das Aliud zu kondizieren oder den im Vertrag vereinbarten Preis zu verlangen. Indes wäre dann jedoch die Rechtsfolge bei ordnungsgemäßer und verabsäumter Rüge praktisch identisch, denn in beiden Varianten bekäme der Verkäufer das Melius zurück und bliebe zur Lieferung des Geschuldeten verpflichtet, wohingegen der vertraglich vereinbarte Kaufpreis unverändert bliebe, der Käufer also keinerlei Nachteil erleide.[382] Darüber hinaus sei eine stillschweigende Inhaltsänderung des Vertrags hinsichtlich des Preises auf Grund der allgemeinen Prinzipien des Zivilrechts sowie den Grundsätzen über das Schweigen im Handelsverkehr ohnehin möglich.[383]

Einer Erhöhung der entgeltlichen Gegenleistung sei daher zuzustimmen, jedoch dogmatisch aus einer analogen Anwendung der §§ 316, 315 BGB zu begründen. Durch § 377 II, III HGB verliere der Käufer die Möglichkeit, die gelieferte Ware noch zu beanstanden, jedoch tätigt die Norm keine Aussage über die zu erbringende Gegenleistung. Der verkäuferschützende Zweck gibt diesem allerdings das o.g. Wahlrecht. Da der Käufer infolge der Präklusion auch den Schutz des § 311 I BGB einbüße[384], wonach er einer Preiserhöhung hätte zustimmen müssen, liege genau hierin sein Nachteil. Der Verkäufer sei infolge der Genehmigungsfiktion berechtigt, den Vertragsinhalt hinsichtlich einer Kaufpreiserhöhung analog §§ 316, 315 II BGB einseitig durch formlose Erklärung zu ändern. Dies habe entsprechend § 315 I BGB nach billigem Ermessen zu erfolgen, wodurch wegen § 315 III BGB sogleich die Möglichkeit einer richterlichen Korrektur eröffnet sei.[385] Die andere Wahloption des Verkäufers, das Melius kondizieren zu wollen, bleibe freilich bestehen.[386]

---

380 *Marburger*, JuS 1983, 1 (11); *Walter*, Kaufrecht, § 8 IV, S. 395.

381 D. III. 2. b. aa.

382 *Marburger*, JuS 1983, 1 (11); *Walter*, Kaufrecht, § 8 IV, S. 395.

383 Vgl. *Hadding/Hennrichs*, Die HGB-Klausur, S. 83.

384 *Hadding/Hennrichs*, Die HGB-Klausur, S. 83; vgl. noch zu § 305 BGB a.F.: *Marburger*, JuS 1983, 1 (11).

385 *Marburger*, JuS 1983, 1 (12).

386 *Marburger*, JuS 1983, 1 (11); *Walter*, Kaufrecht, § 8 IV, S. 395 f.

bb) Versagen der Kaufpreiserhöhung ohne Vertragsänderung

Demgegenüber versagt ein Großteil der Literaturstimmen dem Verkäufer die Kaufpreisanpassung ohne Vertragsänderung.

(1) Kaufpreisanpassung durch konkludentes Angebot zur Vertragsänderung bei offener Meliuslieferung

Im Gegensatz zu den vorstehenden Lösungsversuchen, die für eine Kaufpreisanpassung plädierten, wählte *Koppensteiner*[387] einen davon modifizierten Ansatz, der die Regeln der allgemeinen Rechtsgeschäftslehre mehr in den Vordergrund rücken ließ.

Zunächst wurde hervorgehoben, dass eine allgemeingültige Regel, der Käufer habe stets den Differenzbetrag aus Melius und vertraglich geschuldeter Ware infolge der Genehmigungsfiktion zu entrichten, abgelehnt werden müsse.[388] Aus dem individuell von den Parteien ausgehandelten Kaufvertrag könne sich bereits keine wertproportionale Erhöhung des Kaufpreises qua Gesetz durch die Lieferung eines Melius herleiten, da der vertraglich fixierte Preis durch Konsens beider Parteiwillen entstanden sei. Ferner lasse sich eine solche Preisanhebung auch nicht aus der Fiktionswirkung des § 377 II HGB bestimmen. Die Norm präkludiere ausschließlich das Beanstanden von nicht vertragsgerechter Leistung nach versäumter Rüge, führt also zu einem Rechtsverlust auf Seiten des Käufers[389], sei jedoch außer Stande, eine neue Verpflichtung zu begründen.[390] Selbst bei einer tatsächlich vorgenommenen Genehmigung durch den Käufer könne diese – mangels Vorliegen eines Angebots seitens des Verkäufers – keine vertragliche Kaufpreisabrede abändern.[391] Ein Wille des Verkäufers durch Lieferung eines wertvolleren Aliud ein Angebot zur Vertragsänderung abgeben zu wollen, sei nur bei einer offen durch Lieferschein oder Rechnung deklarierten Falschlieferung für den Käufer erkennbar.[392]

Mit anderen Worten muss der Verkäufer durch Leistung eines Melius offen zum Ausdruck bringen, dass nicht die bestellte, sondern eine andere, wertvollere Sache geliefert wird, und sich dieser Mehrwert sogleich objektiv für den Käufer

---

387 Ausführlich *Koppensteiner*, BB 1971, 547 ff.

388 *Koppensteiner*, BB 1971, 547 (553).

389 Vgl. bereits *Leonhard*, JW 1917, S. 90 (90 f.), der die §§ 377, 378 HGB a.F. als Schutzvorschriften des Verkäufers bezeichnete.

390 So auch *Beck*, JW 1917, S. 91.

391 *Koppensteiner*, BB 1971, 547 (551); vgl. ebenfalls schon *Hein*, ZHR 87 (1924), 54 (101).

392 *Koppensteiner*, BB 1971, 547 (552 f.); vgl. auch *Fritsche*, FG Werner, 19 (27).

aus den Umständen ergibt. Nur auf diese Weise könne das rügelose Verhalten bzw. dem Schweigen des Käufers eine novierende Wirkung zukommen, welche den Kaufpreis entsprechend des konkludenten Vertragsänderungsangebots i.S.d. § 145 BGB zu erhöhen vermag.[393] Auf den Zugang der Annahmeerklärung des Käufers werde der Antragende gewöhnlich i.S.d. § 151 S. 1 Alt. 2 BGB konkludent verzichten.[394]

Überwiegend wird eine Vertragsanpassung bzw. Vertragsänderung zwar befürwortet, jedoch werden strenge Anforderungen an eine solche gestellt.[395] Allein die Lieferung des Melius sowie das Schweigen bzw. die widerspruchslose Entgegennahme und Bezahlung desselben sollen nicht generell als Angebot und Annahme einer Vertragsänderung genügen. Vielmehr müsse der Wille zur Vertragsmodifizierung entweder ausdrücklich aus den Begleitpapieren hervorgehen oder eindeutig nach §§ 133, 157 BGB auszulegen sein.

(2) Kaufpreiserhöhung durch Vereinbarung der Leistung an Erfüllung statt?

Streng von der Möglichkeit einer ausdrücklichen oder konkludenten Vertragsänderung durch Lieferung eines Melius zu differenzieren, ist die Leistung bzw. Annahme desselben an Erfüllung statt nach § 364 I BGB. Bei der Vertragsänderung durch zwei konkludente, übereinstimmende sowie aufeinander Bezug nehmende Willenserklärungen (Angebot und Annahme, §§ 145, 147 ff. BGB) ist nämlich sowohl die geschuldete Leistung des Verkäufers als auch die zu erbringende Gegenleistung seitens des Käufers von der etwaigen Vertragsänderung umfasst.[396] Mit anderen Worten wird das ursprüngliche Schuldverhältnis hinsichtlich der inter partes wirkenden Rechte und Pflichten modifiziert und die gegenseitig erbrachten Leistungen erfüllen das abgeänderte bzw. erneuerte

---

393 *Koppensteiner*, BB 1971, 547 (553); vgl. auch MüKo-HGB/*Grunewald*, § 377 Rn. 109; *Hein*, ZHR 87 (1924), 54 (101); im Ansatz bereits *Leonhard*, JW 1917, S. 90.

394 OLG Hamm, NJW-RR 2003, 613 (613 f.); Oetker/*Koch*, HGB, § 377 Rn. 132, 129; vgl. für das minderwertige Aliud auch *Koppensteiner*, BB 1971, 547 (549); im Ergebnis wohl ebenfalls *Hübner*, Handelsrecht, § 7 Rn. 606.

395 OLG Hamm, NJW-RR 2003, 613 (613 f.); *Oetker*, Handelsrecht, § 8 Rn. 59; *Canaris*, HR, § 29 Rn. 73 f.; *K. Schmidt*, HR, § 29 Rn. 118; Hk-HGB/*Stöber*, § 377 Rn. 62 aE. Vgl. weiter *Fritsche*, FG Werner, 19 (27 f.); *Bayer/Lieder*, Handels- und GesellschaftsR, Rn. 335; Heymann/*Emmerich/Hoffmann*, HGB, § 377 Rn. 118, 116; MüKo-HGB/*Grunewald*, § 377 Rn. 109; Koller/Kindler/Roth/Morck/*Roth*, HGB, § 377 Rn. 27a. Auch *Brox/Henssler*, Handelsrecht, § 21 Rn. 417.

396 Vgl. *Fritsche*, FG Werner, 19 (30).

Kausalverhältnis i.S.d. § 362 I BGB, da die ursprünglichen Leistungspflichten neu bestimmt wurden.[397]

Indes wirkt eine Vereinbarung der Vertragsparteien, die Lieferung des Melius soll an Erfüllung statt (§ 364 I BGB) erfolgen, gegenüber der Vertragsänderung unterschiedlich. Die an Erfüllung statt gelieferte wertvollere Falschleistung ersetzt dabei – durch eine Zweckvereinbarung – lediglich die ursprünglich geschuldete Ware auf der vertraglichen Erfüllungsebene, sodass mit der Falschlieferung die anfängliche Vertragsschuld gemäß § 364 I BGB erfüllt ist.[398] Hingegen führt eine solche Zweckvereinbarung nicht dazu, dass der Verkäufer im Gegenzug jetzt einen hinsichtlich des Melius wertproportional erhöhten Kaufpreis verlangen kann, da sie sich ausschließlich auf die Erfüllungswirkung des weiterhin bestehenden Schuldverhältnisses bezieht.[399] Für den Verkäufer ist die Lieferung eines höherwertigen Melius an Erfüllung statt gemäß § 364 I BGB demnach weitaus weniger attraktiv als eine konkludente Einigung über die Änderung des ursprünglichen Kaufvertrags.[400]

(3) Teleologische Reduktion und Wahlrecht des Verkäufers

Die mittlerweile überwiegend vertretene Ansicht[401] will dem Verkäufer neben der Möglichkeit einer Vertragsänderung, an die jedoch strenge Anforderungen zu stellen seien, durch eine teleologische Reduktion des § 377 HGB abhelfen, die als Wahlrecht ausgestaltet sei. Dadurch werde ihm eine freie Entscheidung ermöglicht, bei der er sich die für ihn am wirtschaftlichsten erscheinende Option aussuchen könne. Beruft sich der Verkäufer auf die eingetretene Genehmigungsfiktion, müsse der Käufer das höherwertige Aliud behalten. Hinsichtlich des Kaufpreises bleibe es jedoch ohne Vertragsänderung bei der ursprünglich vereinbarten Gegenleistung, da der Verkäufer nicht besser stehen dürfe, als wenn er ordnungsgemäß die geschuldete Ware geleistet hätte. Daneben bleibt auch die

---

397 Staudinger/*Olzen*, BGB, 2016, § 364 Rn. 10.

398 *Medicus/Lorenz*, SR I, Rn. 275 f.; *Schreiber*, Jura 1996, 328 f.

399 So Hk-BGB/*Schulze*, § 364 Rn. 3; MüKo-BGB/*Fetzer*, § 364 Rn. 5; Erman/*Buck-Heeb*, BGB, § 364 Rn. 5.

400 Im Ergebnis auch *Fritsche*, FG Werner, 19 (30).

401 *Bayer/Lieder*, Handels- und GesellschaftsR, Rn. 335; *Oetker*, Handelsrecht, § 8 Rn. 59 f.; Hk-HGB/*Stöber*, § 377 Rn. 62 f.; Heymann/*Emmerich/Hoffmann*, HGB, § 377 Rn. 118. Vgl. auch *Canaris*, HR, § 29 Rn. 73 f.; *K. Schmidt*, HR, § 29 Rn. 118; Staub/*Brüggemann*, HGB, 4. Aufl., § 378 Rn. 49; *Jung*, Handesrecht, § 37 Rn. 17. Ebenso *Lettl*, Handelsrecht, § 12 Rn. 90; *Bülow/Artz*, Handelsrecht, Rn. 513. Unklar EBJS/*Müller*, HGB, § 377 Rn. 226 aE.

Möglichkeit des Verzichts auf die Fiktionswirkung, um das Melius herauszuverlangen.[402]

cc) *Eigene Stellungnahme*

Eine Kaufpreisanpassung allein infolge der Genehmigungsfiktion ist dezidiert abzulehnen. Folgendes Fallbeispiel verdeutlicht die Kaufpreisproblematik bei Lieferung eines höherwertigen Aliud geradezu paradigmatisch:[403]

Bauunternehmer B schließt mit Lieferant L einen Kaufvertrag über insgesamt 15 Lieferungen von Kalksandsteinen des Formats „KS, Großformat, Quadroelemente 1,8 inkl. Mörtel" zum Preis von 140,50 €/cbm. L lieferte jedoch in 15 Lieferungen sog. Planelementsysteme (KS-PE-Systeme). Diese werden ab Werk passgenau nach Zeichnung (Plan) des jeweiligen Bauwerks gefertigt und bieten deshalb Verarbeitungsvorteile, sind jedoch dementsprechend wesentlich teurer (220 €/cbm). Die Lieferungen blieben jeweils ungerügt. Der vertraglich vereinbarte Kaufpreis wurde von B in Höhe des aus den der Lieferung beiliegenden Rechnungen ermittelten Differenzbetrages von 79,50 €/cbm gekürzt, jedoch fristgerecht bezahlt.

(1) Keine Preisänderung kraft Gesetz

Weder aus dem Sinn und Zweck des § 377 HGB[404] noch aus dem Grundsatz von Treu und Glauben nach § 242 BGB[405] lässt sich eine Anpassung der vom Käufer zu entrichtenden Gegenleistung herleiten. Das Telos der Genehmigungsfiktion soll die schnelle und rechtssichere Abwicklung von Handelsgeschäften und insbesondere den Verkäufer vor Rechtsunsicherheiten schützen sowie Rechtsklarheit gewährleisten. Demzufolge muss der Käufer auch unverzüglich das Gelieferte untersuchen und bei Mängeln – zu denen gem. § 434 III Alt. 1 BGB auch das höherwertige Aliud zählt[406] – rügen. Allerdings ist in § 377 II, III Hs. 2 HGB als Rechtsfolge lediglich normiert, dass der Handelskäufer sich auf die nicht gerügten Mängel nun nicht mehr berufen kann bzw. die ihm sonst zustehenden

---

402 Siehe unten D. III. 3. b.

403 Der Fall ist angelehnt an OLG Hamm, NJW-RR 2003, 613 f.; erstinstanzlich: LG Münster, Urteil v. 22.04.2002 – 21 O 16/02.

404 So aber das erstinstanzliche Urteil des konkreten Fallbeispiels: LG Münster, Urteil v. 22.04.2002 – 21 O 16/02. Außerdem vor allem Schlegelberger/*Hefermehl*, HGB, § 378 Rn. 10, 23, 22; *Brox*, Handelsrecht, 18. Aufl., 2005, § 20 Rn. 362 aE; *von Hoyningen-Huene*, Jura 1982, 8 (16); *Capelle*, Handelsrecht, 10. Aufl., § 12 IX 2a, S. 90.

405 Schlegelberger/*Hildebrandt*, HGB, 3. Aufl., § 378 Rn. 16; *Oertmann*, JW 1916, 1462 ff.

406 Siehe oben C. IV. 1. f.

Gewährleistungsrechte präkludiert sind. Eine Erhöhung der bereits vertraglich von den Parteien vereinbarten Gegenleistung ipso iure infolge der Genehmigungsfiktion, würde jedoch einen schwerwiegenden Eingriff in den Kernbereich der Privatautonomie darstellen und käme einer unzulässigen Willensfiktion der Vertragsparteien gleich.[407]

Gleiches gilt für den Ansatz, höherwertigen Falschlieferungen infolge der Genehmigungsfiktion zu unterstellen, der zugrunde liegende Kaufvertrag sei *a priori* ohne Preisvereinbarung entstanden, sodass nach erfolgter Lieferung das vom Käufer zu leistende Äquivalent an den tatsächlichen Wert bzw. Marktpreis des Melius angepasst werde.[408] Gegen diesen Ansatz streitet ebenfalls, dass ein bereits geschlossener Vertrag über die gegenseitigen Hauptleistungspflichten der Parteien vorhanden ist. Unterstellte man nach erbrachter Meliuslieferung des Verkäufers und nicht ordnungsgemäßer Rüge des Käufers, dass der Vertrag nunmehr a priori ohne Preisvereinbarung geschlossen wurde, entzieht man dem Rechtsgeschäft nachträglich einen unabdingbaren Teil der essentialia negotii. Ein von vornherein bestehender Konsens würde infolge der Genehmigungsfiktion zu einem Dissens führen, der nicht einfach durch die Anpassung des Kaufpreises nach dem Grundsatz von Treu und Glauben an den tatsächlichen Wert des Gelieferten beseitigt werden kann. Darüber hinausgehend bliebe von den ursprünglichen, wesentlichen Vertragsbestandteilen neben den Parteien selbst nichts mehr übrig, denn sowohl die Ware als auch der Preis fielen weg.[409] Diese Vorgehensweise stellt ebenfalls nichts anderes als eine unzulässige Willensfiktion der Vertragsparteien und somit einen ebenso intensiven Eingriff in den verfassungsrechtlich in Art. 2 I GG legitimierten Kernbereich der Privatautonomie dar.[410]

Das gewählte Fallbeispiel zeigt deutlich auf, dass eine Kaufpreiserhöhung ipso iure nicht mit der Vertragsfreiheit zu vereinbaren ist und in unzulässiger Weise Parteiwillen fingiert. Gleichwohl soll der Sinn und Zweck der Rügeobliegenheit des § 377 HGB und infolge einer Unterlassung derselben die Genehmigungsfiktion dem obliegenheitswidrig handelnden Käufer keinen Vorteil verschaffen, weshalb insbesondere bei der Lieferung eines höherwertigen Aliud mit einer Kaufpreiserhöhung kraft Gesetz immer wieder sympathisiert wurde. Am konkreten Fallbeispiel angewandt würde dies bedeuten, dass B anstatt des vertraglichen Äquivalents von 140,50 €/cbm infolge der Genehmigungsfiktion

407 So auch *Bayer/Lieder*, Handels- und GesellschaftsR, Rn. 335; vgl. auch *Oetker*, Handelsrecht, § 8 Rn. 58 f.; *Thier*, AcP 203 (2003), 399 (420 f.).

408 So aber *Oertmann*, JW 1916, 1462 (1464).

409 So auch *Hein*, ZHR 87 (1924), 54 (98 f.).

410 Siehe oben D. III. 2. a. bb., Fn. 338.

gemäß § 377 II HGB nunmehr 220 €/cbm zahlen müsste. Jedoch kann diese Begründung keine Rechtfertigung dafür bieten, dass der bereits von den Parteien vereinbarte Vertragsinhalt auf Grund der versäumten Rüge geändert würde. Insbesondere der konkret entschiedene Fall[411] exemplifiziert deutlich, dass ein vom Käufer (B) nicht erwünschter Eingriff in die Privatautonomie und ganz evident eine Willensfiktion seinerseits vorgenommen würde, da er den mit L vereinbarten Kaufpreis, gekürzt um den Mehrwert der gelieferten Planelementsysteme von 79,50 €/cbm, ansonsten fristgerecht zahlte. Nichts anderes gilt im Ergebnis für den Ansatz, den ausgehandelten Vertragspreis a priori als nicht vereinbart zu betrachten. Hierbei würde der von B und L geschlossene Konsens von 140,50 €/cbm Kalksandsteine nachträglich durch versäumte Rüge als nicht vereinbart betrachtet und durch den entsprechenden Wert der gelieferten Planelementsysteme von 220 €/cbm ersetzt. Stellte man – wie die diesen Ansatz befürwortenden Stimmen[412] – konsequent auf den Grundsatz von Treu und Glauben ab, müsste man in umgekehrter Weise fragen, ob Verkäufer L treugerecht handelte, wenn er Kalksandsteine anbot, nach Kaufvertragsschluss jedoch ein um 56, 5 % höherwertiges Aliud lieferte.

Letztlich stellen beide Ansätze unzulässige Willensfiktionen dar und greifen zu stark in die Vertragsfreiheit der Parteien ein.

(2) Unnötiger Eingriff in den Kernbereich der Privatautonomie

Eine Kaufpreiserhöhung nach billigem Ermessen seitens des Verkäufers analog §§ 316, 315 BGB infolge eingetretener Genehmigungsfiktion kann ebenfalls nicht überzeugen. Dennoch ist den Vertretern dieser Ansicht[413] insoweit zuzustimmen, als sie eine automatische Kaufpreiserhöhung unmittelbar aus dem Telos des § 377 HGB oder dem Grundsatz von Treu und Glauben ablehnen. Deren dogmatische Begründung – nach eingetretener Genehmigungsfiktion liege der Nachteil des Käufers in der verlorenen Widerspruchsmöglichkeit der nunmehr durch den Verkäufer einseitig nach billigem Ermessen zu bestimmenden Kaufpreiserhöhung analog §§ 316, 315 BGB – hülfe jedoch nicht über den sonst nachträglich eintretenden Dissens hinweg. Grundsätzlich können essentialia negotii unbestimmt bleiben, ohne dass eine der mit dem Vertragsschluss zwingend

411 Vgl. OLG Hamm, NJW-RR 2003, 613 f.

412 *Oertmann*, JW 1916, 1462 (1464); Schlegelberger/*Hildebrandt*, HGB, 3. Aufl., § 378 Rn. 16.

413 *Marburger*, JuS 1983, 1 (11 f.); *Walter*, Kaufrecht, § 8 IV, S. 395 f.

verbundenen Willenserklärungen (§§ 145 ff. BGB) als zu unbestimmt gilt.[414] Der Kaufpreis kann bspw. von den Parteien offen bleiben, wenn stattdessen eine Leistungsbestimmung durch eine der Parteien oder einen Dritten vorgezogen wird.[415] Dadurch wird ein Dissens nach §§ 154 f. BGB vermieden. Weil eine solche Leistungsbestimmung vereinbart und sich ihr unterworfen werden muss, stellt es auch keinen unzulässigen Verzicht auf eigene Privatautonomie sowie keine Preisgabe des Vertragsprinzips dar.[416] Allerdings zielen die §§ 315 ff. BGB auf bereits geschlossene Austauschverträge ab, bei denen eine Hauptleistungspflicht nachträglich konkretisiert werden soll. Keineswegs können sie aber eine novierende Wirkung für einen bereits mit sämtlichen essentialia negotii geschlossenen Vertrag herbeiführen.[417] Haben die Parteien bei der Vertragsschließung in keiner Weise an eine einseitige Parteileistungsbestimmung gedacht, kann ihnen eine solche auch nicht durch die entsprechende Anwendung der §§ 316, 315 BGB untergeschoben werden.[418]

Für eine Analogie fehlt es ferner zumindest an der vergleichbaren Interessenlage. Während eine unmittelbare Anwendbarkeit der Normen die ausdrückliche bzw. stillschweigende Vereinbarung darüber voraussetzt, dass einer Partei ein Leistungsbestimmungsrecht hinsichtlich einer noch nicht bestimmten oder objektiv bestimmbaren Leistungspflicht zustehen soll, bspw. den zu zahlenden Kaufpreis nach billigem Ermessen zu gestalten, kann das für eine analoge Anwendung in Verbindung mit der eingetretenen Fiktionswirkung des § 377 II, III HGB nicht gelten. Hierbei wurde von den Parteien bereits ein Konsens über die gegenseitig zu erbringenden Hauptleistungspflichten erzielt.[419] Hat nun der Verkäufer auf Grund eines bereits mit allen wesentlichen Vertragsbestandteilen ausgestatteten Kaufvertrags ein höherwertiges Aliud geliefert und der Käufer es

---

414 *Faust*, BGB AT, § 3 Rn. 3; *Köhler*, BGB AT, § 8 Rn. 8; *Brox/Walker*, BGB AT, § 8 Rn. 16/a; *Joussen*, Schuldrecht AT, Rn. 149.

415 Staudinger/*Rieble*, BGB, 2015, § 315 Rn. 6; Palandt/*Grüneberg*, BGB, § 315 Rn. 1; BeckOK-BGB/*Gehrlein*, § 315 Rn. 1; MüKo-BGB/*Würdinger*, § 315 Rn. 12; jurisPK-BGB/*Völzmann-Stickelbrock*, § 315 Rn. 11.

416 Staudinger/*Rieble*, BGB, 2015, § 315 Rn. 31, § 316 Rn. 12; Palandt/*Grüneberg*, BGB, § 315 Rn. 4; Jauernig/*Stadler*, BGB, § 315 Rn. 6; Erman/*J. Hager*, BGB, § 315 Rn. 4, 7.

417 Vgl. BGHZ 128, 54 (57 f.); BGH, NJW-RR 2015, 1008 Rz. 10; OLG Karlsruhe, NJW-RR 2009, 777 (778); Staudinger/*Rieble*, BGB, 2015, § 315 Rn. 71, 107; *Medicus/Lorenz*, SR I, § 19 Rn. 212; MüKo-BGB/*Würdinger*, § 316 Rn. 1; Erman/*J. Hager*, BGB, § 315 Rn. 7; jurisPK-BGB/*Völzmann-Stickelbrock*, § 316 Rn. 6, 8.

418 Staudinger/*Rieble*, BGB, 2015, § 316 Rn. 12; vgl. weiter Palandt/*Grüneberg*, BGB, § 315 Rn. 4.

419 Vgl. Palandt/*Grüneberg*, BGB, § 315 Rn. 6; *Joussen*, Schuldercht AT, Rn. 152.

versäumt zu rügen, kann der Nachteil des Käufers nicht darin bestehen, dass durch die eintretende Genehmigungsfiktion des § 377 II, III HGB der vertraglich vereinbarte Kaufpreis nunmehr einseitig durch den Verkäufer analog §§ 316, 315 BGB geändert werden darf.[420] Dies würde ebenso wie die anderen mit einer Kaufpreiserhöhung sympathisierenden Untermeinungen zu einem unnötig starken Eingriff in den Kernbereich der Privatautonomie führen. Die Genehmigungsfiktion des § 377 II, III HGB hat vielmehr nicht nur für die gelieferte Ware zur Folge, dass sie als vertragsgemäß erbracht gilt, sondern auch für die Angemessenheit des vertraglich vereinbarten Äquivalents.[421]

Rekurrierend auf den Beispielsfall[422] hat der Käufer (B) durch die Zahlung des vereinbarten Kaufpreises deutlich gemacht, dass er den Mehrwert des gelieferten Melius nicht zahlen werde. Spräche man auf Grund der unterlassenen Rüge dem Verkäufer (L) nun einseitig ein Leistungsbestimmungsrecht analog §§ 316, 315 BGB zu, hätte dieser die Möglichkeit, trotz des vorher vereinbarten Kaufpreises und entgegen eines gerade nicht vereinbarten Bestimmungsrechts, einseitig den Vertragsinhalt – die Lieferung des Melius eingerechnet – hinsichtlich beider Hauptleistungspflichten zu seinen Gunsten zu verändern.

Letztlich wäre dies ebenfalls ein nicht zu vertretender schwerwiegender Eingriff in den Kernbereich der Privatautonomie.

(3) Preiserhöhung ausschließlich durch Vertragsänderung

Demzufolge kann festgehalten werden, dass eine Kaufpreiserhöhung – nach erfolgter Lieferung eines höherwertigen und vom Käufer ungerügt gebliebenen Melius – ausnahmslos durch nachträgliche Vertragsänderung in beiderseitigem Einvernehmen erzielt werden kann. Dabei ist jedoch zu berücksichtigen, dass nicht jede Lieferung eines Melius und dessen Annahme vom Käufer inzidente Erklärungen beinhalten, die auf einen Vertragsänderungswillen beider Parteien schließen lassen. Jedenfalls bedarf es konkreter Hinweise, die auf einen Vertragsänderungswillen beider Parteien hindeuten.[423]

---

420 Vgl. OLG Karlsruhe, NJW-RR 2009, 777 (778).

421 Vgl. *K. Schmidt*, Handelsrecht, § 29 Rn. 118.

422 Siehe oben Fn. 403.

423 *Bayer/Lieder*, Handels- und GesellschaftsR, Rn. 335; *Oetker*, Handelsrecht, § 8 Rn. 59; Staub/*Brüggemann*, HGB, 4. Aufl., § 378 Rn. 49; *Koppensteiner*, BB 1971, 547 (553); *Canaris*, HR, § 29 Rn. 74; *Fischinger*, Handelsrecht, § 7 Rn. 754; *Oetker/Maultzsch*, Vertragliche Schuldverhältnisse, § 2 Rn. 170 f. Im Ansatz sehr restriktiv MüKo-HGB/*Grunewald*, § 377 Rn. 109; vgl. auch *Schlinker*, JR 2007, 221 (223 f.); ausf. zum Konsensprinzip *Lieder*, Die rechtsgeschäftliche Sukzession, § 6 I. (S. 231 ff.).

(a) Offen deklarierte Meliuslieferung

Die allgemeine Rechtsgeschäftslehre verlangt für das Entstehen respektive für die Abänderung eines schuldrechtlichen Vertrags zwei übereinstimmende Willenserklärungen: Angebot und Annahme, §§ 145 ff. BGB. Für das Abstellen eines beiderseitigen Vertragsänderungswillens genügt es daher nicht, mit der Lieferung sowie der Annahme konkludent eine nachträgliche Vertragsänderung herbeiführen zu wollen. Vielmehr muss der Verkäufer durch die Lieferung eines höherwertigen Aliud offen zum Ausdruck bringen, dass es sich hierbei um eine andere als die vom Vertragspartner bestellte Sache handelt und ein entsprechend zu zahlender Mehrwert offen deklariert ist. Dabei muss für den Käufer objektiv erkennbar sein, dass der Verkäufer mit der offen als Falschlieferung deklarierten Leistung den ursprünglichen Kaufvertrag zu erfüllen gedenkt, unter gleichzeitiger Abänderung des ebenfalls offen deklarierten neuen Kaufpreises. Eine solche Erklärung ist konstruktiv als Angebot des Verkäufers auf Abänderung des ursprünglich vereinbarten Kaufkontrakts auszulegen.[424] Allerdings muss sich ein entsprechender Rechtsbindungswille aus Sicht des verobjektivierten Empfängerhorizonts unzweideutig – im Zweifel expressis verbis – aus den der Lieferung beiliegenden Begleitpapieren entnehmen lassen.[425] Eine lediglich den höheren Kaufpreis ausweisende Rechnung genügt alleine nicht als Vertragsänderungsangebot aus.[426]

Nachdem der Verkäufer nach dem vorstehend Gesagten ein Angebot zur Vertragsänderung abgegeben hat, genügt die bloße Entgegennahme der Lieferung durch den Käufer noch nicht zur Annahme des Änderungsantrags. Da es sich für ihn objektiv erkennbar um ein Vertragsänderungsangebot des Verkäufers handeln muss, darf er dieses aber nicht einfach unkommentiert lassen, wenn er es erkannt hat und nicht damit einverstanden ist. Zwar handelt es sich hinsichtlich des Kaufpreises nicht um eine Rügeobliegenheit i.S.d. § 377 HGB, da diese lediglich auf die abgelieferte Ware – hier also das Melius – Bezug nimmt.

---

424 OLG Hamm, NJW-RR 2003, 613 f.; vgl. weiter *Koppensteiner*, BB 1971, 547 (549); wohl auch Hk-HGB/*Stöber*, § 377 Rn. 62 aE; *Oetker/Maultzsch*, Vertragliche Schuldverhältnisse, § 2 Rn. 170; *Wenzel*, DB 2003, 1887 (1890 f.).

425 Vgl. auch OLG Hamm, NJW-RR 2003, 613 (613); MüKo-HGB/*Grunewald*, § 377 Rn. 109; *Oetker/Maultzsch*, Vertragliche Schuldverhältnisse, § 2 Rn. 171; *Wenzel*, DB 2003, 1887 (1890 f.).

426 Vgl. BGH, BB 1959, 826 (827); NJW 1997, 1578 (1579); Baumbach/Hopt/*Hopt*, HGB, § 346 Rn. 35; MüKo-HGB/*K. Schmidt*, § 346 Rn. 138; Röhricht/Graf von Westphalen/Haas/*Wagner*, HGB, § 346 Rn. 50; EBJS/*Joost*, HGB, § 346 Rn. 52; Heidelberger-Komm-HGB/*Ruß*, § 346 Rn. 12.

Hinsichtlich des abgeänderten Kaufpreises wirkte eine widerspruchslose Entgegennahme eines solchen Angebots vielmehr als stillschweigende Zustimmung nach den Grundsätzen über das Schweigen im Handelsverkehr in Verbindung mit § 151 S. 1 BGB zur Vertragsänderung.[427] Dabei ist jedoch zu beachten, dass im Warenhandel ein Rückgriff auf § 362 I HGB nicht möglich ist und eine allgemeine – und somit auch für den Warenhandel geltende – Regel im Gesetz nicht existiert.[428] Eine Rechtsverbindlichkeit könnte demnach nur in Verbindung eines Handelsbrauchs durch § 346 HGB erreicht werden, der jedoch nicht den benötigten Erklärungswert der Annahme durch den Käufer allein zu ersetzen vermag.[429] Ist die vom Verkäufer abgelieferte Meliuslieferung – wie oben dargestellt – unzweideutig bzw. im Zweifel expressis verbis als Vertragsänderungsangebot aufzufassen, so ist das Schweigen darauf als Erklärungswert im Sinne einer stillschweigenden Vertragsänderungsannahme des Käufers zu deuten.[430] Daraus folgt jedoch keine generelle Allgemeingültigkeit. Vielmehr ist die soeben beschriebene konkludente Vertragsänderung restriktiv auf eindeutige Einzelfälle zu beschränken.[431]

Beide Erklärungen werden in praxi oftmals zusammenfallen, sodass der nichteinverstandene Käufer durch Rüge der Lieferung gemäß § 377 HGB gleichzeitig die Ablehnung des Änderungsantrags erklärt. Sollte er jedoch Schweigen, wird – vorausgesetzt die die Falschlieferung als offen deklarierenden und das Angebot auf Vertragsänderung ausweisenden Begleitpapiere erfolgen vor oder

---

427 Vgl. Staub/*Brüggemann*, HGB, 4. Aufl., § 378 Rn. 49; *Koppensteiner*, BB 1971, 547 (549); Oetker/*Koch*, HGB, § 377 Rn. 132, 129; wohl auch Hk-HGB/*Stöber*, § 377 Rn. 62 aE; *Steinbeck*, Handelsrecht, § 35 Rn. 33; *Teichmann*, Handelsrecht, § 7 Rn. 1139.

428 *K. Schmidt*, HR, § 19 Rn. 26 f., 47 aE; HeidelbergerKomm-HGB/*Ruß*, § 346 Rn. 12; Haag/Löffler/*Bünger-Meyer*, HGB, § 346 Rn. 37; Heymann/*Horn*, HGB, § 346 Rn. 43; Oetker/*Pamp*, HGB, § 346 Rn. 34; Röhricht/Graf von Westphalen/Haas/*Wagner*, HGB, § 346 Rn. 49.

429 MüKo-HGB/*K. Schmidt*, § 346 Rn. 135; EBJS/*Joost*, HGB, § 346 Rn. 48; *Bayer/Lieder*, Handels- und GesellschaftsR, Rn. 268.

430 Vgl. BGHZ 1, 353 (356); MüKo-HGB/*K. Schmidt*, § 346 Rn. 138; Haag/Löffler/*Bünger-Meyer*, HGB, § 346 Rn. 43; EBJS/*Joost*, HGB, § 346 Rn. 48; Baumbach/Hopt/*Hopt*, HGB, § 346 Rn. 32.

431 Vgl. BGHZ 18, 212 (216); 61, 282 (286); Haag/Löffler/*Bünger-Meyer*, HGB, § 346 Rn. 38; Oetker/*Pamp*, HGB, § 346 Rn. 36; Röhricht/Graf von Westphalen/Haas/*Wagner*, HGB, § 346 Rn. 50; *Bayer/Lieder*, Handels- und GesellschaftsR, Rn. 239; siehe zum offen deklarierten Minus unten: D. IV. 1. b. bb. (2) und im weiteren Verlauf insbesondere (c). (cc).

gleichzeitig mit der Aliudleistung – später dieses Schweigen als Annahme des Vertragsänderungsangebots gewertet werden müssen[432], soweit sich keine anderen Umstände[433] zeigen, die gegen einen Konsens streiten. Insbesondere ist es dem Handelskäufer nicht möglich, sein Schweigen zum einen hinsichtlich des gelieferten Melius, zum anderen hinsichtlich des abgeänderten Kaufpreises nachträglich aufteilen zu wollen, da es sich bei den Erklärungen um einen einheitlichen Rechtsvorgang handelte.[434]

(b) Verdeckte Meliuslieferung

Handelt es sich bei der Falschlieferung hingegen um eine verdeckte Leistung eines Melius können die vorstehenden Ausführungen nicht zu einer nachträglichen Vertragsänderung gelangen. Da in den beiliegenden Papieren der Lieferung keine Angaben über das vom Vertrag abweichend geleistete höherwertige Aliud gemacht wurden, ist für den Käufer überhaupt nicht erkennbar, dass es sich um ein Vertragsänderungsangebot oder Ähnliches handeln könnte. Dennoch obliegt dem Käufer auch bei verdeckten höherwertigen Falschlieferungen eine Rüge, will er nicht die Ausübung der ihm sonst zustehenden Gewährleistungsrechte gefährden. Andernfalls gilt infolge der eintretenden Genehmigungsfiktion des § 377 II, III Hs. 2 HGB ebenfalls die Ware als vertragsgemäß. Unter Bezugnahme auf das Vorstehende kann der Verkäufer dennoch keinen erhöhten Kaufpreis für das gelieferte Melius verlangen, da der Kaufvertrag nicht an Letzteres angepasst wurde. Bliebe es im Rahmen der verdeckten Meliusleistung bei diesem Ergebnis, würde der Sinn und Zweck der handelskaufrechtlichen Rügeobliegenheit konterkariert, da der Verkäufer trotz eintretender Genehmigungsfiktion schlechter stünde, als wenn gerügt worden wäre.

Dem überwiegenden Teil des Schrifttums[435] ist daher zuzustimmen, dass bei verdeckter Meliuslieferung der Anwendungsbereich des § 377 HGB teleologisch dahingehend reduziert wird, dass es dem Verkäufer obliegt, auf die fingierte Genehmigungswirkung zu verzichten oder sich auf die Fiktionswirkung zu

432 Staub/*Brüggemann*, HGB, 4. Aufl., § 378 Rn. 49; vgl. weiter Heymann/*Emmerich/Hoffmann*, HGB, § 377 Rn. 118, 116; *Kramer*, ÖJZ 1972, 561 (568).

433 Vgl. OLG Hamm, NJW-RR 2003, 613 f.

434 So auch Staub/*Brüggemann*, HGB, 4. Aufl., § 378 Rn. 49.

435 *Bayer/Lieder*, Handels- und GesellschaftsR, Rn. 335; *Oetker*, Handelsrecht, § 8 Rn. 59 f.; Hk-HGB/*Stöber*, § 377 Rn. 62 f.; Heymann/*Emmerich/Hoffmann*, HGB, § 377 Rn. 118. So auch *Canaris*, HR, § 29 Rn. 73 f.; *K. Schmidt*, HR, § 29 Rn. 118 ff.; Staub/*Brüggemann*, HGB, 4. Aufl., § 378 Rn. 46 ff., 49; *Jung*, Handelsrecht, § 37 Rn. 17; *Lettl*, Handelsrecht, § 12 Rn. 90; *Bülow/Artz*, Handelsrecht, Rn. 513.

berufen. Gleiches gilt für offene Meliuslieferungen, bei denen keine Vertragsänderung zustande gekommen ist. Entscheidet er sich für Letzteres, bleibt es bei seinem Recht, den vertraglich vereinbarten Kaufpreis vom Käufer zu verlangen. Dieser muss dann das höherwertige Aliud behalten, ist im Gegenzug aber nicht zur Zahlung eines höheren Entgelts verpflichtet. Für den Verkäufer kann das den Vorteil haben, dass er den vertraglich vereinbarten Kaufpreis relativ sicher bekommt, ohne dem Risiko ausgesetzt zu sein, das Melius bei Rückforderung vom Käufer zu einem höheren Preis wiederverkaufen zu können.[436] Zudem fallen bei einer anderweitigen Entscheidung des Verkäufers, also dem Verzicht auf die ihn schützende Genehmigungswirkung des § 377 HGB und einem damit einhergehenden Herausgabeverlangen an den Käufer, eventuell zusätzliche Kosten an, die für ein Berufen auf die Fiktionswirkung streiten.

(c) Anwendung auf den konkreten Fall

Im vom OLG Hamm entschiedenen Beispielsfall[437] muss hinsichtlich der Kaufpreisanpassung zunächst geklärt werden, ob es sich um eine offene oder eine verdeckte Meliuslieferung handelt. Die Genehmigungsfiktion, bezogen auf die Gewährleistungsrechte der höherwertigen Falschleistung nach § 377 II HGB i.V.m. § 434 III Alt. 1 BGB, entfaltet auf Grund der unterlassenen Rügeobliegenheit des Käufers (B) präkludierende Wirkung. Damit der vom Verkäufer (L) geltend gemachte und um 79,50 €/cbm erhöhte Kaufpreis Vertragsinhalt werden kann, muss die Lieferung der Planelementsysteme anstatt der bestellten Kalksandsteine offen deklariert worden sein.

Aus den jeweils beiliegenden Rechnungen der insgesamt 15 Lieferungen ging lediglich ein erhöhter Kaufpreis von 220 €/cbm anstatt der vertraglich vereinbarten 140,50 €/cbm hervor. Jedoch fehlte in den Lieferscheinen bzw. bei der Anlieferung selbst die Klarstellung, dass es sich anbei um eine höherwertige Aliudlieferung handelte. Somit kann keineswegs von einer offen deklarierten Falschlieferung gesprochen werden, die einen objektiv vom Käufer zu verstehenden Willen des Verkäufers zur Vertragsänderung erkennen lässt. Allein der erkennbare, erhöhte Wert, der aus den Rechnungen hervorgeht, kann nicht genügen, um daraus auf einen rechtlich bindenden Vertragsänderungswillen zu schließen. Selbst wenn man die Rechnungen als ein solches Änderungsangebot des Verkäufers verstehen will, reicht die bloße Entgegennahme der Ware nicht

---

436 Vgl. *Oetker*, Handelsrecht, § 8 Rn. 60.
437 Siehe Fn. 403.

aus, um von einer Annahme des Käufers ausgehen zu können.[438] Zwar wurde die dem Käufer obliegende Mängelrüge nach § 377 HGB unterlassen. Allein daraus auf eine konkludente Annahme zu schließen, käme jedoch einer unzulässigen Willensfiktion gleich und ist daher abzulehnen.[439] Letztlich wurden die Rechnungen von B, gekürzt um den vom vereinbarten Kaufpreis abweichenden Differenzbetrag, fristgerecht bezahlt, sodass aus diesem Verhalten schließlich ein konkludenter Wille zur Vertragsänderung seitens des B ausgeschlossen werden kann.

Somit ist - unabhängig davon, ob man die Meliuslieferung als offen oder verdeckt ansieht - eine nachträgliche Vertragsänderung nicht eingetreten. Der Verkäufer (L) kann somit den Mehrwert der gelieferten Planelementsysteme von 79,50 €/cbm nicht geltend machen.

dd) Fazit

Es bleibt somit festzuhalten, dass im Rahmen der Meliuslieferung eine Kaufpreisanpassung an den tatsächlich höheren Wert der Ware *ausschließlich durch Vertragsänderung* möglich ist. Andernfalls erfolgt ein Eingriff in den Kernbereich der verfassungsrechtlich durch Art. 2 GG legitimierten Privatautonomie und es würden teilweise unzulässige Willensfiktionen durch Kaufpreiserhöhungen ipso iure herbeigeführt.

Für eine Vertragsänderung ist innerhalb der Lieferungen zwischen offenen und verdeckten Falschlieferungen zu differenzieren. Ein Vertragsänderungsangebot des Verkäufers ist lediglich bei offen deklarierter Falschleistung möglich. Dabei ist jedoch nicht jede offen deklarierte Lieferung und deren Annahme als konkludente Vertragsänderung anzusehen. Vielmehr muss die vom Verkäufer offen ausgewiesene Meliusleistung samt Erhöhung des Kaufpreises in den Begleitpapieren aus der objektiven Sicht des Käufers unzweideutig ein Angebot zur Vertragsänderung inklusive erkennbarem Rechtsbindungswillen darstellen. Jedenfalls kann eine novierende Wirkung ausschließlich in beiderseitigem Einvernehmen entstehen. Ist das nicht der Fall, finden die Regelungen auf verdeckte Meliuslieferungen Anwendung, namentlich eine teleologische Reduktion des § 377 HGB, wodurch der Verkäufer auf die Genehmigungswirkung bestehen

438 So aber LG Münster, Urteil v. 22.04.2002 - 21 O 16/02, das jedoch zusätzlich zur Annahme im Originalfall noch auf den Einbau derselben abstellte.

439 Siehe bereits D. III. 3. a. cc. (1). Andere Ansicht LG Münster, Urteil v. 22.04.2002 - 21 O 16/02, das die Genehmigungsfiktion noch als weitere Begründung für die Zahlungsverpflichtung des Mehrpreises ansah.

und den vereinbarten Kaufpreis verlangen kann oder er verzichtet auf die ihn schützende Wirkung der Genehmigungsfiktion und verlangt das Melius heraus.

b) *Herausgaberechte des Verkäufers*

Hat der Verkäufer ein Interesse daran, das an den Käufer gelieferte und von diesem nicht gerügte höherwertige Aliud wieder zu erlangen, so bleibt ihm im Rahmen seiner Wahlalternativen[440] de lege lata nur die Option, auf die ihn schützende Wirkung der Genehmigungsfiktion des § 377 HGB zu verzichten. Dabei ist jedoch zu beachten, dass die Handlungsmöglichkeiten des Verkäufers kein Wahlrecht i.S.d. §§ 262 ff. BGB darstellen, also die Erklärung keine bindende Rechtsfolgenkonkretisierung i.S.d. § 263 II BGB nach sich zieht[441], sondern vielmehr eine *elektive Konkurrenz* vorliegt, sodass nach einem etwaigen Herausgabeverlangen des Verkäufers weiterhin als ius variandi die Möglichkeit eines Änderungsvertrags besteht.[442] Umgekehrt hat der Verkäufer jedoch die Annahmefristen gem. §§ 146, 147 ff. BGB abzuwarten, da andernfalls dem Käufer die Einrede aus § 242 BGB (dolo agit, qui petit, quod statim redditurus est) zusteht.[443]

aa) *Verzicht auf die Wirkungen der Genehmigungsfiktion*

Ein Verzicht auf die Wirkung der Genehmigungsfiktion ist – wie bereits im Rahmen des minderwertigen Aliud dargestellt[444] – unzweifelhaft zulässig. Systematisch lässt sich die Wahloption des Verkäufers nach eingetretener Fiktionswirkung aus einer Parallelwertung des § 15 HGB herleiten.[445] Hierbei hat der vom Normzweck geschützte Dritte ebenfalls die Möglichkeit sich zwischen der scheinbaren Rechtslage, die sich aus dem Handelsregister ergibt, oder dem tatsächlichen Sachverhalt zu entscheiden.

---

440 Siehe oben D. III. 3. a. bb. (3); D. III. 3. a. cc. (3); zusammenfassend D. III. 3. a. dd.

441 BeckOK-BGB/*Lorenz*, § 262 Rn. 2, 5 ff.; MüKo-BGB/*Krüger*, § 262 Rn. 2, 11; Palandt/*Grüneberg*, BGB, § 262 Rn. 1, § 263 Rn. 3; PWW/*Zöchling-Jud*, BGB, § 262 Rn. 2, § 263 Rn. 4; Soergel/*Forster*, BGB, § 262 Rn. 3, § 263 Rn. 6; NK-BGB/*Arnold*, § 263 Rn. 4; Staudinger/*Bittner*, BGB, 2014, § 263 Rn. 11 f.; ausf. *Weitnauer*, FS Hefermehl, 467 (469 ff.).

442 Dazu ausf. mwN: Staudinger/*Bittner*, BGB, 2014, § 262 Rn. 7 ff.; Palandt/*Grüneberg*, BGB, § 262 Rn. 5; jurisPK-BGB/*Toussaint*, § 262 Rn. 18 ff.; NK-BGB/*Arnold*, § 262 Rn. 5 f.; Soergel/*Forster*, BGB, § 262 Rn. 9 f.; PWW/*Zöchling-Jud*, BGB, § 262 Rn. 8; vgl. weiter *Weitnauer*, FS Hefermehl, 467 (471 ff.).

443 *Fritsche*, FG Werner, 19 (28).

444 Siehe oben D. III. 2. b. aa.

445 So auch *Oetker*, Handelsrecht, § 8 Rn. 60.

Verzichtet der Verkäufer auf die Fiktionswirkung des § 377 HGB, so tritt die damit einhergehende Erfüllungswirkung des vereinbarten Kaufvertrags nicht ein. Dennoch bildet die Lieferung eines Melius ebenso wie die eines minderwertigen Aliud einen Rechtsgrund, der einer condictio indebiti aus § 812 I 1 Alt. 1 BGB entgegensteht. Die Leistung des Verkäufers erfolgte nämlich, um den mit dem Käufer bestehenden Kaufvertrag zu erfüllen. Dieser auf subjektiver Ebene bei jedweder Falschlieferung i.S.d. § 434 III BGB geforderte Erfüllungswille des Verkäufers, der auf objektiver Ebene für den Käufer erkennbar sein muss, wird durch eine Tilgungsbestimmung i.S.d. § 366 I BGB hergestellt, die das gelieferte Aliud – sei es minder- oder höherwertig – dem Kaufvertrag zuordnet.[446]

bb) Kondiktion des Melius durch Anfechtung der Tilgungsbestimmung

Durch entsprechende, wirksame Anfechtung dieser Tilgungsbestimmung[447] entzieht der Verkäufer der Falschlieferung analog § 142 I BGB ex tunc die Zuordnung zum Kaufvertrag und damit einhergehend den die Kondiktion hindernden Rechtsgrund.[448] Mit dem Verzicht auf die das Kausalgeschäft erfüllende Fiktionswirkung des § 377 HGB, geht konkludent die Anfechtungserklärung analog § 143 BGB einher. Des Weiteren wirkt die Anfechtung der Tilgungsbestimmung ebenfalls wie beim minderwertigen Aliud.[449] Der Verkäufer benötigt einen Anfechtungsgrund analog §§ 119 ff. BGB, der bei irrtümlicher Falschlieferung regelmäßig vorliegen wird. Außerdem ist er gegebenenfalls dem Käufer zum Ersatz eines etwaig entstanden Vertrauensschadens analog § 122 BGB verpflichtet, wobei beim Melius insbesondere § 122 II BGB zu beachten sein wird[450].

---

446 Siehe oben C. IV. 1. d., insbesondere aa. und dd. Anders: *Fritsche*, FG Werner, 19 (24 ff.), der eine Rückabwicklung über die *condictio ob rem* nach § 812 I 2 Alt. 2 BGB präferiert. Im Gegensatz zum alten Schuldrecht, sei mit der Modernisierung 2002 der Verkäufer gemäß § 433 I 2 BGB zur mängelfreien Leistung verpflichtet, um den Kaufvertrag zu erfüllen. Leiste er aber mängelbehaftet i.S.v. § 434 BGB, so verfehle der Schuldner den kondiktionsrechtlich relevanten Zweck der Vertragserfüllung, sodass die condictio ob rem gemäß § 812 I 2 Alt. 2 BGB gegenüber der condictio indebiti vorzuziehen sei. Bezüglich eines Kondiktionsauschlusses sei dann statt § 814 BGB, § 815 BGB zu beachten.

447 Koller/Kindler/Roth/Morck/*Roth*, HGB, § 377 Rn. 27a; Saenger/Aderhold/Lenkaitis/Speckmann/*Klein*, HaGesR, § 2 Rn. 176.

448 Siehe bereits die Ausführungen in D. III. 2. b.

449 Siehe bereits oben D. III. 2. b. cc. (2).

450 Siehe dazu näher unten D. III. 3. c. bb. (3). (d).

Indes sind die Bedenken hinsichtlich eines Abschneidens der käufereigenen Gewährleistungsrechte bei der irrtümlichen Lieferung eines Melius weit weniger gravierend.[451] Zwar sind die Gewährleistungsrechte des Handelskäufers durch die Nichtvornahme seiner Rügeobliegenheit ohnehin präkludiert, jedoch ergibt sich im Rahmen der Meliuslieferung selbst bei ordnungsgemäßer Rüge lediglich eine Nacherfüllung in Form der Neulieferung, § 439 I Alt. 2 BGB. Die Minderung (§ 441 BGB) sowie die sich aus § 437 Nr. 3 BGB ergebenden Schadensersatzansprüche scheiden auf Grund der Höherwertigkeit a priori aus. Ein Rücktritt vom Vertrag würde ohnedies bereits zur Herausgabe an den Verkäufer führen.

cc) Wiederaufleben des ursprünglichen Erfüllungsanspruchs

Letztendlich führt die Anfechtung der Tilgungsbestimmung nicht zur Beseitigung des Kaufvertrags, sondern nur zur Vernichtung der Zuordnung zu diesem. Dadurch lebt freilich der ursprüngliche Erfüllungsanspruch des Käufers auf Lieferung der geschuldeten Ware gem. § 433 I BGB wieder auf und ihm steht gewiss auch ein Zurückbehaltungsrecht nach § 273 BGB gegen den Verkäufer zu.[452]

dd) Konkrete praktische Anwendung

Folgendes Fallbeispiel soll die irrtümliche Lieferung eines Melius und ein daran anknüpfendes Interesse des Verkäufers auf Herausgabe desselben verdeutlichen:[453]

Für das Vorzimmer der Geschäftsleitung war ein einfacher Knüpfteppich bestellt worden. Auf Grund eines Lagerversehens wird jedoch ein echter Orientteppich gleichen Ausmaßes geliefert. Die Ware war nicht vom Vertrag als abweichend deklariert, wurde auf dem Lieferschein jedoch dem ursprünglich vereinbarten Vertrag über den einfachen Knüpfteppich zugeordnet. Lediglich die Rechnung lautete auf den Originalpreis des wesentlich wertvolleren Orientteppichs. Der Käufer unterließ die ihm obliegende Mängelrüge i.S.d. § 377 HGB. Nachdem der Verkäufer von dem Irrtum mitbekommen hat, besteht er auf Rückgabe des Orientteppichs.

Grundsätzlich war der Käufer im obigen Fallbeispiel zur Rüge verpflichtet, möchte er nicht eine Präklusion seiner ihm auf Grund der Falschlieferung gem. § 434 III

451 Siehe oben D. III. 2. b. cc. (3); im Folgenden auch *Giesen*, S. 55.

452 Siehe ebenfalls D. III. 2. b. cc. (3); sowie *Thier*, AcP 203 (2003), 399 (423). Vgl. auch Koller/Kindler/Roth/Morck/*Roth*, HGB, § 377 Rn. 27a; Heymann/*Emmerich/Hoffmann*, HGB, § 377 Rn. 115; Straube/*Kramer*, HGB, §§ 377, 378 Rn. 66; sowie MüKo-HGB/*Grunewald*, § 377 Rn. 107.

453 Beispielsfall nach: Staub/*Brüggemann*, HGB, 4. Aufl., § 378 Rn. 22; sowie *K. Schmidt*, HR, § 29 Rn. 119.

Alt. 1 BGB zustehenden Gewährleistungsrechte riskieren, namentlich die Nachlieferung des einfachen Knüpfteppichs gem. §§ 437 Nr. 1, 439 I Alt. 2 BGB.[454] Dennoch unterließ er eine solche, sodass infolge der Genehmigungsfiktion des § 377 II HGB der Kaufvertrag als erfüllt i.S.d. § 362 I BGB gilt. Auf Grund der nicht offen als Vertragsänderungsangebot deklarierten Falschlieferung ist eine Verpflichtung zur Zahlung des Originalpreises nicht möglich, sodass der Verkäufer nunmehr auf Rückgabe des Orientteppichs besteht. Dadurch verzichtet der Verkäufer immanent auf die ihn schützende Fiktionswirkung des § 377 II HGB und Vertragserfüllung ist somit durch Lieferung des höherwertigen Aliud nicht eingetreten. Zwar liegt durch die korrekte Zuordnung des Melius zum ursprünglichen Kaufvertrag in Form einer Tilgungsbestimmung nach § 366 I BGB noch ein Rechtsgrund zum Behaltendürfen des Käufers vor, er kann den Verkäufer aber nicht gegen dessen Willen an der irrtümlichen Lieferung festhalten.[455] Mit dem Bestehen auf Rückgabe erklärt der Verkäufer neben dem Verzicht auf die Fiktionswirkung konkludent die Anfechtung der Tilgungsbestimmung (hier:) analog §§ 143 I, 119 II BGB, sodass die Zuordnung des Orientteppichs zum ursprünglichen Vertrag analog § 142 I BGB ex tunc beseitigt wird. Mithin kann der Verkäufer das Melius nach § 812 I 1 Alt. 1 BGB herausverlangen. Spätestens ab dem Zeitpunkt der Kenntnis des Käufers vom Kondiktionswillen des Verkäufers haftet er gem. §§ 819 I, 818 IV BGB verschärft[456]. Dem Käufer steht jedoch Zug um Zug gegen Lieferung des bestellten einfachen Knüpfteppichs gem. § 433 I BGB ein Zurückbehaltungsrecht nach § 273 I BGB zu.

ee) Rei vindicatio

Ferner obliegt es dem Verkäufer, das irrtümlich gelieferte Melius im Rahmen der *rei vindicatio* gemäß § 985 BGB herauszuverlangen. Dabei ist vollumfänglich auf die Ausführungen im Rahmen der minderwertigen Aliudlieferung[457] zu

---

454 Anderer Meinung noch vor der Schuldrechtsmodernisierung: Staub/*Brüggemann*, HGB, 4. Aufl., § 378 Rn. 22.

455 So auch Staub/*Brüggemann*, HGB, 4. Aufl., § 378 Rn. 46; *K. Schmidt*, HR, § 29 Rn. 120; *Knöpfle*, NJW 1979, 693; *R. Schmidt*, NJW 1962, 710 (713). Für das Melius wohl ein Nachlieferungsrecht bejahend: *Fabricius*, JuS 1964, 46 (51). Anderer Ansicht: *Meeske*, E II Rn. 20 (S. 195), der selbst bei unterlassener Rüge eine Herausgabe an den Verkäufer ablehnt. Auf der Grundlage des alten Kaufrechts zwischen „einfachem" und „marktbezogenem" Gattungskauf differenzierend und ausschließlich für Letzteren ein Nachlieferungsrecht bejahend: *Ballerstedt*, FS Nipperdey, 261 (264 ff. und 278 ff.).

456 Dazu näher unten D. III. 3. c. bb. (3).

457 D. III. 2. b. dd.

verweisen. Mit der Anfechtung der Tilgungsbestimmung wird das aus dem Kaufvertrag abgeleitete obligatorische Besitzrecht des Käufers aus § 986 I BGB zerstört. Insbesondere ist im Rahmen des Herausgabeverlangens nach § 985 BGB ebenfalls keine Differenzierung zwischen höher- und minderwertiger Falschlieferung notwendig, die sich bei der Kondiktion auf bürgerlichrechtlicher Ebene ergäben.[458]

ff) Verwirkung des Herausgabeanspruchs

Nach unterlassener Rüge hat der Verkäufer also ein „*Wahlrecht*", das auf Verzicht und Herausgabe des Gelieferten oder Berufen auf die Genehmigungsfiktion und Verlangen der vereinbarten Kaufpreiszahlung gerichtet ist. Indes ist umstritten, ob der Verkäufer nach Entdeckung seines Liefererirrtums in Umkehrung des § 377 HGB den Käufer schnellstmöglich darüber informieren muss.

(1) Umkehrung des Rügezwecks zulasten des Verkäufers

Die Vertreter der restriktiven Ansicht[459] wollen dem Verkäufer e contrario zum Telos des § 377 HGB die Möglichkeit zu spekulativem Verhalten versagen, sodass sich der Rechtsgedanke der im eigentlichen Sinne verkäuferschützenden Norm im Einzelfall ins Gegenteil verkehre. Sei dem Käufer durch unverzügliche Rüge aufgetragen, die Abwicklung des der Lieferung zu Grunde liegenden Kausalgeschäfts zugunsten des Verkäufers nicht unnötigerweise in der Schwebe zu lassen, so sei in umgekehrter Weise der Verkäufer bei Entdeckung seines Irrtums angehalten, dem Käufer in angemessener Frist seine Wahl mitzuteilen. Andernfalls verwirke der Verkäufer nach Treu und Glauben (§ 242 BGB) sein Rückforderungsrecht aus §§ 985 bzw. 812 I 1 Alt. 1 BGB.[460]

(2) Keine Anzeige verkäufereigenen Fehlverhaltens

Entgegen dieser Ansicht meint *Grunewald*[461], aus § 377 HGB könne nicht gefolgert werden, dass der Verkäufer sein Rückforderungsrecht verwirke, wenn er nach Entdeckung der Falschlieferung dieses Recht nicht sofort geltend mache.

---

458 D. III. 2. b. cc. (3) und dd. A.A.: *Giesen*, S. 57 f.; vgl. weiter MüKo-BGB/*Westermann*, § 434 Rn. 46.

459 Staub/*Brüggemann*, HGB, 4. Aufl, § 378 Rn. 48; Heymann/*Emmerich/Hoffmann*, HGB, § 377 Rn. 116; *Koppensteiner*, BB 1971, 547 (553). Differenzierender *K. Schmidt*, HR, § 29 Rn. 120, der eine rasche Information zumindest dann ablehnt, wenn die Abweichung so groß ist, dass der Verkäufer nicht mit einer Genehmigung des Käufers hätte rechnen können.

460 Siehe Fn. 459.

461 MüKo-HGB/*Grunewald*, § 377 Rn. 108.

Ein allgemeiner Grundsatz, eigenes Fehlverhalten unverzüglich mitzuteilen, lasse sich weder aus der Norm selbst noch aus dem Rechtsgedanken von Treu und Glauben herleiten.

(3) Eigene Stellungnahme

Im Kern ist *Grunewald* darin zuzustimmen, dass sich aus § 377 HGB nicht entnehmen lässt, der Verkäufer müsse sein eigenes Fehlverhalten in Form des Lieferirrtums sofort nach Kenntniserlangung dem Käufer mitteilen. Der Normzweck schützt zwar den Handelsverkehr im Allgemeinen, weshalb aber dem Käufer die unverzügliche Untersuchung samt Rüge aufgebürdet wird. Eine Umkehrung im Einzelfall auf den Verkäufer lässt sich mit Ausnahme des § 377 V HGB allerdings weder in den historischen Motiven noch aus dem Normzweck selbst erblicken.[462] Jedoch ergäbe sich im Rahmen der Rückabwicklung einer Meliuslieferung für den Käufer eine etwas missliche Lage. Er muss einerseits den vereinbarten Kaufpreis bezahlen, behält andererseits das Risiko, die Ware wieder herausgeben zu müssen, auch wenn dadurch sein ursprünglicher Erfüllungsanspruch wiederauflebt.[463] Des Weiteren lässt sich die Informationsmitteilung an den Käufer auch nicht aus dem Grundsatz von Treu und Glauben herleiten. Verlangt der Verkäufer nach eingetretener Genehmigungsfiktion und Kenntniserlangung seines Lieferirrtums zunächst Bezahlung des Kaufpreises, so kann er nachträglich noch bis zum Zeitpunkt der Zahlungsleistung des Käufers sein Herausgaberecht geltend machen.[464] Nach Zahlungseingang beim Verkäufer würde ein Herausgabeverlangen an den Käufer nach § 242 BGB widersprüchliches Verhalten seitens des Verkäufers darstellen, weshalb der Käufer eine dauernde Einrede dagegen hätte (venire contra factum proprium).

Eine Verwirkung bzw. ein Ausschluss des vom Verkäufer begehrten Herausgabeanspruchs des gelieferten Aliud ergibt sich vielmehr aus einem ganz anderen Gesichtspunkt. Nach der hier vertretenen Auffassung stellt jedwede Falschlieferung in Verbindung mit einer entsprechenden Tilgungsbestimmung einen Rechtsgrund zum Behaltendürfen für den Käufer dar, welcher bei irrtümlicher Zuordnung zur Causa durch Anfechtung derselben vom Verkäufer beseitigt werden muss. Ohne Beseitigung der Zuordnung ist keine Herausgabe des Gelieferten möglich. Die Anfechtung der irrtümlich gesetzten Tilgungsbestimmung

---

462 Vgl. *Hahn/Mugdan*, Materialien, Bd. 6, S. 189 (375 ff.); *Schubert/Schmiedel/Krampe*, Quellen zum HGB, Bd. 1, S. 77 (82 ff.); EBJS/*Müller*, HGB, Vor § 377 Rn. 1 ff.

463 So auch schon *Koppensteiner*, BB 1971, 547 (553).

464 Vgl. *Koppensteiner*, BB 1971, 547 (553).

setzt jedoch – wie jede andere Anfechtung einer irrtumsbedingten Willenserklärung – voraus, dass der Anfechtungsberechtigte analog § 121 I BGB nach Kenntniserlangung des Anfechtungsgrundes unverzüglich, d.h. ohne schuldhaftes Zögern, selbige analog § 143 I BGB erklärt. Demnach bleibt dem Verkäufer nach der hier vertretenen Auffassung kein Raum für spekulatives Zögern. Will er das irrtümlich gelieferte Aliud herausverlangen, hat er dies nach Kenntniserlangung des Lieferirrtums unverzüglich dem Käufer mitzuteilen. Nach Verstreichen der Anfechtungsfrist verbleibt dem Verkäufer de lege lata lediglich der Anspruch auf Kaufpreiszahlung gem. § 433 II BGB.

c) Weitere (mögliche) Ansätze zur Schutzoptimierung des Verkäufers

Um ein umfassendes, aber gleichzeitig auch interessenharmonisierendes und kohärentes System der (handels-)kaufrechtlichen Leistungsstörungen zu entwickeln, wird im Folgenden untersucht, ob *de lege lata* oder *de lege ferenda* weitere Wahlmöglichkeiten des Verkäufers in Betracht kommen, die eine für alle Parteien schutzoptimierende Wirkung bieten.

aa) Subjektives Recht des Verkäufers auf nachträgliche Mängelbeseitigung?

Bereits im Rahmen der Herausgaberechte des Verkäufers bei der minder- bzw. gleichwertigen Falschlieferung wurde der Ansatz eines *verkäufereigenen „Nachlieferungsrechts"* aus §§ 439 I, IV, 346 I BGB unter bestimmten Voraussetzungen in Form einer Hinterlegung dargestellt und im Ergebnis abgelehnt.[465] Im Rahmen der Lieferung eines höherwertigen Aliud ist nun zu analysieren, ob sich zusätzlich zu den nach der lex lata bestehenden Wahlmöglichkeiten des Verkäufers weitere Optionen ergeben. Infolge der unterlassenen Mängelrüge des Käufers kann sich der Verkäufer auf Bezahlung des vereinbarten Kaufpreises berufen oder auf die Fiktionswirkung des § 377 HGB verzichten und Herausgabe des Melius unter Lieferung der vertraglich geschuldeten Ware verlangen. Unter Berücksichtigung des lange Zeit kontrovers diskutierten Themas, ob der Käufer für das gelieferte, aber nicht gerügte Melius einen entsprechend erhöhten Preis zahlen müsse[466], wird nunmehr die umgekehrte Situation betrachtet: Kann der Verkäufer nachträglich das gelieferte, höherwertige Aliud an den vereinbarten Kaufpreis anpassen? Mit anderen Worten: Ist eine *nachträgliche „Mängelbeseitigung"* infolge der Genehmigungsfiktion auch gegen den Willen des Käufers möglich?

---

465 D. III. 2. b. ee.

466 Vgl. ausführlich D. III. 3. a.; für das minderwertige Aliud: D. III. 2. a.

Da es dem Verkäufer mangels vertraglicher Änderung nicht zusteht, einen erhöhten Preis zu verlangen, könnte er – neben der Möglichkeit einer Herausgabe samt Lieferung des ursprünglich Geschuldeten – ein berechtigtes Interesse daran haben, nachträglich auf das gelieferte Melius zugreifen zu können, um den Mangel im weiteren Sinne zu beheben, etwa durch *„Verschlechterung"*, um den vereinbarten Warenwert zu erreichen.[467] Dadurch würde sich zumindest das Problem der Kaufpreisanpassung kraft Rügeversäumnis auflösen. Dem Verkäufer würde so ein *„echtes Recht zur zweiten Andienung"*[468] gegeben, während der Käufer einer Duldungspflicht unterläge, die bei Nichteinhaltung zum Schadensersatz in Höhe des Differenzbetrags zwischen geschuldeter und gelieferter Ware führen würde. Letzterem dürften dadurch freilich keine Kosten entstehen bzw. müssten ihm vom Verkäufer erstattet werden.[469]

Relevanz könnte der dargestellte Ansatz erlangen, wenn es dem Verkäufer nach der Lieferung eines höherwertigen Aliud und der unterlassenen Rüge des Käufers tatsächlich unmöglich ist, die vertraglich gekaufte Schuld zu erbringen. An folgendem Fall soll dies exemplifiziert werden:[470]

Handelskäufer K bestellte bei Händler H einen Neuwagen (1,4 l Hubraum; 90 PS) zu einem Preis von 15.000 €. H klärte K auf, das gewünschte Modell werde nicht mehr hergestellt, der Nachfolger weise jedoch lediglich geänderte Scheinwerfer auf. Tatsächlich lag die Typbeschreibung des Nachfolgemodells noch nicht vor. Dieses wird in der gewünschten Klassifizierung nur noch mit 110 PS hergestellt und soll nunmehr 18.000 € kosten. Als K das neue Modell zugestellt wird, unterlässt er die gebotene Rüge, da er mit der höheren Motorenleistung einverstanden ist. Allerdings ist er nicht bereit den Mehrbetrag von 3.000 € zu bezahlen.

---

467 Ausführungen dazu basierend auf dem UN-Kaufrecht *Lehmkuhl*, IHR 2003, 115 (116 f.); grundlegend bereits *Lehmkuhl*, S. 118 ff.

468 Das Recht des Verkäufers zur zweiten Andienung ist sonst nur auf Käuferverlangen möglich. Der Käufer muss also dem Verkäufer primär eine Nacherfüllungsfrist setzen, bevor er Sekundärrechte geltend machen kann. Jedoch hat der Verkäufer kein eigenständiges Recht auf Nacherfüllung, das er ohne Käuferverlangen ausüben kann. Daher ist hier die Rede vom „echten Recht des Verkäufers auf zweite Andienung". Vgl. dazu ausf. *Mankowski*, JZ 2011, 781 (782 ff.); *Canaris*, FS Kropholler, S. 3 (12 f.); *Oechsler*, Vertragliche Schuldverhältnisse, § 2 Rn. 215 ff. Anderer Ansicht: *Schroeter*, AcP 207 (2007), 28 (33 f., 36 ff.), der ein eigenes subjektives Verkäuferrecht aus der Abnahmepflicht des Käufers nach § 433 II BGB herleitet, das der Vertragserhaltung, der Vertragsdurchführung und der Absatzfunktion des Verkäufers dienen soll.

469 So *Lehmkuhl*, S. 118 f.; sowie *Lehmkuhl*, IHR 2003, 115 (117).

470 Der Beispielsfall ist angelehnt an KG, NJW-RR 2012, 506.

Da K einem Änderungsvertrag nicht zustimmen wird und H andernfalls nicht den erhöhten Preis erlangt, könnte er ein Interesse an einer nachträglichen Mängelbeseitigung haben, indem er isoliert den Motor des neuen Modells gegen einen ungebrauchten (neuen) Motor des Vorgängermodells austauscht. Eine verkäufereigene Nachlieferung i.S.e. Nacherfüllung, die im Ergebnis identisch mit einer Herausgabe samt Lieferung der geschuldeten Ware ist, scheidet auf Grund tatsächlicher Unmöglichkeit gemäß § 275 I BGB aus.

Um den von *Lehmkuhl*[471] für das UN-Kaufrecht entwickelten Ansatz auf das nationale Recht übertragen zu können, bedarf es zunächst einiger konzeptioneller Grundfragen.

(1) Mögliche Anspruchsgrundlage de lege lata

Zunächst stellt sich die Frage, nach welcher Anspruchsgrundlage der Verkäufer ein etwaiges *Recht auf nachträgliche Mängelbeseitigung* verlangen kann. Prima vista fällt § 439 BGB ins Auge. Problematisch ist dabei jedoch, dass in Abs. 1 der Norm lediglich dem Käufer ein Anspruch auf Nacherfüllung seiner Wahl gegen den Verkäufer zusteht. Von einem Verkäuferrecht ist lediglich in Bezug auf die Rückgewähr der vertragswidrig gelieferten Ware bei Lieferung einer mangelfreien in § 439 IV i.V.m. §§ 346–348 BGB die Rede.

(a) Wortlaut

Wortlautgemäß ist dem Verkäufer also nur bei entsprechendem Käuferverlangen ein zweiter Erfüllungsversuch gem. § 439 I BGB erlaubt.[472] Die Wahl der Nacherfüllungsart ist dem Käufer anheimgestellt. *Wiese*[473] argumentiert systematisch zu Recht, dass an anderen Stellen des Bürgerlichen Gesetzbuchs der Wortlaut, ein Gläubiger *kann* etwas *verlangen*, zu finden sei, und die Erfüllbarkeit der Gläubigeransprüche durch den Schuldner dennoch nicht in Zweifel gezogen würden.[474] Letztlich habe der Käufer als Gläubiger des Nacherfüllungsanspruchs die Erfüllung durch den Verkäufer zu dulden, wenn sein eigentliches Wahlrecht zwischen

471 *Lehmkuhl*, S. 118 ff.

472 So bereits *Musielak*, NJW 2003, 89 (91).

473 *Wiese*, AcP 206 (2006), 902 (933 f.).

474 Als Beispiel bringt *Wiese* (Fn. 473), dass ein Schuldner, der einem Schadensersatzanspruch des Gläubigers nach § 280 I BGB ausgesetzt sei, auch ohne Verlangen desselben berechtigt sei, jederzeit mit einer ihm zustehenden Forderung gegen den Gläubiger aufzurechnen und dadurch ein Erfüllungssurrogat bewirken könne, das der Gläubiger zu dulden habe.

Nachbesserung und Nachlieferung[475] wegen Unmöglichkeit, Unverhältnismäßigkeit oder Unzumutbarkeit der Nachbesserung nicht mehr bestehe.[476]

Im obigen Fallbeispiel ist aber die Nachlieferungsalternative unmöglich und lediglich „Nachbesserung" durch den Verkäufer führte zum Nacherfüllungserfolg, womit der Käufer aber nicht einverstanden ist. Nach den Ausführungen *Wieses* müsste demnach dem Verkäufer e contrario ein „Nacherfüllungsrecht" in Form der Nachbesserung auch gegen den Willen des Käufers zustehen. Auf den konkreten Fall bezogen, wäre der Verkäufer demnach berechtigt, das gelieferte Melius durch Austauschen der Motoren – mit anderen Worten durch „Nachverschlechterung" – an den vereinbarten Kaufpreis anzupassen, und der Käufer wäre verpflichtet dies zu dulden. Ein eindeutiges Ergebnis ist rein nach dem Wortlaut nicht zu ermitteln. Vom grammatikalischen Wortsinn des § 439 I BGB erscheint ein Recht des Verkäufers auf nachträgliche Mängelbeseitigung auch ohne Käuferverlangen noch als möglich.[477]

(b) Systematik

Allerdings könnten andere Auslegungskriterien gegen ein derartiges Verkäuferrecht sprechen. Systematisch regeln die in § 437 BGB aufgezählten kaufrechtlichen Gewährleistungsrechte nur solche des Käufers auf Grund vertragswidriger Leistung des Verkäufers. Vergleichend mit dem durch die Schuldrechtsmodernisierung ähnlich gestalteten Werkvertragsrecht, ergeben sich aus § 634 BGB wiederum nur Gewährleistungsrechte des Bestellers gegen den Werkunternehmer. Infolge der Schuldrechtsangleichung wurde somit kein eigenständiges Verkäufer-/Unternehmerrecht auf Bestehen der Nacherfüllung positivrechtlich normiert. Auch die Verweise in den genannten zentralen Gewährleistungsnormen vom besonderen in das allgemeine Leistungsstörungsrecht, beispielsweise auf §§ 280 ff., 323 ff. BGB, sprechen jeweils einen Gläubigeranspruch gegen den vertragswidrig leistenden Schuldner aus, der jeweils von einer erfolglosen Fristsetzung zur Nacherfüllung abhängig ist.[478]

---

475 In § 439 I BGB umgesetzt wegen Art. 3 III der RL 1999/44/EG des Europäischen Parlaments und des Rates vom 25. Mai 1999 zu bestimmten Aspekten des Verbrauchsgüterkaufs und der Garantien für Verbrauchsgüter, ABl. L 171, S. 15; BT-Drucks. 16/6040, S. 231 li. Sp.

476 So *Wiese*, AcP 206 (2006), 902 (934).

477 Vgl. *Bydlinski*, Methodenlehre, S. 437 ff.; *Larenz*, Methodenlehre, S. 320 ff.; *Rüthers/Fischer/Birk*, Rechtstheorie, Rn. 731 ff.

478 Siehe zum Recht zur zweiten Andienung (Fn. 468), das lediglich die sofortige Geltendmachung von Sekundärrechten verhindert, jedoch dem Verkäufer kein subjektives Nacherfüllungsrecht zugesteht, welches der Käufer dulden müsse.

Beim zu untersuchenden Handelskauf ist die systematische Auslegung von kombinierten, gesetzesübergreifenden Normkomplexen notwendig.[479] Die handelskaufrechtlichen Bestimmungen verweisen wiederum lediglich auf die bürgerlichrechtlichen Regelungen – namentlich schließt die Genehmigungsfiktion des § 377 II, III HGB die bürgerlichrechtlichen Käuferrechte aus –, es sei denn, dort sind speziellere Sondervorschriften für Kaufleute explizit geregelt (vgl. §§ 373, 374 HGB, § 379 HGB oder die Voraussetzungen der Rügeobliegenheit selbst § 377 I HGB). Die Gesetzessystematik streitet demnach gegen ein *„echtes Verkäuferrecht zur zweiten Andienung"*.

(c) Historische Auslegung und Telos

Im Rahmen des Modernisierungsprozesses wurde das alte kaufrechtliche Gewährleistungssystem grundlegend reformiert. Im alten BGB standen Wandelung und Minderung als Käuferrechte im Vordergrund (§ 462 BGB a.F.), während der Verkäufer diese Rechte nicht durch zweite Andienung verhindern konnte.[480] Selbst beim Gattungskauf – wo dem Käufer zusätzlich neben den o.g. Rechten noch ein Ersatzlieferungsrecht (§ 480 I BGB a.F.) zustand – verhielt sich die Rechtslage derart. Durch die Schuldrechtsmodernisierung sollte bei fehlerhafter Lieferung primär eine Nacherfüllung in das Rechtsbewusstsein des Käufers gelangen. Bereits im alten Recht wandelte sich das Rechtsempfinden der Kaufvertragsparteien dahingehend, dass in Allgemeinen Geschäftsbedingungen dem Käufer regelmäßig ein Nacherfüllungsanspruch gegen den Verkäufer zugestanden wurde. Die Reform sollte das Gewährleistungsrecht wieder an die damalige Rechtswirklichkeit anpassen.[481]

Hintergrund der Reform war die Umsetzung der europarechtlichen Vorgaben (sog. Verbrauchsgüterkauf-RL[482]). Ziel dieser war es, den Verbraucher besser vor vertragswidrigen Leistungen von Verkäufern zu schützen. Speziell die Erwägungsgründe 5–10 der Richtlinie[483] zeigen auf, dass primär der Verbraucher vor Konflikten mit dem Verkäufer bewahrt werden sollte und gegen Letzteren effektive Gewährrechte zur Verfügung stehen müssen, die in den Mitgliedsstaaten der Europäischen Union einen gemeinsamen Mindeststandard aufweisen. Bei der Umsetzung wurde ursprünglich von der Schuldrechtskommission

479 Vgl. *Bydlinski*, Methodenlehre, S. 442 f.; *Larenz*, Methodenlehre, S. 328; *Rüthers/Fischer/Birk*, Rechtstheorie, Rn. 744 ff.

480 BT-Drucks. 14/6040, S. 220 li. Sp.; vgl. weiter *Bitter/Meidt*, ZIP 2001, 2114 (2116).

481 BT-Drucks. 14/6040, S. 220 li. Sp., S. 230 re. Sp.

482 RL 1999/44/EG, ABl. L 171, S. 12 ff.

483 RL 1999/44/EG, ABl. L 171, S. 12 f.

vorgeschlagen, das Wahlrecht zwischen den Nacherfüllungsalternativen dem Verkäufer zuzugestehen. Diesem Vorschlag stand jedoch zum einen Art. 3 III 1 der Verbrauchsgüterkauf-RL[484] ausdrücklich entgegen. Zum anderen wollte man unterstreichen, dass erst durch die vertragswidrige Verkäuferleistung und damit durch dessen Pflichtverletzung der Käufer in die Situation geriet, eine mangelhafte Sache durch Nacherfüllung beheben lassen zu müssen, sodass es auch legitim sei, Letzterem die Entscheidung über die Form zu überlassen.[485]

Gegen eine Anwendung des § 439 I BGB als Grundlage eines nachträglichen „Nacherfüllungsrechts" des Verkäufers spricht ebenfalls Erwägungsgrund 12 der Verbrauchsgüterkauf-RL[486], der in Fällen von Vertragswidrigkeit dem Verkäufer die Möglichkeit bietet, dem Verbraucher zur Erzielung einer gütlichen Einigung jede zur Verfügung stehende Abhilfemöglichkeit anzubieten. Jedoch überlässt Erwägungsgrund 12 in Satz 2 die Entscheidung letztlich dem Verbraucher.

Im konkreten Fallbeispiel[487] wäre die Möglichkeit eines Motorenaustauschs im Zuge einer „Nachbesserung" ein möglicher Vorschlag seitens des Verkäufers zur Erzielung einer gütlichen Einigung. Da die Entscheidung darüber jedoch letztlich dem Verbraucher anheimgestellt ist, löst das den o.g. Fall nicht, da K nicht mit einem Austausch einverstanden ist.

Schlussendlich ist eine Anwendung des § 439 I BGB als Anspruchsgrundlage des Verkäufers auf Duldung der „Nacherfüllung" seitens des Käufers nicht vom Sinn und Zweck der RL sowie von der hinter der Norm stehenden legislativen Begründung umfasst.

(d) Analogiefähigkeit des § 439 I BGB

Der hinter der Norm bzw. Richtlinie stehende Zweck könnte jedoch durch Analogiebildung des § 439 I BGB erweitert werden, da laut Art. 1 II lit. a) Verbrauchsgüterkauf-RL[488] diese den Verbraucher (als Käufer) auf natürliche Personen beschränkt, die zu einem Zweck handeln, der nicht ihrer beruflichen oder gewerblichen Tätigkeit zugerechnet werden kann, der Verkäufer allerdings beruflich oder gewerblich Verbrauchsgüter verkaufen muss (vgl. Art. 1 II lit. c) Verbrauchsgüterkauf-RL). Nach dem eindeutigen Wortlaut, der bei der Auslegung

484 RL 1999/44/EG, ABl. L 171, S. 15.
485 BT-Drucks. 16/6040, S. 231 li. Sp.
486 RL 1999/44/EG, ABl. L 171, S. 13.
487 Siehe Fn. 470.
488 RL 1999/44/EG, ABl. L 171, S. 14.

von Unionsrechtsquellen ein besonderes Gewicht erhält[489], ist die RL demnach nicht auf den von § 377 HGB vorausgesetzten beiderseitigen Handelskauf anwendbar. Hingegen präferierte der deutsche Gesetzgeber bei der Umsetzung der Richtlinie in das nationale Recht eine neutrale Vorschrift, die im Ergebnis den Käufer schützen soll, jedoch nicht ausschließlich den Verbrauchsgüterkauf regelt (vgl. §§ 474 ff. BGB), sondern vielmehr umfassend die Nacherfüllung als generelles, primäres kaufrechtliches Leistungsstörungsrecht manifestiert.[490]

Im Rahmen des beiderseitigen Handelskaufs wäre eine analoge Anwendung des § 439 BGB als Anspruchsgrundlage des Verkäufers gegen den Käufer auf Duldung der Nacherfüllung somit grundsätzlich möglich. Allerdings wird zu einem Analogieschluss allgemein gefordert, dass eine planwidrige Regelungslücke besteht, die bei vergleichbarer Interessenlage durch analoge Anwendung geschlossen werden kann.[491] Eine Regelungslücke mag für den gewählten Beispielsfall[492] noch zu bejahen sein. Die §§ 433, 434 III Alt. 1, 437 Nr. 1, 439 BGB i.V.m. § 377 II, III HGB umfassen nicht die Konstellation, dass K ein höherwertiges Aliud geliefert wird oder dass die Lieferung des vertraglich bestellten Modells tatsächlich unmöglich ist bzw. lediglich in Form von „Nachverschlechterung" des Verkäufers zu erreichen ist, der Käufer eine Auswechslung des Motors jedoch ablehnt bzw. nicht rügt.

Ob diese Gesetzeslücke sogleich planwidrig ist, mag doch recht zweifelhaft sein. Sowohl die Verbrauchsgüterkauf-RL[493] als auch – vor dem Hintergrund der Umsetzung dieser – die legislative Schuldrechtsreformbegründung[494] lassen den Schutz des Käufers respektive Verbrauchers in den Vordergrund rücken. Ein verkäufereigenes, durchsetzbares Recht nach dem Vorbild des Art. 48 I CISG, das der Schuldrechtsmodernisierung Modell stand, wurde bewusst nicht im reformierten Schuldrecht positivrechtlich normiert.[495] Selbst bei Bejahung einer Planwidrigkeit, ist ferner die vergleichbare Interessenlage nicht gegeben. Der Käufer, dem – auf den konkreten Fall bezogen – ein zwar leistungsstärkerer PKW, jedoch

489 Zur Wortlautauslegung von Primär- und Sekundärrecht der Europäischen Union ausf. *Martens*, Methodenlehre des Unionsrechts, S. 331 ff., 359 ff.

490 BT-Drucks. 14/6040, S. 231 li. Sp.

491 Vgl. *Rüthers/Fischer/Birk*, Rechtstheorie, Rn. 888 f.; *Bydlinski*, Methodenlehre, S. 475 f.; *Martens*, Methodenlehre des Unionsrechts, S. 321 f.; *Würdinger*, AcP 206 (2006), 946 (949).

492 Vgl. Fn. 470.

493 RL 1999/44/EG, ABl. L 171, S. 12 ff.

494 BT-Drucks. 16/6040, S. 219 re. Sp. ff.

495 BT-Drucks. 16/6040, S.230 re. Sp.

eben nicht der vertraglich vereinbarte PKW geliefert wurde, hat auch durch Austausch des höherwertigen Motors gegen einen (neuen) ungebrauchten Motor des Vorgängermodells nicht die gekaufte Sache erlangt, sondern eine umgerüstete bzw. umgebaute, die womöglich fehleranfälliger ist. Betrachtet man die ratio legis der in § 437 BGB genannten Rechte und nimmt die Stellung der Norm als käufereigenes, primäres Gewährleistungsrecht, so sind die verschiedenen Interessen nicht miteinander vergleichbar[496], zumal die Vertragswidrigkeit auch in dieser Konstellation aus der Verkäufersphäre stammt und der Gesetzgeber den oben dargestellten Sachverhalt[497] in dieser Form nicht geregelt hätte. Die lex lata lässt demnach kein genuin verkäufereigenes Nacherfüllungsrecht im oben dargestellten Sinne zu.

(2) Konstituierung eines subjektiven, nachträglichen Mängelbeseitigungsrechts des Verkäufers de lege ferenda?

Es verbleibt somit die Möglichkeit, einen verkäufereigenen sowie durchsetzbaren Anspruch auf Duldung der zweiten Andienung *de lege ferenda* zu schaffen, der auch ohne Käuferverlangen einen Zugriff auf die im weitesten Sinne mängelbehaftete Ware ermöglicht. Dabei müssten die Interessen der Vertragsparteien unter der Wertung des gegenseitigen Rücksichtnahmegebots beachtet werden. Damit kein Recht des Verkäufers geschaffen würde, das sich als contra legem erweist, sind die Schutzrechte des Käufers aus § 439 BGB wertend miteinzubeziehen. Namentlich bliebe der Duldungsanspruch des Verkäufers subsidiär hinter dem Wahlrecht des Käufers anwendbar, sodass primär Letzterer die Art der Nacherfüllung wählen können muss, soweit eine Wahl möglich ist (vgl. §§ 439 I, 440 S. 1 BGB) bzw. solange keine Genehmigungsfiktion auf Grund versäumter Mängelrüge zulasten des Käufers wirkt. Das schlösse vor allem aus, dass das Wahlrecht des Käufers nicht durch einen Duldungsanspruch des Verkäufers unterlaufen würde. Daneben trüge der Verkäufer weiterhin die zusätzliche Kostenlast (vgl. § 439 II BGB), da die Vertragswidrigkeit aus seiner Sphäre stammte.

Somit wäre dem Verkäufer die Möglichkeit gegeben, auch ohne Käuferverlangen, die vertragswidrig geleistete Ware durch sein eigenes Recht in eine vertragsgerechte umzugestalten.[498] Der Käufer würde ferner durch etwaige Verzögerungen

496 Vgl. zu den Voraussetzungen der hinreichenden Ähnlichkeit *Würdinger*, AcP 206 (2006), 946 (952 f.); *Rüthers/Fischer/Birk*, Rechtstheorie, Rn. 889.

497 Siehe Fn. 470.

498 Siehe dazu bereits die vorbereitenden Ausführungen zur lex lata von: *Schroeter*, AcP 207 (2007), 28 (33 f., 41 ff.) und *Wiese*, AcP 206 (2006), 902 (936 ff.).

seines primären (modifizierten) Erfüllungsanspruchs durch §§ 280 I, II, 286 BGB hinreichend geschützt. Bei einer Verletzung der käuferseitigen Duldungsverpflichtung würde er unmittelbar eine vertragliche Pflicht verletzen, sodass der Käufer den Differenzbetrag zwischen vereinbartem Kaufpreis und Meliuswert gemäß § 280 I BGB an den Verkäufer zu zahlen verpflichtet wäre.[499]

Im Rahmen des beiderseitigen Handelskaufs wäre dem Verkäufer sogar eine weitere Wahloption bei Lieferung eines jedweden Aliud oder Melius zur Seite gestellt, da der Käufer durch unterlassene respektive versäumte Mängelrüge infolge der Genehmigungsfiktion des § 377 II, III Hs. 2 HGB weniger schutzwürdig ist. Hierbei könnte der Handelsverkäufer infolge der Genehmigungsfiktion wählen, ob er sich entweder auf diese berufen und den vereinbarten Kaufpreis verlangen will oder, ob er auf deren Wirkung verzichtet und durch damit einhergehende konkludente Anfechtung der Tilgungsbestimmung die Herausgabe der Falschlieferung gegen Lieferung der vertraglich geschuldeten Ware anbietet. Als dritte Möglichkeit hätte er *de lege ferenda* die Option, seinen Duldungsanspruch auf zweite Andienung gegen den Käufer geltend zu machen und das gelieferte Aliud, sei es minder- oder höherwertig, ohne Käuferverlangen – etwa auch gegen dessen Willen – „nachzubessern"[500].

Bezogen auf den Ausgangsfall[501] wäre H in der Lage selbstständig durchzusetzen, dass er nachträglich Zugriff auf den gelieferten PKW erhielte und die Motoren austauschen könnte. Die oben dargestellten Voraussetzungen liegen vor, namentlich ist kein Nacherfüllungswahlrecht des Käufers gegeben, da Nachlieferung tatsächlich unmöglich ist und er des Weiteren seine Rügeobliegenheit verletzte. H müsste letztlich die zusätzlichen Kosten für Aus- und Einbau, Transport, Material, etc. tragen und etwaige Verzögerungsschäden dem K ersetzen. Vorteilhaft stellt sich für den Verkäufer dar, dass er eine weitere Option bei eintretender Genehmigungsfiktion hätte, bei der er selbstständig kalkulieren kann, welche Möglichkeit sich für ihn als die vorteilhafteste[502] Lösung darstellt. Der

---

499 Vgl. die Ausführungen zum UN-Kaufrecht von *Lehmkuhl*, S. 119.

500 Eine verkäufereigene „Nachlieferung" wäre im Ergebnis identisch mit seinem Herausgabeverlangen in Verbindung mit Anfechtung der Tilgungsbestimmung. Vorteilhaft ist bei letzterer Variante die Möglichkeit des Käufers, Ersatz für sein negatives Interesse zu bekommen.

501 Siehe Fn. 470.

502 Als vorteilhafteste Lösung können sich für den Verkäufer verschiedene Motive bieten; seien es wirtschaftliche, unternehmerische (Wahrung des guten Rufs) oder persönliche Motive.

Käufer wäre umgekehrt zusätzlich angehalten, die gelieferte Ware auf Mängel hin sorgfältig zu untersuchen und zu rügen.

(3) Neueste legislative Entwicklungen

Aktuell hat die Bundesregierung einen Gesetzesentwurf[503] vorgelegt, der vorsieht, einen neuen § 439 III BGB-E einzufügen. Danach soll die EuGH- und die BGH-Rechtsprechung zu Einbaufällen von mangelhafter Ware[504] kodifiziert werden. Der Verkäufer soll dabei im Rahmen der Nacherfüllung verpflichtet sein, nach seiner Wahl entweder selbst den erforderlichen Ausbau der mangelhaften und den Einbau der nachgebesserten oder gelieferten mangelfreien Sache vorzunehmen oder dem Käufer die hierfür erforderlichen Aufwendungen zu ersetzen.[505] Diese Vorschrift soll nicht nur wie bisher die EuGH- und BGH-Rechtsprechung auf Verbrauchsgüterkäufe (B2C-Geschäfte) angewandt werden, sondern auf alle Kaufverträge und damit auch auf den Handelskauf bzw. B2B-Geschäfte.[506] Zu beachten ist dabei das Wahlrecht des Verkäufers, das ihm bisher im Rahmen der Nacherfüllung nicht zustand.[507]

Ein verkäufereigenes Nacherfüllungsrecht stellt der Gesetzesentwurf dennoch nicht dar. Auch unter Zugrundelegung des neuen § 439 III BGB-E[508] ist entscheidend, dass der Käufer Nacherfüllung beim Verkäufer verlangt. Erst dann hat der Verkäufer im Rahmen von Einbaufällen die Wahl, ob er den Aus- und Wiedereinbau selbst vornimmt oder die Aufwendungen dem Käufer ersetzt. Im Endeffekt ändert sich für die Problematik von Falschlieferungen im Rahmen des § 377 HGB durch den neuen Gesetzesentwurf nichts im Vergleich zum bisherigen Recht. Speziell bei Meliuslieferungen ist das neue Recht ebenfalls nicht in der Lage, Abhilfe zu schaffen.

Mittlerweile hat der Ausschuss für Recht und Verbraucherschutz (6. Ausschuss) in seiner Beschlussempfehlung[509] vom 08.03.2017 empfohlen, das Wahlrecht des Verkäufers innerhalb des § 439 III BGB-E, den Aus- und Einbau selbst

503 Entwurf eines Gesetzes zur Reform des Bauvertragsrechts und zur Änderung der kaufrechtlichen Mängelhaftung, BT-Drucks. 18/8486.

504 EuGH, Slg. 2011, I-5257 = ZIP 2011, 1265; BGHZ 177, 224; 192, 148; 195, 135; 200, 337.

505 BT-Drucks. 18/8486, S. 9.

506 BT-Drucks. 18/8486, S. 27; dazu ausf. *Ulber*, JuS 2016, 584 (585).

507 BT-Drucks. 18/8486, S. 38 ff.; siehe kritisch dazu die Stellungnahme des Bundesrats, BT-Drucks. 18/8486, S. 82 f.; dazu näher *Ulber*, JuS 2016, 584 (585).

508 BT-Drucks. 18/8486, S. 9.

509 BT-Drucks. 18/11437, S. 2.

vornehmen zu können, auf Grund möglicher Konkurrenzen von Hauptleistungspflichten aus einem Werkvertrag sowie Gewährleistungsrechten aus einem Kaufvertrag zu streichen. Das Gesetz wurde am 28.04.2017 ausgefertigt und verkündet. Der Vorschlag des Ausschusses wurde hinsichtlich des Wahlrechts vom Gesetzgeber übernommen, sodass im neu eingefügten § 434 III BGB[510], der am 01.01.2018 in Kraft tritt, kein Wahlrecht des Verkäufers existiert.

(4) Rechtspolitische Bewertung

Es wurde aufgezeigt, dass ein subjektives Recht des Verkäufers, ohne Käuferverlangen nachträglich Mängel beseitigen zu können, innerhalb der lex lata wegen fehlender Analogiefähigkeit des § 439 BGB nicht möglich ist. Dennoch brachten die konzeptionellen Überlegungen die mögliche Schaffung eines solchen Rechts de lege ferenda hervor. Indes bedeutet rechtlich mögliches Können einer Schaffung nicht zwangsläufig, dass es tatsächlich auch positivrechtlich im Bürgerlichen Gesetzbuch normiert werden sollte.

(a) Praktisches Bedürfnis

Zuvörderst muss für eine Neuschaffung überhaupt ein praktisches Bedürfnis vorliegen, einen verkäufereigenen Nacherfüllungstatbestand in das BGB aufzunehmen. Bei der Lieferung von minder- oder gleichwertigen Alia ist der Schutz des Verkäufers bereits vollkommen durch § 377 HGB gewährleistet.[511] Zwar wäre im Wege der Rechtsfolgengleichstellung von Aliud und Peius, ein verkäufereigener Duldungsanspruch gegen den Käufer auf Nacherfüllung auch bei minder- oder gleichwertigen Alia diesem zuzugestehen. Allerdings strebt das praktische Bedürfnis für derartige Falschlieferungen gegen Null. Da dem Verkäufer die Kosten einer nachträglichen Mängelbeseitigung auferlegt würden, ist er durch die Genehmigungsfiktion effizienter geschützt, wenn er den vollen Vertragspreis fordern kann. Außerdem ist bei minderwertigen Falschlieferungen bereits a priori fraglich, ob die Nachbesserungsalternative überhaupt möglich ist.[512]

Ein praktisch bedeutsames Desiderat ist die Lieferung von höherwertigen bzw. besseren Alia. Hierbei ist eine schutzoptimierende Lösung, die die gegenseitigen Parteiinteressen harmonisiert, durchaus wünschenswert. Speziell beim beiderseitigen Handelskauf wirkt sich die vom Käufer unverzüglich zu erbringende,

---

510 BGBl. I 2017, S. 969 f.

511 Vgl. nur *Bayer/Lieder*, Handels- und GesellschaftsR, Rn. 335; *Oetker*, Handelsrecht, § 8 Rn. 58.

512 Beim Identitätsaliud ausgeschlossen; beim Qualifikationsaliud theoretisch denkbar.

jedoch verabsäumte Mängelrüge bei einer Meliuslieferung in das Gegenteil des vom Telos eigentlich geschützten Verkäufers aus. Mit der Schaffung eines subsidiären verkäufereigenen Nacherfüllungsrechts wäre zum einen die langjährige Diskussion über eine Kaufpreiserhöhung ipso iure infolge des Fiktionseintritts ad acta gelegt und zum anderen dem Verkäufer – neben den bisherigen Rechtsbehelfen – eine weitere Wahlmöglichkeit an die Hand gegeben: die nachträgliche Anpassung des Melius an den vertraglich vereinbarten Kaufpreis in Form der verkäufereigenen „Nachbesserung".

Indes ist zweifelhaft, ob ein solches Verkäuferrecht zu einer effektiveren Lösung führt als die lex lata. Insbesondere stellt sich auch bei der Meliuslieferung die Frage nach der Praktikabilität eines verkäufereigenen Nachbesserungsrechts. Die Anwendungsfälle sind in tatsächlicher Hinsicht auf zusammengesetzte Gesamteinheiten beschränkt, d.h. aus mehreren, einzelnen Bestandteilen zusammengebaute Waren, bspw. Maschinen, Kfz, EDV-Anlagen, et cetera. Dabei muss es zusätzlich möglich sein, durch Rückbau oder Austausch einzelner, relativ leicht auswechselbarer Teile oder Baugruppen, das höherwertige Aliud auf die vertraglich geschuldete Ware anzupassen.[513] In anderen Fällen wird eine „Nachbesserung" von vornherein unmöglich sein, sodass lediglich die bereits bestehende Verkäuferoption der Herausgabe gegen Lieferung der geschuldeten Sache in Frage käme, die sich mit einer verkäufereigenen Nachlieferungsvariante im Ergebnis deckt. Exemplarisch dafür steht die Lieferung der Planelementsysteme statt der bestellten Kalksandsteine.[514] Dort wäre eine verkäufereigene „Nachbesserung" bereits tatsächlich unmöglich gewesen, da sie bereits nach Plan zu Element-Systemen verarbeitet waren und dies nicht mehr rückgängig zu machen war. Gleiches gilt für den Sporthaus-Fall[515], als statt der Schuhe aus Lederimitat solche aus echtem Leder geliefert wurden. Auch hier wäre eine „Nachbesserung" nicht möglich, sondern lediglich Herausgabe gegen Lieferung der geschuldeten Ware.

Dennoch lässt sich in manchen Fällen ein praktisches Bedürfnis nicht vollends absprechen.[516] Speziell im Handelskauf ist auf Grund der unverzüglichen Rügeobliegenheit bzw. dem Eintritt der Genehmigungsfiktion ein Bedürfnis nach optimalem Schutz gegeben. Ob sich, insbesondere im Hinblick auf Meliuslieferungen, ein neuartiges, verkäuferschützendes Nacherfüllungsrecht für

513 Vgl. BT-Drucks. 14/6040, S. 216 re Sp.; vgl. zum UN-Kaufrecht auch: *Lehmkuhl*, S. 118.

514 Siehe Fn. 403.

515 Siehe C. IV. 1. f.

516 Siehe das Fallbeispiel in Fn. 470.

Letzteren lohnt, ist durch einen Kosten-Nutzen-Vergleich im Wege einer ökonomischen Analyse[517] zu entscheiden.

(b) Rechtsökonomische Analyse

Die ökonomische Analyse verfolgt im Vertragsrecht maßgeblich, eine möglichst optimale Allokation der knappen Ressourcen herzustellen. Zum einen wird versucht, die Transaktionskosten so gering wie möglich zu halten, und zum anderen, die Lösung der ökonomischen Probleme dem geeignetsten Vertragspartner aufzutragen.[518] Durch eine anschließende Kosten-Nutzen-Analyse können somit zusätzliche Ansatzpunkte erkannt werden, ob die Schaffung einer neuen Regelung ökonomisch sinnvoll ist.[519] Aus wirtschaftlicher Sicht erscheint es sachgerecht, das mit einer Falschlieferung verbundene Risiko allein dem Verkäufer aufzubürden. Gleichwohl ergeben sich in individuellen Einzelfällen immer wieder Situationen, in denen der Käufer die Annahme eines Aliud bzw. Melius offensichtlich hätte erkennen können. Von der dadurch entstehenden Äquivalenzstörung dürfe der Käufer nicht profitieren, indem er eine Gesetzeslücke ausschöpft.[520]

Im Rahmen eines Kosten-Nutzen-Vergleichs stellt sich auf Käuferseite eine verpflichtende Duldung des verkäufereigenen Nacherfüllungsrechts als unvorteilhaft dar. Bei Lieferung eines Melius trägt der Käufer das Risiko, dass eine Durchführung der „Nachverschlechterung" von Verkäuferseite zur Anpassung der Ware an den vereinbarten Kaufpreis für einen Weiterverkauf an potentielle Kunden hinderlich sein wird. Ein Dritter wird für ein bereits durch „Reparatur" verändertes Produkt weniger zu zahlen bereit sein, als für ein unverändertes. Im Ergebnis führte ein Nacherfüllungsrecht des Verkäufers zu erheblichen Wertminderungen des ursprünglich gelieferten Melius, welche die reine Wertdifferenz zur geschuldeten Leistung übersteigt. Dem Käufer werden durch die Konstituierung des Rechts zwar keine zusätzlichen Kosten, gleichwohl aber Umsatzeinbußen aufgebürdet, die automatisch den Käufernutzen für die Nacherfüllung wegfallen lassen. Die lex lata ist für ihn und seine potentiellen Abnehmer somit vorzugswürdiger.

Auf der Verkäuferseite stellen sich auf Kostenebene nicht ganz unerhebliche Ausgaben. Verlangte er bei Lieferung eines höherwertigen Aliud vom Käufer Duldung der Nacherfüllung, so trüge er sämtliche Transport- und Wege- sowie

517 Dazu ausf. *Lieder*, Die rechtsgeschäftliche Sukzession, § 3 (S. 50 ff.).

518 *Lehmann*, WM 1980, 1162 (1168).

519 So *Lieder*, Die rechtsgeschäftliche Sukzession, § 3 (S. 66 ff.).

520 *Schäfer/Ott*, Ökonomische Analyse des Zivilrechts, Kap. 15.9.1, S. 530.

Material- und Reparaturkosten, zu denen ferner Arbeitszeit- und weitere Lieferkosten hinzukommen. Gleichzeitig würde das für den Käufer zu überbrückende Reparatur- und Lieferzeit bedeuten, wodurch wiederum der Verkäufer Gefahr läuft, für etwaig entstehende Verzögerungsschäden des Käufers aufkommen zu müssen.[521] Daneben trüge er weiterhin das Risiko einer Schlechterfüllung des nun ihm genuin zustehenden Nacherfüllungsrechts. Die Abwicklung des geschlossenen Kaufvertrags liegt somit für eine unbestimmte Zeit in der Schwebe, da mit etwaigen Folgeansprüchen der Vertragspartner zu rechnen ist.[522] Das lässt wiederum die Transaktionskosten ansteigen, da für die Schwebezeit, in der noch mit Ansprüchen des jeweiligen Transaktionspartners zu rechnen ist, Rückstellungen zu bilden sind, die freilich wiederum Kosten verursachen und sich letztlich auf den Kaufpreis auswirken würden.[523]

Zieht man die entstehenden Kosten zum Nutzen des verkäufereigenen Nacherfüllungsrechts, ist festzustellen, dass ein solches Recht für beide Parteien nur in engen Fällen lohnenswert erscheint. Es müsste sich um leicht austauschbare Einzelteile handeln, die mit möglichst wenig Aufwand umgerüstet werden können.[524] Dabei dürften die insgesamt anfallenden Gesamtkosten den Differenzbetrag von geschuldeter Leistung zum gelieferten Melius nicht übersteigen. Nur so hat es für den Verkäufer zumindest den Nutzen, Rufschädigungen zu vermeiden.[525] Auf den exemplarischen Fall[526] bezogen, dürften der Austausch der Motoren sowie die Gesamtkosten für Transportwege, Material, Arbeitszeit und -lohn in Verbindung mit dem Schlechterfüllungsrisiko und den etwaig zu ersetzenden Verzögerungsschäden an den Käufer, den Differenzbetrag von geschuldetem PKW (15.000 €) zum gelieferten Melius (18.000 €), also 3.000 €, nicht übersteigen. Sofern man dies annehmen könnte, trüge nun der Käufer das Risiko, Abnehmer für den „nachgebesserten" PKW zu finden, die bereit sind, für den veränderten Kraftwagen 15.000 € plus eine eventuelle Gewinnsumme x zu zahlen, da sich das Geschäft für ihn sonst als Null- oder gar Minusgeschäft darstellen würde.

521 *Schäfer/Ott*, Ökonomische Analyse des Zivilrechts, Kap. 15.7, S. 522 f.

522 Vgl. ferner allgemein zur Transaktionskostentheorie: *Lieder*, Die rechtsgeschäftliche Sukzession, § 3 (S. 66 ff.).

523 *Lehmann*, WM 1980, 1162 (1168); *Durchlaub*, BB 1979, 825 (826 f.).

524 *Schäfer/Ott*, Ökonomische Analyse des Zivilrechts, Kap. 15.7, S. 522.

525 So vor allem auf das UN-Kaufrecht bezogen *Lehmkuhl*, S. 128.

526 Siehe Fn. 470.

(5) Fazit

Bei dem bereits erwähnten überschaubaren Anwendungsbereich eines verkäufereigenen Nachbesserungsrechts[527] und der rasanten technischen Entwicklung, birgt dieses sowohl für den Verkäufer als auch für den Käufer überwiegend Risiken, die die Vorteile deutlich überwiegen.[528] Des Weiteren liegt das eigentliche Problem tiefer. Der Käufer könnte durch einen bereits getätigten Weiterverkauf die Möglichkeit des Zugriffs auf das gelieferte Melius verloren, jedoch durch wirtschaftliches Geschick einen den Wert des Melius überschießenden Gewinn erzielt haben. Außerdem könnte das Gelieferte untergegangen sein, sodass sich das Problem tiefergehend auf das Entreicherungsrisiko umverteilt.

Im Ergebnis ist ein genuin verkäufereigenes Nacherfüllungsrecht aus den genannten Gründen sowohl *de lege lata* als auch durch Neuschaffung *de lege ferenda* abzulehnen. Es bieten sich somit für den Verkäufer weiterhin die bestehenden Wahloptionen, namentlich das gelieferte Aliud herauszuverlangen und weiterhin zur geschuldeten Leistung verpflichtet zu sein oder, den vertraglichen vereinbarten Kaufpreis zu fordern. Eine zusätzliche Wahlmöglichkeit scheidet aus Gründen der Praktikabilität, des engen Anwendungsbereichs sowie der ökonomischen Sinnhaftigkeit aus.

bb) Verschiebung des Entreicherungsrisikos

Vor diesem Hintergrund lässt sich eine schutzoptimierende Lösung aus der lex lata bestimmen, die insbesondere dem Verkäufer bei der irrtümlichen Lieferung eines jedweden Aliud – speziell aber beim Melius – einen verbesserten, effektiveren und effizienteren Schutz bietet, jedoch auch die immer wiederkehrende Wichtigkeit der Untersuchungs- und Rügeobliegenheit des Handelskäufers unterstreicht, dessen Interessen dabei aber nicht aus den Augen verliert.

Nach den bereits ausgeführten Erwägungen ist nochmal vertiefend auf das Herausgabeverlangen des gelieferten Aliud einzugehen. Insbesondere bei der Meliuslieferung durch den Verkäufer bietet die wegen verabsäumter Mängelrüge eintretende Genehmigungsfiktion des § 377 II, III Hs. 2 HGB diesem nicht den optimalen Schutz, der ihm unter Zugrundelegung des Telos zukommen sollte. Nach Eintritt der Genehmigungsfiktion erlangt der Verkäufer keine ihn schützenden Vorteile, da er im Ergebnis genauso gestellt ist, als hätte der Käufer ordnungsgemäß gerügt. Diese (vermeintliche) Inkonsequenz des Gesetzgebers verstärkt sich weiter dadurch, dass bis zum Herausgabeverlangen des Verkäufers,

527 Siehe D. III. 3. c. aa. (4). (a).

528 Vgl. *Schäfer/Ott*, Ökonomische Analyse des Zivilrechts, Kap. 15.7, S. 523.

dieser erheblichen Risiken seitens des Käufers ausgesetzt ist, die insbesondere Haftungsumfang sowie -ausfall betreffen. An folgendem Fall soll dies exemplifiziert werden:[529]

Fuhrunternehmer K bestellt bei Nutzfahrzeughändler V einen Sattelzugmaschinen-Auflieger im Wert von 50.000 €. V liefert irrtümlich mit entsprechender Tilgungsbestimmung einen (nicht offen als höherwertig deklarierten) Kühlkoffer-Auflieger im Wert von 70.000 €. K versäumt es, das gelieferte höherwertige Aliud zu rügen. Noch bevor V seinen Irrtum bemerkt, verkauft K den Kühlkoffer-Auflieger für 75.000 € an D. Nunmehr verlangt V das gelieferte Aliud von K heraus und bietet den ursprünglich bestellten Auflieger an.

Abwandlung 1: Wie im Ausgangsfall, jedoch verkauft K das Aliud nur für 60.000 € (also unter Wert) an D.
Abwandlung 2: Im Zeitraum zwischen der bereits auf Grund des Rügeversäumnisses eingetretenen Genehmigungsfiktion und dem Herausgabeverlangen des V, brennt das gelieferte höherwertige Aliud wegen eines technischen Fehlers komplett aus und wird dadurch vollends zerstört.

Fordert der Verkäufer nun Herausgabe des gelieferten höherwertigen Aliud vom Käufer, stellt sich sowohl im Ausgangsfall als auch in der ersten Abwandlung das Problem des Herausgabeumfangs, bei letzterem zugleich das des Entreicherungsrisikos. In der zweiten Abwandlung stellt sich ebenfalls die Frage, wer das Entreicherungsrisiko der untergegangenen Sache trägt.

(1) Bereicherungsumfang

Die Lieferung mit entsprechender Tilgungsbestimmung, die auf Grundlage des Kausalgeschäfts basierte, erfolgte mit Rechtsgrund.[530] Wegen der Eigentümerstellung des Käufers hat dieser auch wirksam das Eigentum des gelieferten Melius an D übertragen. Mit dem Herausgabeverlangen des V an K erfolgte zugleich eine konkludente Anfechtung der irrtümlich gesetzten Tilgungsbestimmung, sodass nachträglich der Rechtsgrund wegfällt und V ein Kondiktionsanspruch gegen diesen nach § 812 I 1 Alt. 1 BGB zusteht.

Indes ist durch den Verkauf der Sache die Herausgabe in natura gem. § 818 I BGB nicht möglich. Der Verkaufserlös kommt zu Recht nicht als erlangtes

529 Der Fall ist im weitesten Sinne angelehnt an BGHZ 75, 203.

530 Vom wirksamen Vorliegen des dinglichen Übereignungsgeschäfts nach § 929 S. 1 BGB ist auszugehen.

Surrogat im Sinne des § 818 I BGB in Betracht.[531] Vielmehr ist bei Veräußerung einer rechtsgrundlosen, aber dinglich wirksam erlangten Sache, der Anspruch auf Ersatz des objektiven (Verkehrs-)Werts aus § 818 II BGB maßgebend.[532] Dabei ist ein etwa erzielter Gewinn durch Weiterveräußerung nicht vom Bereicherungsanspruch des Gläubigers umfasst.[533]

Der Verkäufer kann demnach lediglich Wertersatz – bemessen nach dem objektiven Marktwert (70.000 €) – gemäß § 818 II BGB vom Käufer verlangen. Dabei ist der von diesem erzielte Weiterverkaufsgewinn in Höhe von 5.000 € kondiktionsfest und nicht an den Verkäufer herauszugeben.

(2) Entreicherungsrisiko

In Abwandlung 1 wurde das Melius von K unter Wert verkauft. Der Wertersatzanspruch des V gegen K betrüge also lediglich 60.000 €. Der objektive Wert des gelieferten Melius lag jedoch bei 70.000 €, sodass K bezüglich der beim Weiterverkauf verlustig gegangenen 10.000 € Entreicherung nach § 818 III BGB einwenden könnte. Ihm soll – vorbehaltlich des Eintritts der verschärften Haftung – eine über die ihm verbliebene Vermögensmehrung hinausgehende Wertersatzleistung nicht zu einer Vermögensminderung führen, sodass der Entreicherungseinwand in Höhe von 10.000 € greift.[534] Dem Verkäufer erwächst dieser Betrag als Schaden, der ihm nicht vom Käufer oder dem Dritterwerber ersetzt würde.

---

531 BGHZ 24, 106 (110 f.); 75, 203 (206); 112, 288 (294 f.); 158, 63 (67). Vgl. weiter MüKo-BGB/*Schwab*, § 818 Rn. 46 f.; BeckOK-BGB/*Wendehorst*, § 818 Rn. 8 f.; Staudinger/*Lorenz*, BGB, 2007, § 818 Rn. 27; Palandt/*Sprau*, BGB, § 818 Rn. 15; RGRK-BGB/*Heimann-Trosien*, § 818 Rn. 12; *von Caemmerer*, FS Rabel I, 356 (377); Reuter/Martinek/*Reuter*, Ungerechtfertigte Bereicherung, Teilbd. 2/2, § 7 I 2 (S. 276 ff.). Anderer Ansicht: Erman/*Buck-Heeb*, BGB, § 818 Rn. 17 f.; *Koppensteiner/Kramer*, Ungerechtfertigte Bereicherung, S. 156 f.

532 RGZ 147, 396 (398); BGHZ 5, 197 (201); 10, 171 (180); 82, 299 (307 f.); 99, 244 (248); 112, 288 (294 f.); 117, 29 (31); 132, 198 (207); 178, 16 Rz. 49; RGRK-BGB/*Heimann-Trosien*, § 818 Rn. 18; HKK-BGB/*Schäfer*, §§ 812–822 Rn. 202; Soergel/*Hadding*, § 818 Rn. 24; kritisch: Reuter/Martinek/*Reuter*, Ungerechtfertigte Bereicherung, Teilbd. 2/2, § 7 III 3 (S. 321 ff.); a.A. (für eine subjektive Wertbestimmung): *Koppensteiner*, NJW 1971, 1769 (1770); Erman/*Buck-Heeb*, BGB, § 818 Rn. 17 f.; *Esser/Weyers*, Schuldrecht II/2, § 51 I 4 c (S. 103 ff.); *Hagen*, FS Larenz, 867 (881 ff., 883 f.); (für eine individuelle Wertbestimmung): *Ehlke*, WM 1979, 1022 (1024 ff.).

533 RGZ 86, 343 (347); 101, 389 (391); 133, 283 (287); Planck/*Siber*, BGB, § 818 Anm. 3b; HKK-BGB/*Schäfer*, §§ 812–822 Rn. 202; Soergel/*Hadding*, BGB, § 818 Rn. 26.

534 Vgl. nur Palandt/*Sprau*, BGB, § 818 Rn. 26; Jauernig/*Stadler*, BGB, § 818 Rn. 26; Hk-BGB/*Wiese/Schulze*, § 818 Rn. 9; jurisPK-BGB/*Martinek*, § 818 Rn. 64, 67 f.

In Abwandlung 2 trifft den Verkäufer gar das volle Entreicherungsrisiko des Käufers, da das Melius infolge eines technischen Fehlers vollkommen zerstört wurde. Vorbehaltlich etwaiger Versicherungsgelder, geht der Verkäufer auf Grund des Entreicherungseinwandes von K leer aus. Wegen der bereits eingetretenen Genehmigungsfiktion ist es ihm jedoch zumindest möglich, den vereinbarten Kaufpreis in Höhe von 50.000 € zu verlangen.

(3) Eintritt der verschärften Haftung

Freilich stehen die ausgeführten Erwägungen unter dem Vorbehalt eines redlich Bereicherten, sodass Vermögensminderungen nur dann abzugsfähig im Sinne eines Bereicherungswegfalls erscheinen, solange sie im Vertrauen auf die Rechtsbeständigkeit des Erwerbs getätigt wurden.[535] Umgekehrt würde der Eintritt der verschärften Haftung für den Käufer dazu führen, dass er sich nicht auf den Entreicherungseinwand des § 818 III BGB berufen könnte[536] und weiterhin auch das rechtsgeschäftlich erlangte Surrogat i.S.d. § 285 BGB herauszugeben hätte.[537]

Zurückgehend auf den konkreten Fall[538] bedeutete dies, dass der Bereicherungsgläubiger (V) auch den vom Bereicherungsschuldner (K) erzielten Verkaufsgewinn über die allgemeinen Vorschriften als commodum ex negotiatione herausverlangen könnte und in den Abwandlungen der Entreicherungseinwand des K wegfiele. Derweil ist der Zeitpunkt des Eintritts der verschärften Haftung problematisch, da weder Rechtshängigkeit nach § 818 IV BGB eingetreten ist noch wusste der Käufer im Zeitpunkt des Untergangs bzw. Verkaufs des Melius, dass der Verkäufer Letzteres herausverlangen will (§ 819 I BGB)[539]. Schließlich wäre es ihm auch möglich gewesen, den vertraglich vereinbarten Kaufpreis zu

535 Vgl. für die Leistungskondiktion Reuter/Martinek/*Reuter*, Ungerechtfertigte Bereicherung, Teilbd. 2/2, § 8 I 5 c und e (S. 352 ff., 358); HKK-BGB/*Schäfer*, §§ 812–822 Rn. 200; Staudinger/*Lorenz*, BGB, 2007, § 818 Rn. 38; PWW/*Prütting*, BGB, § 818 Rn. 18.

536 BGHZ 57, 137 (150); 72, 246 (254 ff.); NK-BGB/*Linke*, § 818 Rn. 87; Erman/*Buck-Heeb*, BGB, § 818 Rn. 50; Staudinger/*Lorenz*, BGB, 2007, § 818 Rn. 52; jurisPK-BGB/*Martinek*, § 818 Rn. 123; RGRK-BGB/*Heimann-Trosien*, § 818 Rn. 23, 46; *Larenz/Canaris*, Schuldrecht II/2, § 73 II (S. 309).

537 BGHZ 75, 203 (207); BeckOK-BGB/*Wendehorst*, § 818 Rn. 92; NK-BGB/*Linke*, § 818 Rn. 89; Soergel/*Hadding*, BGB, § 818 Rn. 69; Palandt/*Sprau*, BGB, § 818 Rn. 52; *Larenz/Canaris*, Schuldrecht II/2, § 73 II 3b (S. 315). Anderer Ansicht: MüKo-BGB/*Schwab*, § 818 Rn. 330, der bei Eintritt verschärfter Haftung dem Verkäufer den objektiven Wert der Sache und nicht den Veräußerungserlös gewähren will.

538 Siehe Fn. 529.

539 §§ 819 II, 820 BGB scheiden von vornherein als mögliche Normen aus.

verlangen. Indes handelte der Käufer obliegenheitswidrig, indem er die ihm nach § 377 HGB i.V.m. § 434 III Alt. 1 BGB gebotene Mängelrüge unterließ, sodass er bei ordnungsgemäßer Untersuchung samt Rüge mit einem Herausverlangen des Verkäufers zumindest hätte rechnen können.

Es ist daher im Folgenden zu untersuchen, welcher Wissensstand für den Eintritt der verschärften Haftung i.S.d. §§ 819 I, 818 IV BGB entscheidend ist und welches Ereignis für den Zeitpunkt des verschärften Haftungsbeginns maßgeblich herangezogen werden sollte.

(a) Positive Kenntnis nach § 819 I BGB

Nach überwiegender Ansicht[540] trägt der Verkäufer, der ein Aliud mit Erfüllungswillen an den Käufer liefert, grundsätzlich dessen Entreicherungsrisiko. Die Rügesäumnis könne daran nichts ändern, da ohne ein entsprechendes Verkäuferverlangen – entweder auf Zahlung oder Herausgabe gerichtet – der Käufer nicht in der Lage sei, diesem zu genügen.[541] Verschärfte Haftung könne gem. §§ 819 I, 818 IV BGB erst zu dem Zeitpunkt eintreten, in dem der Empfänger (Käufer) positive Kenntnis über den Mangel des rechtlichen Grundes zum Behaltendürfen erlangt hat.[542] Diese Kenntnis könne jedoch erst mit dem Kondiktionsverlangen des Verkäufers eintreten, da bis zu diesem Zeitpunkt der Wahlfindung noch ein Rechtsgrund des Käufers existiere.[543] Dem Käufer sei es allerdings möglich beim Verkäufer anzufragen, um diesen Schwebezustand zu beenden.[544]

(b) Verschärfte Haftung mit Eintritt der Genehmigungsfiktion

Um die vom Telos des § 377 HGB geschützte Planungssicherheit des Handelsverkäufers zu schützen, wird vereinzelt vertreten, dass der rügesäumige Handelskäufer ab dem Zeitpunkt des Fiktionseintritts verschärft haften müsse.[545] Die

---

540 Staub/*Brüggemann*, HGB, 4. Aufl., § 378 Rn. 47; MüKo-HGB/*Grunewald*, § 377 Rn. 107 aE; Oetker/*Koch*, HGB, § 377 Rn. 132, 130 aE; *K. Schmidt*, HR, § 29 Rn. 120; *Steinbeck*, Handelsrecht, § 35 Rn. 33; *Marburger*, JuS 1983, 1 (11).

541 Vgl. Staub/*Brüggemann*, HGB, 4. Aufl., § 378 Rn. 47; *Marburger*, JuS 1983, 1 (11).

542 *K. Schmidt*, HR, § 29 Rn. 120.

543 MüKo-HGB/*Grunewald*, § 377 Rn. 107 aE; vgl. auch Oetker/*Koch*, HGB, § 377 Rn. 132, 130 aE.

544 Staub/*Brüggemann*, HGB, 4. Aufl., § 378 Rn. 47.

545 Grundlegend *Koppensteiner*, BB 1971, 547 (553 iVm. 552); unklar, aber wohl auch damit sympathisierend *Hüffer*, JA 1981, 143 (146), der den Sinn der Genehmigungsfiktion unter anderem darin sieht, Diskussionen über den Wert der Ware und über eine Entreicherung des Käufers abzuschneiden.

insbesondere von *Koppensteiner* dahingehend erstrebte Rechtsfolge der Verlagerung des Entreicherungsrisikos vom Verkäufer auf den Käufer bei Lieferung eines Melius werde an einer Gesamtbetrachtung der bereicherungsrechtlichen Haftungsvorschriften deutlich. Die §§ 818 IV, 819, 820 I BGB haben die gemeinsame Grundlage, dass der Bereicherte wisse, dass er die empfangene Leistung möglicherweise nicht behalten dürfe und daher verschärft haften solle.[546] Am klarsten werde dies in § 819 I BGB positivrechtlich normiert, in dem der Leistungsempfänger ab Kenntnis des Rechtsgrundmangels das Entreicherungsrisiko trage. Zwar genüge im Rahmen dieser Vorschrift bloßes Kennenmüssen nicht, jedoch schließe das die analoge Anwendung der §§ 819 I, 818 IV BGB bei Rügesäumnis des Handelskäufers nicht aus.[547] Dafür spreche vor allem, dass im Gegensatz zum beiderseitigen Handelskauf, beim Zivilkauf der Leistungsempfänger einer ungerechtfertigten Bereicherung nicht verpflichtet sei, sich über den Bereicherungstatbestand zu vergewissern und dies dem Berechtigten mitzuteilen habe. Im Rahmen des beiderseitigen Handelskaufs sei das aber gerade der Fall, sodass es gerechtfertigt sei, mit Eintritt der Genehmigungsfiktion bloßes Kennenmüssen ausreichen zu lassen und der rügesäumige Handelskäufer analog §§ 819 I, 818 IV BGB verschärft hafte.[548]

(c) Eigene Stellungnahme

Den weit überwiegenden Meinungsvertretern der ersten Ansicht ist insoweit zuzustimmen, dass der Anwendungsbereich des § 819 I BGB nur positive Kenntnis des Rechtsgrundmangels umfasst. Dabei wird – um die verschärfte Haftung auszulösen – weitergehend sogar qualifizierte Kenntnis vom Fehlen des Rechtsgrundes in der Person des Bereicherungsschuldners verlangt. Dies erfordert neben der positiven Kenntnis über die das Fehlen des Rechtsgrundes begründenden Tatsachen vielmehr auch die Kenntnis der Rechtsfolgen, wobei an Letztere im Wege einer Parallelwertung in der Laiensphäre, keine zu hohen Anforderungen zu stellen sind.[549] Neben der positiven Kenntnis vom Fehlen des Rechtsgrundes genügt lediglich ein bewusstes Verschließen des Empfängers vor der wahren

546 *Koppensteiner*, BB 1971, 547 (553 iVm. 552).
547 *Koppensteiner*, BB 1971, 547 (552).
548 *Koppensteiner*, BB 1971, 547 (552 f.).
549 BGHZ 133, 246 (249 f.); *Mayer-Maly*, FS Lange, 293 (301 f.); BeckOK-BGB/*Wendehorst*, § 819 Rn. 3; PWW/*Prütting*, BGB, § 819 Rn. 3.

Rechtslage (sog. „Rechtsblindheit“[550]).[551] Daneben scheiden selbst grob fahrlässige Unkenntnis sowie Kennenmüssen und bloße Zweifel am Fortbestand des Rechtsgrundes aus.[552] Entgegen *Koppensteiners* Ansicht ist eine Analogie der §§ 819 I, 818 IV BGB ausgeschlossen, da keine planwidrige Regelungslücke vorliegt. Bereits die zweite Kommission hat die Abweichung des § 819 I BGB zur Regelung der §§ 990 I, 932 II BGB damit erklärt, dass es sich in einem Falle des § 819 I BGB regelmäßig um einen vom Kondizent willentlich erfolgten Erwerb des Empfängers handle.[553]

Koppensteiners Ansicht erfährt weiter Kritik von *Brüggemann*[554], der die Bestimmung des Kriteriums der Höherwertigkeit des gelieferten Aliud in Frage stellt. Es sei fraglich, ob der Käufer die Verkaufspreise zwischen geschuldeter Leistung und Aliud vergleichen solle bzw. könne oder, ob sich die Höherwertigkeit der Falschlieferung nach dem subjektiven Wert für den Käufer richte. Des Weiteren sei nicht klar, ob sich die dann eintretende verschärfte Haftung lediglich auf das Mehr an Wert oder auf den gesamten Liefergegenstand beziehe.

Dagegen ist einzuwenden, dass sich die Höherwertigkeit des gelieferten Aliud am objektiven Verkehrswert zum Zeitpunkt der Ablieferung bemessen lassen muss. Nur so kann sichergestellt werden, dass im Zeitpunkt der Untersuchungs- und Rügeobliegenheit für den Käufer nicht lediglich das bloße Aliud im Allgemeinen, sondern auch das Melius im Besonderen zu erkennen ist. Ginge man vom subjektiven Wert für den Käufer aus, folgten daraus erhebliche praktische Beweisschwierigkeiten. Außerdem stellte eine subjektive Anknüpfung für die von *Brüggemann* aufgeworfenen Zweifel selbst ein Gegenargument, da so noch fraglicher erscheint, welches Mehr an Wert die verschärfte Haftung umfassen sollte und wonach sich dieser subjektive Käufermehrwert bestimmen ließe. Folglich bezieht sich die verschärfte Haftung auf den gesamten falschen Liefergegenstand.

---

550 Hk-BGB/*Wiese/Schulze*, § 819 Rn. 2.

551 Vgl. BGHZ 133, 246 (249 ff.); BGH, NJW 2014, 2790 Tz. 27; grob fahrlässige Verschließung vor der wahren Rechtslage lässt AG Berlin-Schöneberg, BeckRS 2011, 05210 genügen.

552 RGZ 72, 152 (155); RG, WarnR 1927, Nr. 91; MüKo-BGB/*Schwab*, § 819 Rn. 14; NK-BGB/*Linke*, § 819 Rn. 3; Staudinger/*Lorenz*, BGB, 2007, § 819 Rn. 8; Soergel/*Hadding*, BGB, § 819 Rn. 3.

553 Vgl. *Mugdan*, Materialien III, S. 673; Reuter/Martinek/*Reuter*, Ungerechtfertigte Bereicherung, Teilbd. 2/2, § 9 II 2 (S. 446 f.); aA: *Koppensteiner/Kramer*, Ungerechtfertigte Bereicherung, S. 143, die grob fahrlässige Unkenntnis ausreichen lassen wollen, wenn der Schuldner die Sache ohne oder gegen den Willen des Bereicherungsgläubigers erworben hat.

554 Staub/*Brüggemann*, HGB, 4. Aufl., § 378 Rn. 47.

Letztlich ist die überwiegende Ansicht, die allein positive Kenntnis gem. § 819 I BGB vom Rechtsgrundmangel für den Eintritt der verschärften Haftung zulässt, nicht vollkommen überzeugend, da sie keinen Unterschied zu den Rechtsfolgen einer ordnungsgemäß gerügten Meliuslieferung[555] aufzeigt. Indes ist auch die Gegenmeinung[556], die verschärfte Haftung bei der Lieferung eines höherwertigen Aliud ab dem Eintritt der Genehmigungsfiktion analog §§ 819 I, 818 IV BGB zulässt, methodisch nicht vollends unangreifbar. Dennoch ist letzterer Meinung zumindest im Ergebnis zuzustimmen, wenn sie den Handelsverkäufer durch § 377 HGB im Hinblick auf ungerügte Meliuslieferungen als nicht ausreichend geschützt ansieht.

(d) Eigener Ansatz

Mit der Lieferung eines Melius in Verbindung mit einer entsprechenden, irrtümlich gesetzten Tilgungsbestimmung durch den Verkäufer und vorbehaltlich einer nicht zustande kommenden Vertragsänderung, obliegt dem Käufer eines beiderseitigen Handelskaufs eine Mängelrüge für das geleistete Aliud gemäß § 377 HGB i.V.m. § 434 III Alt. 1 BGB. Die Falschlieferung muss für Letzteren durch ordnungsgemäße Untersuchung zu entdecken sein. Jedenfalls ist für nicht sofort bei Ablieferung zu erkennende Mängel ab dem Zeitpunkt der Entdeckung eine entsprechende Mängelrüge durch den Käufer nach § 377 III Hs. 1 HGB unverzüglich geboten. Unterbleibt sie dennoch, so gilt die Ware in Ansehung des Mangels als genehmigt. Um die sinn- und zweckmäßigen Rechtsfolgen der Genehmigungsfiktion bei der irrtümlichen Lieferung eines Melius durch den Verkäufer nicht zu konterkarieren, ist eine angemessenere Belastungsverteilung geboten. Der Käufer sollte auch bei der Lieferung eines höherwertigen Aliud mehr zur ordnungsgemäßen Untersuchung, insbesondere aber zur ordnungsgemäßen Rüge angehalten werden und damit einhergehend sich selbst entlasten können. Umgekehrt sollte der Verkäufer durch die Genehmigungsfiktion bei unterlassener Rüge, speziell bei der Meliuslieferung, besser geschützt werden.

Durch verschärfte Haftung könnte dieses Ziel erreicht werden, jedoch ist der nach überwiegender Ansicht vertretene Zeitpunkt positiver Kenntnis des Rechtsgrundmangels dafür nicht ausreichend.[557] Entgegen *Koppensteiner*[558] genügt auch nicht der Eintritt der Genehmigungsfiktion selbst, um – nach dessen

555 Siehe D. III. 3. c. bb.
556 *Koppensteiner*, BB 1971, 547 (552 f.).
557 Siehe D. III. 3. c. bb. (3).
558 *Koppensteiner*, BB 1971, 547 (553, 552 f.).

Ansicht – analog §§ 819 I, 818 IV BGB den Käufer verschärft haften zu lassen, da zum einen für eine Analogie kein Raum ist[559] und ihn zum anderen dadurch zu weit gehende Haftungsfolgen für die Unterlassung einer Obliegenheit träfen. Außerdem präkludiert die Genehmigungsfiktion des § 377 II, III Hs. 2 HGB lediglich Käuferrechte hinsichtlich des nicht gerügten Mangels der Ware. Ein ihn dadurch gleichzeitig treffender verschärfter Haftungsbeginn kann aus der Norm nicht gefolgert werden.

Gleichwohl spielt der Zeitpunkt der Genehmigungsfiktion eine andere entscheidende Rolle. Nach der in dieser Arbeit vertretenen Auffassung bildet die irrtümlich gesetzte Tilgungsbestimmung die Zuordnung der Falschlieferung zum Kausalgeschäft und damit einhergehend den die Kondiktion hindernden Rechtsgrund zum Behaltendürfen für den Käufer. Durch die versäumte Mängelrüge derselben und die damit auf der Rechtsfolgenebene eintretende Genehmigungsfiktion, hat er zwar noch nicht die von § 819 I BGB vorausgesetzte positive Kenntnis des Rechtsgrundmangels, die ihn zur Herausgabe verpflichteten würde. Nunmehr kennt der Käufer aber die irrtümliche Falschlieferung des Verkäufers. Damit wird er in den Wissensstand versetzt, zumindest die *Anfechtbarkeit* der vom Verkäufer gesetzten *Tilgungsbestimmung*, die nach der hier vertretenen Ansicht Voraussetzung einer jedweden Aliudkondiktion ist, *kennen* zu *müssen*.

Im konkreten Beispielsfall[560] würde dies bedeuten, dass im Zeitpunkt des Fiktionseintritts durch die versäumte Rüge des K, dieser *die Anfechtbarkeit der Tilgungsbestimmung kennen musste*. Zwar haftet der Käufer dadurch noch nicht verschärft im Sinne der §§ 819 I, 818 IV BGB, sodass das Melius wie im konkreten Beispielsfall noch weiterverkauft sowie untergehen bzw. sich verschlechtern kann. Jedenfalls musste er aber zumindest mit einem Herausgabeverlangen des Verkäufers infolge einer Anfechtung der Tilgungsbestimmung rechnen.[561] Will der Verkäufer nun kondizieren und verzichtet auf die Fiktionswirkung des § 377 HGB, erklärt er damit konkludent die Anfechtung der Tilgungsbestimmung gegenüber dem Käufer. Dadurch wird dieser durch sein *Kennenmüssen der Anfechtbarkeit* analog § 142 II BGB nach erfolgter Anfechtung so behandelt, als hätte er den Rechtsgrundmangel bereits im Zeitpunkt des Genehmigungsfiktionseintritts positiv gekannt.[562] Infolge der ex tunc-Nichtigkeit der Tilgungsbestimmung analog § 142 I BGB tritt somit verschärfte Haftung rückwirkend im

559 Siehe D. III. 3. c. bb. (3). (c).

560 Siehe Fn. 529.

561 Vgl. hierzu *Probst*, AcP 196 (1996), 225 (252 f.).

562 Vgl. auch Reuter/Martinek/*Reuter*, Ungerechtfertigte Bereicherung, Teilbd. 2/2, § 9 II 2 b (S. 447); MüKo-BGB/*Schwab*, § 819 Rn. 4.

Zeitpunkt der Genehmigungsfiktion zulasten des Käufers ein.[563] Die zwischenzeitliche Ungewissheit, ob der Verkäufer das Anfechtungsrecht tatsächlich ausübt, ist bedeutungslos.[564]

In den Beispielsfällen[565] haftet K mit Herausgabeverlangen und konkludenter Anfechtung des V rückwirkend verschärft gemäß §§ 819 I, 818 IV BGB ab dem Zeitpunkt des Fiktionseintritts. Damit muss K im Ausgangsfall auf Grund der Haftungsverschärfung den gesamten Verkaufserlös in Höhe von 75.000 € an V herausgeben. In Abwandlung 1 kann sich K hinsichtlich der verlustig gegangen 10.000 € nicht auf Entreicherung i.S.v. § 818 III BGB berufen. Gleiches gilt für Abwandlung 2, sodass die Rückwirkungsfiktion des verschärften Haftungseintritts auch den Fall von verschuldensunabhängiger Entreicherung umfasst. K hat an V 70.000 € zu zahlen.

Dadurch wird zum einen der Verkäufer, der irrtümlich ein höherwertiges Aliud im Rahmen eines beiderseitigen Handelskaufs liefert, besser und zweckmäßiger im Sinne des § 377 HGB geschützt. Zum anderen ist für den Käufer auch bei der Meliuslieferung ein Anreiz geschaffen, der ihn die Ware genauestens untersuchen und ggf. im Anschluss ordnungsgemäß rügen lässt. Mit dieser kann er sich effektiv entlasten, wodurch wiederum die Dispositionsfähigkeit des Verkäufers gestärkt würde, da spekulatives Käuferverhalten nach Eintritt der Genehmigungsfiktion mit dem Risiko der verschärften Haftung verbunden ist, sofern die Tilgungsbestimmung wirksam angefochten wird. Parallel dazu wäre der Zeitraum für das Herausverlangen des Verkäufers durch die unverzügliche Anfechtungsfrist gemäß § 121 I BGB wirksam eingeschränkt und dadurch das Risiko etwaiger Schäden minimiert. Die damit verbundene Verkürzung des Schwebezustands dient außerdem der Schnelligkeit des Handelsverkehrs und damit dem Sinn und Zweck des § 377 HGB. Des Weiteren werden dadurch Transaktionskosten gesenkt, sodass Kosten gespart würden, da nach rascher Beendigung des Schwebezustands Klarheit für die Parteien herrscht, was wiederum zu Preisvorteilen führen kann.[566]

---

563 Vgl. RG, JW 1932, 1724 (1725); Staudinger/*Lorenz*, BGB, 2007, § 819 Rn. 7; Soergel/*Hadding*, BGB, § 819 Rn. 3; PWW/*Prütting*, BGB, § 819 Rn. 4; NK-BGB/*Linke*, § 819 Rn. 7; jurisPK-BGB/*Martinek*, § 819 Rn. 9.

564 Vgl. BGH, WM 1973, 560 (562); Erman/*Buck-Heeb*, BGB, § 819 Rn. 2; RGRK-BGB/*Heimann-Trosien*, § 819 Rn. 9; Palandt/*Sprau*, BGB, § 819 Rn. 2; aA (Kenntnis zu verneinen, bis Anfechtungsrecht als begründet festgestellt ist): RGZ 101, 389 (390).

565 Siehe Fn. 529.

566 Vgl. dazu die Ausführungen oben D. III. 3. c. aa. (4). (b.).

Ferner ist bis zum Zeitpunkt der Genehmigungsfiktion der Käufer für entstandene Vertrauensschäden über § 122 I BGB abgesichert. Insbesondere nicht sofort erkennbare Mängel i.S.d. § 377 III HGB kommen hierfür in Betracht. Ab dem Eintritt der Genehmigungsfiktion und damit einhergehend dem *Kennenmüssen* der *Anfechtbarkeit* der Tilgungsbestimmung wirkt hingegen § 122 II BGB zulasten des Käufers respektive über § 166 BGB analog für Angestellte bzw. Vertreter.[567] Umgekehrt kann sich der Verkäufer nach erfolgter Anfechtung für Verschlechterung oder Untergang der Sache über § 292 i.V.m. §§ 989, 990 BGB gegenüber dem Käufer schadlos halten.

IV. Rechtsfolgen bei Quantitätsabweichungen

Wird von der zwischen Verkäufer und Käufer vertraglich vereinbarten Menge ein negativ abweichendes Quantum geliefert und tritt mangels erfolgter Mängelrüge die Wirkung der Genehmigungsfiktion nach § 377 II, III Hs. 2 HGB ein, so ergeben sich hinsichtlich des zu zahlenden Kaufpreises kommensurable Rechtsfolgen mit der minderwertigen Falschlieferung. Ein im Gegensatz dazu unterschiedlicher Problemkernbereich betrifft den Restlieferungsanspruch des Käufers.

Nach Inkrafttreten des Schuldrechtsmodernisierungsgesetzes anno 2002 und der Einführung des § 434 III Alt. 2 BGB sowie der damit einhergehenden Streichung des § 378 HGB a.F. fallen positive Quantitätsabweichungen nicht mehr unter die besonderen kaufrechtlichen Gewährleistungsregeln und dementsprechend auch nicht mehr unter den Anwendungsbereich des § 377 HGB. Demzufolge sind sog. Pluslieferungen über das Bereicherungsrecht rückabzuwickeln, es sei denn sie fallen als Quantitätsmangel bereits unter den Anwendungsbereich des § 434 I BGB.[568]

1.) Minuslieferungen

Leistet der Verkäufer ein quantitatives Minus zur vertraglich mit dem Käufer vereinbarten Menge, ist kein Verkäuferbedürfnis ersichtlich, das sich auf ein Herausgabeverlangen des gelieferten Mankos bezieht. Hinsichtlich der Rechtsfolgen der Genehmigungsfiktion des § 377 II, III Hs. 2 HGB ergeben sich parallel zu den Rechtsfolgen der Falschlieferungen typischerweise Problemschwerpunkte bezüglich des vom Käufer zu zahlenden Kaufpreises sowie eines etwaigen

567 Vgl. hierzu statt aller nur Reuter/Martinek/*Reuter*, Ungerechtfertigte Bereicherung, Teild. 2/2, § 9 II 2 c (S. 449 ff.).

568 C. IV. 2. b.

Differenzlieferungsanspruchs. Dabei ist zu unterscheiden, ob es sich um *verborgene* oder *offene Minuslieferungen* handelt. Bei Letzteren wiederum, ob es sich um *echte Teilleistungen* i.S.d. § 266 BGB oder um genuin kaufrechtliche quantitative Minuslieferungen i.S.d. § 434 III Alt. 2 BGB handelt.[569]

a) Verdeckte Minuslieferungen

Ist das negativ abweichende Quantum zwar mit entsprechender Tilgungsbestimmung, also mit objektiv für den Empfänger erkennbarem Erfüllungswillen des Verkäufers, geliefert, jedoch in den Begleitpapieren als vollständige vertragsgemäße Menge deklariert, obliegt dem Käufer zunächst die Untersuchungs- und Rügelast gemäß § 377 I HGB i.V.m. § 434 III Alt. 2 BGB. Wird die Rüge versäumt, tritt kraft der gesetzlichen Genehmigungsfiktion Erfüllungswirkung ein. Dabei ist zunächst unstreitig, dass der Käufer sämtliche Mängelgewährleistungsrechte i.S.d. § 437 BGB verliert, sodass ein Nachlieferungsanspruch bzgl. der Differenzmenge i.S.d. § 439 I BGB ausscheidet.[570] Welche Auswirkungen die Genehmigungsfiktion auf den Kaufpreis hat, wird an folgendem höchstrichterlich entschiedenen Beispielsfall deutlich:[571]

In mehrjähriger Geschäftsbeziehung hatte K von V tropische Hölzer bezogen. Von den Rechnungsbeträgen waren noch ca. 30.000 € unbeglichen. Einige Wochen nach den Lieferungen Nr. 930, 939 und 950 bemerkte K, dass das berechnete Holz in den entsprechenden Rechnungen teilweise nicht geliefert worden war. Daraus ergab sich ein Manko von ca. 9.000 €. V wandte ein, dass die Mindermengen nicht gerügt worden seien und für ihn somit kein Anlass bestehe, die von K geforderte Minderung des Preises zu akzeptieren.

aa) Auswirkungen auf den Kaufpreis

Konsequenterweise geht die ganz herrschende Meinung in Rechtsprechung und Schrifttum[572] zu Recht davon aus, dass die Gestaltung des Kaufpreises durch

---

569 Siehe C. IV. 2. a. dd., ee.

570 Allgemeine Meinung: Vgl. statt aller nur BGHZ 91, 293 (298 ff.); *Bayer/Lieder*, Handels- und GesellschaftsR, Rn. 336; Hk-HGB/*Stöber*, § 377 Rn. 64; Baumbach/Hopt/*Hopt*, HGB, § 377 Rn. 17, 45, 48; *Canaris*, HR, § 29 Rn. 72; *Oetker*, FS Canaris II, 313 (320); BeckOK-HGB/*Schwartze*, § 377 Rn. 21.

571 Beispiel nach BGHZ 91, 293; siehe auch *K. Schmidt*, HR, § 29 Rn. 122.

572 BGHZ 91, 293 (300); *Bayer/Lieder*, Handels- und GesellschaftsR, Rn. 336; *Brox/Henssler*, Handelsrecht, § 21 Rn. 418; *Oetker*, Handelsrecht, § 8 Rn. 61; *K. Schmidt*, HR, § 29 Rn. 121; Koller/Kindler/Roth/Morck/*Roth*, HGB, § 377 Rn. 27b; MüKo-HGB/

Minderung gem. § 441 BGB ebenfalls ausscheide, sodass der Käufer die volle vertraglich vereinbarte Gegenleistung zu bewirken habe.

Indes sind immer wieder abweichende Auffassungen entwickelt worden[573], die dem Grunde nach gemeinsam haben, den vom Käufer zu zahlenden Kaufpreis entweder generell durch den § 242 BGB[574] oder in bestimmten Konstellationen an die tatsächlich gelieferte Mindermenge anzugleichen: namentlich eine Minderung jedenfalls dann zuzulassen, wenn der Kaufpreis nach bestimmten Einheiten (Maß, Stückzahl, Gewicht) zu berechnen war und nicht pauschal vereinbart[575] wurde. Im Übrigen gelte dies, wenn die tatsächlich gelieferte Menge zwischen den Parteien außer Zweifel stehe und noch vollständig bzw. originalverpackt beim Käufer vorliege, sodass sie weiterhin in Augenschein genommen werden könne.[576]

bb) Stellungnahme

Die genannten Ansätze zur Kaufpreisberechnung bei negativer Quantitätsabweichung sind – wie auch diejenigen zur minder- oder gleichwertigen Falschlieferung[577] – abzulehnen, da sie nicht mit der Wertung der Genehmigungsfiktion in Einklang zu bringen sind. Die Fiktion des § 377 HGB soll gerade Erfüllungswirkung des zu Grunde liegenden Rechtsgeschäfts herbeiführen, um dem Verkäufer eine sichere Beurteilungsgrundlage für weitere Dispositionen zu verschaffen.[578] Insbesondere bei der verborgenen Minderlieferung ist anzunehmen, dass der Verkäufer davon ausgeht, vollständig und vertragsgerecht erfüllt zu haben. Ohne gegenteilige Benachrichtigung des Käufers kalkuliert er mit dem gesamten

---

Grunewald, § 377 Rn. 110; Oetker/*Koch*, HGB, § 377 Rn. 133; BeckOK-HGB/*Schwartze*, § 377 Rn. 21; Heymann/*Emmerich/Hoffmann*, HGB, § 377 Rn. 119 f. Aus der älteren Literatur noch: Staub/*Brüggemann*, HGB, 4. Aufl., § 378 Rn. 52; Schlegelberger/*Hefermehl*, HGB, § 378 Rn. 21; *Mailänder*, ZHR 126 (1964), 89 (99); *Koppensteiner*, BB 1971, 547 (548); *Werner*, BB 1984, 221 (222 f.); *Hüffer*, JA 1981, 143 (145 f.); *Marburger*, JuS 1983, 1 (12); *von Caemmerer*, FS Martin Wolff, 3 (21).

573 Siehe auch die Darstellung zum minderwertigen Aliud: D. III. 2. a. aa.

574 *Oertmann*, JW 1916, 1462 (1463 f.); Schlegelberger/*Hildebrandt*, HGB, 3. Aufl., § 378 Rn. 16; *Schneider*, ZHR 54 (1904), 90 (93).

575 Düringer/Hachenburg/*Hoeniger*, HGB, § 378 Anm. 15 f.; *Ritter*, HGB, § 378 Anm. 5 c; *Schönfeld*, Recht 1905, 365 (366); *Hagens*, HansRZ 1920, 113 (118); vgl. im Ergebnis auch *J. v. Gierke*, Handelsrecht, § 60 V 4, S. 481.

576 *Peters*, AcP 164 (1964), 340 (348 f.).

577 Siehe oben D. III. 2. a. bb.

578 BGHZ 91, 293 (299 f.); *Koppensteiner*, BB 1971, 547 (548); *Marburger*, JuS 1983, 1 (12).

Vertragspreis. Demgegenüber erfährt der Verkäufer durch eine entsprechende Käuferrüge, dass er mit weiteren Ansprüchen gegen ihn zu rechnen hat und kann die der Mängelrüge beiliegenden Informationen zur Beweissicherung – ggf. durch eigene Nachprüfungen über die Richtigkeit der Lieferung – heranziehen.[579]

Die Präklusion der kaufrechtlichen Gewährleistungsrechte infolge der Genehmigungsfiktion ist auf Grund der allgemeinen Interessen des Handelsverkehrs an schneller und endgültiger Abwicklung von Rechtsgeschäften, Rechtssicherheit sowie -klarheit[580] ein wichtiges Instrument, das einheitliche Rechtsfolgen herbeiführen muss. Entgegen der abweichenden Auffassungen kann jedoch nicht einerseits das Nacherfüllungsrecht des Käufers ausgeschlossen werden, andererseits aber trotz verabsäumter Rüge eine Kaufpreisminderung, sei es auch über das Korrektiv des § 242 BGB, befürwortet werden. Gleiches muss gelten, wenn der Kaufpreis nicht pauschal, sondern nach bestimmten Einheiten berechnet wird.[581] Eine Herabsetzung des Kaufpreises trotz versäumter Rüge stellte im Endeffekt nichts anderes als ein verkapptes (nachträglich konstruiertes) Minderungsrecht des Käufers dar.[582] Dies würde den Sinn und Zweck der handelsrechtlichen Mängelrüge jedoch geradezu ad absurdum führen.

Ferner hält auch die vermittelnde Ansicht von *Peters*[583] nicht Stand. Es spielt für die Anwendung des § 377 HGB sowie die Wirkung der Genehmigungsfiktion keine Rolle, ob ein Mangel im weitesten Sinne (§ 434 BGB) streitig oder unstreitig ist.[584] Zu Recht weist *Brüggemann* darauf hin, dass ein solcher Ansatz materielles Recht von einer Prozesslage abhängig mache.[585] Weiterhin wird die gelieferte Ware bzw. Warenmenge im Regelfall nicht mehr vollständig vorhanden oder gar verändert sein.

Daher entspricht neben der minderen Aliudleistung speziell die verdeckte Minuslieferung vollkommen dem Telos des § 377 HGB und zeigt auch die in heutiger Zeit noch weiterhin bestehende Wichtigkeit und Aktualität der handelsrechtlichen Untersuchungs- und Rügeobliegenheit.

---

579 Vgl. *Mailänder*, ZHR 126 (1964), 89 (99); *Koppensteiner*, BB 1971, 547 (548); *Oetker*, FS Canaris II, 313 (320).

580 BGHZ 91, 293 (299).

581 MüKo-HGB/*Grunewald*, § 377 Rn. 110; Heymann/*Emmerich/Hoffmann*, HGB, § 377 Rn. 120; vgl. auch *Werner*, BB 1984, 221 (222).

582 So auch schon *Hein*, ZHR 87 (1924), 54 (98).

583 *Peters*, AcP 164 (1964), 340 (348 f.).

584 So auch MüKo-HGB/*Grunewald*, § 377 Rn. 110 Fn. 371.

585 Staub/*Brüggemann*, HGB, 4. Aufl., § 378 Rn. 53.

b) *Offen deklarierte Minuslieferung*

Im Gegensatz zur verdeckten Mankolieferung stellt sich das offen ausgewiesene Minus als weitaus problematischer dar. Zunächst ist bereits streitig, ob offen deklarierte Minuslieferungen überhaupt unter den Anwendungsbereich des § 434 III Alt. 2 BGB fallen, der die Anwendbarkeit des § 377 HGB erst eröffnet.[586] Andererseits wird innerhalb der offen deklarierten negativen Quantitätsabweichung zwischen Minderlieferungen i.S.d. § 434 III Alt. 2 BGB und echter Teilleistung nach § 266 BGB unterschieden.[587]

aa) *Echte Teilleistung gemäß § 266 BGB*

Entgegen der weit verbreiteten Auffassung im Schrifttum[588], dass jede offen deklarierte Zuweniglieferung als Teilleistung gemäß § 266 BGB anzusehen ist, werden nach der in dieser Arbeit vertretenen Ansicht[589] lediglich *echte Teilleistungen* i.S.d. § 266 BGB vom Anwendungsbereich des § 434 III Alt. 2 BGB ausgeklammert. Auf Grund der durch die Schuldrechtsreform vom Gesetzgeber vorgegebenen ungeschriebenen Voraussetzung des § 434 III BGB – Falsch- und Zuweniglieferung sind vom Verkäufer als Erfüllung seiner Pflicht zu erbringen und dieser Zusammenhang zwischen Leistung und Verpflichtung für den Käufer erkennbar bestehen muss[590] – sind *echte* und damit *nicht zu rügende Teilleistungen* i.S.d. § 266 BGB nur solche, die den Käufer unzweideutig erkennen lassen, dass der Verkäufer mit dem negativ abweichenden Quantum den Vertrag nicht vollständig erfüllen wollte.[591] Mit anderen Worten muss sich aus den der Lieferung beiliegenden Papieren entweder expressis verbis oder durch eindeutigen Hinweis

---

586 Siehe oben C. IV. 2. a. cc., dd.

587 Siehe oben C. IV. 2. a. dd.

588 MüKo-HGB/*Grunewald*, § 377 Rn. 110; Oetker/*Koch*, HGB, § 377 Rn. 31, 133; Heymann/*Emmerich/Hoffmann*, HGB, § 377 Rn. 121; EBJS/*Müller*, HGB, Vor § 377 Rn. 88 ff., § 377 Rn. 70, 228; Hk-HGB/*Stöber*, § 377 Rn. 14. *Canaris*, HR, § 29 Rn. 72 aE, 57; *Steinbeck*, Handelsrecht, § 35 Rn 11; *Teichmann*, Handelsrecht, § 7 Rn. 1083; *Hübner*, Handelsrecht, § 7 Rn. 603; *Hüffer*, JA 1981, 143 (146). Wohl auch Baumbach/Hopt/*Hopt*, HGB, § 377 Rn. 18, der jedoch eine stillschweigende Vertragsänderung zulassen will; dagegen *Oetker*, FS Canaris II, 313 (321 f.).

589 Siehe oben C. IV. 2. a. dd.

590 BT-Drucks. 14/6040, S. 216 re Sp.

591 Vgl. auch *Bayer/Lieder*, Handels- und GesellschaftsR, Rn. 338; *K. Schmidt*, HR, § 29 Rn. 123; wohl auch Koller/Kindler/Roth/Morck/*Roth*, HGB, § 377 Rn. 27b; GK-HGB/*Achilles*, § 377 Rn. 57; *Lettl*, Handelsrecht, § 12 Rn. 90; *Oetker*, Handelsrecht, § 8 Rn. 62 aE.

ergeben, dass es sich um eine von mehreren (noch zu liefernden) Teilmengen handelt oder aus den Begleitumständen respektive dem Verkäuferverhalten ergibt sich unzweifelhaft, dass die fehlende Restmenge jedenfalls noch folgt.[592]

Stellt sich die Verkäuferlieferung als echte Teilleistung i.S.d. § 266 BGB heraus[593], ergeben sich keine Konsequenzen hinsichtlich der Rechtsfolgen wegen § 377 HGB. Der Käufer kann diese bereits bei Ablieferung gemäß § 266 BGB zurückweisen und weiterhin vollständige Mengenlieferung nach § 433 I 1 BGB verlangen bzw. Rechtsbehelfe des allgemeinen Leistungsstörungsrechts (§ 323 BGB, §§ 280, 281, 286 BGB) geltend machen. Ferner kann er sie aber auch vorbehaltlos annehmen, ohne dabei Gefahr zu laufen, Gewährleistungsrechte auf Grund der Genehmigungsfiktion des § 377 II, III HGB zu verlieren. Letztlich ist es ihm auch möglich die Teilleistung unter dem Vorbehalt anzunehmen, dass die Lieferung der Restmenge noch erfolgt. Hierbei steht ihm mit § 320 I BGB ein effektives Druckmittel gegen den Verkäufer zur Verfügung, da sich bereits ein Teil des vollständigen Quantums in seinem Besitz befindet, ohne dass ihn die Beweislastumkehr des § 363 BGB trifft. Jedoch ist bei letzterem Vorgehen zu beachten, dass nach erfolgter Gesamtlieferung die Rügeobliegenheit des § 377 HGB eintritt.

bb) Offen ausgewiesene Mindermenge i.S.d. § 434 III Alt. 2 BGB

Im Gegensatz zur echten Teilleistung gem. § 266 BGB sind Minuslieferungen trotz offener Deklaration kaufrechtlich relevante Mindermengen i.S.d. § 434 III Alt. 2 BGB, wenn sie mit vollständigem Erfüllungswillen des Verkäufers erbracht wurden und der Zusammenhang zwischen Leistung und Kausalgeschäft objektiv vom Käufer zu erkennen ist. In umgekehrter Argumentation zu den echten Teilleistungen ist demnach entscheidend, ob der Käufer anhand der Begleitpapiere davon ausgehen durfte, der Verkäufer wolle die defizitären Teilmengen nicht mehr ausgleichen.[594]

(1) Treuwidrige Leistungserbringung

Weist die Tilgungsbestimmung respektive der Lieferschein ein quantitatives Minus offen aus, wird im Weiteren allerdings der volle Kaufpreis in Rechnung gestellt, ist auf Grund des im Handelsverkehr übergeordneten Strebens nach schneller Abwicklung sowie Rechtsklarheit und -sicherheit eine Rüge nach § 377

592 Siehe oben C. IV. 2. a. dd.; vgl. weiterhin *Werner*, BB 1984, 221 (223 f.).

593 Nachfolgend für den gesamten Absatz: Siehe bereits C. IV. 2. a. cc. dd.

594 Vgl. *Bayer/Lieder*, Handels- und GesellschaftsR, Rn. 338; *K. Schmidt*, HR, § 29 Rn. 123.

HGB unabdingbar, da der Käufer nicht ohne weiteres auf eine bloße (echte) Teilleistung i.S.d. § 266 BGB schließen kann.[595]

Vom Bundesgerichtshof waren die Rechtsfolgen einer offen deklarierten Minuslieferung bislang nicht zu entscheiden und wurden daher offen gelassen.[596] Im Schrifttum sind dagegen die Rechtsfolgen nicht gerügter offener Mankolieferungen, mit Ausnahme derjenigen Stimmen, die jedwedes offen deklariertes Minus als Teilleistung nach § 266 BGB ansehen[597], umstritten. Zur Exemplifizierung wird die Entscheidung des Bundesgerichtshofes[598] als offen ausgewiesene negative Quantitätsabweichung abgewandelt:

Bereits in den Begleitpapieren zu den Tropenholzlieferungen Nr. 930, 939 sowie 950 waren negative Quantitätsabweichungen von je 10 % der bestellten Gesamtmenge offen deklariert. Jedoch wiesen die den Lieferungen zugeordneten Rechnungen jeweils den vollen Kaufpreis für die vertraglich geschuldete Menge aus. Eine dem K obliegende Mängelrüge unterblieb ebenfalls.

Unstreitig wirkt sich die Genehmigungsfiktion des § 377 II HGB bei der offenen Minuslieferung i.S.d. § 434 III Alt. 2 BGB auf den Nacherfüllungsanspruch gemäß §§ 437 Nr.1, 439 I BGB aus. Dieser ist infolge der fingierten Erfüllungswirkung präkludiert. Der Käufer muss das negativ abweichende Quantum behalten und kann keine Lieferung der fehlenden Differenzmenge verlangen.[599] Die Rüge ist hierbei auch geboten, denn bei unterschiedlicher Deklarierung in Lieferschein und Rechnung muss sich dem sorgfältigen Kaufmann geradezu aufdrängen, dass der Verkäufer einem Fehler unterliegt.[600] Es ist auch nicht davon auszugehen, dass er sich dieses Fehlers bewusst ist, sich also nicht generell bei offen ausgewiesenem Minus sagen lässt, der Verkäufer wisse von der gelieferten Fehlmenge.

Umstritten sind wiederum die Auswirkungen auf die vom Käufer zu erbringende Gegenleistung, namentlich auf den Kaufpreis. Vereinzelt[601] wird selbst für die

595 Siehe oben C. IV. 2. a. dd.

596 BGHZ 91, 293 (300 f.).

597 Siehe Fn. 588.

598 BGHZ 91, 293; siehe Fn. 571.

599 So auch Staub/*Brüggemann*, HGB, 4. Aufl., § 378 Rn. 54; Schlegelberger/*Hefermehl*, HGB, § 378 Rn. 21 aE; GK-HGB/*Achilles*, § 377 Rn. 57; *K. Schmidt*, HR, § 29 Rn. 123; *Bayer/Lieder*, Handels-und GesellschaftsR, Rn. 338; wohl auch Koller/Kindler/Roth/Morck/*Roth*, HGB, § 377 Rn. 27b; *Lettl*, Handelsrecht, § 12 Rn. 90.

600 Siehe oben C. IV. 2. a. dd.

601 *Grünhoff*, S. 73, 76.

volle Berechnung des Kaufpreises trotz offen deklarierter Mindermenge angenommen, der Käufer müsse infolge der Genehmigungsfiktion gem. § 377 II HGB auch den gesamten vertraglich vereinbarten Kaufpreis entrichten, da aus Lieferschein und Rechnung der eindeutige Erklärungswert des Verkäufers entnommen werden könne, er verlange für das Minus das volle vertraglich ausgehandelte Äquivalent. Demgegenüber wird zu Recht dargebracht, dass derjenige Verkäufer, der einerseits offen eine Mindermenge ausweist, jedoch den Kaufpreis anhand des vertraglich vereinbarten Quantums voll berechnet, sich widersprüchlich verhalte.[602] Daher steht dem Käufer hierbei der Einwand des treuwidrigen Verhaltens (venire contra factum proprium) gemäß § 242 BGB zur Hand. Dieser vermag zwar nicht über den auf Grund der Genehmigungsfiktion präkludierten Differenzlieferungsanspruch (§ 439 I BGB) hinwegzuhelfen, da der Käufer nicht von einer bloßen Teilleistung ausgehen durfte und somit eine rechtserhaltende Rüge hätte tätigen müssen. Allerdings wird der vom Käufer zu zahlende Gegenwert auf das tatsächlich vom Verkäufer geleistete Quantum reduziert.[603] Der Verkäufer kann durch treuwidriges, widersprüchliches Verhalten nicht besser gestellt werden, als wenn er vertragsgemäß geleistet hätte.

Im obigen Fallbeispiel ist demnach der von K zu zahlende Kaufpreis für die abweichende Lieferung von 10 % des vertraglich vereinbarten Quantums, auf Grund der treuwidrigen Leistungserbringung des V, ebenfalls um jeweils 10 % zu reduzieren.

(2) Offene Deklarierung in Lieferschein und Rechnung

Etwas anders gestaltet sich die Lage, wenn sowohl im Lieferschein als auch in der beiliegenden Rechnung ein negativ abweichendes Quantum von der vertraglich vereinbarten Menge offen ausgewiesen ist oder eine entsprechend geminderte Rechnung zeitlich nach der Ablieferung folgt. Die Behandlung einer solchen vom Verkäufer bewusst erbrachten Minuslieferung, die nicht als bloße Teilleistung, sondern als vollständiger Erfüllungsversuch (des Kaufvertrages) vom Käufer zu erkennen ist[604], wird bisweilen kontrovers diskutiert.

602 *Bayer/Lieder*, Handels- und GesellschaftsR, Rn. 338; *K. Schmidt*, HR, § 29 Rn. 123; wohl auch *Oetker*, Handelsrecht, § 8 Rn. 62 aE.

603 *Bayer/Lieder*, Handels- und GesellschaftsR, Rn. 338; *K. Schmidt*, HR, § 29 Rn. 123; vgl. auch vor der Schuldrechtsreform: Schlegelberger/*Hefermehl*, HGB, § 378 Rn. 21 aE; *von Caemmerer*, FS Martin Wolff, 3 (22); *Heymann/Kötter*, HGB, 21.Gesamtaufl., § 378 Anm. 4, S. 832.

604 C. IV. 2. a. dd.

(a) Angebot zur Vertragsänderung

Allen voran *Koppensteiner*[605] wertet die quantitative Minderlieferung anstatt der vertraglich geschuldeten Menge unter gleichzeitiger Mitteilung, der Kaufvertrag sei damit vollständig erfüllt, als konstruktives Angebot zur Änderung des ursprünglich vereinbarten Vertrags. Es sei evident, dass dem Verkäufer bei einer offenen Minuslieferung daran gelegen sei, seine quantitative Leistungsverpflichtung unter entsprechender Herabsetzung der käuferseitigen Gegenleistung zu reduzieren. Sollte der Käufer mit dem Vertragsänderungsangebot nicht einverstanden sein, habe er nach § 377 HGB zu rügen. Andernfalls zeige sein Schweigen auf das Angebot, diesem zu entsprechen.[606] Wegen § 151 BGB brauche die Annahmeerklärung nicht mehr beim Verkäufer zuzugehen, sodass durch die Nichtrüge ein Schuldabänderungsvertrag mit novierender Wirkung zustande komme.[607]

Koppensteiner[608] begründet seinen Ansatz, generell anhand eines Schuldabänderungsvertrags die ursprünglich vereinbarte Gegenleistung an die gelieferte Mindermenge anzupassen, damit, dass – im Gegensatz zu einer generellen Kaufpreisanpassung nach Treu und Glauben[609] – bei einer etwaigen Anfechtung der dem Änderungsvertrag zu Grunde liegenden Willenserklärungen respektive der Nichtigkeit einer der Erklärungen die gegenseitigen Vertragspflichten sich wieder nach dem ursprünglichen Schuldverhältnis richteten.

(b) Kritik

Der Ansatz, das offen deklarierte Minus generell als konkludentes Vertragsänderungsangebot und die Nichtrüge bzw. das Schweigen darauf als konkludente Annahme des Käufers zu beurteilen, ist auf reichlich Kritik gestoßen.[610] Nicht der Weg

---

605 *Koppensteiner*, BB 1971, 547 (549 f.).

606 So auch Staub/*Brüggemann*, HGB, 4. Aufl., § 378 Rn. 54; im Ergebnis auch *Mailänder*, ZHR 126 (1964), 89 (105 f., 116).

607 *Koppensteiner*, BB 1971, 547 (549); vgl. weiter Staub/*Brüggemann*, HGB, 4. Aufl., § 378 Rn. 54; im Ergebnis auch *Mailänder*, ZHR (1964), 89 (105 f., 116); siehe bereits zur höherwertigen Falschlieferung: D. III. 3. a. bb. (1) und D. III. 3. a. cc. (3). (a).

608 *Koppensteiner*, BB 1971, 547 (550).

609 So die vormals herrschende Meinung: *Oertmann*, JW 1916, 1462 (1463 f.); *Schneider*, ZHR 54 (1904), 90 (93); *Schönfeld*, Recht 1905, 365 (366); Schlegelberger/*Hildebrandt*, 3. Aufl., § 378 Anm. 16; wohl auch noch Schlegelberger/*Hefermehl*, HGB, § 378 Rn. 21 aE; vgl. ferner *Peters*, AcP 164 (1964), 340 (346 ff.).

610 Vgl. nur *Oetker*, FS Canaris II, 313 (321 f.); *Werner*, BB 1984, 221 (223 f.).

über eine Vertragsänderung im Allgemeinen[611], sondern insbesondere die Handhabung von konkludenten Willenserklärungen wird dabei äußerst kritisch betrachtet. So wird bereits angezweifelt, ob aus der bewussten Erbringung eines quantitativen Minus mit hinreichender Sicherheit ein konkludentes Vertragsänderungsangebot abgeleitet werden könne.[612] Ferner sei die konkludente Annahme des Käufers – selbst wenn man auf den Zugang über § 151 BGB verzichte – durch bloßes Schweigen sehr bedenklich. Allein die Entgegennahme des gelieferten Minus und das Schweigen des Käufers ließen nicht den Schluss zu, der Käufer habe den Willen, die unvollständige Lieferung als vollständige Vertragserfüllung gelten zu lassen.[613]

(c) Stellungnahme

Der Ansatz, offen ausgewiesene Fehlmengen generell über eine konkludente Vertragsänderung zu lösen, ist dem Grunde nach abzulehnen, jedoch nicht prinzipiell auszuschließen. Der konstruktive Weg über eine Vertragsänderung kann im Sinne der allgemeinen Rechtsgeschäftslehre gegangen werden, jedoch sind die in der Literatur geäußerten Bedenken hinsichtlich der in praxi häufig vorzufindenden lediglich konkludenten Willenserklärungen nicht von der Hand zu weisen.[614] Zu Recht mahnt *Oetker*, das bewusste Erbringen einer Teilmenge könne nicht mit hinreichender Sicherheit als konkludentes Vertragsänderungsangebot seitens des Verkäufers zu deuten sein. In Abgrenzung zur echten Teilleistung gemäß § 266 BGB müsste die Lieferung bzw. das Angebot nämlich den Hinweis enthalten, keine weiteren Lieferungen mehr schulden zu wollen, was bei einem auf Warenabsatz ausgelegten Unternehmen mit vorhandener Lieferkapazität nicht der typischen Interessenlage entspräche.[615]

---

611 So im Ansatz auch Koller/Kindler/Roth/Morck/*Roth*, HGB, § 377 Rn. 5b, 27b; *Lettl*, Handelsrecht, § 12 Rn. 90; *Fischinger*, Handelsrecht, § 7 Rn. 754; eine Vertragsänderung zulassend wohl auch Baumbach/Hopt/*Hopt*, HGB, § 377 Rn. 18; kritisch dagegen *Werner*, BB 1984, 221 (223, Fn. 34), der in der Vertragsänderung eine Überinterpretation Koppensteiners hinsichtlich der Parteihandlungen sieht.

612 So *Oetker*, FS Canaris II, 313 (321).

613 *Oetker*, FS Canaris II, 313 (321); *Werner*, BB 1984, 221 (223 f.); vgl. auch bereits die Bedenken von *Mailänder*, ZHR 126 (1964), 89 (105, 116 f.); *Peters*, AcP 164 (1964), 340 (343, Fn. 5), der dem Schweigen bzw. der Genehmigungsfiktion keine Ersatzfunktion für fehlendes Einverständnis zusprechen will und den Gedanken der Vertragsänderung aus praktischen Gründen als generelle Lösung ablehnt. Unklar, aber wohl auch ablehnend: *Meeske*, S. 195 f., 198 f.

614 So vor allem *Oetker*, FS Canaris II, 313 (321 f.); *Werner*, BB 1984, 221 (223 f.); *Peters*, AcP 164 (1964), 340 (343); aber auch *Mailänder*, ZHR 126 (1964), 89 (105, 116 f.).

615 *Oetker*, FS Canaris II, 313 (321).

In der Tat muss sich in den Begleitpapieren der Lieferung – e contrario zur echten Teilleistung – der Hinweis befinden, dass es sich nicht um eine bloße Teilleistung, sondern um einen vollständigen Erfüllungsversuch und damit um ein Schuldabänderungsangebot gemäß § 145 BGB handelt. Demgegenüber sind die bloße Entgegennahme des negativ abweichenden Quantums sowie das Schweigen des Käufers nicht als Vertragsänderungsannahme i.S.d. §§ 146 ff. BGB zu interpretieren.[616] Auch im Handelsverkehr darf die Maxime *„qui tacet consentire videtur“* nicht derart verallgemeinert werden, dass jedes Schweigen als Willenserklärung gewertet wird.[617] Würde man dem bloßen Schweigen auf ein Vertragsänderungsangebot ohne weiteres einen Erklärungsgehalt mit dem Inhalt einer Annahme bzw. Zustimmung zukommen lassen, bestünde die Gefahr, dass durch Willensfiktionen Vertragsänderungen zustande kämen, die so nicht von den Parteien gewollt sind. Der Sinn und Zweck der in § 377 HGB verankerten Genehmigungsfiktion würde weit über den eigentlichen Aufgabenbereich, den Verkäufer vor unerwarteten Käuferansprüchen zu schützen und damit zur schnellen Abwicklung von Rechtsgeschäften im Handelsverkehr beizutragen, ausgedehnt, da ihr nunmehr auch vertragsgestaltende Wirkung durch Willensfiktionen zukäme.[618] Etwaige Anfechtungen der Vertragsänderungsabkommen wären – im Gegensatz zu *Koppensteiners* Begründung[619] – nur bedingt möglich, da ein Irrtum über die Bedeutung des Schweigens unstreitig nicht zu einer Anfechtung berechtigt.[620]

Letztlich ist der Weg über eine Vertragsänderung bei der offen deklarierten Minuslieferung nicht auszuschließen. Allerdings ist dies nur unter den Voraussetzungen der allgemeinen Rechtsgeschäftslehre möglich, eine Vertragsänderung also nur durch Konsens der Vertragsparteien zu erreichen. Der Verkäuferlieferung und der Warenannahme des Käufers müssen weitere Hinweise bzw. eindeutige Informationen zu Grunde liegen, die jeweils eine mit entsprechendem Inhalt bedeutende Willenserklärung nahe legen. Andernfalls ist die Gefahr von unzulässigen Willensfiktionen sehr wahrscheinlich.

Nimmt der Käufer ein derart gestaltetes Vertragsänderungsangebot des Verkäufers durch Annahme an, ist eine Rüge i.S.d. § 377 HGB redundant, da durch die Vertragsänderung bereits kein Mangel nach § 434 III Alt. 2 BGB mehr vorliegen kann. Rechtsfolgen infolge der Genehmigungsfiktion sind demnach schon nicht zu befürchten.

---

616 So auch *Oetker*, FS Canaris II, 313 (321).
617 Vgl. auch *Mailänder*, ZHR 126 (1964), 89 (105).
618 Vgl. auch *Mailänder*, ZHR 126 (1964), 89 (116).
619 *Koppensteiner*, BB 1971, 547 (550).
620 BGHZ 11, 1 (5); 20, 149 (154); BGH, NJW 1969, 1711; *Werner*, BB 1984, 221 (224).

(aa) Nichtzustandekommen einer Vertragsänderung

Kommt eine Vertragsänderung hingegen nicht zustande, bleibt es bei dem ursprünglich zwischen den Parteien ausgehandelten Vertrag. Zu beachten ist dabei, dass sich nach diesem die Lieferung des Verkäufers als negative Quantitätsabweichung gemäß § 434 III Alt. 2 BGB darstellt und damit die Rügeobliegenheit des Käufers auflebt. Scheiterte die Vertragsänderung dabei an einem nicht getroffenen Konsens, ist die Ablehnung des Angebots durch den Käufer als rechtserhaltende Rüge i.S.d. § 377 HGB zu werten, sodass ihm weiterhin ein Anspruch auf Lieferung der Differenzmenge nach §§ 437 Nr. 1, 439 I BGB zusteht respektive sämtliche kaufrechtlichen Gewährleistungsrechte erhalten bleiben.

Scheiterte die Vertragsänderung hingegen am bloßen Schweigen des Käufers, ist die Situation weitaus schwieriger zu bewerten. Da ebenfalls der ursprünglich vereinbarte Vertrag fortbesteht, ist die Minuslieferung gemäß § 377 I HGB i.V.m. § 434 III Alt. 2 BGB zu rügen. Auf Grund der gescheiterten Vertragsänderung durch bloßes Schweigen des Käufers, müssten konsequenterweise die Rechtsfolgen der Genehmigungsfiktion nach § 377 II HGB eintreten und damit die in § 437 BGB normierten Gewährleistungsrechte präkludieren.[621] Nunmehr hätte der Käufer keinen Anspruch auf Lieferung des mengenmäßigen Defizits und wäre weiterhin verpflichtet, den vollen im Vertrag vereinbarten Kaufpreis zu entrichten.

Für diese konsequente Lösung streitet eine Argumentation am Telos des § 266 BGB. Da der Schuldner nicht zu Teilleistungen berechtigt ist und grundsätzlich vollständig erfüllen muss, wird – vorbehaltlich entgegenstehender Hinweise[622] – vermutet, dass jede Lieferung von diesem als eine vollständige verstanden wird und sofern der Gläubiger nicht widerspricht respektive rügt, die Annahme derselben als vertragsgemäße erfolgt.[623] Der Käufer wäre nach diesem Ergebnis jedoch schlechter gestellt, als wenn er die Vertragsänderung akzeptiert hätte, da er dann lediglich einen entsprechend an das tatsächlich gelieferte Quantum angepassten Kaufpreis hätte bezahlen müssen. Angesichts der Tatsache, dass der ursächliche Umstand dafür in der offen deklarierten Minuslieferung des Verkäufers lag, kann diese Lösung nicht überzeugen.

---

621 Vgl. *Werner*, BB 1984, 221 (224, 227); leicht abweichend auch *Menhofer*, S. 115, 120.

622 Siehe oben C. IV. 2. a. dd; D. IV. 1. b. aa.

623 *Werner*, BB 1984, 221 (223); *Menhofer*, S. 114.

(bb) Wertender Eingriff

Es stellt sich die Frage, ob es mit dem Sinn und Zweck der dem Handelskäufer obliegenden Mängelrüge bzw. der Genehmigungsfiktion vereinbar ist, in dieser Situation auf deren Wirkungen zu verzichten. Vordergründig dient sie dem allgemeinen Interesse des Handelsverkehrs an einfacher, schneller und endgültiger Abwicklung von Handelsgeschäften. Rechtsgeschäfte sollen nicht unnötig in der Schwebe liegen und der Verkäufer schnellstmöglich in die Lage versetzt werden, zuverlässige Feststellungen zur tatsächlichen Beschaffenheit der gelieferten Ware treffen zu können. Das dient wiederum dessen Beweissicherungsinteresse und einer möglichst sachgerechten Risikoverteilung. Ferner soll der Verkäufer schnell in Kenntnis gesetzt werden, ob seinerseits weitere Dispositionen zu treffen sind oder, ob der Käufer die Lieferung akzeptiert, damit insbesondere mögliche Mangelfolgeschäden abgewehrt werden können und der Rechtsfrieden rasch wiederhergestellt wird. Über allem schwebt also die Schutzwürdigkeit des redlichen Verkäufers als Normzweck des § 377 HGB.[624]

Die Notwendigkeit einer Mängelrüge nach nicht angenommenem verkäuferseitigen Vertragsänderungsangebot unterliegt hinsichtlich des Sinns und Zwecks der Norm erheblichen Zweifeln. Ein Beitrag zur schnellen und endgültigen Abwicklung des konkreten Handelsgeschäfts ist nicht mehr zu erkennen. Die gescheiterte Vertragsänderung, auch wenn sie durch Schweigen bzw. Untätigbleiben des Käufers erfolgte, hat bereits von Käuferseite her deutlich gemacht, dass er nicht mit einer gelieferten Mindermenge vorlieb nehmen wolle. Dem Verkäufer wird demnach spätestens im Zeitpunkt des Untätigbleibens auf sein Schuldabänderungsangebot bewusst, dass er mit der offen angebotenen Mindermenge das Schuldverhältnis nicht vollständig erfüllen konnte und weiterhin zur Lieferung der Restmenge verpflichtet ist. Dementsprechend muss dem Verkäufer infolge des ablehnenden Käuferverhaltens auf sein Angebot hin offenkundig sein, weitere Dispositionen treffen zu müssen, die die endgültige Abwicklung des Schuldverhältnisses fördern. Ebenfalls fraglich erscheint der Zweck des Beweissicherungsinteresses. Da der Verkäufer das in der Lieferung des negativen Quantums beinhaltende Schuldabänderungsangebot offen in Lieferschein und Rechnung deklarierte, hat er keinen Bedarf der Beweissicherung hinsichtlich der gelieferten Quantitätsabweichung i.S.v. § 434 III Alt. 2 BGB. Der der Genehmigungsfiktion zu Grunde liegende Sinn und Zweck wird auch in diesem Punkt nicht erreicht.

624 Siehe zu dem gesamten Absatz: C. I.

Letztlich ist jedoch auf Grund der nicht gegebenen Schutzwürdigkeit des Verkäufers eine zulasten des Käufers wirkende Genehmigungsfiktion im Falle des Scheiterns einer Schuldabänderung durch offen in den Begleitpapieren ausgewiesene quantitative Minuslieferung, die als vollständige Erfüllung des Vertrags getätigt wurde, Letzterem nicht aufzuerlegen. Durch die offene Deklarierung des Verkäufers unter zusätzlichem Hinweis, es handle sich bei der Mindermenge um ein Vertragsänderungsangebot, weiß er, dass er nicht vertragsgemäß leistet. Anders ist ein der Lieferung implizierter Vertragsänderungswillen nicht zu erklären. Insbesondere sind durch die zusätzlich zur offen deklarierten Minuslieferung geforderten Umstände, die eindeutig auf ein Vertragsänderungsangebot schließen lassen, anderweitige Fehler des Verkäufers – etwa ein Verschreiben auf dem Lieferschein oder einem Irrtum bzgl. des geschuldeten Quantums[625] – ausgeschlossen. Zwar ist durch die Kenntnis der gelieferten Fehlmenge dem Verkäufer keine Arglist i.S.v. § 377 V HGB zu unterstellen und wird bei einem Vertragsänderungsangebot auch nur selten vorkommen. Allerdings ist er auf Grund seiner Kenntnis nicht mehr schützenswert, durch eine Mängelrüge des Käufers respektive durch die Genehmigungsfiktion des § 377 II, III Hs. 2 HGB über eine nicht vertragsgemäße Leistung informiert bzw. durch Präklusion der Käuferrechte zu seinen Gunsten bevorteilt zu werden.

(cc) Ergebnis

Wie bereits dargestellt, umfasst die Situation der offen ausgewiesenen Minuslieferung, die zugleich als vollständiger Erfüllungsversuch und Schuldabänderungsangebot des Verkäufers an den Käufer zu werten ist, nicht den Normzweck der Genehmigungsfiktion des § 377 II, III Hs. 2 HGB. Somit sind derart offen deklarierte Minderlieferungen i.S.d. § 434 III Alt. 2 BGB zwar zu rügen, wenn eine Vertragsänderung seitens des Käufers abgelehnt wird. Unterbleibt sie jedoch, sind die Wirkungen der Genehmigungsfiktion teleologisch zu reduzieren. Der mit Vertragsänderungswillen liefernde Verkäufer fällt nicht unter den Schutzbereich des Telos von § 377 HGB, da er mit der quantitativen Fehllieferung den Wunsch zum Ausdruck bringt, das Schuldverhältnis mit der Leistung als erfüllt gelten lassen zu wollen.[626] Nach gescheiterter Vertragsänderung hat der Käufer weiterhin Anspruch auf Lieferung der Differenzmenge und muss bis zur Erfüllung desselben nicht den vollen Preis bezahlen.

---

625 So *Werner*, BB 1984, 221 (223).

626 Im Ergebnis für Vertragsänderungen auch *Menhofer*, S. 115; abl. *Werner*, BB 1984, 221 (224).

Sollte sich der Verkäufer darauf berufen, mit der offen deklarierten Minuslieferung kein Vertragsänderungsangebot abgegeben haben zu wollen, gilt das zur treuwidrigen Leistungserbringung Gesagte.[627] Der Käufer kann nach § 242 BGB den Einwand des widersprüchlichen Verhaltens (venire contra factum proprium) erheben, sollte der Verkäufer einen höheren Kaufpreis für die gelieferte negative Quantitätsabweichung verlangen.

2.) Pluslieferungen

Wird vom Verkäufer ein quantitatives Mehr als vertraglich vereinbart geliefert, finden die kaufrechtlichen Gewährleistungsrechte keine Anwendung. Vorbehaltlich eines Quantitätsmangels nach § 434 I BGB[628], ist mit der Lieferung des Plus der Vertrag nach § 362 BGB erfüllt. Das darüber hinausgehende zu viel gelieferte Quantum kann der Verkäufer nach § 812 I 1 Alt. 1 BGB als ohne Rechtsgrund geleistetes indebitum kondizieren, es sei denn § 814 BGB schließt dies aus. § 377 HGB – und damit einhergehende mögliche Rechtsfolgen durch eine Genehmigungsfiktion – findet keine Anwendung.[629]

Eine Unterscheidung in offene und verdeckte quantitative Mehrlieferungen ist dementsprechend nicht notwendig. Indes können offen deklarierte Pluslieferungen als Vertragsänderungsangebote des Verkäufers zu deuten sein.[630] Hierbei gilt das zu den Minuslieferungen entsprechend Gesagte. Insbesondere an die Annahme eines etwaigen Schuldabänderungsangebots sind strenge Voraussetzungen zu stellen. Der Käufer soll nicht durch vertragswidrige Lieferungen eines

---

627 Siehe oben D. IV. 1. b. bb. (1).

628 C. IV. 2. b. cc.

629 Röhricht/Graf von Westphalen/Haas/*Wagner*, HGB, § 377 Rn. 11; Oetker/*Koch*, HGB, § 377 Rn. 134; EBJS/*Müller*, HGB, § 377 Rn. 230; Heymann/*Emmerich/Hoffmann*, HGB, § 377 Rn. 122; MüKo-HGB/*Grunewald*, § 377 Rn. 112; GK-HGB/*Achilles*, § 377 Rn. 10; BeckOK-HGB/*Schwartze*, § 377 Rn. 22; *Oetker*, FS Canaris II, 313 (322). Vgl. bereits zur alten Rechtslage *Werner*, BB 1984, 221 (225); reine Mehrlieferungen ausschließlich über Vertrags- und Bereicherungsrecht ausgleichend *Mailänder*, ZHR 126 (1964), 89 (117).

630 So bereits für die Mehrlieferung von schnell verderbenden Rollmöpsen RG, LZ 1919, 966 (966 f.); vgl. weiter Hk-HGB/*Stöber*, § 377 Rn. 65; Koller/Kindler/Roth/Morck/*Roth*, HGB, § 377 Rn. 27b; Oetker/*Koch*, HGB, § 377 Rn. 134; GK-HGB/*Achilles*, § 377 Rn. 10; Saenger/Aderhold/Lenkaitis/ Speckmann/*Klein*, HaGesR, § 2 Rn. 177 aE; *Steinbeck*, Handelsrecht, § 35 Rn. 34; Vertragsänderung gänzlich abl. EBJS/*Müller*, HGB,§ 377 Rn. 231; *Oetker*, FS Canaris II, 313 (322 f.); vgl. aber auch Haag/Löffler/*Stadie*, HGB, § 377 Rn. 10, der bei offener Zuviellieferung eine Mängelrüge aus Klarstellungsgründen empfiehlt.

größeren Quantums Gefahr laufen, einen höheren Kaufpreis zahlen zu müssen, ohne eine Vertragsänderung zu wollen.[631]

Eine Vertragsänderung im Rahmen einer quantitativen Pluslieferung wird regelmäßig nicht ausdrücklich vereinbart werden.[632] Indes ist ein Annahmewillen des Käufers zumindest dann in Betracht zu ziehen, wenn er die Sache in Gebrauch nimmt bzw. verarbeitet[633] und sich dies auch auf das zu viel gelieferte Quantum bezieht.[634] Gleichwohl benötigt es dazu eines vorherigen Verkäuferantrags i.S.v. § 145 BGB. Kommt eine Vertragsänderung zu Stande, ist ein entsprechend des tatsächlich gelieferten Quantums erhöhter Kaufpreis zu zahlen.

V. Zusammenfassende Würdigung

Die Rechtsfolgen der Genehmigungsfiktion des § 377 II, III Hs. 2 HGB schließen sowohl bei Falschlieferungen als auch bei negativen Quantitätsabweichungen einheitlich die käufereigenen Gewährleistungsrechte des Kaufrechts aus. Infolge der Genehmigungsfiktion ist die minderwertige Aliudlieferung nicht mehr durch Nacherfüllung austauschbar und der volle vertraglich vereinbarte Kaufpreis zu zahlen. Durch Verzicht auf die Fiktionswirkung und damit einhergehender konkludenter Anfechtungserklärung der Tilgungsbestimmung kann der Verkäufer den durch ihn irrtümlich gesetzten Rechtsgrund beseitigen, sodass er das geleistete Aliud wieder herausverlangen kann und der ursprüngliche Erfüllungsanspruch des Käufers nach § 433 I 1 BGB wieder auflebt.

Bleibt eine höherwertige Falschlieferung ungerügt wird § 377 HGB teleologisch dahingehend reduziert, dass dem Verkäufer ein Wahlrecht zusteht, auf die

---

631 So auch Heymann/*Emmerich/Hoffmann*, HGB, § 377 Rn. 123; Baumbach/Hopt/*Hopt*, HGB, § 377 Rn. 19; Koller/Kindler/Roth/Morck/*Roth*, HGB, § 377 Rn. 27b; vgl. auch MüKo-HGB/*Grunewald*, § 377 Rn. 112; *Canaris*, HR, § 29 Rn. 74; vgl. ebenso *Oetker*, FS Canaris II, 313 (323), der eine „allenfalls konkludente Annahme des Käufers als kaum lösbares Problem" sieht. Ebenso *Hübner*, Handelsrecht, § 7 Rn. 606. Ausnahmsweise Vertragsänderung zulassend MüKo-BGB/*Westermann*, § 434 Rn. 49; vgl. zur alten Rechtslage bereits *Werner*, BB 1984, 221 (227).

632 Zur nachträglichen Vertragserweiterung: OLG Oldenburg, NJW-RR 1996, 1528 (1528 f.).

633 Koller/Kindler/Roth/Morck/*Roth*, HGB, § 377 Rn. 5b, 27b; Heymann/*Emmerich/Hoffmann*, HGB, § 377 Rn. 123, 33; vgl. auch *Mailänder*, ZHR 126 (1964), 89 (105); *Kindler*, Grundkurs, § 8 Rn. 85.

634 OLG Stuttgart, Urt. v. 08.02.2006 – 3 U 215/03, BeckRS 2006, 10647; OLG Hamm, BB 1978, 1748 (1748 f.); Baumbach/Hopt/*Hopt*, HGB, § 377 Rn. 19; *Oetker*, FS Canaris II, 313 (323).

Wirkungen der Genehmigungsfiktion zu bestehen oder zu verzichten. Entscheidet er sich für die erste Möglichkeit ist er weiterhin berechtigt, den vertraglich vereinbarten Kaufpreis zu fordern, es sei denn, es hat eine nachträgliche Vertragsänderung stattgefunden, was allerdings lediglich bei offener Meliuslieferung in Frage kommt und lediglich durch Konsens im Wege der allgemeinen Rechtsgeschäftslehre restriktiv zu handhaben ist. Allein auf konkludente Willenserklärungen der Parteien oder gar durch bloßes Schweigen auf eine offen deklarierte höherwertige Falschlieferung ist nicht abzustellen. Verzichtet der Verkäufer auf die Fiktionswirkung, gilt das für die minderwertige Aliudleistung entsprechend Gesagte.

Weitere Wahloptionen zur Schutzoptimierung des Verkäufers kommen im Rahmen der Meliuslieferung nicht in Betracht. Insbesondere ein verkäufereigener Mängelbeseitigungsanspruch gegen den Käufer ist weder de lege lata analog § 439 BGB noch de lege ferenda zu befürworten. Allerdings bietet die lex lata eine schutzoptimierende Lösung, die den Verkäufer effektiver und effizienter bei höherwertigen Falschlieferungen schützt, gleichzeitig aber die Interessen des Käufers nicht unangemessen benachteiligt: durch eine sachgerechtere Verteilung des Entreicherungsrisikos unter Berücksichtigung der unterlassenen Mängelrüge. Ab dem Zeitpunkt, in dem die Wirkung der Genehmigungsfiktion nach § 377 HGB eintritt, muss der Käufer – infolge nicht ordnungsgemäßer Untersuchung und Rüge – um die Anfechtbarkeit der vom Verkäufer irrtümlich gesetzten Tilgungsbestimmung wissen. Mit deren tatsächlicher Anfechtung durch den Verkäufer wird der Käufer analog § 142 II BGB so behandelt, als habe er den fehlenden Rechtsgrund der Lieferung bereits im Zeitpunkt der Genehmigungsfiktion positiv gekannt. Dadurch tritt rückwirkend ab diesem Moment verschärfte Haftung nach § 819 I BGB ein. Durch unverzügliche Anfechtungsfrist des Verkäufers (§ 121 BGB) und Ersatz des negativen Käuferinteresses (§ 122 BGB) sind die Risiken der Parteien begrenzt, die Interessen nichts desto trotz ausgiebiger geschützt.

Im Rahmen verdeckter Minuslieferungen gilt infolge der Genehmigungsfiktion ebenfalls Gewährleistungsausschluss, d.h. der Käufer ist zur Zahlung des vollen Kaufpreises verpflichtet und hat keinen Anspruch auf Lieferung der Differenzmenge. Im Rahmen offen deklarierter Fehlmengen ist zwischen bloßen Teilleistungen gem. § 266 BGB sowie gewährleistungsrechtlich relevanter Mindermengen nach § 434 III Alt. 2 BGB zu unterscheiden. Echte Teilleistungen nach § 266 BGB stellen subjektiv keinen vollständigen Erfüllungsversuch des Verkäufers dar, der objektiv vom Empfänger durch eindeutigen Hinweis zu erkennen ist. Dabei bleiben sämtliche Käuferansprüche erhalten. Demgegenüber stellen

Mindermengen i.S.d. § 434 III Alt. 2 BGB einen vollständigen Erfüllungsversuch dar. Dieser kann einerseits eine Vertragsänderung zur Folge haben, wobei die Regeln der allgemeinen Rechtsgeschäftslehre streng zu handhaben sind, sodass konkludente Willenserklärungen oder bloßes Schweigen allein keine vertragsgestaltende Wirkung nach sich ziehen. Sollte auf ein Vertragsänderungsangebot kein Konsens zu erzielen sein, ist § 377 HGB teleologisch zu reduzieren, sodass sich der Verkäufer nicht nachträglich auf ein etwaiges Unterlassen der Mängelrüge zu seinen Gunsten berufen kann. Weichen Lieferschein und Rechnung im Rahmen einer offenen Minuslieferung nach § 434 III Alt. 2 BGB voneinander ab, obliegt dem Käufer zwar eine Mängelrüge. Sollte der Verkäufer jedoch den höher ausgewiesenen Kaufpreis unter Berufung auf die Genehmigungsfiktion verlangen, steht dem Käufer der Einwand des „venire contra factum proprium" (§ 242 BGB) zu.

Quantitative Mehrlieferungen sind über das Bereicherungsrecht abzuwickeln. Bei offen deklarierter Pluslieferung ist unter strengen Voraussetzungen der allgemeinen Rechtsgeschäftslehre eine Vertragsänderung möglich.

E. Die Genehmigungsfiktion bei Falschlieferung und Quantitätsabweichung nach dem Übereinkommen der Vereinten Nationen über Verträge über den internationalen Warenkauf (UN-Kaufrecht)

Im internationalen Handelsverkehr über Waren kollidieren viele nationale Gesetze miteinander, sodass die Frage des anzuwendenden Rechts eine nicht unerhebliche Rolle spielt. Das internationale Privatrecht (IPR) enthält keine materiellen Regelungen, sondern beinhaltet Kollisionsnormen, die dem Zwecke dienen, das anzuwendende Recht zu bestimmen. Das Instrument der Rechtswahl eines nationalen Rechts ist für vertragliche Schuldverhältnisse nach Art. 3 Rom I-VO dabei von zentraler Bedeutung. Als kollisionsrechtliches Regelungssystem hat das IPR aber nicht zum Ziel, die einheitliche Abwicklung grenzüberschreitender Verträge über den Warenhandel zu gewährleisten.[635]

Um einheitliche Regeln für internationale Käufe zu schaffen, haben die Vertragsstaaten das Übereinkommen der Vereinten Nationen über Verträge über den internationalen Warenkauf (UN-Kaufrecht/CISG[636]) vereinbart. Als Ziel sollte damit der internationale Handel gefördert und rechtliche Hemmnisse, insbesondere durch Erhöhung der Rechtssicherheit, beseitigt werden.[637]

I. Anwendungsbereich

Das UN-Kaufrecht regelt das materielle Recht für Verträge, die den internationalen Kauf von Waren zum Gegenstand haben. Dabei werden die nationalen kaufrechtlichen Regelungen *automatisch* verdrängt, sofern die Voraussetzungen des

635 Vgl. zum gesamten Absatz *K. Schmidt*, HR, § 30 Rn. 18.

636 United Nations Convention on *Contracts* for the *International Sale* of *Goods* (CISG).

637 Staudinger/*Magnus*, CISG, 2013, Präambel Rn. 11; MüKo-BGB/*Huber*, Präambel CISG Rn. 1; Schlechtriem/Schwenzer/*Ferrari*, CISG, Präambel Rn. 7; Kröll/Mistelis/Viscasillas/*Mistelis*, CISG, Preamble Rn. 2; vgl. noch MüKo-BGB/*Martiny*, 6. Aufl., Anh. zu Art. 4 Rom I-VO, Rn. 9.

räumlich-persönlichen und des sachlichen Anwendungsbereichs gemäß Art. 1 ff. CISG sowie des zeitlichen Geltungsbereichs (Art. 100 CISG) erfüllt sind.[638]

1.) Sachlicher Anwendungsbereich

Die Konvention gelangt gemäß Art. 1 I Hs. 1 CISG sachlich zur Anwendung, wenn es sich um einen Kaufvertrag über Waren handelt. Dabei ist weder *„Kaufvertrag“* noch *„Ware“* im UN-Kaufrecht selbst definiert, sodass im Wege der vertragsautonomen Auslegung nach dem Sinn und Zweck des Übereinkommens die Rechtsbegriffe bestimmt werden müssen.[639] In den dispositiven Art. 30 ff. sowie Art. 53 ff. CISG werden die Pflichten von Verkäufer und Käufer näher ausgestaltet, sodass sich eine übereinkommensautonome Begriffsbestimmung ableiten lässt: Kaufvertrag i.S.d. CISG meint demnach einen Austauschvertrag, durch den der Verkäufer verpflichtet wird, Eigentum und Besitz an der Ware sowie gegebenenfalls Dokumente zu verschaffen, und der Käufer zur Abnahme und Bezahlung des Kaufpreises verpflichtet ist.[640] Waren i.S.d. CISG sind zur Zeit der Ablieferung bewegliche körperliche Sachen.[641]

Art. 2 CISG schließt bestimmte Warenarten aus, die nach der Definition unter den sachlichen Anwendungsbereich der Konvention fielen. Parallel zum deutschen Handelskauf gelangt nach Art. 2 lit. a) CISG der Kauf von Waren für den persönlichen Gebrauch nicht zur Anwendung des UN-Kaufrechts, um die nationalen Verbraucherschutzbestimmungen nicht zu unterlaufen und Verbraucherkäufe vorwiegend reine Inlandsgeschäfte darstellten.[642] Im Unterschied zum deutschen Recht stellt das UN-Kaufrecht nicht auf die Verbrauchereigenschaft

---

638 Vgl. jurisPK-BGB/*Münch*, CISG, Art. 1 Rn. 11; Staudinger/*Magnus*, CISG, 2013, Vor Art. 1 ff. Rn. 1; MüKo-HGB/*Benicke*, CISG, Art. 1 Rn. 1; BeckOK-BGB/*Saenger*, CISG, Vor Art. 1 Rn. 1; MüKo-BGB/*Huber*, Vor CISG Rn. 1; *Junker/Kamanabrou*, Vertragsgestaltung, § 9 Rn. 7.

639 Ferrari/Kieninger/Mankowski/*Saenger*, IVR, Art. 1 CISG Rn. 2; jurisPK-BGB/*Münch*, CISG, Art. 1 Rn. 26.

640 Staudinger/*Magnus*, CISG, 2013, Art. 1 Rn. 13 f.; Schlechtriem/Schwenzer/*Ferrari*, CISG, Art. 1 Rn. 13; MüKo-HGB/*Benicke*, CISG, Art. 1 Rn. 7; Soergel/*Lüderitz/Fenge*, CISG, Art. 1 Rn. 22; MüKo-BGB/*Huber*, CISG, Art. 1 Rn. 3.

641 Ferrari/Kieninger/Mankowski/*Saenger*, IVR, Art. 1 CISG Rn. 6 f.; Schlechtriem/Schwenzer/*Ferrari*, CISG, Art. 1 Rn. 34; Staudinger/*Magnus*, CISG, 2013, Art. 1 Rn. 42 ff.; Soergel/*Lüderitz/Fenge*, CISG, Art. 1 Rn. 21; MüKo-BGB/*Huber*, CISG, Art. 1 Rn. 13; MüKo-HGB/*Benicke*, CISG, Art. 1 Rn. 16 ff.

642 Sekretariatskommentar, Art. 2 Anm. 3; Staudinger/*Magnus*, CISG, 2013, Art. 2 Rn. 10; MüKo-HGB/*Benicke*, CISG, Art. 2 Rn. 2.

des Käufers, sondern ausschließlich auf den privaten Verwendungszweck desselben im Zeitpunkt des Vertragsschlusses ab. Wegen der nicht kontrollierbaren subjektiven Komponente ist daher die Erkennbarkeit für den Verkäufer als weiteres Kriterium für den Ausschluss des sachlichen Anwendungsbereichs erforderlich.[643]

Neben reinen Kaufverträgen über Waren erweitert Art. 3 CISG den sachlichen Anwendungsbereich des Übereinkommens noch auf Verträge, die neben der kaufrechtlichen Komponente zusätzliche Elemente aufweisen, namentlich in Abs. 1 Werklieferungsverträge, die noch herzustellende bzw. zu erzeugende Sachen beinhalten.[644]

2.) Räumlich-persönlicher Anwendungsbereich

Haben die Parteien einen Kaufvertrag über Waren i.S.d. Art. 1 I Hs. 1 CISG geschlossen, erfordert es weiterhin einen internationalen Bezug, damit das UN-Kaufrecht anwendbar ist. Das ist gemäß Art. 1 I Hs. 2 lit. a) CISG der Fall, wenn die Vertragspartner ihre Niederlassung zum Zeitpunkt des Vertragsschlusses in verschiedenen Vertragsstaaten haben oder nach lit. b), wenn die Regeln des internationalen Privatrechts zur Anwendung des Rechts eines Vertragsstaates führen[645], es sei denn, dieser hat gemäß Art. 95 CISG eine Erklärung über den Ausschluss von Art. 1 I lit. b) CISG abgegeben.[646]

Indes ist die grenzüberschreitende Lieferung der Ware ohne Bedeutung für den räumlich-persönlichen Anwendungsbereich.[647] Hauptanknüpfungspunkt des räumlichen Geltungsbereichs der Konvention ist demnach die Niederlassung der Vertragsparteien. Der Begriff wird in mehreren Vorschriften[648] verwendet,

---

643 OLG Hamm, IHR 2010, 59 (61); 2012, 241 (242); Schlechtriem/Schwenzer/*Ferrari*, CISG, Art. 2 Rn. 15 ff.; jurisPK-BGB/*Münch*, CISG, Art. 2 Rn. 21 ff.; Kröll/Mistelis/Viscasillas/*Sponheimer*, CISG, Art. 2 Rn. 15 f.; BeckOK-BGB/*Saenger*, CISG, Art. 2 Rn. 4 f.

644 OLG Oldenburg, IHR 2008, 112 (117); GK-HGB/*Achilles*, nach § 382, Art. 3 CISG Rn. 2; Soergel/*Lüderitz/Fenge*, CISG, Art. 3 Rn. 2; MüKo-BGB/*Martiny*, 6. Aufl., Anh zu Art. 4 Rom I-VO Rn. 54; Ferrari/Kieninger/Mankowski/*Saenger*, IVR, Art. 3 CISG Rn. 2.

645 BeckOK-BGB/*Saenger*, CISG, Art. 1 Rn. 8; MüKo-BGB/*Huber*, CISG, Art. 1 Rn. 39; Staudinger/*Magnus*, CISG, 2013, Art. 1 Rn. 58; MüKo-BGB/*Martiny*, 6. Aufl., Anh zu Art. 4 Rom I-VO Rn. 20, 26; Schlechtriem/Schwenzer/*Ferrari*, CISG, Art. 1 Rn. 62.

646 Soergel/*Lüderitz/Fenge*, CISG, Art. 1 Rn. 16; jurisPK-BGB/*Münch*, CISG, Art. 1 Rn. 67; Honsell/*Siehr*, CISG, Art. 1 Rn. 15.

647 MüKo-HGB/*Benicke*, CISG, Art. 1 Rn. 20; Schlechtriem/Schwenzer/*Ferrari*, CISG, Art. 1 Rn. 40; Bianca/Bonell/*Jayme*, CISG, Art. 1 Anm. 1.3; *Karollus*, UN-Kaufrecht, S. 28; aA: *Wang*, ZVglRWiss 87 (1988), 184 (186 f.).

648 Exemplarisch nur: Art. 10, 12, 20 II, 24 CISG.

jedoch nicht durch das Übereinkommen selbst definiert. Nach weitgehend einhelliger Auffassung meint Niederlassung den Ort, von dem aus die geschäftliche Tätigkeit tatsächlich und schwerpunktmäßig betrieben wird, wofür eine gewisse Dauer und Stabilität der Einrichtung sowie eine gewisse selbstständige Handlungskompetenz der Organisationshoheit erforderlich sind.[649] Nach einer ähnlichen im Vordringen befindenden Auffassung muss die Niederlassung nicht mit dem schwerpunktmäßigen Tätigkeitsort identisch sein, sondern es genügt eine physische Einrichtung, die nach außen am Wirtschaftsverkehr teilnimmt und auf gewisse Nachhaltigkeit angelegt ist.[650] Hinsichtlich des räumlichen Geltungsbereichs ist jedoch zu beachten, dass gemäß Art. 1 II CISG der Umstand der in verschiedenen Vertragsstaaten ansässigen Niederlassungen für beide Parteien zum Zeitpunkt des Vertragsschlusses objektiv erkennbar sein muss.[651] Dadurch soll verhindert werden, dass ein als reines Inlandsgeschäft erscheinendes Rechtsgeschäft sich nachträglich als solches mit internationalem Bezug erweist.[652]

In persönlicher Hinsicht stellt Art. 1 III CISG klar, dass es für die Anwendbarkeit des UN-Kaufrechts weder auf die Staatsangehörigkeit der Vertragspartner noch deren Eigenschaft als Kaufleute ankommt, sondern lediglich auf die Niederlassung der Parteien bzw. deren gewöhnlicher Aufenthalt nach Art. 10 lit. b) CISG, falls keine Niederlassung existiert. Des Weiteren spielt die in verschiedenen Rechtsordnungen unterschiedliche Abgrenzung von Handelsrecht zum bürgerlichen oder allgemeinen Zivilrecht keine Rolle für den Anwendungsbereich der Konvention.[653]

---

649 OLG Stuttgart, IHR 2001, 65 (66); Tribunale di Rimini, 26.11.2002, CISG-online Nr.737; Tribunale di Padova, 11.01.2005, CISG-online Nr. 967; Tribunale di Padova, IHR 2005, 31 (32); Staudinger/*Magnus*, CISG, 2013, Art. 1 Rn. 63; *Siehr*, RabelsZ 52 (1988), 587 (590, Fn. 10). Vgl. zum EKG noch BGH, NJW 1982, 2730 (2731).

650 OLG Hamm, IHR 2010, 59 (61); MüKo-BGB/*Huber*, CISG, Art. 1 Rn. 26; Schlechtriem/Schwenzer/*Ferrari*, CISG, Art. 1 Rn. 46; BeckOK-BGB/*Saenger*, CISG, Art. 1 Rn. 10; *Piltz*, UN-Kaufrecht, § 2 Rn. 77 ff.

651 BeckOK-BGB/*Saenger*, CISG, Art. 1 Rn. 22; Staudinger/*Magnus*, CISG, 2013, Art. 1 Rn. 74 f.; GK-HGB/*Achilles*, nach § 382, Art. 1 CISG Rn. 8; *Herber/Czerwenka*, CISG, Art. 1 Rn. 20; Honsell/*Siehr*, CISG, Art. 1 Rn. 29; *Karollus*, UN-Kaufrecht, S. 29; *Siehr*, RabelsZ 52 (1988), 587 (591). Auf subjektive Kenntnis abstellend: Bianca/Bonell/*Jayme*, CISG, Art. 1 Anm. 2.4; *Loewe*, UN-Kaufrecht, S. 21.

652 Sekretariatskommentar, Art. 1 Anm. 9; Kröll/Mistelis/Viscasillas/*Mistelis*, CISG, Art. 1 Rn. 46; *Czerwenka*, S. 135.

653 MüKo-HGB/*Benicke*, CISG, Art. 1 Rn. 44 f.; Soergel/*Lüderitz/Fenge*, CISG, Art. 1 Rn. 24; Staudinger/*Magnus*, CISG, 2013, Art. 1 Rn. 123 ff.; Ferrari/Kieninger/Mankowski/*Saenger*, IVR, Art. 1 CISG Rn. 26; Schlechtriem/Schwenzer/*Ferrari*, CISG, Art. 1 Rn. 59 f.

3.) Vorrang der Privatautonomie

Ist der Anwendungsbereich des UN-Kaufrechts eröffnet, ist es den Parteien nach Art. 6 CISG gleichwohl im Wege der Privatautonomie möglich, die Anwendung der Konvention im Ganzen auszuschließen oder einzelne Vorschriften inhaltlich zu ändern, sofern diese dispositiv sind.[654]

II. Voraussetzungen der Untersuchungs- und Rügeobliegenheit nach Art. 38, 39 CISG

Der Geltendmachung von Gewährleistungsrechten auf Grund der Lieferung mängelbehafteter Ware ist im UN-Kaufrecht ebenso wie im deutschen Handelskaufrecht eine Untersuchungs- und Rügeobliegenheit des Käufers gemäß Art. 38, 39 CISG vorgeschaltet. Nach Art. 35 I CISG hat der Verkäufer die Ware in Menge, Qualität und Art, in einer den Anforderungen des Vertrags entsprechenden Weise zu liefern. Dem Wortlaut nach sind somit sämtliche Vertragsabweichungen innerhalb einer angemessenen Frist, jedenfalls aber vor Ablauf einer Zweijahresfrist nach tatsächlicher Übergabe der Ware samt eventueller Dokumente, unter genauer Bezeichnung der Vertragswidrigkeit zu rügen.[655]

1.) Form, Inhalt, Frist

Die Mängelrüge ist dabei an keine bestimmte Form gebunden, kann also schriftlich, mündlich oder auch elektronisch erfolgen.[656] Lediglich hinsichtlich der Sprache ist zu beachten, dass mangels anderweitiger Vereinbarungen, zwischen den Parteien entstandener Gepflogenheiten sowie nach Art. 9 CISG relevanter Gebräuche, die Rüge in der von den Vertragsparteien gewählten Sprache zu

---

654 MüKo-HGB/*Benicke*, CISG, Art. 6 Rn. 19; Schlechtriem/Schwenzer/*Ferrari*, CISG, Art. 6 Rn. 5 ff.; BeckOK-BGB/*Saenger*, CISG, Art. 6 Rn. 1; MüKo-BGB/*Huber*, CISG, Art. 6 Rn. 1, 25 ff.; Staudinger/*Magnus*, CISG, 2013, Art. 6 Rn. 8 ff.

655 *Ferrari*, ZSR 2006, 533 (533 f.); ausf. zur Untersuchungs- und Rügefrist im UN-Kaufrecht: *Benicke*, FS Uni Gießen, 373 ff.; vgl. auch ausf. zur Ausschlussfrist des Art. 39 II CISG: *Gildeggen/Willburger*, IHR 2016, 1 ff.

656 *Magnus*, TranspR-IHR 1999, 29 (31). Etwas anderes könne gelten, wenn eine der Vertragsparteien ihre Niederlassung in einem Vorbehaltsvertragsstaat gemäß Art. 96 CISG habe, dazu *Freiburg*, IHR 2005, 56 (62); Soergel/*Lüderitz/Schüssler-Langeheine*, CISG, Art. 39 Rn. 10; MüKo-HGB/*Benicke*, CISG, Art. 39 Rn. 11; *Mangal*, S. 181. Zu Recht anderer Ansicht: *Ferrari*, ZSR 2006, 533 (538 ff.); MüKo-BGB/*Gruber*, CISG, Art. 39 Rn. 21; nunmehr auch Staudinger/*Magnus*, CISG, 2013, Art. 39 Rn. 52.

äußern ist, jedenfalls aber für den Empfänger in verständlicher Sprache gehalten sein muss.[657]

Inhaltlich muss die Rüge ausreichend spezifiziert sein, d.h. die Art der zu rügenden Vertragswidrigkeit muss genau bezeichnet werden, sodass bloße pauschale Bemerkungen nicht ausreichend sind. Die Feststellung der hinreichenden Bestimmtheit obliegt letztlich der freien Würdigung des Tatrichters. Hintergrund der exakten Substantiierung ist zum einen, den Verkäufer hinreichend klar über die Art des Mangels in Kenntnis zu setzen, sodass er darauf reagieren kann. Zum anderen, dass der Käufer durch zu allgemeine Mängelangaben in die Lage versetzt wird, nachträglich entdeckte Mängel nachzuschieben.[658] Im Rahmen von gelieferten Quantitätsabweichungen hat der Käufer den quantitativen Umfang der vertragswidrigen Ware so genau zu bezeichnen, dass der Verkäufer entsprechende Vorkehrungen bzgl. der Fehlmengenlieferung treffen kann.[659]

Hinsichtlich der einzuhaltenden Frist ist dezidiert zwischen Untersuchungs- und Anzeigefrist zu unterscheiden. Gemäß Art. 38 I CISG ist die Ware dabei innerhalb einer so kurzen Frist zu untersuchen, wie es die Umstände erlauben. Allerdings kommt ihr keine eigenständige Bedeutung zu, sondern sie legt mit ihrem Ablauf den Zeitpunkt fest, in dem die Mängelanzeigefrist gem. Art. 39 I CISG zu laufen beginnt. Erst nach rügelosem Ablauf dieser Anzeigefrist tritt die Genehmigungsfiktion im UN-Kaufrecht ein.[660] Sowohl Untersuchungs- als auch Anzeigefrist richten sich in erster Linie nach den konkreten Umständen des Einzelfalls. War der konkrete Mangel durch ordnungsgemäße Untersuchung nicht erkennbar, beginnt die Anzeigefrist sodann mit der tatsächlichen Entdeckung

---

657 OGH Wien, IHR 2002, 73 (74); *Ferrari*, ZSR 2006, 533 (541); Staudinger/*Magnus*, CISG, 2013, Art. 39 Rn. 51; *Mangal*, S. 181.

658 BGH, NJW-RR 1997, 690 (691); *Schlechtriem/Schmidt-Kessel*, EWiR Art. 39 CISG 1/1997, 653 f.; *Magnus*, TranspR-IHR 1999, 29 (31 f.); *Karollus*, UN-Kaufrecht, S. 126; *Günther*, Liber Amicorum Buxbaum, 235 (240); GK-HGB/*Achilles*, nach § 382, Art. 39 CISG Rn. 3; jurisPK-BGB/*Baetge*, CISG, Art. 39 Rn. 8 ff.; Honsell/*Magnus*, CISG, Art. 39 Rn. 9.

659 Vgl. OLG Koblenz, IHR 2003, 172 (174); LG Erfurt, IHR 2001, 200 (201); LG Köln, IHR 2007, 162. GK-HGB/*Achilles*, nach § 382, Art. 39 CISG Rn. 5; *Günther*, Liber Amicorum Buxbaum, 235 (238); *Herber/Czerwenka*, CISG, Art. 39 Rn. 7; *Piltz*, UN-Kaufrecht, § 5 Rn. 93, 95. Weniger strenge Anforderungen stellen: Staudinger/*Magnus*, CISG, 2013, Art. 39 Rn. 25, „ungefährer quantitativer Umfang"; Brunner/*Marti-Schreier*, CISG, Art. 39 Rn. 8.

660 *Günther*, Liber Amicorum Buxbaum, 235 (242); *Magnus*, TranspR-IHR 1999, 29 (31); *Ferrari*, ZSR 2006, 533 (547 f.); Staudinger/*Magnus*, CISG, 2013, Art. 39 Rn. 28 ff.; BeckOK-BGB/*Saenger*, CISG, Art. 39 Rn. 7.

des Mangels zu laufen. Der Zeitpunkt der Ablieferung ist – verglichen mit § 377 HGB – daher bedeutungslos.[661] Nach Ablauf von zwei Jahren seit der tatsächlichen Übergabe greift jedoch – vorbehaltlich vereinbarter verlängerter Garantiezeiten[662] – die Ausschlussfrist des Art. 39 II CISG.

Auf Grund der vielen unterschiedlichen Rechtstraditionen der Vertragsstaaten, besteht weiterhin Unsicherheit über die Bestimmung einer Fristlänge im Regelfall. Von einer pauschalisierten Regelfrist ist jedoch Abstand zu nehmen und auf den konkreten Einzelfall *„innerhalb einer angemessen Frist"* je nach Art, Umfang und Erkennbarkeit der Vertragswidrigkeit abzustellen.[663] Insbesondere ist die Etablierung der vom BGH – anfangs noch zögerlich – aufgegriffenen „Monatsfrist"[664] ein unnötig starrer Richtwert. Durch die häufige – oftmals obergerichtliche – Anwendung derselben[665], wurde dem internationalen Einheitsrecht ein wichtiges Maß an Flexibilität genommen, was jedoch auf Grund der großen Ansammlung verschiedener Rechtstraditionen eine unentbehrliche Charaktereigenschaft der Konvention darstellt.[666]

2.) Vertragswidrigkeit

Tritt infolge der Untersuchung der vom Verkäufer in Erfüllung des Kaufvertrags gelieferten Ware eine Vertragswidrigkeit zu Tage, ist diese nach Art. 39 I CISG zu rügen, sodass der Käufer seine in Art. 45 CISG aufgelisteten Gewährleistungsrechte geltend machen kann.[667] Eine zu rügende Vertragswidrigkeit bemisst sich nach Art. 35 CISG, der zentralen Sachmängelhaftungsvorschrift des Wiener

---

661 *Günther*, Liber Amicorum Buxbaum, 235 (243); *Herber/Czerwenka*, CISG, Art. 39 Rn. 9; vgl. auch Honsell/*Magnus*, CISG, Art. 39 Rn. 16 ff.

662 Dazu ausf. *Gildeggen/Willburger*, IHR 2016, 1 ff.

663 Ferrari/Kieninger/Mankowski/*Ferrari*, IVR, Art. 39 CISG Rn. 24; BeckOK-BGB/*Saenger*, CISG, Art. 39 Rn. 8; Schlechtriem/Schwenzer/*Schwenzer*, CISG, Art. 39 Rn. 16; Kröll/Mistelis/Viscasillas/*Kröll*, CISG, Art. 39 Rn. 54; Witz/Salger/Lorenz/*Salger*, CISG, Art. 39 Rn. 6.

664 BGHZ 129, 75 (85 f.); BGH, NJW-RR 2000, 1361 (1362); vgl. auch BGH, IHR 2004, 201.

665 OLG Dresden, IHR 2011, 185 (190); OLG Hamm, IHR 2010, 59 (63); OLG Oldenburg, IHR 2001, 112 (114); OLG Köln, VersR 1998, 1513 (1515); OLG Stuttgart, RIW 1995, 943 (944); aber auch LG Stuttgart, IHR 2010, 207 (208); Kantonsgericht Glarus, IHR 2010, 152 (153); Obergericht Appenzell Außerrhoden, IHR 2009, 251 (252); Obergericht Luzern, SJZ 1998, 515 (518).

666 So auch *Mangal*, S. 170 f.; jurisPK-BGB/*Baetge*, CISG, Art. 39 Rn. 21; *Ferrari*, RabelsZ 68 (2004), 473 (489 ff.).

667 *Piltz*, UN-Kaufrecht, § 5 Rn. 16; *Karollus*, UN-Kaufrecht, S. 124; *Schlechtriem/Schroeter*, UN-Kaufrecht, Rn. 402 ff.

Übereinkommens. Danach hat der Verkäufer Ware zu liefern, die in Menge, Qualität und Art sowie hinsichtlich Verpackung oder Behältnis den Anforderungen des Vertrages entspricht (Abs. 1). Der Verkäufer hat demnach in erster Linie Ware zu liefern, die hinsichtlich ihrer Beschaffenheit den Anforderungen des individuell von den Parteien ausgehandelten Vertrages oder mangels einer solchen Vereinbarung den Anforderungen nach Art. 35 II CISG entsprechen.[668] Auf Grund des einheitlichen Begriffes der Vertragswidrigkeit sind im UN-Kaufrecht neben den Verpackungsfehlern sowohl Schlechtlieferungen („Qualität") als auch Quantitätsabweichungen einschließlich Teillieferungen und Zuviellieferungen („Menge") ebenso wie Falschlieferungen („Art") von Art. 35 CISG umfasst. Die Rechtssicherheit profitiert dadurch, dass auf komplexe Differenzierungen im Rahmen der Vertragswidrigkeiten verzichtet wird.[669]

a) *Falschlieferung*

Trotz der vermeintlichen Klarheit des Vertragswidrigkeitenbegriffs in Art. 35 CISG, dessen Wortlaut jegliche Artabweichungen – und damit auch die Lieferung eines höherwertigen Melius[670] – umfasst, ist umstritten, ob die Lieferung eines *extremen* bzw. *krassen* Aliud eine zu rügende vertragswidrige Lieferung i.S.d. Art. 39 I i.V.m. Art. 35 CISG oder eine Nichtlieferung darstellt. Bei einem solchen Extremaliud handelt es sich um eine völlig andere Ware als die vom Käufer bestellte.

---

668 Honsell/*Magnus*, CISG, Art. 35 Rn. 1; Ferrari/Kieninger/Mankowski/*Ferrari*, IVR, Art. 35 CISG Rn. 1; MüKo-HGB/*Benicke*, CISG, Art. 35 Rn. 2; jurisPK-BGB/*Baetge*, CISG, Art. 35 Rn. 8, 11 ff.; Soergel/*Lüderitz/Schüßler-Langeheine*, CISG, Art. 35 Rn. 3.

669 BGHZ 132, 290 (296); BeckOK-BGB/*Saenger*, CISG, Art. 35 Rn. 2; Schlechtriem/Schwenzer/*Schwenzer*, CISG, Art. 35 Rn. 4; Kröll/Mistelis/Viscasillas/*Kröll*, CISG, Art. 35 Rn. 12 f.; Staudinger/*Magnus*, CISG, 2013, Art. 35 Rn. 7 f.; GK-HGB/*Achilles*, nach § 382, Art. 35 CISG Rn. 1 f.; *Kramer*, FS Honsell, 247 (251).

670 Vgl. *Mangal*, S. 188; *Ferrari*, ZSR 2006, 533 (556); *Resch*, ÖJZ 1992, 470 (474); Staudinger/*Magnus*, CISG, 2013, Art. 35 Rn. 9; *Schlechtriem*, Einheitliches UN-Kaufrecht, S. 59, 54; *Piltz*, UN-Kaufrecht, § 5 Rn. 31; aA wohl nur MüKo-BGB/*Gruber*, CISG, Art. 39 Rn. 4, Art. 38 Rn. 10 f., der erhebliche Unsicherheiten in der praktischen Anwendung sieht.

aa) *Vertragswidrigkeit i.S.d. Art. 35 CISG*

Überwiegend wird in Schrifttum[671] und Rechtsprechung[672] vertreten, dass sämtliche Falschlieferungen, weichen sie auch noch so extrem von der bestellten Ware ab, als vertragswidrige Lieferung nach Art. 35 CISG zu qualifizieren sind. Einzige Voraussetzung sei die Lieferung in Erfüllung des von den Parteien geschlossenen Kaufvertrages. Vereinzelt wird jedoch vertreten, das Identitätsaliud im Rahmen des Stückkaufs sei nicht von Art. 35 CISG erfasst und somit als Nichterfüllung des Vertrags auch nicht nach Art. 39 I CISG zu rügen.[673] Ferner vertritt *Resch*[674] eine vermittelnde Ansicht, indem er auch das Extremaliud von der Rügeobliegenheit als erfasst ansieht, es sei denn, der Verkäufer sei im Rahmen des Versendungskaufs seinen Individualisierungspflichten nach Art. 32 I CISG nicht nachgekommen.

bb) *Nichtlieferung*

Eine Gegenauffassung[675] lehnt hingegen die Rüge eines Extremaliud wegen untragbarer Ergebnisse gänzlich ab. Die Lieferung einer völlig anderen als der bestellten Ware sei überhaupt keine Lieferung und somit (noch) Nichterfüllung,

---

671 *Huber*, RabelsZ 43 (1979), 413 (483 f.); *Piltz*, UN-Kaufrecht, § 5 Rn. 30 aE, § 4 Rn. 34; *Bitter/Bitter*, BB 1993, 2315 (2320); *Freiburg*, IHR 2005, 56 (57). MüKo-BGB/*Gruber*, CISG, Art. 35 Rn. 4; Schlechtriem/Schwenzer/*Schwenzer*, CISG, Art. 35 Rn. 10; Ferrari/Kieninger/Mankowski/*Ferrari*, IVR, Art. 35 CISG Rn. 9; Staudinger/*Magnus*, CISG, 2013, Art. 35 Rn. 9; BeckOK-BGB/*Saenger*, CISG, Art. 35 Rn. 2; Soergel/*Lüderitz/Schüßler-Langeheine*, CISG, Art. 35 Rn. 5 f.; Kröll/Mistelis/Viscasillas/*Kröll*, CISG, Art. 35 Rn. 33; Brunner/*Boehm/Gottlieb*, CISG, Art. 35 Rn. 7; *Herber/Czerwenka*, CISG, Art. 35 Rn. 2; Enderlein/Maskow/Strohbach/*Enderlein*, CISG, Art. 35 Rn. 5; Honnold/*Flechtner*, CISG, Rn. 256.1; Witz/Salger/Lorenz/*Salger*, CISG, Art. 35 Rn. 7; *Welser*, UNCITRAL-Kaufrecht, 105 (111 f.); Schlechtriem/Schwenzer/*Müller-Chen*, CISG, Art. 45 Rn. 7; *Karollus*, UN-Kaufrecht, S. 105 f.; *Schlechtriem/Schroeter*, UN-Kaufrecht, Rn. 366; *Cetiner*, S. 78 f.

672 Grundsätzlich bejahend, allerdings für das krasse Aliud offen gelassen: BGHZ 132, 290 (296 f.). Vgl. weiter OGH Wien, TranspR-IHR 1999, 48 (49); OLG Düsseldorf, Urt. v. 21.04.2004 I-15 U 222/02, CISG-online Nr. 914; OLG Celle, IHR 2004, 106 (107).

673 MüKo-HGB/*Benicke*, CISG, Art. 35 Rn. 4.

674 *Resch*, ÖJZ 1992, 470 (472); ähnlich auch *Aicher*, Wiener Kaufrecht, 111 (123), der eine Ausnahme bewilligt, wenn die Ware nicht eindeutig mit Bezug auf einen bestimmten Vertrag identifiziert worden ist. Vgl. auch *Janssen*, S. 78.

675 Aus der Rechtsprechung: OLG Düsseldorf, NJW-RR 1994, 506; in einem obiter dictum wohl auch sympathisierend AG Viechtach, JurBüro 2002, 429 (430). Aus dem Schrifttum: *Neumayer*, RIW 1994, 99 (105); *Neumayer/Ming*, CISG, Art. 35 Anm. 3, Art. 39 Anm. 1; Doralt/*Bydlinski*, Diskussionsbeiträge zum Referat Welser, 133 (133, 137, 147); *Loewe*, IKR, S. 51; Bianca/Bonell/*Bianca*, CISG, Art. 35 Anm. 2.4.

denn die verkaufte Ware sei nicht geliefert, die Gelieferte nicht bestellt. Es sei nahezu absurd, dass jede beliebige Lieferung eine Rüge des Käufers nach sich ziehen solle. Dabei beziehen sich manche Vertreter des Weiteren auf die Ausführungen des Sekretariatsberichts, in dem es heißt: „[...] if the contract calls for the delivery of corn, the seller has not delivered if he provides potatoes“[676].

cc) Eigene Stellungnahme

Mit Recht geht die überwiegende Ansicht in Rechtsprechung und Literatur davon aus, jedwedes Aliud als Vertragswidrigkeit i.S.d. Art. 39 I i.V.m. Art. 35 CISG zu rügen. Als gesetzliche Ausnahme ist allein Art. 40 CISG von der Konvention vorgesehen, der dem Verkäufer das Berufen auf die nicht ordnungsgemäße Rüge versagt, wenn die Vertragswidrigkeit auf Tatsachen beruht, die der Verkäufer kannte oder über die er nicht in Unkenntnis sein konnte und sie dem Käufer nicht offenbarte. Daneben besteht kein Raum mehr, weitere Ausnahmen zuzulassen.[677]

(1) Vermeidung von Abgrenzungsschwierigkeiten

Zwar ist den Vertretern der Gegenauffassung zuzustimmen, dass die Abgrenzung von Aliud und Peius gewisse Schwierigkeiten in sich trage und das Problem der Unterscheidung durch Negierung nicht zu beseitigen sei.[678] Allerdings stellt Negierung nicht das gewählte Mittel dar, sondern die Gleichstellung von Aliud und Peius als Vertragswidrigkeit und damit einhergehend auf der Rechtsfolgenseite. Indes wird nicht verneint, dass Schlecht- und Falschlieferung zwei verschiedene Arten der vertragswidrigen Leistung sind, die jedoch die gleichen Rechtsfolgen nach sich ziehen.

Ferner führt die Gegenauffassung wiederum zu einer Abgrenzung von Aliud und Peius sowie innerhalb der Falschlieferung zur Unterscheidung zwischen nicht genehmigungsfähigen Alia und falscher Ware, die noch unter den Anwendungsbereich von Art. 35 CISG fällt. Es ist jedoch nicht einzusehen, weshalb eine Differenzierung nach dem Schweregrad der Artabweichung vorgenommen werden sollte, während umgekehrt eine solche bei klassischen Qualitätsfehlern nicht erfolgt.[679] Der Wortlaut des Art. 35 CISG ist eindeutig und gibt keinerlei

676 Sekretariatskommentar, Art. 29 Anm. 3.

677 *Freiburg*, IHR 2005, 56 (57); vgl. auch Ferrari/Kieninger/Mankowski/*Ferrari*, IVR, Art. 35 CISG Rn. 9; MüKo-BGB/*Gruber*, CISG, Art. 35 Rn. 4.

678 *Neumayer*, RIW 1994, 99 (105).

679 Vgl. auch *Huber*, RabelsZ 43 (1979), 413 (483 f.); *Freiburg*, IHR 2005,56 (57); GK-HGB/*Achilles*, nach § 382, Art. 35 CISG Rn. 2; Staudinger/*Magnus*, CISG, 2013,

Anhaltspunkte dafür, extreme Aliudlieferungen von dessen Anwendungsbereich und damit von einer Rüge nach Art. 39 I CISG auszunehmen.

(2) Entstehungsgeschichte und ratio legis

Historisch wollte man durch die Einführung des UN-Kaufrechts gerade vermeiden, dass Abgrenzungsschwierigkeiten, wie sie in vielen nationalen Gesetzen bestanden, ebenfalls im Rahmen der Konvention auftauchen.[680] Zwar ist zuzugeben, dass bei der historischen Auslegung ein gewisser Spielraum vorhanden ist, da das Vorgängermodell – das Haager Kaufgesetz (EKG) – in Art. 33 I lit. b) EKG Falsch- und Schlechtlieferung explizit gleichstellte. Die wörtliche Nichtübernahme ist jedoch kein Indiz für eine gewollte Abweichung im UN-Kaufrecht, zumal die Artabweichung als Vertragswidrigkeit in Art. 35 CISG ebenfalls genannt wird und die englische Originalfassung „description required by the contract" deutlich dafür spreche.[681]

Bianca[682] stützt seine Ansicht, ein Extremaliud stelle Nichtlieferung dar, auf eine betreffende Passage des Sekretariatsberichts[683]. Zwar sagt diese tatsächlich, dass es sich bei der Zurverfügungstellung von Kartoffeln anstatt des vertraglich vereinbarten Mais um eine Nichtlieferung des Verkäufers handle, hingegen die Lieferung von Mais dritter Güteklasse anstatt des bestellten Mais zweiter Güteklasse eine Lieferung i.S.d. Art. 31 CISG darstellen soll. Eine unmittelbare Bezugnahme zum eventuellen Rügeerfordernis oder zur Vertragsmäßigkeit fehlt allerdings und ist auch nicht in der Lieferpflicht des Verkäufers vorgesehen; vielmehr sind Lieferung und Vertragsmäßigkeit der Ware in systematischer und historischer Hinsicht strikt voneinander zu trennen.[684] Art. 30 CISG verpflichtet den Verkäufer dazu, die Ware zu liefern, die sie betreffenden Dokumente zu übergeben und das Eigentum an der Ware zu verschaffen. Für den Lieferbegriff

---

Art. 35 Rn. 9; BeckOK-BGB/*Saenger*, CISG, Art. 35 Rn. 2; MüKo-BGB/*Gruber*, CISG, Art. 35 Rn. 4; Vgl. auch Enderlein/Maskow/Strohbach/*Enderlein*, CISG, Art. 35 Rn. 5.

680 *Huber*, JBl. 1989, 273 (278); so auch *Benicke*, IPrax 1997, 326 (327 f.).

681 So auch *Schlechtriem*, Einheitliches UN-Kaufrecht, S. 57; vgl. weiter zur Entstehungsgeschichte UNCITRAL YB. Vol. IV (1973), 64; Vol. VII (1976), 91, 106 f.; ebenso Schlechtriem/Schwenzer/*Schwenzer*, CISG, Art. 35 Rn. 10; *Kromer*, S. 273 ff.; Brunner/*Boehm/Gottlieb*, CISG, Art. 35 Rn. 7; *Piltz*, UN-Kaufrecht, § 4 Rn. 34.

682 Bianca/Bonell/*Bianca*, CISG, Art. 35 Anm. 2.4.

683 Sekretariatskommentar, Art. 29 Anm. 3.

684 Honsell/*Ernst/Lauko*, CISG, Art. 30 Rn. 3 f., 9 f.; Brunner/*Dimsey*, CISG, Art. 30 Rn. 3; Witz/Salger/Lorenz/*Witz*, CISG, Art. 30 Rn. 10; *Schlechtriem/Schroeter*, UN-Kaufrecht, Rn. 343; *Aicher*, Wiener Kaufrecht, 111 (117).

in den Art. 30 ff. CISG ist allein entscheidend, dass der Verkäufer in Erfüllung eines bestimmten Kaufvertrages an den Käufer liefert, wofür die Vertragsmäßigkeit der Ware i.S.d. Art. 35 CISG – im Gegensatz zum früheren Art. 19 EKG[685] – keine zwingende Voraussetzung mehr ist.[686]

Trotz der missglückten Bemerkungen des UN-Sekretariats, die im Widerspruch zur Entstehungsgeschichte stehen, erfüllt der Verkäufer mit der Lieferung eines nicht vertragsmäßigen extremen Aliud dennoch seine Lieferpflicht aus den Art. 30 ff. CISG und die Abweichungen in der vereinbarten Beschaffenheit müssen vom Käufer als Vertragswidrigkeit gerügt werden. Eine Unterscheidung von Aliud und Peius würde – nach *Biancas* Ansicht – von einer nicht minder schwierigen Abgrenzung zwischen ordnungsmäßiger Lieferung und Nichtlieferung ersetzt.[687] Für die entsprechende Passage im Sekretariatsbericht gibt es nach der Entstehungsgeschichte keine Grundlage, denn Ziel der Konvention war es unter anderem die in den nationalen Rechten bestehenden Abgrenzungs- und Gefahrübergangsschwierigkeiten zu vermeiden und zu vereinheitlichen, was von den Bearbeitern des Sekretariatsberichts wohl nicht gesehen oder gar beabsichtigt worden war.[688]

---

685 Sekretariatskommentar, Art. 33 Anm. 2: „Under ULIS the seller had not fulfilled his obligation to *deliver the goods* where he handed over goods which failed to conform to the requirements of the contract in respect of quality, quantity or description.“

686 Im Gegensatz zur Nichtlieferung stellt der Sekretariatsbericht an dieser Stelle nun darauf ab, dass zur Erfüllung der Lieferpflicht des Verkäufers zumindest die allgemeine Beschreibung der Ware zutreffen muss, Sekretariatskommentar, Art. 33 Anm. 2: „[…] However, under this Convention, if the seller has handed over or placed at the buyer's disposal goods which meet the general description of the contract, he has *delivered the goods* even though those goods do not conform in respect of quantity or quality“. *Piltz*, UN-Kaufrecht, § 4 Rn. 35; *Cetiner*, S. 79; Brunner/*Dimsey*, CISG, Art. 30 Rn. 3; Schlechtriem/Schwenzer/*Widmer Lüchinger*, CISG, Art. 31 Rn. 33 f.; Witz/Salger/Lorenz/*Witz*, CISG, Art. 30 Rn. 10; *Benicke*, IPRax 1997, 326 (328); dazu auch UNCITRAL YB. Vol. III (1972), 33, wobei es dabei schwerpunktmäßig um das Vermeiden von Problemen ging, die das Erfordernis der Vertragsmäßigkeit in Fragen der Gefahrtragung verursachte.

687 Kröll/Mistelis/Viscasillas/*Kröll*, CISG, Art. 35 Rn. 33.

688 *Schlechtriem*, Einheitliches UN-Kaufrecht, S. 54 Fn. 240; *Huber*, RabelsZ 43 (1979), 413 (483 f. Fn. 121); *Kromer*, S. 274 ff.; Doralt/*Binder*, Diskussionsbeiträge zum Referat Welser, 133 (146), der anmerkt, dass die Konvention wegen der vormals bestehenden Abgrenzungswillkür zwischen Peius und Aliud jede vertragswidrige Lieferung der Rügeobliegenheit unterstellt und sich aus der Bemerkung des Sekretariatsberichts für die Lösung dieser Frage nichts gewinnen lässt.

Falschlieferungen sind gewöhnlich versehentliche Schuldnerleistungen, die etwa auf einer Verwechslung beruhen oder auf Grund des Vertauschens zweier Waren. Die Mängelrüge soll dazu beitragen, dass der Verkäufer schnellstmöglich von seiner vertragswidrigen Leistung informiert wird, woran er regelmäßig ein Interesse haben wird.[689] Gerade im internationalen Handel können die Distanzen aber sehr groß sein, sodass die Rüge hierbei als Mittel der Rechtsbereinigung große praktische Bedeutung erlangt. Beispielsweise ist die Rüge bei Vertragswidrigkeiten erforderlich, da der Verkäufer auf Grund des möglicherweise kostenintensiven Rücktransports ein Interesse daran hat zu erfahren, welches Gewährleistungsrecht der Käufer geltend machen will.[690] Die Förderung des guten Glaubens in den internationalen Handel und die Rechtssicherheit im internationalen Handelsverkehr sind dabei zentrale Leitideen des UN-Kaufrechts (Art. 7 CISG).[691] Nach einer erfolgten Lieferung an den Käufer soll dessen Recht auf Vertragsaufhebung so eingeschränkt wie möglich und gegenüber den übrigen in Betracht kommenden Rechtsbehelfen ultima ratio sein[692], da die Rückabwicklung von Verträgen Rücktransporte verursacht, die zumeist mit erheblichen logistischen Schwierigkeiten sowie Kosten verbunden sind.[693] Dieser Auswuchs des Grundgedankens nach Art. 7 CISG gilt jedoch generell für Lieferungen und damit auch generell für vertragswidrige, wozu neben Qualitäts- und Quantitätsfehlern[694] gemäß Art. 35 I CISG auch Artabweichungen gehören. Beim extremen Aliud folgen ebenfalls kostenintensive Rücktransporte und der Verkäufer hat ein Interesse daran zu erfahren, welches Gewährleistungsrecht der Käufer geltend machen will.

(3) Individualisierungspflichten beim Versendungskauf

Wertungsmäßig kommen die Vertreter der Gegenauffassung zu dem Ergebnis, dass die Subsumtion einer jedweden Aliudlieferung unter den Begriff der vertragswidrigen Lieferung zu absurden Ergebnissen führe.[695] *Neumayer*[696] fragt dazu beispielhaft, ob der Käufer haften solle, wenn das Extremaliud während des

689 *Niggemann*, Wiener Kaufrecht, 77 (86).

690 *Aicher*, Wiener Kaufrecht, 111 (120 f.); *Cetiner*, S. 79.

691 *Mangal*, S. 26 f., 7 f.

692 Aus neuester Rtspr. BGHZ 202, 258 Rn. 24; 132, 290 (298 f.).

693 *Aicher*, Wiener Kaufrecht, 111 (120 f.); vgl. auch *Kramer*, FS Honsell, 247 (252).

694 Siehe Sekretariatskommentar Art. 33 Anm. 2.

695 Doralt/*Bydlinski*, Diskussionsbeiträge zum Referat Welser, 133 (147); vgl. auch *Loewe*, UN-Kaufrecht, S. 51.

696 *Neumayer*, RIW 1994, 99 (105).

Transports Schäden erleide oder, ob er gar die Falschlieferung bezahlen müsse, wenn die Genehmigungsfiktion kraft Rügeversäumnis einträte. Insbesondere das Extremaliud sei daher nicht zu rügen und als versehentliche Zusendung unbestellter Ware zur Disposition des Verkäufers zu stellen.

Um die Befürchtungen von *Neumayer*, *Bydlinski* und *Loewe*[697] zu widerlegen, wird vereinzelt eine weitere Durchbrechung der Rügeobliegenheit des Käufers angenommen, namentlich beim Versendungskauf nach Art. 32 I CISG.[698] Hiernach soll die vom Käufer versäumte Mängelrüge nicht zu seinen Lasten wirken, wenn der Verkäufer bei der Übergabe der Ware an den Beförderer seine Individualisierungspflichten – d.h. die Zuordnung der Ware zum Vertrag durch deutlich angebrachte Kennzeichen, Beförderungsdokumente oder auf andere geeignete Weise – verletzt hat und dies für die Säumnis kausal war. Anderes könne nur gelten, wenn der Verkäufer trotz Verletzung der Individualisierungspflichten die Versendung der Ware angezeigt und dabei im Einzelnen bezeichnet hat.

Allerdings kann dem nur bedingt zugestimmt werden. Einerseits ergänzt Art. 32 I CISG die allgemeine Lieferpflicht des Verkäufers um weitere Nebenpflichten im Rahmen des Versendungskaufs. Die ratio legis dahinter beantwortet die Fragen *Neumayers*[699], ob der Käufer für Schäden, die die Ware während des Transports erleide, haften solle. Die in Art. 32 I CISG normierten Nebenpflichten sorgen bei deren Einhaltung – vorbehaltlich anderer Vereinbarungen – für den Gefahrübergang vom Verkäufer auf den Käufer mit ex nunc-Wirkung, Art. 67 II CISG.[700] Andernfalls trägt der Verkäufer weiterhin die Leistungsgefahr und dem Käufer stehen die Gewährleistungsrechte aus Art. 45 ff. CISG zur Verfügung.[701] Sollte die Ware mit Transportschäden beim Käufer ankommen und sich nicht feststellen lassen, ob der Schaden nach Anzeige der Versendung eingetreten ist,

---

697 Siehe Fn. 695 und Fn. 696.

698 So *Resch*, ÖJZ 1992, 470 (472); damit sympathisierend wohl auch *Aicher*, Wiener Kaufrecht, 111 (123); *Janssen*, S. 78.

699 Siehe Fn. 696.

700 MüKo-BGB/*Gruber*, CISG, Art. 32 Rn. 6; BeckOK-BGB/*Saenger*, CISG, Art. 32 Rn. 6; Honsell/*Ernst/Lauko*, CISG, Art. 32 Rn. 12; Witz/Salger/Lorenz/*Witz*, CISG, Art. 32 Rn. 6; Kröll/Mistelis/Viscasillas/*Piltz*, CISG, Art. 32 Rn. 11; vgl. auch *Wang*, ZVglRWiss 87 (1988), 184 (201).

701 Sekretariatskommentar, Art. 30 Anm. 3; Honsell/*Ernst/Lauko*, CISG, Art. 32 Rn. 5, 14; Schlechtriem/Schwenzer/*Widmer Lüchinger*, CISG, Art. 32 Rn. 10; Staudinger/*Magnus*, CISG, 2013, Art. 32 Rn. 14; MüKo-HGB/*Benicke*, CISG, Art. 32 Rn. 9; Brunner/*Lauterburg*, CISG, Art. 32 Rn. 2; Soergel/*Lüderitz/Schüßler-Langeheine*, CISG, Art. 32 Rn. 6; *Schlechtriem/Schroeter*, UN-Kaufrecht, Rn. 354.

liegt die Beweislast beim Verkäufer.[702] Andererseits sind in Art. 32 I CISG keine Anhaltspunkte ersichtlich, die bei Verletzung der Nebenpflicht eine Mängelrüge des Käufers nach Art. 39 I CISG entbehrlich machen.

Wegen der oftmals leicht zu erkennenden krassen Aliudlieferung ist dem Käufer aber wertungsmäßig eine Reaktion in Form der Mängelrüge gem. Art. 39 CISG zumutbar. Insbesondere wird er vor bösgläubigen Verkäufern durch Art. 40 CISG geschützt.[703] Des Weiteren ist der Käufer neben Art. 40 CISG im Rahmen des UN-Kaufrechts durch eine von Art. 44 CISG vorgesehene Exkulpationsmöglichkeit zusätzlich abgesichert, sofern er eine vernünftige Entschuldigung[704] für das Unterlassen der Anzeige beibringt.[705] Speziell die zuletzt genannten Rechtsbehelfe stellen ein geeignetes Gegenargument zu der Annahme der absurden und untragbaren Ergebnisse dar.

(4) Teleologische Reduktion auf Gattungsschulden

Schlussendlich vertritt *Benicke*[706] – ohne Angaben von Gründen –, dass einzig das Identitätsaliud beim Stückkauf nicht als Vertragswidrigkeit, sondern als Nichtlieferung zu qualifizieren sei. Die Materialien des UN-Kaufrechts äußern sich nicht zu Stückschulden[707], allerdings würde eine teleologische Reduktion

---

702 Schlechtriem/Schwenzer/*Widmer Lüchinger*, CISG, Art. 32 Rn. 8.

703 Vgl. OLG Zweibrücken, BeckRS 2009, 14256; *Karollus*, UN-Kaufrecht, S. 105 f.; *Mangal*, S. 27 f.; *Freiburg*, IHR 2005, 56 (57); *Piltz*, UN-Kaufrecht, § 4 Rn. 35, § 5 Rn. 101 ff.; Schlechtriem/Schwenzer/*Schwenzer*, CISG, Art. 35 Rn. 10; vgl. auch Soergel/*Lüderitz/Schüßler-Langeheine*, CISG, Art. 35 Rn. 5.

704 BGH, NJW 2006, 1343 Rz. 15: „Entschuldigt ist ein Verhalten des Käufers, das nach den Umständen des Einzelfalls billigerweise ein gewisses Verständnis und eine gewisse Nachsicht verdient. Dies ist namentlich dann der Fall, wenn der Verstoß gegen die [Rüge-] Obliegenheit [...] – insbesondere auch im Hinblick auf persönliche Umstände des Käufers – im Ergebnis so leicht wiegt, dass es einem Käufer im redlichen Geschäftsverkehr üblicherweise nachgesehen wird und deshalb billigerweise nicht die schwerwiegende Folge eines vollständigen Gewährleistungsausschluss rechtfertigt". Ebenso OLG Saarbrücken, IHR 2008, 55 (59); näher zur Exkulpationsmöglichkeit nach Art. 44 CISG: *Piltz*, UN-Kaufrecht, § 5 Rn. 106 ff. mwN.

705 MüKo-BGB/*Gruber*, CISG, Art. 35 Rn. 5; MüKo-HGB/*Benicke*, CISG, Art. 35 Rn. 4; Staudinger/*Magnus*, CISG, 2013, Art. 35 Rn. 9; so auch *Resch*, ÖJZ 1992, 470 (472); *Kircher*, S. 50 f.

706 MüKo-HGB/*Benicke*, CISG, Art. 35 Rn. 4.

707 Vgl. UNCITRAL YB Vol. VIII (1977), Diskussion zu Art. 19 des Entwurfs (der der Endfassung entspricht), S. 36 ff.; Sekretariatskommentar, Art. 33 (S. 31 f.); Ländervorschläge, Official Records, S. 71 (77); Diskussion des 14. Treffens der Ersten Kommission, Official Records, S. 307 (308 f.). *Lüderitz* und *Schüßler-Langeheine*

des Art. 35 CISG auf Gattungsschulden der Entstehungsgeschichte, vor allem aber dem Sinn und Zweck, Abgrenzungen zu vermeiden und unter anderem eine Gleichstellung von Stück- und Gattungsschulden sowie von Aliud und Peius konterkarieren, sodass eine Unterscheidung zwischen Gattungs- und Stückschuld bzw. Identitäts- und Qualifikationsaliud abzulehnen ist.[708]

b) *Quantitätsabweichung*

Im Gegensatz zum deutschen Kaufrecht, sind im Rahmen des UN-Kaufrechts sämtliche Quantitätsabweichungen zu rügen.[709] Darunter fallen neben den quantitativen Zuweniglieferungen[710] auch mengenmäßige Zuviellieferungen[711]. Unter zu rügenden mengenmäßigen Abweichungen i.S.d. Art. 35 CISG versteht die Konvention nicht nur, dass ein gewisses Quantum hinsichtlich Stückzahl, Gewicht, Volumen oder Maß bei der Lieferung unter- oder überschritten wird.[712] Auch Teillieferungen fallen darunter und sind nach Art. 39 I CISG zu rügen. Eine Differenzierung, wie sie das deutsche Bürgerliche Gesetzbuch (§ 434 III Alt. 2, § 266 BGB) vornimmt, fehlt.[713] Unstreitig sind verdeckte Quantitätsabweichungen

---

schließen daraus, dass Stückschulden im internationalen Handelsverkehr keine nennenswerte Rolle spielen würden, vgl. Soergel/*Lüderitz/Schüßler-Langeheine*, CISG, Art. 35 Rn. 6.

708 Vgl. Staudinger/*Magnus*, CISG, 2013, Art. 35 Rn. 9; Enderlein/Maskow/Strohbach/*Enderlein*, CISG, Art. 35 Rn. 5; *Herber/Czerwenka*, CISG, Art. 35 Rn. 2; Ferrari/Kieninger/Mankowski/*Ferrari*, IVR, Art. 35 CISG Rn. 9; MüKo-BGB/*Gruber*, CISG, Art. 35 Rn. 4; *Cetiner*, S. 80.

709 OLG Düsseldorf, Urt. v. 21.04.2004 I-15 U 222/02, CISG-online Nr. 914; LG Landshut, BeckRS 1995, 12347. Schlechtriem/Schwenzer/*Schwenzer*, CISG, Art. 39 Rn. 5, Art. 35 Rn. 8; Brunner/*Boehm/Gottlieb*, CISG, Art. 35 Rn. 5; Ferrari/Kieninger/Mankowski/*Ferrari*, IVR, Art. 35 CISG Rn. 7; Staudinger/*Magnus*, CISG, 2013, Art. 39 Rn. 10; Kröll/Mistelis/Viscasillas/*Kröll*, CISG, Art. 35 Rn. 19.

710 Schweizerisches BG, IHR 2004, 252; OLG Koblenz, IHR 2003, 172 (174); LG Tübingen, IHR 2003, 236 (236 f.).

711 Ontario Superior Court of Justice, IHR 2001, 46; LG Köln, IHR 2007, 162; vgl. auch OLG Rostock, IHR 2003, 19 (19 f.), das selbst bei offen in der Rechnung zu Tage tretender Zuvielleistung eine Rügeobliegenheit des Käufers bejahte. Vgl. auch *Witz/Wolter*, RIW 1995, 810 (813), die eine insoweit falsche Entscheidung des Cour de cassation (Urt. v. 04.01.1995) rügten.

712 Vgl. statt aller nur GK-HGB/*Achilles*, nach § 382, Art. 35 CISG Rn. 2.

713 BeckOK-BGB/*Saenger*, CISG, Art. 35 Rn. 2; Staudinger/*Magnus*, CISG, 2013, Art. 35 Rn. 9; Soergel/*Lüderitz/Schüßler-Langeheine*, CISG, Art. 35 Rn. 9; MüKo-BGB/*Gruber*, CISG, Art. 35 Rn. 6; Brunner/*Boehm/Gottlieb*, CISG, Art. 35 Rn. 5.

von Art. 39 I i.V.m. Art. 35 CISG umfasst.[714] Auch offene Pluslieferungen fallen als Vertragswidrigkeit unter den Anwendungsbereich der Rügeobliegenheit.[715] Lediglich für offen deklarierte negative Mengenfehler ist die Rügeobliegenheit des Käufers umstritten.

aa) Partielle Nichtlieferung und Teilverzug

Vereinzelt wird in der Literatur[716] vertreten, dass bei offen in den Dokumenten deklarierter Minuslieferung eine partielle Nichtlieferung und gegebenenfalls Teilverzug vorliege, sodass Art. 35 I CISG keine Anwendung finden könne. Dementsprechend seien offen ausgewiesene Mindermengen auch nicht gemäß Art. 39 I CISG zu rügen, da sich der Verkäufer jedenfalls analog zu Art. 40 CISG[717] der gelieferten Mindermenge bewusst gewesen ist.

bb) Vertragswidrigkeit nach Art. 35 CISG

Nach zutreffender herrschender Auffassung[718] handelt es sich bei offenen Quantitätsabweichungen ebenfalls um zu rügende Vertragswidrigkeiten. Zum einen ist vor dem Hintergrund eines einheitlichen kaufrechtlichen Regelungssystems eine klare Struktur bezüglich des Begriffs der Vertragswidrigkeit – wie sie die offen deklarierte Fehlmenge darstellt – zu begrüßen. Zum anderen ist der Käufer auch im Rahmen von Quantitätsabweichungen von Art. 40[719] und 44 CISG ausreichend geschützt, sodass es einer Ausnahme der zu rügenden Vertragswidrigkeiten nicht

---

714 MüKo-BGB/*Gruber*, CISG, Art. 35 Rn. 6; Kröll/Mistelis/Viscasillas/*Kröll*, CISG, Art. 35 Rn. 19; *Niggemann*, Wiener Kaufrecht, 77 (83); *Cetiner*, S. 74; für eine partielle Nichtlieferung nach Vorauszahlung des vollständigen Kaufpreises wohl Tribunal of International Commercial Arbitration at the Russian Federation Chamber of Commerce and Industry, Urt. v. 27.10.2005 – Case no. 132/2004, CISG-online Nr. 1503.

715 OLG Rostock, IHR 2003, 19 (19 f.).

716 Enderlein/Maskow/Strohbach/*Enderlein*, CISG, Art. 35 Rn. 3; Witz/Salger/Lorenz/*Salger*, CISG, Art. 35 Rn. 6; unklar *Rudolph*, Art. 35 CISG Rn. 8, die den Käufer im Zweifel jedoch als gut beraten ansieht, wenn er auch offen deklarierte Fehlmengen nach Art. 39 I CISG rügt.

717 Wenngleich zugegeben wird, dass Art. 40 CISG die Nichtoffenbarung voraussetzt, Enderlein/Maskow/Strohbach/*Enderlein*, CISG, Art. 35 Rn. 3.

718 OLG Rostock, IHR 2003, 19 (19 f.); Honsell/*Magnus*, CISG, Art. 35 Rn. 5; Ferrari/Kieninger/Mankowski/*Ferrari*, IVR, Art. 35 CISG Rn. 7; MüKo-BGB/*Gruber*, CISG, Art. 35 Rn. 7; Schlechtriem/Schwenzer/*Schwenzer*, CISG, Art. 35 Rn. 8; *Herber/Czerwenka*, CISG, Art. 35 Rn. 2; *Reinhart*, CISG, Art. 35 Rn. 2.

719 Durch Art. 40 CISG wegen der offenen Deklarierung lediglich dahingehend, dass sich der Verkäufer nicht auf die unterlassene Rüge berufen kann.

bedarf. Letztlich ist auch ein Angebot auf Vertragsänderung durch die offen deklarierte Minusleistung denkbar.[720]

III. Rechtsfolgen der Genehmigungsfiktion nach Art. 39 I CISG bei Falschlieferung und Quantitätsabweichung

Das im deutschen Recht des Handelskaufs zentrale Prinzip der Mitwirkung des Handelskäufers zur schnellen und endgültigen Abwicklung von Rechtsgeschäften auf Grund etwaiger mängelbehafteter Ware durch Untersuchung und Rüge (§ 377 HGB) ist ebenfalls im UN-Kaufrecht in Art. 38 und Art. 39 CISG kodifiziert. Dabei stellten die Rechtsfolgen einer nicht ordnungsgemäßen Mängelrüge durch den Käufer eine der größten Hürden bei der Ausarbeitung des Wiener Übereinkommens und die endgültige Regelung letztlich einen Kompromiss dar.[721] Zum einen wurde die Rügefrist im Vergleich zum EKG von *kurz* auf *angemessen* („within a reasonable time") entschärft[722], zum anderen wurde in Art. 39 II CISG ein absoluter Ausschluss der Geltendmachung von Käuferansprüchen nach zwei Jahren seit tatsächlicher Übergabe der Ware normiert.[723] Des Weiteren wurde dem Käufer eine Exkulpationsmöglichkeit in Art. 44 CISG eingeräumt, bei deren Erfüllung Minderung und Schadensersatzansprüche - mit Ausnahme für entgangenen Gewinn - trotz Genehmigungsfiktion erhalten bleiben.[724] Die Genehmigungsfiktion ist im UN-Kaufrecht von sehr großer Bedeutung, da an ihren Rechtsfolgen die meisten Käuferklagen in der Praxis scheitern.[725]

---

720 Offen gelassen von OLG Düsseldorf, NJW-RR 1993, 999 (1000); siehe dazu bereits die Ausführungen bei D. IV. 1. b. bb. (2).

721 *Resch*, ÖJZ 1992, 470 (474); *Schlechtriem/Schroeter*, UN-Kaufrecht, Rn. 403; MüKo-HGB/*Benicke*, CISG, Vor Art. 38, 39 Rn. 3; Staudinger/*Magnus*, CISG, 2013, Art. 39 Rn. 7 ff.; Honsell/*Magnus*, CISG, Art. 39 Rn. 4; Bianca/Bonell/*Sono*, CISG, Art. 39 Anm. 1.3 ff.; Honnold/*Flechtner*, CISG, Rn. 254.1; *Reitz*, Am. J. Comp. L. 36 (1988), 437 (457 ff.).

722 Dazu ausf. *Benicke*, FS Uni Gießen, 373 (376 ff.).

723 Dazu ausf. *Gildeggen/Willburger*, IHR 2016, 1 ff.

724 *Piltz*, UN-Kaufrecht, § 5 Rn. 101 ff., 106 ff.; *Karollus*, UN-Kaufrecht, S. 127 ff.; Schlechtriem/Schwenzer/*Schwenzer*, CISG, Art. 39 Rn. 2; *Schlechtriem*, Einheitliches Kaufrecht, S. 60 f.

725 *Schlechtriem/Schroeter*, UN-Kaufrecht, Rn. 404; *Bergsten*, IHR 2004, 163 ff.; vgl. auch Brunner/*Marti-Schreier*, CISG, Art. 39 Rn. 1; Staudinger/*Magnus*, CISG, 2013, Art. 39 Rn. 1; BeckOK-BGB/*Saenger*, CISG, Art. 39 Rn. 3; noch zum Haager Kaufrecht (Art. 38, 39 EKG): *Magnus*, Wiener Kaufrecht, 5 (18).

Im Gegensatz zur ratio legis des deutschen § 377 HGB sind die Art. 38 ff. CISG auf einen größeren Ausgleich von schützenswerten Interessen sowohl des Verkäufers als auch des Käufers angelegt. Freilich soll dem Verkäufer durch die Rüge des Käufers erleichtert werden, den Vertrag noch ordnungsgemäß zu erfüllen bzw. mögliche Schäden zu minimieren und Beweise für etwaige Prozesse zu sichern.[726] Die einheitsrechtliche Regelung handelt daher ebenfalls im Interesse des Verkehrsschutzes und der Rechtsklarheit.[727] Letztlich weist das UN-Kaufrecht dem vertragstreuen Käufer jedoch einen größeren Schutz zu, da es der Verkäufer selbst war, der vertragswidrige Leistungen erbracht hat, sodass sich die Regelungen der Konvention a priori als käuferfreundlicher als das deutsche Handelsrecht sowie das Haager Kaufrecht erweisen.[728]

1.) Grundregel

Bei Versäumung oder nicht ordnungsgemäßer Mängelrüge stellt Art. 39 I CISG grundsätzlich klar, dass sich der Käufer infolge der Genehmigungsfiktion nicht mehr auf die Vertragswidrigkeit der Ware berufen kann. Dabei ist festzuhalten, dass er – vorbehaltlich der Art. 40 und 44 CISG – alle ihm auf Grund des betreffenden Mangels zustehenden Rechtsbehelfe aus den Art. 45 ff. CISG verliert, namentlich Nachlieferung und -besserung, Minderung, Vertragsaufhebung und Schadensersatz.[729]

---

726 *Schlechtriem/Schroeter*, UN-Kaufrecht, Rn. 404; *Magnus*, TranspR-IHR 1999, 29 (30); *Resch*, ÖJZ 1992, 470 (474); *Ferrari*, ZSR 2006, 533 (535 f.); Staudinger/*Magnus*, CISG, 2013, Art. 39 Rn. 4 ff.; Brunner/*Marti-Schreier*, CISG, Art. 39 Rn. 1; Ferrari/Kieninger/Mankowski/*Ferrari*, IVR, Art. 39 CISG Rn. 3; BeckOK-BGB/*Saenger*, CISG, Art. 39 Rn. 3.

727 LG München I, IPRax 1990, 316 (317).

728 *Schlechtriem/Schroeter*, UN-Kaufrecht, Rn. 404; vgl. auch Brunner/*Marti-Schreier*, CISG, Art. 39 Rn. 3; MüKo-HGB/*Benicke*, CISG, Vor Art. 38, 39 Rn. 3; Bianca/Bonell/*Bianca*, CISG, Art. 38 Anm. 1.1; Soergel/*Lüderitz/Schüßler-Langeheine*, CISG, Art. 38 Rn. 3; Ferrari/Kieninger/Mankowski/*Ferrari*, IVR, Art. 39 CISG Rn. 1; aA *Reinhart*, CISG, Art. 39 Rn. 5.

729 OGH Wien, IHR 2008, 106 (108); OLG Koblenz, IHR 2014, 60 (64); *Karollus*, UN-Kaufrecht, S. 127; *Ferrari*, ZSR 2006, 533 (555); GK-HGB/*Achilles*, nach § 382, Art. 39 CISG Rn. 12; jurisPK-BGB/*Baetge*, CISG, Art. 39 Rn. 33; Kröll/Mistelis/Viscasillas/*Kröll*, CISG, Art. 39 Rn. 100.

2.) Falschlieferungen

Bleiben bei internationalen Kaufverträgen Falschlieferungen ungerügt, so stellt sich wie im deutschen Recht zum einen die Frage des vom Käufer zu zahlenden Kaufpreises sowie ein etwaiges Recht des Verkäufers, die falsch ausgelieferte Ware zurückzuverlangen. Je nach Wert des erbrachten Aliud divergieren die Parteiinteressen hinsichtlich Preis und Retour der Ware.

a) Gering- bzw. gleichwertige Aliudlieferung

Leistet der Verkäufer versehentlich[730] ein gering- bzw. gleichwertiges Aliud und versäumt es der Käufer dies zu rügen, so tritt bezüglich der vertragswidrigen Artabweichung die Genehmigungsfiktion gemäß Art. 39 I CISG ein.

aa) Kaufpreis

Völlig unstreitig hat der Käufer infolge der unterlassenen Rüge, den gesamten vertraglich vereinbarten Kaufpreis an den Verkäufer zu bezahlen, ohne dass ihm dabei irgendwelche gewährleistungsrechtlichen Behelfe zustünden oder er mit Gegenansprüchen aufrechnen könnte.[731] Das Recht auf Minderung oder Schadensersatz verbleiben ihm lediglich bei Vorbringen einer vernünftigen Entschuldigung für die Rügesäumnis gem. Art. 44 CISG.

bb) Herausgabeverlangen des Verkäufers

Demgegenüber ist es auch im UN-Kaufrecht denkbar, dass der Verkäufer ein Interesse daran hat, das an den Käufer gelieferte Aliud von diesem herauszuverlangen. Zwar wird es auch in der internationalen Handelspraxis selten vorkommen, dass nicht gerügte minderwertige Alia vom Verkäufer herausverlangt werden – zumal die Transportkosten auf Grund der weiteren Wege tendenziell höher ausfallen werden –, dennoch ist es aus Verkäufersicht zumindest denkbar.[732] Dabei ist – wie im deutschen Recht – ein Verzicht des Verkäufers auf die

---

730 Andernfalls kann sich der Verkäufer wegen Art. 40 CISG nicht auf die Genehmigungsfiktion berufen.

731 OLG Düsseldorf, NJW-RR 1993, 999 (1000). Schlechtriem/Schwenzer/*Schwenzer*, CISG, Art. 39 Rn. 30; MüKo-BGB/*Gruber*, CISG, Art. 39 Rn. 48; MüKo-HGB/*Benicke*, CISG, Art. 39 Rn. 13; Eckert/Maifeld/Mathiessen/*Mathiessen*, HdbKR, Rn. 1190; *Herber/Czerwenka*, CISG, Art. 39 Rn. 15; Enderlein/Maskow/Strohbach/*Enderlein*, CISG, Art. 39 Rn. 1; Witz/Salger/Lorenz/*Salger*, CISG, Art. 39 Rn. 11; Honnold/*Flechtner*, CISG, Rn. 259; *Piltz*, UN-Kaufrecht, § 5 Rn. 97.

732 Siehe bereits die Ausführungen zu D. III. 2. b.

Fiktionswirkungen des Art. 39 I CISG vonnöten. Dieser kann ausdrücklich, aber auch konkludent erfolgen, was insbesondere anzunehmen ist, wenn der Verkäufer das Aliud vorbehaltlos zurückgenommen und sich zur Lieferung der im Kaufvertrag geschuldeten Ware bereiterklärt hat.[733] Zu beachten ist allerdings, dass an den stillschweigenden Verzicht des Verkäufers hohe Anforderungen zu stellen sind. Die bloße Aufnahme von Verhandlungen über die vom Käufer verspätet gerügte Vertragswidrigkeit reicht dabei nicht aus.[734]

b) Höherwertige Meliuslieferung

Wird dagegen ein höherwertiges Melius bzw. eine qualitativ hochwertigere Ware geliefert, ist auch dieses als vertragswidrige Leistung gemäß Art. 39 I i.V.m. Art. 35 CISG zu rügen. Im Gegensatz zur gewöhnlichen minderwertigen Falschlieferung sind die Rechtsfolgen der Genehmigungsfiktion beim Melius jedoch umstritten.

Bei der *offenen* Meliuslieferung besteht weitestgehend Einigkeit darüber, dass die Zusendung des Verkäufers ein Angebot zur Vertragsänderung darstellt, welches jedoch auf Grund des Art. 18 I 2 CISG nur ausdrücklich und nicht durch Schweigen bzw. durch die Genehmigungsfiktion infolge verabsäumter Rüge angenommen werden kann.[735] Eine Vertragsänderung muss also – wie bereits für

---

733 OGH Wien, 05.07.2001, CISG-online Nr. 652; vgl. auch Tribunale di Forli, 11.12.2008, CISG-online Nr. 1788. Schlechtriem/Schwenzer/*Schwenzer*, CISG, Art. 39 Rn. 33; BeckOK-BGB/*Saenger*, CISG, Art. 39 Rn. 13; *Günther*, Liber amicorum Buxbaum, 235 (247 f.).

734 BGH, NJW 1999, 1259 (1261), der einen stillschweigenden Verzicht nach 15-monatigen Verhandlungen annahm, die lediglich die Höhe von Schadensersatzforderungen des Käufers zum Inhalt hatten; dazu auch *Escher*, RIW 1999, 495 (501). Demgegenüber wurde ein konkludenter Verzicht in einem Fall angenommen, als der Verkäufer auf die (versäumte) Anzeige erklärte, er werde „dafür geradestehen und ordentlich abwickeln", BGH, NJW 1997, 3311 (3312); zustimmend *Schlechtriem/Schmidt-Kessel*, EWiR Art. 39 CISG 3/97, 1079 (1080). Anders in einem ähnlich gelagerten Fall allerdings das Internationale Schiedsgericht der Bundeskammer der gewerblichen Wirtschaft in Österreich, SCH-4318 v. 15.06.1994, RIW 1994, 590 (591 f.) mit abl. Anm. *Schlechtriem*, RIW 1995, 592 (594).

735 MüKo-HGB/*Benicke*, CISG, Art. 52 Rn. 21; MüKo-BGB/*Huber*, CISG, Art. 52 Rn. 26; vgl. auch Kröll/Mistelis/Viscasillas/*Bach*, CISG, Art. 52 Rn. 31 f.; wegen Art. 29 CISG aber konkludente Annahme zulassend GK-HGB/*Achilles*, nach § 382, Art. 52 CISG Rn. 8; unter besonderen Umständen stillschweigende Annahme denkbar *Jametti Greiner*, Wiener Kaufrecht, 43 (51 f.). Unklar Staudinger/*Magnus*, CISG, 2013, Art. 52 Rn. 28.

das deutsche Recht vertreten[736] – durch Konsens der Vertragsparteien beschlossen werden.[737]

Demgegenüber ist die Leistung eines *verdeckten* Melius heftig umstritten. Insbesondere die Frage nach dem vom Käufer zu erbringenden Äquivalent rückt hierbei in den Mittelpunkt der Diskussion.

aa) Analoge Anwendung des Art. 52 II CISG

Ein erheblicher Teil des Schrifttums[738] spricht sich für eine analoge Anwendung des Art. 52 II CISG bei einem irrtümlich gelieferten Melius aus. Der Käufer habe danach die Möglichkeit, die höherwertige Falschleistung zurückzuweisen oder sie zu akzeptieren. Die Entscheidung für die erstgenannte Alternative habe zur Folge, dass weiterhin die vertraglich geschuldete Ware vom Verkäufer zu liefern sei, bei letztgenannter Variante müsse dann der höhere Kaufpreis analog Art. 52 II 2 CISG vom Käufer gezahlt werden. Dafür streite vor allem der Gedanke des UN-Kaufrechts, eine für typische Kaufrechtsfragen geschlossene einheitsrechtliche Gesetzessystematik zu bilden. Bei der Lieferung eines Melius handele es sich um eine solche Frage, sodass durch die analoge Anwendung des Art. 52 II CISG das Ausweichen auf nationale Bereicherungs- sowie Vindikationsansprüche oder Anfechtungsrechte und damit Wertungswidersprüche zum UN-Kaufrecht vermieden würden.[739] Die Ermittlung des vom Käufer zu zahlenden Gegenwerts bestimme sich primär nach einem etwa vorhandenen Listenpreis, hilfsweise nach dem Marktpreis, der zum Zeitpunkt des Vertragsschlusses für das Melius festgestellt werden könne (vgl. Art. 55 CISG).[740]

---

736 Siehe oben D. III. 3. a. cc. (3) (a) und dd.

737 Soergel/*Lüderitz/Schüßler-Langeheine*, CISG, Art. 52 Rn. 9; jurisPK-BGB/*Geiben*, CISG, Art. 52 Rn. 15 aE; vgl. auch *Jametti Greiner*, Wiener Kaufrecht, 43 (46).

738 Staudinger/*Magnus*, CISG, 2013, Art. 52 Rn. 29; Schlechtriem/Schwenzer/*Schwenzer*, CISG, Art. 39 Rn. 30; Schlechtriem/Schwenzer/*Müller-Chen*, CISG, Art. 52 Rn. 11; Brunner/*Altenkirch*, CISG, Art. 52 Rn. 9; Kröll/Mistelis/Viscasillas/*Kröll*, CISG, Art. 39 Rn. 101; *Resch*, ÖJZ 1992, 470 (474); MüKo-BGB/*Gruber*, CISG, Art. 39 Rn. 51 aE; *Herber/Czerwenka*, CISG, Art. 39 Rn. 15. Im Ergebnis auch *Ferrari*, ZSR 2006, 533 (556); Ferrari/Kieninger/Mankowsi/*Ferrari*, IVR, Art. 39 CISG Rn. 32 aE; wohl auch *Mangal*, S. 188.

739 Staudinger/*Magnus*, CISG, 2013, Art. 52 Rn. 29; Schlechtriem/Schwenzer/*Schwenzer*, CISG, Art. 39 Rn. 30; Schlechtriem/Schwenzer/*Müller-Chen*, CISG, Art. 52 Rn. 11; Brunner/*Altenkirch*, CISG, Art. 52 Rn. 9.

740 Brunner/*Altenkirch*, CISG, Art. 52 Rn. 9; Staudinger/*Magnus*, CISG, 2013, Art. 52 Rn. 29.

bb) Status quo des geschlossenen Vertrags

Andere lehnen eine Analogie des Art. 52 II CISG gänzlich ab.[741] Zwar stelle die irrtümliche Lieferung eines Melius wie die quantitative Zuviellieferung ebenfalls eine Vertragswidrigkeit nach Art. 35 CISG dar und sei deshalb zu rügen. Die gegenüber den allgemeinen Vorschriften über inhaltliche Vertragsänderungen deutlich reduzierten Anforderungen des Art. 52 II CISG, seien aber nicht entsprechend auf das Melius anzuwenden, da dieser eine Sondervorschrift zur vereinfachten Vertragsänderung bei Lieferung einer Übermenge sei und sich somit im Grunde schon nicht als analogiefähig darstelle. Dafür streite vor allem, dass die Kaufpreiserhöhung im Gegensatz zum größeren Quantum nicht proportional, sondern lediglich unter Rückgriff auf den Marktpreis oder anderen Wertbestimmungen – und damit losgelöst von der vertraglichen Äquivalenzentscheidung der Parteien – erfolgen könne.[742] Dies sei vom Telos des Art. 52 CISG jedoch nicht umfasst. Vielmehr ergebe sich durch die Genehmigungsfiktion die Vertragsmäßigkeit des Melius, sodass auch der vertragsgemäße Kaufpreis zu entrichten sei.[743]

Laut *Benicke* sei Art. 29 I und Art. 52 II CISG der Grundgedanke zu entnehmen, dass der Käufer ohne vertragliche Vereinbarung nicht zur Zahlung eines höheren Kaufpreises verpflichtet werden könne. Gleichzeitig aber auch, dass der Käufer die höherwertige Ware nicht zum vereinbarten Kaufpreis behalten dürfe.[744] Daher habe der Verkäufer das Recht, die Meliuslieferung wieder herauszuverlangen und die vertraglich geschuldete Ware zu liefern.[745] Der

741 MüKo-BGB/*Huber*, CISG, Art. 52 Rn. 26; BeckOK-BGB/*Saenger*, CISG, Art. 52 Rn. 5; jurisPK-BGB/*Geiben*, CISG, Art. 52 Rn. 15; Honsell/*Schnyder/Straub*, CISG, Art. 52 Rn. 42; GK-HGB/*Achilles*, nach § 382, Art. 52 CISG Rn. 8; MüKo-HGB/*Benicke*, CISG, Art. 52 Rn. 20; *Karollus*, UN-Kaufrecht, S. 78; Eckert/Maifeld/Mathiessen/*Mathiessen*, HdbKR, Rn. 1191; *Piltz*, UN-Kaufrecht, § 5 Rn. 97; Kröll/Mistelis/Viscasillas/*Bach*, CISG, Art. 52 Rn. 29 ff.

742 MüKo-HGB/*Benicke*, CISG, Art. 52 Rn. 20; jurisPK-BGB/*Geiben*, CISG, Art. 52 Rn. 15; MüKo-BGB/*Huber*, CISG, Art. 52 Rn. 26; *Karollus*, UN-Kaufrecht, S. 78.

743 Eckert/Maifeld/Mathiessen/*Mathiessen*, HdbKR, Rn. 1191 f.; *Karollus*, UN-Kaufercht, S.78; *Piltz*, UN-Kaufrecht, § 5 Rn. 97.

744 MüKo-HGB/*Benicke*, CISG, Art. 52 Rn. 22; aA: *Karollus*, UN-Kaufrecht, S. 78; *Piltz*, UN-Kaufrecht, § 5 Rn. 97; Eckert/Maifeld/Mathiessen/*Mathiessen*, HdbKR, Rn. 1191 f.

745 Siehe E. III. 2. a. bb.

Rückgabeanspruch könne dabei aus dem einheitlichen Kaufrecht hergeleitet werden, Art. 7 II CISG.[746]

cc) *Vermittelnde Ansicht*

Eine vermittelnde Ansicht vertreten *Lüderitz* und *Schüßler-Langeheine*, die grundsätzlich eine Analogie des Art. 52 II CISG verneinen. Ausnahmsweise solle eine Analogie jedoch zur Anwendung kommen, wenn feste Handelsklassen existieren, denen feste Marktpreise zugeordnet werden können und hierbei eine höhere Qualität geliefert wurde.[747]

dd) *Nacherfüllungsrecht des Verkäufers*

Einen ganz anderen Ansatzpunkt wählt *Lemkuhl*[748], der eine analoge Anwendung des Art. 52 II CISG ablehnt und den Käufer ebenfalls nur zur Zahlung des vereinbarten Kaufpreises verpflichten will. Allerdings habe der Verkäufer aus Art. 48 I CISG das Recht, die geschuldete Ware nachzuliefern oder das Melius im Wege der Nachreparatur zu verschlechtern, falls dies auf Grund der Beschaffenheit der Sache möglich sei. Die Kosten dafür trage ausschließlich der Verkäufer. Der Käufer habe eine Duldungspflicht, die sich ebenfalls aus Art. 48 I CISG ergebe. Duldet der Käufer die Nacherfüllung nicht, könne der Verkäufer sodann Schadensersatz nach den allgemeinen Regeln der Konvention gegen ihn geltend machen. Dieser habe sich in der Höhe an dem Differenzbetrag zwischen gelieferter und geschuldeter Ware zu orientieren.

ee) *Stellungnahme*

Den Stimmen, die eine analoge Anwendung des Art. 52 II 2 CISG auf irrtümlich verdeckte Meliuslieferungen infolge der Genehmigungsfiktion präferieren, ist nicht zuzustimmen. Zwar scheitert es nicht an der grundsätzlichen Analogiefähigkeit des Art. 52 II CISG[749], auch wenn die Vorschrift als Sonderbestimmung eine Ausnahmestellung zum Vertragsschlusssystem des UN-Kaufrechts einnimmt.[750]

---

746 MüKo-HGB/*Benicke*, CISG, Art. 52 Rn. 22; aA MüKo-BGB/*Huber*, CISG, Art. 52 Rn. 26, der auf nationales Recht ausweichen will.

747 Soergel/*Lüderitz/Schüßler-Langeheine*, CISG, Art. 52 Rn. 9.

748 *Lehmkuhl*, S. 118 ff.; *Lehmkuhl*, IHR 2003, 115 (116 f.).

749 So aber Eckert/Maifeld/Mathiessen/*Mathiessen*, HdbKR, Rn. 1191; GK-HGB/*Achilles*, nach § 382, Art. 52 CISG Rn. 8.

750 MüKo-BGB/*Huber*, CISG, Art. 52 Rn. 26; jurisPK-BGB/*Geiben*, CISG, Art. 52 Rn. 15; vgl. auch BeckOK-BGB/*Saenger*, CISG, Art. 52 Rn. 5; *Piltz*, UN-Kaufrecht, § 5 Rn. 33, 97; Honsell/*Schnyder/Straub*, CISG, Art. 52 Rn. 42.

Tatsächlich ist die Lehre, dass Ausnahmevorschriften restriktiv zu interpretieren und schon gar nicht analogiefähig seien, welche auf die römische Rechtsparömie *singularia non sunt extendenda* zurückgeht, überholt und durch eine *lege artis* praktizierte Anwendung der allgemeinen Auslegungsmethoden zu ersetzen.[751] Somit sind auch Ausnahmevorschriften – wie jede andere Norm – im Rahmen ihres Anwendungsbereichs, welcher naturgemäß eng ausfällt, einer Analogie zugänglich.[752] Die Norm des Art. 52 II CISG entfaltet ihre Wirkung erst im Zeitraum nach Vertragsschluss, nämlich in der Vertragsabwicklungsphase. Hierbei sind die essentialia negotii bereits durch Konsens bestimmt, darunter freilich auch die vertraglich von den Parteien zu erbringenden Leistungen. Art. 52 II CISG weicht von diesem Grundprinzip der allgemeinen Rechtsgeschäftslehre insoweit ab, dass bei der Lieferung von Übermengen der Käufer bei Abnahme des zu viel geleisteten Quantums einen entsprechend des abgenommenen Plus erhöhten Kaufpreis zu bezahlen hat. Mit anderen Worten findet eine *automatische Vertragsanpassung* bzw. ein *verkürztes Vertragsänderungsverfahren ex lege* statt.

Die Übertragung einer proportionalen Kaufpreiserhöhung von positiven Quantitätsabweichungen zu Meliuslieferungen ist allerdings nicht möglich, da es im Widerspruch zu den bereits ausgehandelten Vertragsbestimmungen steht und daher nur schwerlich mit dem Grundsatz der Privatautonomie in Einklang zu bringen wäre. Im Gegensatz zum Melius wird Art. 52 II 2 CISG bei der Lieferung von Übermengen dadurch legitimiert, dass das Erhöhen des Kaufpreises respektive das Abweichen vom Vertrag nur *mittelbar kraft Gesetz* wirkt, da die von den Parteien getroffene Äquivalenzentscheidung nur im Verhältnis zum quantitativen Mehr abgeändert wird und damit immer noch auf Basis der Vertragsbestimmung. Dazu ein Beispiel:[753]

Ein Vertrag zwischen V und K wurde über die Lieferung von 1.000 Sack Zucker zu einem Stückpreis von 50 € pro Sack geschlossen (Gesamtpreis: 50.000 €). V verschiffte nun irrtümlich 1.200 Säcke des bestellten Zuckers an K. Nimmt K das zuviel gelieferte Quantum ab oder versäumt es gemäß Art. 39 I CISG zu rügen, ist er verpflichtet 60.000 € an V als Äquivalent zu zahlen.

---

751 *Kramer*, Methodenlehre, S. 224 ff.; so auch *Lieder*, WuB 2015, 573 (576); ausf. *Rosenkranz*, Jura 2015, 783 ff.

752 Im Ergebnis so auch *Lieder*, WuB 2015, 573 (576); *Rosenkranz*, Jura 2015, 783 (787 f.); *Bydlinski*, Methodenlehre, S. 440; *Larenz*, Methodenlehre, S. 355 f.; *Kramer*, Methodenlehre, S. 224 ff.

753 Beispiel angelehnt an: Honnold/*Flechtner*, CISG, Rn. 320.

Entgegen einiger Literaturstimmen[754] bietet dieser Grundgedanke des Art. 52 II CISG beim Melius gerade keine vergleichbare Lösung. Eine proportionale Anpassung des Kaufpreises ist nicht möglich, da sich die Höherwertigkeit nicht ohne weiteres wie bei Übermengen isolieren lässt und sich somit keine vergleichbare Vertragsbasis findet.[755] Es muss zwangsläufig auf Listen-, Marktpreise oder andere Wertbestimmungen zurückgegriffen werden, die alle losgelöst von der vertraglichen Äquivalenzentscheidung der Parteien festgesetzt werden. Nichts anderes ergibt sich für existierende Handelsklassen, denen ohne weiteres Marktpreise zugeordnet werden können.[756]

Überdies ist eine Analogie auch nicht notwendig. Nach der Systematik des UN-Kaufrechts ist die Lieferung qualitativ höherwertiger Ware immer eine Vertragswidrigkeit nach Art. 35 CISG. Wird diese nicht gerügt, gilt sie als genehmigt respektive vertragsgemäß. Daraus resultiert ebenfalls, dass der Käufer auch nur den vertragsgemäßen Kaufpreis erbringen muss. Somit bestehen weder ein Regelungsbedürfnis noch eine Regelungslücke, die eine Analogie rechtfertigen würden.[757]

Dennoch ist der Gegenansicht insoweit beizupflichten, dass das UN-Kaufrecht eine geschlossene Systematik für typische Kaufrechtsfragen und –probleme bilden soll. Der (Um-) Weg über den Rückgriff auf nationale, nicht vereinheitlichte Normen ist lediglich subsidiär.[758] Aber selbst für den Rückgabeanspruch des Melius ist der Rückgriff auf nationales Recht nicht notwendig. Zwar regelt das UN-Kaufrecht die Rückgabe nicht ausdrücklich. Nach Art. 7 II CISG kann eine solche jedoch aus den allgemeinen Grundsätzen, die dem Übereinkommen zugrunde liegen, hergeleitet werden. *Benicke* leitet aus den Art. 29 I und 52 II

---

754 Staudinger/*Magnus*, CISG, 2013, Art. 52 Rn. 29; Schlechtriem/Schwenzer/*Müller-Chen*, CISG, Art. 52 Rn. 11; Brunner/*Altenkirch*, CISG, Art. 52 Rn. 9; Schlechtriem/Schwenzer/*Schwenzer*, CISG, Art. 39 Rn. 30; Kröll/Mistelis/Viscasillas/*Kröll*, CISG, Art. 39 Rn. 101.

755 Kröll/Mistelis/Viscasillas/*Bach*, CISG, Art. 52 Rn. 29 f.; MüKo-HGB/*Benicke*, CISG, Art. 52 Rn. 20.

756 So aber Soergel/*Lüderitz/Schüßler-Langeheine*, CISG, Art. 52 Rn. 9; wie hier MüKo-HGB/*Benicke*, CISG, Art. 52 Rn. 20.

757 Eckert/Maifeld/Mathiessen/*Mathiessen*, HdbKR, Rn. 1191; vgl. auch GK-HGB/*Achilles*, nach § 382, Art. 52 CISG Rn. 8.

758 Staudinger/*Magnus*, CISG, 2013, Art. 52 Rn. 29; Brunner/*Altenkirch*, CISG, Art. 52 Rn. 9; Schlechtriem/Schwenzer/*Müller-Chen*, CISG, Art. 52 Rn. 11. Dem Grunde nach auch MüKo-HGB/*Benicke*, CISG, Art. 52 Rn. 22; *Lehmkuhl*, IHR 2003, 115 (116 f.); aA MüKo-BGB/*Huber*, CISG, Art. 52 Rn. 26; Eckert/Maifeld/Mathiessen/*Mathiessen*, HdbKR, Rn. 1192.

CISG ab, dass der Käufer ohne vertragliche Vereinbarung weder zur Zahlung eines höheren Kaufpreises verpflichtet werden kann noch die höherwertige Ware behalten könne.[759]

Dem kann nur im erstgenannten Punkt zugestimmt werden. Hinsichtlich des Behaltendürfens ist zu differenzieren: Vorbehaltlich des Art. 40 CISG – wobei im Gegensatz zu § 377 V HGB nicht Arglist, sondern im Rahmen des UN-Kaufrechts grob fahrlässige Unkenntnis ausreicht – sollte es dem Verkäufer möglich sein, auf die Wirkungen der Genehmigungsfiktion zu verzichten, sodass er das Melius unter Anbietung der ursprünglich geschuldeten Ware noch herausverlangen kann, aber gegebenenfalls auch in der Lage ist, die Zahlung des vertraglich vereinbarten Kaufpreises vorzuziehen.[760] Zwar ist zuzugeben, dass mit einer teleologischen Reduktion der Wirkungen des Art. 39 CISG in Form eines Verzichts etwas zurückhaltender umzugehen ist, da die konventionsrechtliche Norm im Vergleich zum deutschen § 377 HGB a priori käuferfreundlicher gestaltet wurde,[761] andererseits wirkt Art. 39 CISG dem Grunde nach ebenfalls verkäuferschützend, wenn auch restriktiver als § 377 HGB.[762] Der Käufer ist im Rahmen des Übereinkommens jedoch bereits auf Grund der niedrigeren Voraussetzungen des Art. 40 CISG im Vergleich zu § 377 V HGB geschützt. Aus Art. 39 CISG kann weiterhin hergeleitet werden, dass die Entscheidung über den Verzicht des Verkäufers innerhalb einer angemessenen Frist zu erfolgen hat, sodass eine temporäre Beschränkung den Käufer vor Spekulationen des Verkäufers schützt. Ist Art. 40 CISG einschlägig und der Käufer weist das Melius nicht direkt zurück, kann er die höherwertige Ware ohnehin zum vertraglich vereinbarten Äquivalent behalten.[763]

---

759 MüKo-HGB/*Benicke*, CISG, Art. 52 Rn. 22.

760 Vgl. ebenfalls *Piltz*, UN-Kaufrecht, § 5 Rn. 97 f.; BeckOK-BGB/*Saenger*, CISG, Art. 39 Rn. 13; bzgl. der Zahlung des vertraglich vereinbarten Preises auch: *Karollus*, S. 78; Eckert/Maifeld/Mathiessen/*Mathiessen*, HdbKR, Rn. 1192.

761 BeckOK-HGB/*Schwartze*, § 377 Rn. 101; Hk-HGB/*Stöber*, § 377 Rn. 87 aE; Oetker/*Koch*, HGB, § 377 Rn. 156; MüKo-BGB/*Gruber*, CISG, Art. 38 Rn. 6; MüKo-HGB/*Benicke*, CISG, Vor Art. 38, 39 Rn. 3; Straube/*Kramer*, HGB, §§ 377, 378 Rn. 5.

762 Vgl. Ferrari/Kieninger/Mankowski/*Ferrari*, IVR, Art. 39 CISG Rn. 1, 3; *Schlechtriem/Schroeter*, UN-Kaufrecht, Rn. 404; vgl. auch Brunner/*Marti-Schreier*, CISG, Art. 39 Rn. 3; Bianca/Bonell/*Bianca*, CISG, Art. 38 Anm. 1.1; Soergel/*Lüderitz/Schüßler-Langeheine*, CISG, Art. 38 Rn. 3; aA *Reinhart*, CISG, Art. 39 Rn. 5.

763 Schlechtriem/Schwenzer/*Müller-Chen*, CISG, Art. 52 Rn. 11 aE; Schlechtriem/Schwenzer/*Schwenzer*, CISG, Art. 39 Rn. 30; Brunner/*Altenkirch*, CISG, Art. 52 Rn. 9; vgl. auch Kröll/Mistelis/Viscasillas/*Kröll*, CISG, Art. 39 Rn. 101 aE.

Schlussendlich ist auch der Ansatz *Lehmkuhls*[764] abzulehnen. Eine Lösung über das Recht des Verkäufers auf zweite Andienung gemäß Art. 48 CISG bietet zwar den Vorteil, nicht auf nationales Recht ausweichen zu müssen. Allerdings streitet auch im internationalen Handelsverkehr gegen die verkäufereigene Nacherfüllung, dass die Käuferinteressen zu gering gewichtet werden[765], da dem Käufer zunächst eine Duldungspflicht auferlegt würde und er somit nur den Einwand der Unzumutbarkeit zur Hand hätte.[766] Andernfalls müsse er – so *Lehmkuhl* – Schadensersatz in Höhe der Wertdifferenz an den Verkäufer leisten.[767] Aber auch im internationalen Handel sind Kaufgeschäfte vielmals auf eine Weiterveräußerung der Ware angelegt, sodass ein bereits durch Nacherfüllung i.S.e. „Nachverschlechterung" des Verkäufers verändertes Handelsgut einen geringeren Weiterverkaufspreis aufweisen wird. Bei einer Lösung über Art. 48 CISG wird der Käufer im Endeffekt einen Weiterverkaufsgewinn verlustig gehen.[768] Des Weiteren ist bereits fraglich, ob die Form der „Nachverschlechterung" überhaupt praktische Bedeutsamkeit erlangen würde. Der Anwendungsbereich wäre auf einzelne, isoliert austauschbare Teile beschränkt, die die Höherwertigkeit ausmachen.[769] Für alle anderen Konstellationen müsste ohnehin auf die Form der Nachlieferung ausgewichen werden, die nur marginale Unterschiede zur hier bevorzugten Verzichtslösung aufweist, namentlich träfe den Käufer zusätzlich eine Schadensersatzpflicht an den Verkäufer bei Nichtduldung der Nacherfüllung nach Art. 48 CISG.[770]

3.) Quantitätsabweichungen

Im Unterschied zum deutschen Bürgerlichen Gesetzbuch werden vom UN-Kaufrecht jegliche Arten von Quantitätsabweichungen als zu rügende Vertragswidrigkeiten gemäß Art. 39 I i.V.m. Art. 35 CISG erfasst. Infolge der Rügesäumnis

---

764 *Lehmkuhl*, S. 118 ff.; *Lehmkuhl*, IHR 2003, 115 (116 f.).

765 Staudinger/*Magnus*, CISG, 2013, Art. 52 Rn. 29.

766 Dazu ausf. Schlechtriem/Schwenzer/*Müller-Chen*, CISG, Art. 48 Rn. 9 ff; Honsell/*Schnyder/Straub*, CISG, Art. 48 Rn. 19 ff., 25 ff.; Soergel/*Lüderitz/Schüßler-Langeheine*, CISG, Art. 48 Rn. 7 f.; BeckOK-BGB/*Saenger*, CISG, Art. 48 Rn. 6; jurisPK-BGB/*Geiben*, CISG, Art. 48 Rn. 8 ff.; Staudinger/*Magnus*, CISG, 2013, Art. 48 Rn. 13 ff.; MüKo-BGB/*Huber*, CISG, Art. 48 Rn. 5 ff.; MüKo-HGB/*Benicke*, CISG, Art. 48 Rn. 6 ff.

767 *Lehmkuhl*, S. 119; *Lehmkuhl*, IHR 2003, 115 (117).

768 Siehe bereits die Ausführungen zum deutschen Handelsrecht: D. III. 3. c. aa. (4). (b). und (5).

769 Siehe oben D. III. 3. c. aa. (4). (a). und (5).

770 *Lehmkuhl*, S. 119; *Lehmkuhl*, IHR 2003, 115 (117).

wirken sich die Rechtsfolgen der Genehmigungsfiktion daher sowohl auf Minus- als auch auf Pluslieferungen aus. Dabei erfolgt ebenfalls eine Differenzierung zwischen *verdeckten* und *offenen* Mengenabweichungen, die jedoch in beiden Varianten zu rügen sind.

a) Minuslieferungen

Für Zuwenig- bzw. Teillieferungen weist das UN-Kaufrecht neben der Einordnung als Vertragswidrigkeit in Art. 35 CISG und den in Art. 45 CISG aufgezählten allgemeinen Gewährleistungsrechten noch die spezielle Vorschrift des Art. 51 CISG auf, die sich auf teilbare Leistungen bezieht. Diese Sonderregelung stellt klar, dass sich bei unvollständiger oder nur teilweise vertragswidriger Leistung, bei der sich die Vertragswidrigkeit nur auf einen abgrenzbaren Teil der Lieferung bezieht, die allgemeinen Gewährrechte nach Art. 46–50 CISG lediglich auf den nicht vertragsgemäßen Teil beziehen[771] und der gelieferte Teil – anders als nach § 266 BGB – nicht zurückgewiesen werden kann.[772] Dies ändert zwar grundsätzlich nichts daran, dass Quantitätsabweichungen und Quantitätsmängel als Vertragswidrigkeit i.S.d. Art. 35 CISG gelten, sodass die Rügeobliegenheit besteht bzw. die Genehmigungsfiktion ebenso wirkt[773]. Art. 51 I CISG ordnet aber als Rechtsfolge für die Art. 46–50 CISG die Minimierung des Blickwinkels auf den fehlenden Teil an. Dadurch ist im Rahmen der o.g. Gewährleistungsrechte nicht von einer Vertragswidrigkeit, sondern von einer Nichtleistung – und zwar begrenzt auf den fehlenden Teil – auszugehen.[774]

---

771 *Schlechtriem/Schroeter*, UN-Kaufrecht, Rn. 472, 476 f.; *Karollus*, UN-Kaufercht, S. 159; Staudinger/*Magnus*, CISG, 2013, Art. 51 Rn. 7; Soergel/*Lüderitz/Schüßler-Langeheine*, CISG, Art. 51 Rn. 3; Brunner/*Altenkirch*, CISG, Art. 51 Rn. 5; GK-HGB/*Achilles*, nach § 382, Art. 51 CISG Rn. 1; *Stoffer*, IHR 2007, 221 (222).

772 BeckOK-BGB/*Saenger*, CISG, Art. 51 Rn. 3; jurisPK-BGB/*Geiben*, CISG, Art. 51 Rn. 3; Honsell/*Schnyder/Straub*, CISG, Art. 51 Rn. 30.

773 Wegen der Beschränkung der Untersuchung auf die Rechtsfolgen der Genehmigungsfiktion wird daher nicht weiter tiefergehend darauf eingegangen.

774 MüKo-BGB/*Huber*, CISG, Art. 51 Rn. 8; MüKo-HGB/*Benicke*, CISG, Art. 51 Rn. 4 ff.; Sekretariatskommentar, Art. 47 Anm. 2; Bianca/Bonell/*Will*, CISG, Art. 46 Anm. 2.1.1.1.; Honnold/*Flechtner*, CISG, Art. 51 Rn. 316; Enderlein/Maskow/Strohbach/*Enderlein*, CISG, Art. 51 Rn. 4; Schlechtriem/Schwenzer/*Müller-Chen*, CISG, Art. 51 Rn. 6; Honsell/*Schnyder/Straub*, CISG, Art. 51 Rn. 26 f.; Kröll/Mistelis/Viscasillas/*Bach*, CISG, Art. 51 Rn. 25.

aa) Verdeckte Minuslieferung

Bleiben in Lieferschein oder Rechnung vom Verkäufer nicht ausgewiesene Mindermengen vom Käufer ungerügt, bewirkt die Genehmigungsfiktion des Art. 39 I CISG, dass der Käufer den vollständigen vertraglich vereinbarten Kaufpreis zahlen muss.[775] Den Anspruch auf Lieferung der Fehlmenge kann er ebenfalls nicht mehr geltend machen.[776]

bb) Offene Minuslieferung

Auch die Lieferung von offen in den Begleitpapieren ausgewiesenen Fehlmengen ist von der Rügeobliegenheit umfasst[777] und infolge der Säumnis wirkt die Genehmigungsfiktion ebenfalls dahingehend, dass der Käufer Nacherfüllung, Vertragsaufhebung oder Schadensersatz nicht mehr geltend machen kann. Allerdings ist er lediglich verpflichtet den der offengelegten Menge entsprechend reduzierten Kaufpreis zu bezahlen, da sich der Verkäufer auf Grund des Art. 40 CISG nicht auf das volle vereinbarte Äquivalent berufen kann.[778] Andernfalls würde er sich wegen der offenen Deklarierung widersprüchlich verhalten.[779]

---

775 OLG Düsseldorf, NJW-RR 1993, 999 (1000); OLG Düsseldorf, Urt. v. 21.04.2004 I-15 U 222/02, CISG-online Nr. 914; OLG Saarbrücken, IHR 2010, 202 (206); LG Tübingen, IHR 2003, 236 (236 f.); ähnlich auch OLG Brandenburg, IHR 2014, 228 (230), das jedoch über einen Quantitätsmangel zu entscheiden hatte. Honsell/*Schnyder/Straub*, CISG, Art. 51 Rn. 29; MüKo-HGB/*Benicke*, CISG, Art. 51 Rn. 15; GK-HGB/*Achilles*, nach § 382, Art. 39 CISG Rn. 13; Staudinger/*Magnus*, CISG, 2013, Art. 39 Rn. 61; MüKo-BGB/*Gruber*, CISG, Art. 39 Rn. 48; Schlechtriem/Schwenzer/*Müller-Chen*, CISG, Art. 51 Rn. 8; Schlechtriem/Schwenzer/*Schwenzer*, CISG, Art. 39 Rn. 30; Ferrari/Kieninger/Mankowski/*Ferrari*, IVR, Art. 39 CISG Rn. 32; Kröll/Mistelis/Viscasillas/*Kröll*, CISG, Art. 39 Rn. 100 aE.

776 Vgl. statt aller nur MüKo-HGB/*Benicke*, CISG, Art. 39 Rn. 13; *Neumayer/Ming*, CISG, Art. 39 Anm. 4.

777 Anderer Ansicht Enderlein/Maskow/Strohbach/*Enderlein*, CISG, Art. 35 Rn. 3; Witz/Salger/Lorenz/*Salger*, CISG, Art. 35 Rn. 6; siehe bereits die Ausführungen oben E. II. 2. b. aa.

778 MüKo-HGB/*Benicke*, CISG, Art. 51 Rn. 15; Honsell/*Schnyder/Straub*, CISG, Art. 51 Rn. 29; MüKo-BGB/*Gruber*, CISG, Art. 39 Rn. 49; Schlechtriem/Schwenzer/*Müller-Chen*, CISG, Art. 51 Rn. 8.

779 MüKo-BGB/*Gruber*, CISG, Art. 39 Rn. 49 aE; vgl. wohl auch GK-HGB/*Achilles*, nach § 382, Art. 39 CISG Rn. 13.

Ein durch die offene Deklarierung unterbreitetes Angebot des Verkäufers zur Vertragsabänderung ist wegen Art. 29 I CISG nicht vollends auszuschließen.[780] Allerdings wird bloßes Schweigen oder Untätigbleiben des Käufers gemäß Art. 18 I 2 CISG nicht als Annahme ausreichen, sodass auch hierbei Konsens notwendig ist.[781]

b) Pluslieferung

Abweichend vom deutschen § 434 III BGB umfasst Art. 35 I CISG auch quantitative Pluslieferungen, die damit im Rahmen des UN-Kaufrechts als Vertragswidrigkeit gemäß Art. 39 I CISG zu rügen sind. Die Konvention enthält auch für rein mengenmäßige Zuvielleistungen neben den allgemeinen Gewährleistungsrechten mit Art. 52 II CISG eine Sondervorschrift, die – wie Art. 51 CISG – lediglich voraussetzt, dass der quantitativ überschießende Teil von der Restlieferung separiert werden kann.[782] Für untrennbare Pluslieferungen gelten die allgemeinen Gewährleistungsrechte, insbesondere Schadensersatz nach Art. 45 I lit. b), 74 CISG. Solange die Rügefrist noch nicht abgelaufen ist, obliegt es dem Käufer, ob er das gelieferte Plus zurückweist oder die Übermenge abnehmen will.[783] Die ordnungsgemäße Rüge genügt dabei als Zurückweisung des quantitativen

---

780 Offen gelassen OLG Düsseldorf, NJW-RR 1993, 999 (1000); vgl. auch MüKo-BGB/*Gruber*, CISG, Art. 39 Rn. 49; GK-HGB/*Achilles*, nach § 382, Art. 39 CISG Rn. 13.

781 Siehe bereits die Ausführungen zum offenen Melius: E. III. 2. b.

782 Honsell/*Schnyder/Straub*, CISG, Art. 52 Rn. 40a; vgl. auch MüKo-BGB/*Huber*, CISG, Art. 52 Rn. 14; MüKo-HGB/*Benicke*, CISG, Art. 52 Rn. 13; Schlechtriem/Schwenzer/*Müller-Chen*, CISG, Art. 52 Rn. 6; Kröll/Mistelis/Viscasillas/*Bach*, CISG, Art. 52 Rn. 25 ff., 40; Bianca/Bonell/*Will*, CISG, Art. 52 Rn. 2.2.1.; aA Staudinger/*Magnus*, CISG, 2013, Art. 52 Rn. 17.

783 So die ganz h.M.: OLG Rostock, IHR 2003, 19 (20); LG Köln, IHR 2007, 162. Bianca/Bonell/*Will*, CISG, Art. 52 Rn. 2.2.1. f.; Brunner/*Altenkirch*, CISG, Art. 52 Rn. 6; Enderlein/Maskow/Strohbach/*Enderlein*, CISG, Art. 52 Rn. 4; GK-HGB/*Achilles*, nach § 382, Art. 52 CISG Rn. 5; *Herber/Czerwenka*, CISG, Art. 52 Rn. 5; jurisPK-BGB/*Geiben*, CISG, Art. 52 Rn. 12; MüKo-BGB/*Huber*, CISG, Art. 52 Rn. 17, 24; *Neumayer/Ming*, CISG, Art. 52 Anm. 2; *Piltz*, UN-Kaufrecht, § 5 Rn. 33; *Karollus*, UN-Kaufrecht, S. 77. Nach leicht abweichender Auffassung soll die Zurückweisung noch bis zum Ablauf einer angemessenen Frist nach Absendung der Rüge möglich sein: MüKo-HGB/*Benicke*, CISG, Art. 52 Rn. 14 aE; Staudinger/*Magnus*, CISG, 2013, Art. 52 Rn. 24; Witz/Salger/Lorenz/*Salger*, CISG, Art. 52 Rn. 7. Die Abnahme als rein physische Entgegennahme ansehend: Honsell/*Schnyder/Straub*, CISG, Art. 52 Rn. 49.

Überschusses.[784] Nach versäumter Rüge tritt gemäß Art. 39 I CISG Genehmigungsfiktion ein und zwar unabhängig davon, ob es sich um eine *verdeckte* oder *offene* Zuviellieferung handelt.

aa) Verdeckte Pluslieferung

Bei der verdeckten Zuviellieferung bewirkt die Genehmigungsfiktion, dass auch der quantitativ überschießende Teil als abgenommen i.S.d. Art. 52 II CISG gilt. Damit hat der Käufer gemäß Art. 52 II 2 CISG auch die Mehrmenge entsprechend des vertraglich vereinbarten Preises zu zahlen.[785] Die Norm entfaltet somit novierende Wirkung hinsichtlich des zwischen den Parteien vereinbarten Vertrags, sodass zumindest in Verbindung mit der Genehmigungsfiktion des Art. 39 I CISG von einer Vertragsänderung respektive Vertragsmodifizierung – hinsichtlich Warenmenge und Preis – *ex lege* gesprochen werden kann.[786] Die vertragswidrige Lieferung hinsichtlich der erbrachten Übermenge gilt damit rückwirkend als behoben.[787] Ein Rückgabeanspruch des Verkäufers ist daher ebenfalls nicht mehr möglich. Ein mittlerweile abweichender Marktpreis hat keinen Einfluss auf die Preiserhöhung, welche sich ausschließlich proportional nach dem vertraglich vereinbarten Äquivalent richtet.[788] Allerdings kann sich der

---

784 BeckOK-BGB/*Saenger*, CISG, Art. 52 Rn. 6; GK-HGB/*Achilles*, nach § 382, Art. 52 CISG Rn. 5; jurisPK-BGB/*Geiben*, CISG, Art. 52 Rn. 13; Honsell/*Schnyder/Straub*, CISG, Art. 52 Rn. 40 aE; MüKo-BGB/*Huber*, CISG, Art. 52 Rn. 24.

785 Ontario Superior Court of Justice, IHR 2001, 46; LG Köln, IHR 2007, 162; für die offene Zuviellieferung auch OLG Rostock, IHR 2003, 19 (20). Soergel/*Lüderitz/Schüßler-Langeheine*, CISG, Art. 52 Rn 8; Honnold/*Flechtner*, CISG, Art. 52 Rn. 320; MüKo-BGB/*Gruber*, CISG, Art. 39 Rn. 51; Ferrari/Kieninger/Mankowski/*Ferrari*, IVR, Art. 39 CISG Rn. 32; *Piltz*, UN-Kaufrecht, § 5 Rn. 33, 97; BeckOK-BGB/*Saenger*, CISG, Art. 52 Rn. 8; Staudinger/*Magnus*, CISG, 2013, Art. 52 Rn. 25.

786 Sekretariatskommentar, Art. 48 Anm. 8; Staudinger/*Magnus*, CISG, 2013, Art. 52 Rn. 25; MüKo-BGB/*Huber*, CISG, Art. 52 Rn. 23; *Karollus*, UN-Kaufrecht, S. 77; *Loewe*, IKR, S. 74; Brunner/*Altenkirch*, CISG, Art. 52 Rn. 7; vgl. auch *Stoffer*, IHR 2007, 221 (223); unklar Witz/Salger/Lorenz/*Salger*, Art. 52 Rn. 8.

787 Ontario Superior Court of Justice, IHR 2001, 46; Schlechtriem/Schwenzer/*Müller-Chen*, CISG, Art. 52 Rn. 10; Brunner/*Altenkirch*, CISG, Art. 52 Rn. 7; *Stoffer*, IHR 2007, 221 (223).

788 OLG Saarbrücken, Urteil v. 13.01.1993 – I U 69/92, CISG-online Nr. 83; *Herber/Czerwenka*, CISG, Art. 52 Rn. 5; MüKo-HGB/*Benicke*, CISG, Art. 52 Rn. 19; MüKo-BGB/*Huber*, CISG, Art. 52 Rn. 25; Bianca/Bonell/*Will*, CISG, Art. 52 Rn. 2.2.2; GK-HGB/*Achilles*, nach § 382, Art. 52 CISG Rn. 7; *Neumayer/Ming*, CISG, Art. 52 Anm. 2; *Schlechtriem/Schroeter*, UN-Kaufrecht, Rn. 520.

Verkäufer wegen Art. 40 CISG nicht auf die Genehmigungsfiktion berufen, wenn er die Zuviellieferung kannte oder kennen musste.[789] So soll verhindert werden, dass Verkäufer bei negativem Marktpreisverlauf Käufern verdeckt größere Mengen liefern und auf eine Rügesäumnis spekulieren, um sie so zur Zahlung des höheren Vertragspreises zu verpflichten.[790] Umgekehrt ist die vorbehaltlose Abnahme des Käufers in Kenntnis der positiven Quantitätsabweichung bereits als bewusste (eventuell auch konkludente) Vertragsänderung anzusehen.[791]

bb) Offene Pluslieferung

Hat der Verkäufer das zuviel gelieferte Quantum offen in den Begleitpapieren deklariert, bewirkt die Rügesäumnis ebenfalls, dass die Mehrmenge als abgenommen gilt und der Kaufpreis entsprechend proportional zum vertraglich Vereinbarten erhöht wird.[792] Allerdings kann sich der Käufer hierbei nicht auf Art. 40 CISG hinsichtlich des Verkäufers berufen, da Letzterer die Übermenge offen in den Warendokumenten ausgewiesen hat.[793] Wegen der gesetzlichen Vertragsänderung ist ebenfalls ein Rückgabeanspruch des Verkäufers nach Eintritt der Genehmigungsfiktion gemäß Art. 39 I CISG respektive Abnahme i.S.d. Art. 52 II CISG nicht mehr möglich.

Eine von der gesetzlichen Vertragsmodifizierung des Art. 52 II CISG abweichende Vereinbarung der Parteien bleibt jedoch auf Grund des Vorrangs der

789 Schlechtriem/Schwenzer/*Müller-Chen*, CISG, Art. 52 Rn. 7; jurisPK-BGB/*Geiben*, CISG, Art. 52 Rn. 12; Staudinger/*Magnus*, CISG, 2013, Art. 52 Rn. 21.

790 So *Neumayer/Ming*, CISG, Art. 52 Anm. 2; Schlechtriem/Schwenzer/*Müller-Chen*, CISG, Art. 52 Rn. 7.

791 Ebenso Staudinger/*Magnus*, CISG, 2013, Art. 52 Rn. 20; *Loewe*, IKR, S. 74; ähnlich Soergel/*Lüderitz/Schüßler-Langeheine*, CISG, Art. 52 Rn. 8 aE, die im Zweifel Vertragsänderung annehmen. Auf den von einem gewöhnlichen Käufer zu erwartenden Widerspruch einschränkend und somit auf die Umstände des Einzelfalls abstellend: MüKo-HGB/*Benicke*, CISG, Art. 52 Rn. 16; jurisPK-BGB/*Geiben*, CISG, Art. 52 Rn. 13.

792 OLG Rostock, IHR 2003, 19 (19 f.); MüKo-BGB/*Gruber*, CISG, Art. 39 Rn. 51; Enderlein/Maskow/Strohbach/*Enderlein*, CISG, Art. 52 Rn. 4; MüKo-HGB/*Benicke*, CISG, Art. 52 Rn. 15, 19; Schlechtriem/Schwenzer/*Schwenzer*, CISG, Art. 39 Rn. 30, Art. 35 Rn. 8; GK-HGB/*Achilles*, nach § 382, Art. 52 CISG Rn. 5; *Karollus*, UN-Kaufrecht, S. 77.

793 OLG Rostock, IHR 2003, 19 (20); BeckOK-BGB/*Saenger*, CISG, Art. 52 Rn. 6; Schlechtriem/Schwenzer/*Müller-Chen*, CISG, Art. 52 Rn. 7; GK-HGB/*Achilles*, nach § 382, Art. 52 CISG Rn. 5; vgl. auch Staudinger/*Magnus*, CISG, 2013, Art. 52 Rn. 21.

Privatautonomie gem. Art. 6 CISG ohne weiteres möglich[794], sodass auf einen etwaigen Marktpreisverfall noch reagiert werden kann.

IV. Zusammenfassende Würdigung

Das UN-Kaufrecht als internationales Einheitsrecht für Warenkaufverträge mit internationalem Bezug enthält ebenfalls eine Untersuchungs- und Rügeobliegenheit (Art. 38, 39 CISG), bei deren Säumnis die Genehmigung der vertragswidrigen Ware fingiert wird. Dabei ist hervorzuheben, dass wesentliche Problemstellungen, die sich im deutschen nationalen Recht im Rahmen des § 377 HGB i.V.m. § 434 III BGB ergeben, weit weniger brisant oder gar völlig unstreitig sind.

Trotz des eindeutigen Begriffs der Vertragswidrigkeit in Art. 35 CISG ähneln sich die überschaubaren Problemkreise hinsichtlich Falschlieferungen mit dem deutschen Recht. Gemäß § 433 I 2 BGB hat der Verkäufer als kaufvertragliche Primärpflicht, die Sache frei von Sach- und Rechtsmängeln zu verschaffen. Nach § 377 I HGB obliegt dem Käufer dabei im Rahmen eines Handelskaufs, einen Mangel der abgelieferten Ware unverzüglich zu rügen. In § 434 III BGB werden die Lieferung einer falschen Sache und einer zu geringen Menge dem Sachmangel lediglich gleichgestellt, während Art. 35 I CISG dem Verkäufer als Primärpflicht auferlegt, Ware zu liefern, die in Menge, Qualität und Art den Anforderungen des Vertrags entsprechen. Dennoch werden extreme Aliudlieferungen auch im UN-Kaufrecht von einer Minderheit der Literaturstimmen als nicht rügepflichtige Nichtleistung angesehen. Gleiches gilt für offen ausgewiesene Minuslieferungen. Indes sieht der überragende Teil der Rechtsprechung und Literatur zu Recht sämtliche Falschlieferungen und Quantitätsabweichungen von der Untersuchungs- und Rügeobliegenheit der Art. 38, 39 CISG als erfasst an.

Infolge des Eintritts der Genehmigungsfiktion fällt auf, dass auch im Rahmen des UN-Kaufrechts die Lieferung von höherwertiger Ware bzw. eines Melius eine stark diskutierte Problematik einnimmt. Hierbei ist ebenfalls beizupflichten, dass der Käufer infolge der Genehmigungsfiktion lediglich den vereinbarten Vertragspreis zahlen muss und insbesondere eine Analogie des Art. 52 II CISG abzulehnen ist. Wegen Art. 7 II CISG ist aus den allgemeinen Regeln der Konvention jedoch herzuleiten, dass der Verkäufer – vorbehaltlich des Art. 40 CISG – die Möglichkeit hat, auf die Fiktionswirkung innerhalb einer angemessenen Frist zu verzichten und das Melius unter Anbietung der vertraglich geschuldeten

794 Honnold/*Flechtner*, CISG, Art. 52 Rn. 320; Honsell/*Schnyder/Straub*, CISG, Art. 52 Rn. 62; *Loewe*, IKR, S. 74; vgl. auch Staudinger/*Magnus*, CISG, 2013, Art. 52 Rn. 25 aE.

Ware, und somit ohne Umweg über nationales Bereicherungs-, Vindikations- oder Anfechtungsrecht, herauszuverlangen.

Bei verdeckten Minuslieferungen bewirkt die Genehmigungsfiktion die Zahlung des vollen Kaufpreises sowie die Präklusion der Gewährleistungsrechte aus Art. 45 CISG. Gleiches gilt für offen deklarierte Mindermengen. Allerdings kann der Verkäufer bei Letzteren nur den entsprechend zum gelieferten und offen dargelegten Quantum reduzierten Preis verlangen. Vertragsänderungen sind lediglich durch Konsens der Parteien möglich.

Quantitative Zuviellieferungen sind abweichend vom deutschen Recht ebenfalls rügepflichtig und gemäß Art. 35 CISG als Vertragswidrigkeit zu qualifizieren. Die Genehmigungsfiktion hat zur Folge, dass vom Käufer gemäß Art. 52 II CISG der entsprechend zum gelieferten Mehr proportional erhöhte Kaufpreis zu bezahlen ist und zwar unabhängig davon, ob es sich um verdeckte oder offene Pluslieferungen handelt. Diese Differenzierung entscheidet im Rahmen von Mehrlieferungen lediglich darüber, ob sich der Käufer auf Art. 40 CISG bei versäumter Rüge bzw. der Verkäufer sich auf die Genehmigungsfiktion berufen kann.

F. Schlussbetrachtungen

Die Genehmigungsfiktion als Folge der unterlassenen oder versäumten Mängelrüge gemäß § 377 HGB bzw. Art. 39 CISG ist auch in der heutigen Zeit ein zentrales und äußerst wichtiges Instrument des nationalen und internationalen Handelskaufs.

Die Behandlung von Falschlieferungen und Quantitätsabweichungen im Rahmen der Untersuchungs- und Rügeobliegenheit des Handelskäufers spiegelt dabei eine Thematik wider, die bereits im 19. Jahrhundert – noch unter der Geltung des ADHGB – heftig umstritten war und wozu bereits mehrere Entscheidungen des *Reichsoberhandelsgerichts*[795] ergingen. Dabei ging es noch vornehmlich um die generelle respektive entsprechende Anwendbarkeit der Untersuchungs- und Rügeobligenheit des damaligen Art. 347 ADHGB auf das Aliud und abweichende Mengen, da bis dato nur der qualitative Sachmangel vom Anwendungsbereich erfasst wurde.[796] Mit der Einführung des HGB und dessen – mittlerweile aufgehobenen – § 378 war der Streit um die generelle Anwendbarkeit der Untersuchungs- und Rügeobliegenheit auf Aliud- und abweichende Quantitätslieferungen durch den Verweis auf die Grundnorm des § 377 HGB zwar beendet. Allerdings sah § 378 Hs. 2 HGB a.F. einen objektiven Ausnahmetatbestand vor, der eine Rüge entbehrlich machte, wenn die Ablieferung des Aliud oder der Quantitätsabweichung offensichtlich von der Bestellung derart erheblich abwich, dass der Verkäufer eine Genehmigung des Käufers als ausgeschlossen betrachten musste.[797] Auf Grund der extremen Divergenz des gewährleistungsrechtlichen sechsmonatigen Verjährungsregimes, worunter der qualitative Sachmangel (Peius) fiel, zum allgemeinen dreißigjährigen Verjährungszeitraum, der das Aliud und die Mengenabweichungen umfasste, entschied das *Reichsgericht* im Jahr 1914 grundlegend[798], dass zumindest auf das Qualifikationsaliud beim Gattungskauf – wie beim Peius – , besonderes Gewährleistungsrecht anzuwenden ist.[799] Problematisch war dabei vor allem, dass die Grundnorm des § 377 HGB, welche die Rüge des Peius regelte, keinen Ausnahmetatbestand wie § 378 HGB a.F. beinhaltete, sodass

795 Zu Falschlieferungen: ROHGE 7, 409; 14, 367 (371); 19, 402 (403); zu Quantitätsabweichungen: ROHGE 2, 60 (61 f.); 4, 131 (134); 15, 411 (412).

796 Siehe oben B. II. 2.

797 Siehe oben B. II. 3.

798 RGZ 86, 90 („Kawamatta-Seide-Entscheidung“).

799 Siehe oben B. II. 3. a.

die – insbesondere beim Gattungskauf nahezu unmögliche – Differenzierung zwischen Aliud und Peius entscheidende Bedeutung hatte, um die Anwendbarkeit des richtigen Leistungsstörungsrechts und damit einhergehend des richtigen Verjährungsregimes festzustellen. Mit dieser höchstrichterlichen Entscheidung wurde der eigentlich vom historischen Gesetzgeber restriktiv gemeinte Ausnahmetatbestand des § 378 Hs. 2 HGB a.F. unbeabsichtigt konterkariert. Das *Regel-Ausnahme-Verhältnis* wurde im Laufe der Dekaden durch mehrere *BGH-Entscheidungen*[800] umgekehrt, indem man § 378 Hs. 2 HGB a.F. als Billigkeitskorrektiv nutzte, wenn Genehmigungsfiktion infolge unterlassener Rüge nach § 377 II HGB eingetreten sowie die sechsmonatige Verjährungsfrist gemäß § 477 BGB a.F. abgelaufen war. Als Rechtsfolge unterlag die Falschlieferung dann dem allgemeinen Leistungsstörungsrecht, das nach dem allgemeinen Verjährungsregime der §§ 194 ff. BGB a.F. erst nach dreißig Jahren nicht mehr durchsetzbar war.[801]

Durch die Schuldrechtsmodernisierung wurde die vormals enorme Rechtsunsicherheit, die insbesondere bei der Behandlung von Falschlieferungen und Quantitätsabweichungen im beiderseitigen Handelskauf bestand, weitestgehend entschärft. Insbesondere wurden allgemeine und besondere Verjährungsregeln zeitlich angepasst, sodass besonderes Gewährleistungsrecht gemäß § 438 I Nr. 3, II BGB n.F. nach zwei Jahren, allgemeines Leistungsstörungsrecht gemäß §§ 195, 199 I BGB n.F. nach drei Jahren verjährt. Des Weiteren wurde der alte § 378 HGB ersatzlos gestrichen. Die Gleichstellung von Aliud und Minus mit dem Sachmangel wurde im bürgerlichen Recht (§ 434 III BGB n.F.) ohne Ausnahmetatbestand verankert, was zur Folge hat, dass jegliche Falsch- und Zuweniglieferung als Mangel im weiteren Sinne gemäß § 377 I HGB zu rügen sind sowie dem kaufrechtlichen Gewährleistungsrecht unterstehen.[802] Lediglich die Lieferung einer quantitativen Übermenge ist als Übererfüllung nicht mehr im Gesetz zu finden und unterfällt damit auch nicht mehr der Untersuchungs- und Rügeobliegenheit des Handelskäufers.

I. Rechtspolitischer Ausblick

Nichts desto trotz besteht weiterhin noch Optimierungspotential sowohl hinsichtlich der Schnelligkeit, der Rechtsklarheit sowie der Rechtssicherheit im Handelsverkehr als auch bezüglich der zu schützenden Interessen von Verkäufer

800 BGH, BB 1953, 992; JZ 1967, 321 (321 f.); NJW 1968, 640 (640 f.); 1969, 787 (788); 1986, 659 (660 f.); 1989, 218 (219); 1994, 2230 (2230 f.).

801 Siehe oben B. II. 3. c.

802 Siehe oben B. II. 4.

und Käufer. Dabei fällt ein besonderes Augenmerk auf die irrtümliche Lieferung eines höherwertigen Melius. Die vordergründig dem allgemeinen Interesse des Handelsverkehrs und dem Schutz des Verkäufers dienende Norm wird dabei de facto ins Gegenteil verkehrt, da der Käufer geradezu provoziert wird, das Melius nicht zu rügen und die Genehmigungsfiktion eintreten zu lassen. Zwar wird dem in der Rechtspraxis dergestalt abgeholfen, dass der Verkäufer auf die Fiktionswirkungen verzichten kann. Allerdings ist er dann genauso gestellt, als habe der Käufer ordnungsgemäß gerügt. Daher wird vorgeschlagen, dass in § 377 HGB einer neuer Absatz 3a eingefügt wird, der wie folgt lautet:

1. § 377 HGB-E: (3a) „[1]*Liegt der Mangel in der Höherwertigkeit der Ware und unterlässt der Käufer die Anzeige, ist es dem Verkäufer anheimgestellt, sich auf die Genehmigungswirkung zu berufen oder auf sie zu verzichten.* [2]*Verlangt er die Ware heraus, wird der Käufer so behandelt, als wenn er den Rechtsgrundmangel bereits im Zeitpunkt der Unterlassung der Anzeige gekannt hätte oder hätte kennen müssen.*"

Des Weiteren bietet sich bei einer legislativen Korrektur des § 377 HGB an, dass auch § 434 III BGB ergänzt wird. Hierbei könnte nochmals betont werden, unter welcher Voraussetzung besonderes Leistungsstörungsrecht und wann allgemeines Leistungsstörungsrecht Anwendung findet. Auch wenn es sich dabei größtenteils um klarstellende Ergänzungen handelt, könnten so noch letzte Unklarheiten beseitigt werden, die sich in das modernisierte Schuld- bzw. Handelsrechtssystem ohne weiteres einfügen, indem die Norm des § 434 BGB wie folgt ergänzt wird:

2. § 434 BGB-E: (3) „*Einem Sachmangel steht es gleich, wenn der Verkäufer, in der Absicht den Vertrag zu erfüllen, eine andere Sache oder eine zu geringe Menge liefert.*"

1.) Zielsetzung der Vorschläge

Die Vorschläge sollen zum einen letzte Zweifel aus dem Weg räumen, die zu einer Gleichstellung von Aliud und Minus mit dem Peius sowie der unterschiedlichen Behandlung von Stück- und Gattungsschulden noch existieren. Zum anderen soll durch die bürgerlichrechtliche Ergänzung nochmals eine klare Trennungslinie zwischen der Anwendung von besonderem und allgemeinem Leistungsstörungsrecht verdeutlicht werden.

Die vorgeschlagene handelsrechtliche Neueinfügung des Absatzes 3a in § 377 HGB-E soll dem Ziel dienen, die schützenswerten Parteiinteressen, insbesondere bei der Lieferung einer höherwertigen Ware, in angemessenerer Weise zu berücksichtigen und zu optimieren. Gleichzeitig sollen dabei die Schnelligkeit und Rechtssicherheit des Handelsverkehrs nicht minimiert sowie Transaktionskosten reduziert werden. Speziell bei der Lieferung eines höherwertigen Melius ist die Stellung des Verkäufers verbesserungswürdig, da der Käufer selbst infolge des Eintritts der Genehmigungsfiktion genauso, bisweilen sogar besser gestellt ist, als habe er ordnungsgemäß gerügt. Der Grundgedanke des § 377 HGB verkommt somit in dieser konkreten Fallkonstellation zur Funktionslosigkeit. Der vorgeschlagene Absatz 3a – für dessen Neueinfügung plädiert wird – hilft dabei, die Risiken einer Meliuslieferung sachgerechter auf die Parteien des Handelsgeschäfts zu verteilen und gibt zusätzliche Abwehr- bzw. Schutzinstrumente an die Hand, um den Interessen der Parteien gerecht zu werden.

2.) Wesentlicher Inhalt der Vorschläge

Der vorgeschlagenen Ergänzung des § 434 III BGB-E kommt lediglich eine Klarstellungsfunktion zu, da diese Voraussetzung bereits in der legislativen Begründung[803] zum Ausdruck gebracht wurde. Allerdings hilft es dabei auch letzten Zweiflern, die Gleichstellung jeglicher Falsch- und Zuweniglieferung mit der Schlechtleistung zu verdeutlichen und zusätzlich, ein klares Abgrenzungskriterium zwischen besonderem und allgemeinem Leistungsstörungsrecht zu finalisieren. Beispielhaft dafür steht im Rahmen des offen deklarierten Minus die Differenzierung zwischen einer Fehlmenge im Sinne des § 434 III Alt. 2 BGB und einer Teilleistung nach § 266 BGB, die nicht allein durch die offene Deklarierung, sondern danach zu differenzieren sind, ob sie in der Absicht geliefert wurden, den Vertrag vollständig zu erfüllen und dies objektiv vom Empfänger zu erkennen ist.[804] Des Weiteren wird erneut unterstrichen, dass nur solche Falschlieferungen nicht in den Anwendungsbereich des § 434 III Alt. 1 BGB fallen, die auf Grund eines Verwechselns oder Vertauschens an den falschen Empfänger gehen und damit ohne Erfüllungswillen geleistet wurden. Alle sonstigen Falschlieferungen – vorbehaltlich derjenigen, die mit einem ausdrücklichen oder anderweitig eindeutigen Vertragsänderungsangebot versehen sind – sind folglich vom Anwendungsbereich des § 434 III Alt. 1 BGB umfasst.[805] So werden auch letzte Irritationen beseitigt, die noch hinsichtlich Identitätsalia, extremen bzw. Totalalia sowie höherwertigen Meliuslieferungen bestehen.

Der Neuvorschlag eines § 377 IIIa HGB-E ist in zwei Sätze unterteilt. In Satz 1 kommt dabei lediglich zum Ausdruck, was in praktischer Hinsicht von einem überragenden Teil des Schrifttums infolge des Eintritts der Genehmigungsfiktion bei Lieferung eines Aliud und insbesondere eines höherwertigen Melius

803 BT-Drucks. 14/6040, S. 216 re. Sp.

804 Siehe oben C. IV. 2. a. dd.

805 Siehe oben C. IV. 1. e. cc.

vertreten wird, nämlich die Möglichkeit des Verkäufers auf die Fiktionswirkung des § 377 HGB zu verzichten oder sich auf sie zu berufen. Satz 1 spiegelt demnach lediglich die ganz herrschende Anwendung der Melius-Thematik wider,[806] wird allerdings zum Verständnis für den entscheidenden Satz 2 des neu vorgeschlagenen § 377 IIIa HGB-E benötigt.

Durch Satz 2 wird der Käufer angehalten, auch bei der Lieferung einer höherwertigen Ware, diese gründlich zu untersuchen und ordnungsgemäß zu rügen. Bislang provozierte die Regelung des § 377 HGB und deren Rechtsfolge den Käufer geradezu, eine Rüge zu unterlassen, da er dann eine höherwertige Ware in seinem Besitz hat und durch die Genehmigungsfiktion genauso gestellt war, als wenn er ordnungsgemäß Rüge erhoben hätte. Nunmehr hätte es für den Verkäufer den Vorteil, dass der Käufer infolge der Genehmigungsfiktion so behandelt wird, als wenn er den Rechtsgrundmangel des Behaltendürfens bereits im Zeitpunkt der Unterlassung der Mängelanzeige gekannt hätte. Ficht der Verkäufer nun die Tilgungsbestimmung an, so wird das Entreicherungsrisiko analog § 142 II BGB rückwirkend auf den Zeitpunkt der Genehmigungsfiktion vom Verkäufer auf den Käufer verschoben, sodass Letzterer nach §§ 819 I, 818 IV BGB verschärft haftet. Das hat zum einen den Vorteil, dass der Schwebezustand durch die Anfechtungsfrist des Verkäufers nach § 121 I BGB verkürzt wird, sodass Transaktionskosten minimiert würden, was sich im Endeffekt auf sinkende Preise auswirken könnte. Zum anderen ist der Verkäufer auch im Rahmen einer Meliuslieferung im Sinne des Normzwecks von § 377 HGB besser geschützt, da der verkäuferschützenden Norm auch in dieser Konstellation die faktische Funktionslosigkeit genommen wird. Gleichzeitig hilft es aber auch den Käuferinteressen, indem dieser sich durch ordnungsgemäße Rüge entlasten kann. Andernfalls hätte er noch die Möglichkeit, einen etwa entstanden Vertrauensschaden gemäß § 122 BGB vom Verkäufer zu regressieren.[807]

II. Zusammenfassung der Ergebnisse in Thesen

Um dem in der Praxis des Warenhandels überragenden Bedürfnis nach schnellstmöglicher Abwicklung von Handelsgeschäften unter der Prämisse eines minimalen Aufwandes an Transaktionskosten bei gleichzeitig effektivem sowie optimalem Schutz der Vertragsparteien Rechnung zu tragen, sind bei der Untersuchung folgende Ergebnisse festzuhalten:

806 Siehe oben D. III. 3. a. dd., b. aa.
807 Siehe oben D. III. 3. c. bb. (3). (d).

1. Die Genehmigungsfiktion infolge unterlassener Mängelrüge wurde in Deutschland erstmals durch das ADHGB von 1861 in dessen Art. 347 kodifiziert. Dabei waren Falschlieferungen und Quantitätsabweichungen nicht erfasst, sodass sie von einer eintretenden Genehmigungsfiktion unberührt blieben. Mit Einführung des HGB von 1897 waren nunmehr auch Aliudlieferungen und Mengenabweichungen vom Anwendungsbereich der Untersuchungs- und Rügeobliegenheit umfasst und infolge der Versäumung ebenfalls von der Genehmigungsfiktion betroffen. Nach dem Ausnahmetatbestand des § 378 Hs. 2 HGB a.F. galt dies jedoch nur für objektiv genehmigungsfähige Lieferungen, wodurch mehr Einzelfallgerechtigkeit erzielt werden sollte, was auf Grund der extensiven Auslegung der Rechtsprechung allerdings torpediert wurde.
2. Nach der Schuldrechtsmodernisierung im Jahr 2002 wurde der alte § 378 HGB ersatzlos gestrichen und die Gleichstellung von Aliud und Peius im Bürgerlichen Recht (§ 434 III BGB) manifestiert. Sowohl das Identitätsaliud beim Stückkauf als auch das Qualifikationsaliud beim Gattungskauf sind infolge dieser Gleichstellung als Warenmangel im Sinne des § 377 HGB im Rahmen eines beiderseitigen Handelskaufs zu rügen. Beim Stückkauf existieren keine Qualifikationsalia. Diese fallen bereits unter den Anwendungsbereich des § 434 I BGB.
3. Im Rahmen des Gattungskaufs sind auch extreme Falschlieferungen (sog. *Extrem-* oder *Totalalia*) nach § 377 I HGB i.V.m. § 434 III Alt. 1 BGB zu rügen. Eine Differenzierung nach genehmigungsfähig und –unfähig oder offensichtlich erfüllungstauglich und –untauglich ist nicht vorzunehmen.
4. Der redliche Käufer sollte vor unredlichen Verkäufern, die sich durch Lieferung eines Extremaliud *in die Nacherfüllung flüchten* wollen, um in den Genuss der niedrigeren Verweigerungsanforderungen des § 439 III BGB zu kommen oder auf die Genehmigungsfiktion des § 377 HGB hoffen, besser als allein durch § 377 V HGB geschützt werden. Um den Verkäufer in den nachteiligen § 275 II BGB zu drängen oder den Arglisteinwand zu beweisen, sollte der redliche Käufer durch eine *sekundäre Beweislastverteilung* bei evidenten Verdachtsmomenten privilegiert werden.
5. Als ungeschriebene Voraussetzung der Gleichstellung in § 434 III BGB hat der Verkäufer in subjektiver Hinsicht eine Zuordnung der gelieferten Ware zum vertraglich Geschuldeten zu erbringen, die für den Käufer objektiv zu erkennen sein muss. Das erfolgt durch eine vom Verkäufer zu setzende ausdrückliche oder konkludente Tilgungsbestimmung im Sinne des § 366 I BGB.

6. Der Anwendungsbereich des § 434 III BGB ist lediglich für evidente Verwechslungsfälle, denen keine Zuordnung von Leistung und Vertrag zu entnehmen ist, und die Lieferung einer unbestellten Ware, die mit einem ausdrücklichen neuen Vertragsangebot verbunden ist, sowie eines Vertauschens durch den Zusteller, einzuschränken.
7. Die Lieferung eines höherwertigen Aliud (sog. *Melius*) fällt ebenfalls in den Anwendungsbereich des § 434 III Alt. 1 BGB und ist demzufolge auch gemäß § 377 HGB zu rügen.
8. Unter einer zu geringen Menge nach § 434 III Alt. 2 BGB sind nicht nur gleichartige Sachen, sondern auch ungleichartige Sachen eines Gesamtquantums zu verstehen, sofern das aus dem Parteiwillen hervorgeht und für den Verkäufer erkennbar ist. Erfolgt die Minuslieferung verdeckt, ist der Anwendungsbereich des § 434 III Alt. 2 BGB eröffnet und das Minus gemäß § 377 HGB zu rügen.
9. Ist die Minuslieferung offen in den Begleitpapieren ausgewiesen, sollte das nicht per se als nicht rügebedürftige Teilleistung nach § 266 BGB qualifiziert werden. Nur wenn aus den Begleitpapieren unzweifelhaft hervorgeht, dass der Verkäufer mit der Lieferung noch nicht vollständig den Vertrag erfüllen wollte, ist eine rechtserhaltende Rüge entbehrlich. Andernfalls ist auch eine offene Mindermenge gemäß § 377 HGB i.V.m. § 434 III Alt. 2 BGB zu rügen.
10. Zuviellieferungen fallen nicht unter den Anwendungsbereich des § 434 III BGB und sind somit, vorbehaltlich eines bestehenden Quantitätsmangels i.S.d. § 434 I BGB, nicht gemäß § 377 HGB zu rügen. Die überschüssige Menge ist als indebitum ohne Rechtsgrund geleistet worden und über das Bereicherungsrecht (§ 812 I 1 Alt. 1 BGB) vom Verkäufer – vorbehaltlich § 814 BGB – zu kondizieren.
11. Liefert der Verkäufer ohne Erfüllungswillen, kann bereits keine Genehmigungsfiktion nach § 377 II, III Hs. 2 HGB eintreten. Wird irrtümlich ein minder- oder gleichwertiges Aliud geliefert, hat der Käufer infolge der eintretenden Genehmigungsfiktion den vollen Kaufpreis zu zahlen.
12. Herausgabe kann der Verkäufer nur verlangen, wenn er auf die Erfüllungswirkung der Genehmigungsfiktion verzichtet. Dadurch wird konkludent die Anfechtung der Tilgungsbestimmung erklärt, sodass – vorbehaltlich des Vorliegens der allgemeinen Anfechtungsvoraussetzungen – die Zuordnung der Falschlieferung zum Vertrag und damit auch der Rechtsgrund zum Behaltendürfen nach § 812 I 1 Alt.1 BGB respektive das obligatorische Besitzrecht aus § 986 I BGB ex tunc beseitigt wird. Im Gegenzug lebt der ursprüngliche Erfüllungsanspruch des Käufers aus § 433 I BGB wieder auf.

13. Wird ein Melius geliefert, kann ohne Vertragsänderung kein höherer als der vertraglich vereinbarte Kaufpreis verlangt werden. Für eine solche Vertragsänderung muss in den Begleitpapieren offen ausgewiesen sein, dass es sich um eine andere, höherwertige Ware als vertraglich vereinbart handelt, die mitsamt neuem Kaufpreis für den Käufer unzweideutig als neues Vertragsangebot mit Rechtsbindungswillen zu erkennen sein muss. Außerdem kann sich eine novierende Wirkung nur durch Konsens beider Vertragsparteien entfalten, sodass zusätzlich eine unzweifelhafte Annahme des Käufers vorzuliegen hat.
14. Bei verdeckten Meliuslieferungen und offenen, die nicht zu einer Änderung des Schuldverhältnisses führen, ist § 377 HGB teleologisch dahingehend zu reduzieren, dass der Verkäufer sich entweder auf die Genehmigungsfiktion berufen und den vertraglich vereinbarten Preis verlangen kann oder auf die Fiktionswirkungen verzichtet. Infolge der damit einhergehenden konkludenten Anfechtung der Tilgungsbestimmung, die den die Kondiktion hindernden Rechtsgrund zum Behaltendürfen beseitigt, kann der Verkäufer Herausgabe des Melius verlangen. Der ursprüngliche Erfüllungsanspruch des Käufers aus § 433 I BGB lebt sodann wieder auf.
15. Der Verkäufer hat sein Herausgabeverlangen analog § 121 I BGB unverzüglich nach Entdeckung seines Lieferirrtums dem Käufer mitzuteilen. Andernfalls ist die Anfechtung der das Melius dem Kaufvertrag zuordnenden Tilgungsbestimmung verfristet und die Herausgabealternative ausgeschlossen.
16. Neben den beiden Wahlalternativen des Verkäufers, ist eine zusätzliche dritte Option in Form eines genuin verkäufereigenen Nacherfüllungsrechts sowohl de lege lata als auch de lege ferenda aus Gründen der Praktikabilität sowie der ökonomischen Zweckmäßigkeit abzulehnen.
17. Durch Eintritt der Genehmigungsfiktion nach § 377 II, III Hs. 2 HGB bei Lieferung eines Melius hätte der Käufer die Anfechtbarkeit der Tilgungsbestimmung kennen müssen. Nach erfolgter wirksamer Erklärung derselben wird er analog § 142 II BGB so behandelt als hätte er den Rechtsgrundmangel bereits im Zeitpunkt der Genehmigungsfiktion positiv gekannt. Dadurch wird rückwirkend das Entreicherungsrisiko vom Verkäufer auf den Käufer verschoben, sodass Letzterer ab dem Zeitpunkt des Fiktionseintritts nach §§ 818 IV, 819 I BGB verschärft haftet.
18. Durch ordnungsgemäße Rüge nach § 377 HGB kann sich der Käufer wirksam entlasten. Dadurch ist bei der Meliuslieferung spekulativem Käuferverhalten effektiv Einhalt geboten.

19. Das Herausgabeverlangen des Verkäufers ist an die unverzügliche Anfechtungsfrist des § 121 I BGB gebunden, sodass das Risiko etwaiger Schäden minimiert, die Schnelligkeit des Handelsverkehrs gefördert und durch Senkung des Schwebezustands Transaktionskosten reduziert werden. Dem Käufer entstandene Vertrauensschäden sind über § 122 BGB geltend zu machen, umgekehrt steht dem Verkäufer § 292 i.V.m. §§ 989, 990 BGB zur Verfügung.
20. Bei der verdeckten Minuslieferung bewirkt die Genehmigungsfiktion des § 377 II, III Hs. 2 HGB, dass der Käufer den vollen vereinbarten Kaufpreis zahlen muss und keine Lieferung der Restmenge verlangen kann. Handelt es sich um echte Teilleistungen gemäß § 266 BGB hat die Genehmigungsfiktion keine Auswirkungen auf den weiterhin zu erfüllenden Vertrag. Weichen Lieferschein und Rechnung voneinander ab, kann sich der Verkäufer trotz Genehmigungsfiktion wegen widersprüchlichen Verhaltens (§ 242 BGB) nicht auf den vollen Kaufpreis berufen.
21. Offen deklarierte Minuslieferungen i.S.d. § 434 III Alt. 2 BGB können ein Angebot zur Vertragsänderung darstellen. Die bloße Entgegennahme reicht jedoch nicht zur Annahme aus. Eine Vertragsänderung ist nach der allgemeinen Rechtsgeschäftslehre nur durch Konsens der Vertragsparteien zu erzielen, wozu eindeutige Informationen vonnöten sind, die eine Willenserklärung mit entsprechendem Inhalt nahe legen.
22. Scheitert die Vertragsänderung am bloßen Schweigen des Käufers, besteht der ursprüngliche Vertrag fort. Auf Grund der offenen mit Vertragsänderungswillen vom Verkäufer getätigten Minusleistung, fällt er nicht mehr unter den Schutzbereich des § 377 HGB, sodass die Rechtsfolgen der Genehmigungsfiktion teleologisch dahingehend zu reduzieren sind, dass der Käufer weiterhin die restliche Fehlmenge verlangen kann und bis zu dessen Erfüllung auch nicht den vollen Kaufpreis zu zahlen hat.
23. Quantitative Pluslieferungen sind von der Genehmigungsfiktion nicht erfasst. Offene Mehrlieferungen können ebenfalls Vertragsänderungsangebote darstellen, wobei an die Annahme strenge Voraussetzungen zu stellen sind, da der Käufer nicht Gefahr laufen soll, ohne Vertragsänderungswillen einen höheren Kaufpreis zahlen zu müssen.
24. Im Rahmen des UN-Kaufrechts sind sämtliche in Art. 35 CISG genannten Vertragswidrigkeiten zu rügen. Darunter fallen auch Artabweichungen, sodass jedwede Aliudlieferung, sei sie auch noch so extrem abweichend oder gar höherwertig, von den Rechtsfolgen der Genehmigungsfiktion gemäß Art. 39 I CISG betroffen ist. Auch jegliche Formen der Quantitätsabweichung

fallen unter die Untersuchungs- und Rügeobliegenheit der Art. 38, 39 CISG, selbst wenn sie offen vom Verkäufer deklariert wurden.

25. Bei der minder- oder gleichwertigen Falschlieferung hat der Käufer infolge der Genehmigungsfiktion, vorbehaltlich der Art. 40, 44 CISG, den vollständig vereinbarten Kaufpreis zu zahlen. Ohne Verzicht des Verkäufers auf die Fiktionswirkung kann der Käufer nicht die Zurücknahme des gelieferten Aliud verlangen. Handelt es sich um eine offene Meliuslieferung stellt dies ein Angebot zur Vertragsänderung dar, das jedoch gem. Art. 18 I 2 CISG nicht durch Schweigen, sondern ausschließlich durch Konsens der Vertragsparteien angenommen werden kann.
26. Ist die Meliuslieferung verdeckt erfolgt, hat der Käufer infolge der Genehmigungsfiktion lediglich den vertraglich vereinbarten Kaufpreis zu zahlen. Überdies hat der Verkäufer – vorbehaltlich des Art. 40 CISG – die Möglichkeit, gemäß Art. 7 II CISG i.V.m. den allgemein Konventionsgrundsätzen auf die Fiktionswirkung innerhalb einer angemessenen Frist zu verzichten und das Melius unter Anbietung der geschuldeten Ware herauszuverlangen. Andernfalls kann der Käufer das Melius zum vertraglich vereinbarten Preis behalten.
27. Tritt infolge einer verdeckten Minuslieferung die Genehmigungsfiktion ein, hat der Käufer den vollständig vereinbarten Preis zu zahlen und keinen Anspruch mehr, Lieferung der Restmenge zu verlangen. Gleiches gilt für die offen deklarierte negative Quantitätsabweichung, allerdings mit der Beschränkung, dass nur der entsprechend reduzierte Kaufpreis vom Verkäufer verlangt werden kann. Andernfalls verhält er sich widersprüchlich. Für eine Vertragsänderung ist ebenfalls Konsens beider Parteien erforderlich.
28. Im Rahmen einer quantitativen Pluslieferung tritt infolge der Rügesäumnis ebenfalls Genehmigungsfiktion nach Art. 39 I CISG ein, unabhängig davon, ob die Lieferung verdeckt oder offen war. Hierbei tritt eine gesetzliche Vertragsmodifizierung hinsichtlich Ware und Preis ein, der proportional zum gelieferten Plus entsprechend der vertraglichen Äquivalenzentscheidung erhöht wird. Ein Rücknahmeanspruch des Käufers gegen den Verkäufer hinsichtlich der Übermenge scheidet – vorbehaltlich Art. 40 CISG – aus. Bei offener Deklarierung kann sich der Käufer von vornherein nicht auf Art. 40 CISG berufen.

Literaturverzeichnis

Aicher, Josef: Leistungsstörungen aus der Verkäufersphäre, in: Das Einheitliche Wiener Kaufrecht, Neues Recht für den internationalen Warenkauf, Hrsg.: *Hoyer, Hans/Posch, Willibald*, Wien 1992, S. 111–142 (zitiert: *Aicher*, Wiener Kaufrecht)

Altmeppen, Holger/Reichard, Ingo: Die aliud-Lieferung beim Kauf, in: Festschrift für Ulrich Huber zum siebzigsten Geburtstag, Hrsg.: *Theodor Baums u.a.*, Tübingen 2006, S. 73–97 (zitiert: *Altmeppen/Reichard*, FS Huber)

Ballerstedt, Kurt: Zur Lehre vom Gattungskauf, in: Festschrift für Hans Carl Nipperdey zum 60. Geburtstag, Hrsg.: *Dietz, Rolf/Hueck, Alfred/Reinhardt, Rudolf*, München u.a. 1955, S. 261–282 (zitiert: *Ballerstedt*, FS Nipperdey)

Baumbach, Adolf/Hopt, Klaus J.: Handelsgesetzbuch,
- 37. Auflage, München 2016 (zitiert: Baumbach/Hopt/*Bearbeiter*)
- 30. Auflage, München 2000 (zitiert: Baumbach/Hopt/*Bearbeiter*, 30. Aufl.)

Baumeister, Hermann: Das Privatrecht der freien Hansestadt Hamburg, Erster Band, Hamburg 1856

Bayer, Walter/Lieder, Jan: Examens-Repetitorium Handels- und Gesellschaftsrecht, Hrsg.: *Habersack, Mathias*, Heidelberg 2015 (zitiert: *Bayer/Lieder*, Handels- und GesellschaftsR)

Beck, Otto: Zu „dem Einfluss unbeanstandeter Falschlieferungen auf den Vertragspreis". § 378 HGB., JW 1917, S. 91

Beck'scher Online-Kommentar BGB: herausgegeben von *Bamberger, Heinz Georg/Roth, Herbert*, 42. Edition, Stand: 01.02.2017, München 2017 (zitiert: BeckOK-BGB/*Bearbeiter*)

Beck'scher Online-Kommentar HGB: herausgegeben von *Häublein, Martin/Hoffmann-Theinert, Roland*, 16. Edition, Stand: 01.04.2017, München 2017 (zitiert: BeckOK-HGB/*Bearbeiter*)

Bender, Johann Heinrich: Grundsätze des engeren Handlungsrechts, ohne Rücksicht auf das Wechselrecht, nach den besten Hülfsmitteln und vorzüglichsten Gesetzen älterer und neuerer Zeit, Erster Band, Darmstadt 1824 (zitiert: *Bender*, Grundsätze des engeren Handelsrechts)

Benicke, Christoph: Rügeobliegenheit und Beweislast für Vertragswidrigkeit im UN-Kaufrecht, in: Rechtswissenschaft im Wandel, Festschrift des Fachbereichs Rechtswissenschaft zum 400-jährigen Gründungsjubiläum der Justus-Liebig-Universität Gießen, Hrsg.: *Gropp, Walter/Lipp, Martin/Steiger, Heinhard*, Tübingen 2007, S. 373–394 (zitiert: *Benicke*, FS Uni Gießen)

Benicke, Christoph: Zur Vertragsaufhebung nach UN-Kaufrecht bei Lieferung mangelhafter Ware – Besprechung zu BGH, Urteil vom 03.04.1996 – VIII ZR 51/95, IPrax 1997, S. 326–331

Bergsten, Eric: CISG-AC Opinion no. 2, Examination of the Goods and Notice of Non-Conformity – Art. 38 and 39, 7 June 2004, IHR 2004, S. 163–175

Bianca, Cesare Massimo/Bonell, Michael Joachim: Commentary on the International Sales Law, The 1980 Vienna Sales Convention, Mailand 1987 (zitiert: Bianca/Bonell/*Bearbeiter*, CISG)

Bitter, Walter/Bitter, Georg: Wandelungsmöglichkeit des professionellen Käufers und Nachlieferungsrecht des Verkäufers bei aliud-Lieferung – Eine Untersuchung zum deutschen und UN-Kaufrecht, BB 1993, S. 2315–2326

Bitter, Georg/Meidt, Eva: Nacherfüllungsrecht und Nacherfüllungspflicht des Verkäufers im neuen Schuldrecht, ZIP 2001, S. 2114–2124

Brinckmann, Carl Heinrich Ludwig: Lehrbuch des Handelsrechts, Heidelberg 1853–1860

Brors, Christiane: Die Falschlieferung in der Schuldrechtsreform, JR 2002, S. 133–136

Brox, Hans: Handels- und Wertpapierrecht, 18. Auflage, München 2005

Brox, Hans/Henssler, Martin: Handelsrecht, 22. Auflage, München 2016

Brox, Hans/Walker, Wolf-Dietrich: Allgemeiner Teil des BGB, 40. Auflage, München 2016 (zitiert: *Brox/Walker*, BGB AT)

Brox, Hans/Walker, Wolf-Dietrich: Besonderes Schuldrecht, 41. Auflage, München 2017

Brüggemeier, Gert: Das neue Kaufrecht des Bürgerlichen Gesetzbuches – Eine kritische Bestandsaufnahme, WM 2002, S. 1376–1387

Brunner, Christoph: UN-Kaufrecht – CISG, Kommentar zum Übereinkommen der Vereinten Nationen über Verträge über den internationalen Warenkauf von 1980, 2. Auflage, Bern 2014 (zitiert: Brunner/*Bearbeiter*, CISG)

Bülow, Peter/Artz, Markus: Handelsrecht, 7. Auflage, Heidelberg 2015

Bydlinski, Franz: Juristische Methodenlehre und Rechtsbegriff, 2. Auflage, Wien 1991 (zitiert: *Bydlinski*, Methodenlehre)

Caemmerer, Ernst von: Bereicherung und unerlaubte Handlung, in: Festschrift für Ernst Rabel, Band I – Rechtsvergleichung und internationales Privatrecht, Hrsg.: *Dölle, Hans/Reinstein, Max/Zweigert, Konrad*, Tübingen 1954, S. 333–401 (zitiert: *von Caemmerer*, FS Rabel I)

Caemmerer, Ernst von: Falschlieferung, in: Festschrift für Martin Wolff, Hrsg.: *Caemmerer, Ernst von/Hallstein, Walter/Mann, F. A.* u.a., Tübingen 1952, S. 3–22 (zitiert: *von Caemmerer*, FS Martin Wolff)

Canaris, Claus-Wilhelm: Das allgemeine Leistungsstörungsrecht im Schuldrechtsmodernisierungsgesetz, ZRP 2001, S. 329–336

Canaris, Claus-Wilhelm: Handelsrecht,

- 24. Auflage, München 2006 (zitiert: *Canaris*, HR)
- 23. Auflage, München 2000 (zitiert: *Canaris*, HR, 23. Aufl.)

Canaris, Claus-Wilhelm: Schuldrechtsreform 2002, München 2002

Canaris, Claus-Wilhelm: Teleologie und Systematik der Rücktrittsrechte nach dem BGB, in: Die richtige Ordnung – Festschrift für Jan Kropholler zum 70. Geburtstag, Hrsg.: *Baetge, Dietmar/Hein, Jan von/Hinden, Michael von*, Tübingen 2008, S. 3–22 (zitiert: *Canaris*, FS Kropholler)

Capelle, Karl-Hermann: Handelsrecht (ohne Gesellschafts- und Seehandelsrecht), 10. Auflage, München 1964

Cetiner, Bilgehan: Die Sachmängelhaftung des Verkäufers im UN-Kaufrecht und im neuen deutschen Schuldrecht, Frankfurt am Main u.a. 2006, zugl.: Heidelberg, Univ., Diss., 2005

Conze, Friedrich: Kauf nach hanseatischen Quellen, Diss. Bonn 1889

Cropp, Friedrich: Gewährleistung für Mängel der verkauften Sache nach germanischen Rechten, in: Juristische Abhandlungen mit Entscheidungen des Oberapellationsgerichts der vier freien Städte Deutschlands., Erster Band, Hrsg. *Heise, Georg Arnold/Cropp, Friedrich*, Hamburg 1827, S. 163–186 (zitiert: Heise/Cropp/*Cropp*, Juristische Abhandlungen)

Czerwenka, G. Beate: Rechtsanwendungsprobleme im internationalen Kaufrecht – Das Kollisionsrecht bei grenzüberschreitenden Kaufverträgen und der Anwendungsbereich der internationalen Kaufrechtsübereinkommen, Berlin 1988, zugl.: Hamburg, Univ., Diss., 1987

Dauner-Lieb, Barbara/Arnold, Arnd: Noch einmal: Die Falschlieferung beim Stückkauf, JuS 2002, S. 1175–1176

Dernburg, Heinrich: Das Obligationenrecht Preußens und des Reichs und das Urheberrecht, in: Lehrbuch des Preußischen Privatrechts und der Privatrechtsnormen des Reichs, Zweiter Band, 4. Auflage, Halle a. S. 1888 (zitiert: *Dernburg*, Lehrbuch des Preußischen Privatrechts, Bd. II)

Doralt, Peter: Das UNCITRAL-Kaufrecht im Vergleich zum österreichischen Recht, Referate und Diskussionen des Symposiums in Baden bei Wien, 17.-19. April 1983, Wien 1985 (zitiert: Doralt/*Diskussionsredner*, Diskussionsbeiträge des Referats *Verfasser*)

Dreier, Nils: Handelsrechtliche Untersuchungs- und Rügeobliegenheit beim Grundstückskauf, ZfIR 2004, S. 416–420

Durchlaub, Wolfgang: Rückstellungen für Gewährleistungs- und Ersatzansprüche, BB 1979, S. 825–828

Düringer, Adelbert/Hachenburg, Max: Das Handelsgesetzbuch vom 10. Mai 1897, Band 5/1. Hälfte, 3. Auflage, Mannheim u.a. 1932 (zitiert: Düringer/Hachenburg/*Bearbeiter*, HGB)

Ebenroth, Thomas/Boujong, Karlheinz/Joost, Detlev/Strohn, Lutz: Handelsgesetzbuch, Band 2, 3. Auflage, München 2015 (zitiert: EBJS/*Bearbeiter*)

Eckert, Hans-Werner/Maifeld, Jan/Matthiessen, Michael: Handbuch des Kaufrechts, 2. Auflage, München 2014 (zitiert: Eckert/Maifeld/Matthiessen/*Bearbeiter*, HdbKR)

Edye, Herbert: Die Rechtsgestaltung in der Praxis des Warenhandels, Hamburg 1960

Ehlke, Michael: Zum bereicherungsrechtlichen Wertersatz (§ 818 II BGB), WM 1979, S. 1022–1035

Ehmann, Horst: Zur Causa-Lehre, JZ 2003, S. 702–714

Ehmann, Horst/Sutschet, Holger: Modernisiertes Schuldrecht, München 2002

Ehrenberg, Victor: Handbuch des gesamten Handelsrechts, Vierter Band, II. Abteilung, Leipzig 1918 (zitiert: Ehrenberg/*Bearbeiter*, Handbuch des Handelsrechts)

Ehricke, Ulrich: Die Anfechtung einer Tilgungsbestimmung gem. § 366 Abs. 1 BGB wegen Irrtums, JZ 1999, S. 1075–1080

Emmerich, Volker: BGB – Schuldrecht Besonderer Teil, 14. Aufl., Heidelberg 2015 (zitiert: *Emmerich*, Schuldrecht BT)

Emmerich, Volker: Der Handelskauf, JuS 1997, S. 98–102

Emmerich, Volker/ Doehner, Rupert: Aliud und Zusendung unbestellter Waren im neuen Schuldrecht, in: Privatrecht und Methode, Festschrift für Ernst A. Kramer, Hrsg.: *Honsell, Heinrich/Zäch, Roger/Hasenböhler, Franz u.a.*, Basel 2004, S. 485–500 (zitiert: *Emmerich/Doehner*, FS Kramer)

Enderlein, Fritz/Maskow, Dietrich/Strohbach, Heinz: Internationales Kaufrecht – Kaufrechtskonvention, Verjährungskonvention, Vertretungskonvention, Rechtsanwendungskonvention, Freiburg u.a. 1991 (zitiert: Enderlein//Maskow/Strohbach/*Bearbeiter*, CISG)

Ensthaler, Jürgen: Gemeinschaftskommentar zum Handelsgesetzbuch mit UN-Kaufrecht, 8. Auflage, Köln 2015 (zitiert: GK-HGB/*Bearbeiter*)

Erman, Walter: Bürgerliches Gesetzbuch, Hrsg.: *Grunewald, Barbara/Maier-Reimer, Georg/Westermann, Harm Peter*, 14. Auflage, Köln 2014 (zitiert: Erman/*Bearbeiter*)

Ernst, Wolfgang: Die Zurückweisung der Ware, NJW 1997, S. 896–905

Escher, Alfred: UN-Kaufrecht: Stillschweigender Verzicht auf Einwand einer verspäteten Mängelrüge?, Zugleich Anmerkung zu BGH, RIW 1999, 385 f., RIW 1999, S. 495–502

Esser, Josef: Wert und Bedeutung der Rechtsfiktionen: Kritisches zur Technik der Gesetzgebung und zur bisherigen Dogmatik des Privatrechts, 2. Auflage, Frankfurt am Main 1969 (zitiert: *Esser*, Rechtsfiktionen)

Esser, Josef/Weyers, Hans-Leo: Schuldrecht, Band II – Besonderer Teil, Teilband 2 – Gesetzliche Schuldverhältnisse, 8. Auflage, Heidelberg 2000 (zitiert: *Esser/Weyers*, Schuldrecht II/2)

Fabricius, Fritz: Schlechtlieferung und Falschlieferung beim Kauf, JuS 1964, S. 1–11 (1. Teil), S. 46–53 (2. Teil)

Fabricius, Fritz: Zur Rechtsnatur des § 377 HGB, JZ 1965, S. 271–274

Faust, Florian: Bürgerliches Gesetzbuch – Allgemeiner Teil, 5. Auflage, Baden-Baden 2016 (zitiert: *Faust*, BGB AT)

Ferrari, Franco: Die Rügeobliegenheit bei Vertragswidrigkeit nach Art. 39 CISG, ZSR 2006, S. 533–562

Ferrari, Franco: Divergences in the application of the CISG's rules on non-conformity of goods, RabelsZ 68 (2004), S. 473–494

Ferrari, Franco/Kieninger, Eva-Maria/Mankowski, Peter u.a.: Internationales Vertragsrecht – Kommentar, 2. Auflage, München 2012 (zitiert: Ferrari/Kieninger/Mankowski/*Bearbeiter*, IVR)

Fikentscher, Wolfgang: Methoden des Rechts in vergleichender Darstellung, Band IV: Dogmatischer Teil, Tübingen 1977 (zitiert: *Fikentscher*, Methoden des Rechts, Bd. IV)

Fischinger, Philipp S.: Handelsrecht, Heidelberg 2015

Flessa, Richard: Die Aliudlieferung, MDR 1955, S. 138–140

Flume, Werner: Gesetzesreform der Sachmängelhaftung beim Kauf?, Zu dem Entwurf der Kommission zur Überarbeitung des Schuldrechts, AcP 193 (1993), S. 89–120

Freiburg, Nina: Die Rügeobliegenheit des Käufers bei grenzüberschreitendem Warenverkehr, IHR 2005, S. 56–64

Fritsche, Stefan: Die „Gewährleistungsrechte" des Verkäufers bei höherwertigen Falschlieferungen und Mehrleistungen, in: Festgabe für Olaf Werner zum 65. Geburtstag, Juristenausbildung als Leidenschaft, Hrsg.: *Hanna, Jörg u.a.*, Jena 2004 (zit.: *Fritsche*, FG Werner)

Gernhuber, Joachim: Die Erfüllung und ihre Surrogate, in: Handbuch des Schuldrechts, Bd. 3, Hrsg.: *Gernhuber, Joachim*, 2. Auflage, Tübingen 1994

Giercke, Julius von: Handelsrecht und Schiffahrtsrecht, in: Lehrbücher und Grundrisse der Rechtswissenschaft, Sechster Band, 8. Auflage, Berlin 1958 (zitiert: *J. v. Giercke*, Handelsrecht)

Giercke, Otto von: Deutsches Privatrecht, Dritter Band, Schuldrecht, in: Systematisches Handbuch der Deutschen Rechtswissenschaft, Zweite Abteilung, Dritter Teil, Hrsg.: *Binding, Karl*, München u.a. 1917 (zitiert: *O. v. Giercke*, Deutsches Privatrecht, Band III)

Giesen, Philipp: Falschlieferung und Mengenfehler nach neuem Schuldrecht, Hamburg 2009, zugl.: Düsseldorf, Univ., Diss., 2009

Gildeggen, Rainer/Willburger, Andreas: Art. 39 Abs. 2 CISG als Problem bei internationalen Einkaufsverträgen, IHR 2016, S. 1–7

Glaser, H.: Die Mängelrüge im Handelsrecht, JR 1955, S. 281–284

Goldschmidt, Levin: Handbuch des Handelsrechts, Band 1, 2. Abtheilung: Die Lehre von der Waare, Erlangen 1868

Grigoleit, Hans Christoph/Riehm, Thomas: Grenzen der Gleichstellung von Zuwenig-Leistung und Sachmangel, ZGS 2002, S. 115–122

Grunewald, Barbara: Kaufrecht, in: Handbuch des Schuldrechts, Band 6, Hrsg.: *Gernhuber, Joachim*, Tübingen 2006 (zitiert: *Grunewald*, Kaufrecht)

Grünhoff, Lutz: Die Rechtsfolgen der unterlassenen Mängelrüge (§§ 377, 378 HGB) bei genehmigungsfähiger Minder- oder Mehrlieferung im Handelskauf, Bochum 1995, zugl.: Bochum, Univ., Diss., 1995

Gsell, Beate: Kaufrechtsrichtlinie und Schuldrechtsmodernisierung, JZ 2001, S. 65–75

Günther, Klaus: Rügeerfordernisse im internationalen Handelsverkehr gemäß Art. 39 CISG, in: Corporations, Capital Markets and Business in the Law, Liber Amicorum Richard M. Buxbaum, Hrsg.: *Baums, Theodor/Hopt, Klaus J./Horn, Norbert*, London u.a. 2000, S. 235–251 (zitiert: *Günther*, Liber Amicorum Buxbaum)

Haag, Oliver/Löffler, Joachim: Handelsgesetzbuch, 2. Auflage, Köln 2013 (zitiert: Haag/Löffler/*Bearbeiter*, HGB)

Hach, Johann Friedrich: Das alte lübische Recht, Lübeck 1839

Hadding, Walther: Zur Falschlieferung beim beiderseitigen Handelskauf nach „modernisiertem" Schuldrecht, in: Recht und Risiko: Festschrift für Helmut Kollhosser zum 70. Geburtstag, Band 2, Hrsg.: *Bork, Reinhard*, Karlsruhe 2004 (zitiert: *Hadding*, FS Kollhosser II)

Hadding, Walther/Hennrichs, Joachim: Die HGB-Klausur, 3. Auflage, München 2003

Hagen, Horst: Funktionale und dogmatische Zusammenhänge zwischen Schadens- und Bereicherungsrecht, in: Festschrift für Karl Larenz zum 70. Geburtstag, Hrsg.: *Paulus, Gotthard/Diederichsen, Uwe/Canaris, Claus-Wilhelm*, München 1973, S. 867–884 (zitiert: *Hagen*, FS Larenz)

Hagens, Alfred: Zur Auslegung des § 378 HGB, HansRZ 1920, S. 113–119

Hahn, Carl/Mugdan, Benno: Die gesamten Materialien zu den Reichs-Justizgesetzen, Band 6 – Materialien zum Handelsgesetzbuch, Neudruck der Ausgabe Berlin 1897, Aalen 1983 (zitiert: *Hahn/Mugdan*, Materialien Bd. 6)

Hahn, Friedrich von: Commentar zum Allgemeinen Deutschen Handelsgesetzbuch, Zweiter Band, Das vierte Buch des Handelsgesetzbuchs nebst einem Sachregister über Band I und II, 2. Auflage, Braunschweig 1875 (zitiert: *von Hahn*, ADHGB)

Hanausek, Gustav: Die Haftung des Verkäufers für die Beschaffenheit der Waare, Nach römischem und gemeinem Recht mit besonderer Berücksichtigung des Handelsrechts, 1. Abtheilung, Berlin 1883

Hausmann, Jens: Die Bedeutung der Rechtsfolgenanordnung „gelten als“ in § 25 I 2 HGB: Ein Beitrag zum Verständnis von Fiktion, Vermutung und Rechtsschein, Münster u.a.1992, zugl.: Münster (Westfalen), Univ., Diss. 1992 (zit.: *Hausmann*, Rechtsfolgenanordnung)

Heidel, Thomas/Schall, Alexander: Handelsgesetzbuch, 2. Aufl., Baden-Baden 2015 (zitiert: Hk-HGB/*Bearbeiter*)

Heidelberger Kommentar zum Handelsgesetzbuch: Hrsg.: *Glanegger, Peter/Kirnberger, Christian/Kusterer, Stefan u.a.*, 7. Auflage, Heidelberg 2007 (zitiert: HeidelbergerKomm-HGB/*Bearbeiter*)

Heiderhoff, Bettina/Skamel, Frank: Teilleistung im Kaufrecht, JZ 2006, S. 383–392

Hein, Hans: Gewährleistungsrecht bei Falschlieferungen des Handelskaufs (§ 378 HGB), ZHR 87 (1924), S. 54–113

Henssler, Martin/Westphalen, Friedrich Graf von: Praxis der Schuldrechtsreform, 2. Auflage, Recklinghausen 2003 (zitiert: Henssler/Graf von Westphalen/*Bearbeiter*, Schuldrechtsreform)

Herber, Rolf/Czerwenka, Beate: Internationales Kaufrecht, Kommentar zum Übereinkommen der Vereinten Nationen vom 11. April 1980 über Verträge über den internationalen Warenkauf, 1. Auflage, München 1991 (zitiert: *Herber/Czerwenka*, CISG)

Heymann, Ernst: Handelsgesetzbuch, 2. Auflage, Hrsg.: *Horn, Norbert*, Berlin 2005 (zitiert: Heymann/*Bearbeiter*)

Heymann, Ernst/Kötter, Hans-Wilhelm: Handelsgesetzbuch, 4. Auflage (21. Gesamtauflage), Berlin u.a. 1971

Historisch-kritischer Kommentar zum BGB: Hrsg.: *Schmoeckel, Mathias/ Rückert, Joachim/Zimmermann, Reinhard*, Tübingen 2013 (zitiert: HKK-BGB/ *Bearbeiter*)

– Band III, Schuldrecht: Besonderer Teil (§§ 433–853), Teilband 2 (§§ 657–853)

Hoeren, Thomas/Martinek, Michael: Systematischer Kommentar zum Kaufrecht, Recklinghausen 2002 (zitiert: Hoeren/Martinek/*Bearbeiter*, SKK)

Hönn, Günther: Positive Vertragsverletzung und kaufmännische Untersuchungs- und Rügeobliegenheit, BB 1978, S. 685–688

Honnold, John O.: Uniform Law fort he International Sales under the 1980 United Nations Convention, 4th Edition, Updated by: *Flechtner, Harry M.*, Alphen aan den Rijn 2009 (zitiert: Honnold/*Flechtner*, CISG)

Honsell, Heinrich: Kommentar zum UN-Kaufrecht, 2. Auflage, Berlin u.a. 2010 (zitiert: Honsell/*Bearbeiter*, CISG)

Honsell, Heinrich: Von den aedilizischen Rechtsbehelfen zum modernen Sachmängelrecht, in: Gedächtnisschrift für Wolfgang Kunkel, Hrsg.: *Nörr, Dieter/ Simon, Dieter*, Frankfurt am Main 1984, S. 53–67 (zitiert: *Honsell*, GS Kunkel)

Hopt, Klaus J.: Nichtvertragliche Haftung außerhalb von Schadens- und Bereicherungsausgleich – Zur Theorie und Dogmatik des Berufrechts und der Berufshaftung –, AcP 183 (1983), S. 608–720

Hoyningen-Huene, Gerrick von: Der Handelskauf, Jura 1982, S. 8–17

Huber, Peter/Faust, Florian: Schuldrechtsmodernisierung, München 2002 (zitiert: Huber/Faust/*Bearbeiter*, Schuldrechtsmodernisierung)

Huber, Ulrich: Der UNCITRAL-Entwurf eines Übereinkommens über internationale Warenkaufverträge, RabelsZ 43 (1979), S. 413–526

Huber, Ulrich: Die Haftung des Verkäufers für Verzug und Sachmängel nach dem Wiener Kaufrechtsübereinkommen, JBl. 1989, S. 273–284

Hübner, Ulrich: Handelsrecht, 5. Auflage, Heidelberg 2004

Hüffer, Uwe: Rechtsfragen des Handelskaufs, JA 1981, S. 70–74 (1. Teil), S. 143–151 (2.Teil)

Jakobs, Horst Heinrich: Gesetzgebung im Leistungsstörungsrecht, Paderborn u.a. 1985

Jametti Greiner, Monique: Der Vertragsabschluss: Zeitpunkt, Formvorschriften, rechtsgeschäftliche Erklärungen, in: Das Einheitliche Wiener Kaufrecht, Neues Recht für den internationalen Warenkauf, Hrsg.: *Hoyer, Hans/Posch, Willibald*, Wien 1992, S. 43–57 (zitiert: *Jametti Greiner*, Wiener Kaufrecht)

Janssen, André: Die Untersuchungs- und Rügepflichten im deutschen, niederländischen und internationalen Kaufrecht, Eine rechtsvergleichende Darstellung der Gemeinsamkeiten und Unterschiede, 1. Auflage, Baden-Baden 2001, zugl.: Münster, Univ., Diss., 2001

Jauernig, Othmar: Bürgerliches Gesetzbuch, Hrsg.: *Stürner, Rolf*, 16. Auflage, München 2015 (zitiert: Jauernig/*Bearbeiter*)

Jessel, Janina: Die aliud- und minus-Lieferung im Gewährleistungsrecht, Hamburg 2007, zugl.: Hamburg, Univ., Diss. 2006

Joussen, Jacob: Schuldrecht I – Allgemeiner Teil, 4. Auflage, Stuttgart 2017 (zitiert: *Joussen*, Schuldrecht AT)

Jung, Peter: Handelsrecht, 11. Auflage, München 2016

Junker, Abbo/Kamanabrou, Sudabeh: Vertragsgestaltung, 4. Auflage, München 2014

Juris-Praxiskommentar BGB: Hrsg.: *Herberger, Maximilian/Martinek, Michael/Rüßmann, Helmut/Weth, Stephan/Würdinger, Markus*, 8. Auflage, Saarbrücken 2017 (zitiert: jurisPK-BGB/*Bearbeiter*)

– Band 2 – Schuldrecht, Update-Stand: 15.03.2017

– Band 6 – Internationales Privatrecht, Update-Stand: 01.03.2017

Karollus, Martin: UN-Kaufrecht, Wien u.a. 1991

Kindler, Peter: Grundkurs Handels- und Gesellschaftsrecht, 8. Auflage, München 2016 (zitiert: *Kindler*, Grundkurs)

Kircher, Wolfgang: Die Voraussetzungen der Sachmängelhaftung beim Warenkauf, Eine vergleichende Darstellung des deutschen und des englischen Rechts unter Berücksichtigung des UN-Kaufrechts und aktueller Reformbestrebungen, Tübingen 1998, zugl.: Passau, Univ., Diss., 1998

Klischies, Manfred: Die geschichtliche Entwicklung der Sachmängelhaftung beim Kauf beweglicher Sachen im deutschen Recht bis zum 19. Jahrhundert, Diss. Kiel 1965

Knöpfle, Robert: Aliud-Lieferung beim Gattungskauf – Nichterfüllungs- oder Gewährleistungsrecht?, NJW 1989, S. 871–875

Knöpfle, Robert: Der Anspruch auf Rückübereignung des aliud bei nicht rechtzeitiger Rüge des Käufers, NJW 1979, S. 693–694

Knöpfle, Robert: Der Fehler beim Kauf, München 1989

Knöpfle, Robert: Subjektiver Fehlerbegriff und Gleichbehandlung von Schlechtlieferung und Falschlieferung beim Gattungskauf, JZ 1979, S. 11–16

Koch, R.: Die Art. 347–349 des A. d. H.G.B. beziehen sich nur auf die mangelhafte Qualität, nicht auf einen Mangel an der Quantität der Waare, Central-Organ für das deutsche Handels- und Wechselrecht, Neue Folge, Erster Band, 1865, S. 210–215 (zitiert: *Koch*, Central-Organ)

Koenige, Heinrich: Handelsgesetzbuch, 4. Auflage, Berlin 1936

Kohler, Jürgen: Kaufrechtliche Rückgewährpflicht bei Aliud- und Peius-Lieferung gemäß § 439 Abs. 4 BGB im Konflikt mit § 241a BGB, AcP 204 (2004), S. 606–637

Köhler, Helmut: BGB – Allgemeiner Teil, 40. Auflage, München 2016 (zitiert: *Köhler*, BGB AT)

Koller, Ingo/Kindler, Peter/Roth, Wulf-Henning/Morck, Winfried: Handelsgesetzbuch, 8. Auflage, München 2015 (zitiert: Koller/Kindler/Roth/Morck/*Bearbeiter*)

Koppensteiner, Hans-Georg: Probleme des bereicherungsrechtlichen Wertersatzes, NJW 1971, S. 588–595 (1. Teil), S. 1769–1775 (2. Teil)

Koppensteiner, Hans-Georg: Rügeversäumnis und Käuferpflichten beim Handelskauf, BB 1971, S. 547–553

Koppensteiner, Hans-Georg/Kramer, Ernst A.: Ungerechtfertigte Bereicherung, 2. Auflage, Berlin u.a. 1988

Kramer, Ernst A.: Abschied von der aliud-Lieferung?, in: Besonderes Vertragsrecht – aktuelle Probleme: Festschrift für Heinrich Honsell, *Hrsg. Harrer, Friedrich/Portmann, Wolfgang/Zäch, Roger*, Zürich u.a. 2002, S. 247–260 (zitiert: *Kramer*, FS Honsell)

Kramer, Ernst A.: Die „aliud"-Lieferung im ABGB und HGB, ÖJZ 1972, S. 561–569

Kramer, Ernst A.: Für eine gewährleistungsrechtliche Behandlung des „Identitäts-aliud", NJW 1979, S. 2023–2024

Kramer, Ernst A.: Juristische Methodenlehre, 5. Auflage, Bern 2016 (zitiert: *Kramer*, Methodenlehre)

Kröll, Stefan/Mistelis, Loukas/Viscasillas, Pilar Perales: UN Convention on Contracts for the International Sale of Goods (CISG), München u.a. 2011 (zitiert: Kröll/Mistelis/Viscasillas/*Bearbeiter*, CISG)

Kromer, Ulrich: Der Begriff der Lieferung im Haager einheitlichen Kaufrecht, Entstehungsgeschichte, Bedeutung und Funktion in rechtsvergleichender Sicht, Pfaffenweiler 1987, zugl.: Freiburg i.Br., Univ., Diss. 1986

Lappenberg, Johann Martin: Die ältesten Stadt-, Schiff- und Landrechte Hamburgs, Hamburg 1845

Larenz, Karl: Lehrbuch des Schuldrechts, Band I, Allgemeiner Teil, 14. Auflage, München 1987 (zitiert: *Larenz*, Schuldrecht I)

Larenz, Karl: Lehrbuch des Schuldrechts, Band II, Halbband 1, Besonderer Teil, 13. Auflage, München 1986 (zitiert: *Larenz*, Schuldrecht II/1)

Larenz, Karl: Methodenlehre der Rechtswissenschaft, 6. Auflage, Berlin u.a. 1991 (zitiert: *Larenz*, Methodenlehre)

Larenz, Karl/Canaris, Claus-Wilhelm: Lehrbuch des Schuldrechts, Band II, Halbband 2, Besonderer Teil, 13. Auflage, München 1994 (zitiert: *Larenz/Canaris*, Schuldrecht II/2)

Lehmann, Michael: Die Untersuchungs- und Rügepflicht des Käufers in BGB und HGB, Rechtsvergleichender Überblick – Ökonomische Analyse, WM 1980, S. 1162–1169

Lehmkuhl, Heiko: Das Nacherfüllungsrecht des Verkäufers im UN-Kaufrecht, Frankfurt am Main u.a. 2002, zugl.: Heidelberg, Univ., Diss., 2001

Lehmkuhl, Heiko: Das Nacherfüllungsrecht des Verkäufers im UN- Kaufrecht bei fehlerhafter Ware, IHR 2003, S. 115–118

Leipold, Dieter: Beweislastregeln und gesetzliche Vermutungen: insbesondere zwischen verschiedenen Rechtsgebieten, Berlin 1966, zugl.: München, Univ., Diss., 1965 (zitiert: *Leipold*, Beweislastregeln)

Leonhard, Friedrich: Zu „dem Einfluss unbeanstandeter Falschlieferungen auf den Vertragspreis". § 378 HGB., JW 1917, S. 90–91

Lettl, Tobias: Die Falschlieferung durch den Verkäufer nach der Schuldrechtsreform, JuS 2002, S. 866–872

Lettl, Tobias: Die Untersuchungs- und Rügepflicht des Käufers nach § 377 HGB, Jura 2006, S. 721–725

Lettl, Tobias: Handelsrecht, 3. Auflage, München 2015

Lettl, Tobias: Schwieriger Softwareerwerb, JA 2003, S. 948–957

Lieder, Jan: Anmerkung zu BGH, Urt. v. 19.05.2015, WuB 2015, S. 573–576

Lieder, Jan: Die rechtsgeschäftliche Sukzession, Tübingen 2015, zugl.: Jena, Univ., Habil-Schr., 2013

Loewe, Roland: Internationales Kaufrecht, Wien 1989 (zitiert: *Loewe*, IKR)

Looschelders, Dirk: Schuldrecht – Besonderer Teil, 12. Auflage, München 2017

Lorenz, Stephan: Aliud, peius und indebitum im neuen Kaufrecht, JuS 2003, S. 36–40

Lorenz, Stephan: Zur Abgrenzung von Teilleistung, teilweiser Unmöglichkeit und teilweiser Schlechtleistung im neuen Schuldrecht, NJW 2003, S. 3097–3099

Lorenz, Stephan/Riehm, Thomas: Lehrbuch zum neuen Schuldrecht, München 2002 (zitiert: *Lorenz/Riehm*, Neues Schuldrecht)

Lutz, Johann von: Protokolle der Kommission zur Berathung eines allgemeinen deutschen Handelsgesetzbuches, II.Theil Protokoll XLVI-XCVIII, Würzburg 1858 (zitiert: Protokolle ADHGB, II. Theil)

Magnus, Ulrich: Die Rügeobliegenheit des Käufers im UN-Kaufrecht, TranspR-IHR 1999, S. 29–34

Magnus, Ulrich: Erfahrungen mit dem Haager Waren-Kaufrecht, Erwartungen von der UNCITRAL-Konvention, in: Das Einheitliche Wiener Kaufrecht, Neues Recht für den internationalen Warenkauf, Hrsg.: *Hoyer, Hans/Posch, Willibald*, Wien 1992, S. 5–29 (zitiert: *Magnus*, Wiener Kaufrecht)

Mailänder, Peter: Die Lieferung falscher Mengen im Handelsrecht, ZHR 126 (1964), S. 89–117

Makower, Hermann: Das allgemeine Deutsche Handelsgesetzbuch, Kommentar, 9. Auflage, Berlin u.a.1884 (zitiert: *Makower*, ADHGB)

Mangal, Wajma: Untersuchungs- und Rügeobliegenheiten im UN-Kaufrecht, Frankfurt am Main u.a. 2015, zugl.: Hamburg, Univ., Diss., 2015

Mankowski, Peter: Hat der Verkäufer unter dem BGB wirklich ein eigenes subjektives Recht zur zweiten Andienung?, JZ 2011, S. 781–785

Marburger, K. Peter: Technische Normen, Gattungsbegriff und Rügelast (§§ 377, 378 HGB) – BGH, NJW 1975, 2011, JuS 1976, S. 638–642

Marburger, Peter: Die Sachmängelhaftung beim Handelskauf, JuS 1983, S. 1–12

Martens, Sebastian A. E.: Methodenlehre des Unionsrechts, Tübingen 2013, zugl.: Regensburg, Univ., Habil.-Schr., 2012

Mayer-Maly, Theo: Rechtsirrtum und Bereicherung, in: Rechtsbewahrung und Rechtsentwicklung, Festschrift für Heinrich Lange zum 70. Geburtstag, Hrsg.: *Kuchinke, Kurt*, München 1970, S. 293–304 (zitiert: *Mayer-Maly*, FS Lange)

Medicus, Dieter/Lorenz, Stephan: Schuldrecht I – Allgemeiner Teil, 21. Auflage, München 2015 (zitiert: *Medicus/Lorenz*, SR I)

Medicus, Dieter/Lorenz, Stephan: Schuldrecht II – Besonderer Teil, 17. Auflage, München 2014 (zitiert: *Medicus/Lorenz*, SR II)

Medicus, Dieter/Petersen, Jens: Bürgerliches Recht, 25. Auflage, München 2015

Meeske, Helmut: Die Mängelrüge, Heidelberg 1965

Menhofer, Cornelia: Probleme bei der Rügelast nach §§ 377, 378 HGB im Lichte der neueren Rechtsprechung und Literatur, Diss. Mainz 1994

Mock, Arnold Oskar: Der Ausschluss von Käuferrechten gemäß § 377 HGB, Frankfurt am Main 2010, zugl.: Bonn, Univ. Diss. 2009

Mugdan, Benno: Die gesamten Materialien zum Bürgerlichen Gesetzbuch für das Deutsche Reich, Band 3 – Sachenrecht, Neudruck der Ausgabe Berlin 1899, Aalen 1979 (zitiert: *Mugdan*, Materialien III)

Müller, Gerd: Die Rügeobliegenheit des Kaufmanns, ZIP 1997, S. 661–670

Müller, Gerd: Zu den Auswirkungen der Schuldrechtsreform auf die Rügeobliegenheit i.S.d. § 377 HGB, WM 2011, S. 1249–1260

Müller, Gerd: Zu den Folgen des Rügeversäumnisses i.S.d. § 377 HGB, ZIP 2002, S. 1178–1186

Müller, Tobias Malte: Die Beweislastverteilung für die Bösgläubigkeit des Verkäufers im Rahmen des Art. 40 CISG, IHR 2005, S. 16–20

Münchener Kommentar zum Bürgerlichen Gesetzbuch: Hrsg.: *Säcker, Franz Jürgen/Rixecker, Roland/Oetker, Hartmut/Limperg, Bettina*, 7. Auflage, München 2015 ff. (zitiert: MüKo-BGB/*Bearbeiter*)

- Band 2, Schuldrecht – Allgemeiner Teil (§§ 241–432), 2016
- Band 3, Schuldrecht – Besonderer Teil I (§§ 433–534; Finanzierungsleasing; CISG), 2016
- Band 6, Schuldrecht Besonderer Teil IV (§§ 705–853; PartGG; ProdHaftG), 2017

Münchener Kommentar zum Bürgerlichen Gesetzbuch: Hrsg.: *Säcker, Franz Jürgen/Rixecker, Roland/Oetker, Hartmut*, 6. Auflage, München 2013 ff. (zitiert: MüKo-BGB/*Bearbeiter*, 6. Aufl.)

- Band 10, Internationales Privatrecht I (Europäisches Kollisionsrecht, Art. 1–24 EGBGB), 2015

Münchener Kommentar zum Bürgerlichen Gesetzbuch: Hrsg.: *Säcker, Franz Jürgen/Rixecker, Roland*, 5. Auflage, München 2007 (zitiert: MüKo-BGB/*Bearbeiter*, 5. Aufl.)

- Band 2, Schuldrecht Allgemeiner Teil (§§ 241–432)

Münchener Kommentar zum Bürgerlichen Gesetzbuch: Hrsg.: *Rebmann, Kurt/Säcker, Franz Jürgen*, 3. Auflage, München 1995 (zitiert: MüKo-BGB/*Bearbeiter*, 3. Aufl.)

- Band 3, Schuldrecht Besonderer Teil I (§§ 433–606)

Münchener Kommentar zum Handelsgesetzbuch: Hrsg.: *Schmidt, Karsten*, 3. Auflage, München 2013 (zitiert: MüKo-HGB/*Bearbeiter*)

- Band 5, Viertes Buch Handelsgeschäfte, §§ 343–406, Wiener Übereinkommen über Verträge über den internationalen Warenkauf – CISG

Musielak, Hans-Joachim: Die Falschlieferung beim Stückkauf nach dem neuen Schuldrecht, NJW 2003, S. 89–92

Musielak, Hans-Joachim: Die Grundlagen der Beweislast im Zivilprozess, Berlin 1975, zugl.: Köln, Univ., Habil.-Schr., 1972 (zitiert: *Musielak*, Beweislast)

Neumayer, Karl H.: Offene Fragen zur Anwendung des Abkommens der Vereinten Nationen über den internationalen Warenkauf, RIW 1994, S. 99–109

Neumayer, Karl H./Ming, Catherine: Convention de Vienne sur les contrats de vente internationale de marchandises, Commentaire, Lausanne 1993 (zitiert: *Neumayer/Ming*, CISG)

Niedrig, Hans-Peter: Die Mängelrüge, Historische und teleologische Untersuchungen zu § 377 HGB, Paderborn u.a. 1994, zugl.: Bochum, Univ. Diss. 1993

Niggemann, Friedrich: Die Pflichten des Verkäufers und die Rechtsbehelfe des Käufers, in: Das Einheitliche Wiener Kaufrecht, Neues Recht für den internationalen Warenkauf, Hrsg.: *Hoyer, Hans/Posch, Willibald*, Wien 1992, S. 77–110 (zitiert: *Niggemann*, Wiener Kaufrecht)

Nomos Kommentar zum Bürgerlichen Gesetzbuch: Gesamtherausgeber *Dauner-Lieb, Barbara/Heidel, Thomas/Ring, Gerhard*, 3. Auflage, Baden-Baden 2014 ff. (zitiert: NK-BGB/*Bearbeiter*)

- Band 2, Teilband 1: §§ 241–610, Hrsg. *Dauner-Lieb, Barbara/Langen, Werner*, 2016
- Band 2, Teilband 2: §§ 611–853, Hrsg. *Dauner-Lieb, Barbara/Langen, Werner*, 2016

Oechsler, Jürgen: Vertragliche Schuldverhältnisse, Tübingen 2013

Oechsler, Jürgen: Praktische Anwendungsprobleme des Nacherfüllungsanspruchs, NJW 2004, S. 1825–1830

Oertmann, Paul: Der Einfluss unbeanstandeter Falschlieferungen auf den Vertragspreis, JW 1916, S. 1462–1464

Oertmann, Paul: Gewährleistungspflicht des Verkäufers bei Falschlieferung?, ZHR 80 (1917), S. 48–69

Oetker, Hartmut: Handelsgesetzbuch, 5. Auflage, München 2017 (zitiert: Oetker/*Bearbeiter*)

Oetker, Hartmut: Handelsrecht, 7. Auflage, Berlin u.a. 2015

Oetker, Hartmut: Quantitätsabweichung beim Handelskauf nach der Schuldrechtsreform, in: Festschrift für Claus-Wilhelm Canaris zum 70. Geburtstag, Band II, Hrsg.: *Heldrich, Andreas/Prölss, Jürgen/Koller, Ingo u.a.*, München 2007, S. 313–324 (zitiert: *Oetker*, FS Canaris II)

Oetker, Hartmut/Maultzsch, Felix: Vertragliche Schuldverhältnisse, 4. Auflage, Berlin u.a. 2013

Palandt, Otto: Bürgerliches Gesetzbuch, Kommentar, 76. Auflage, München 2017 (zitiert: Palandt/*Bearbeiter*)

Pardessus, Jean-Marie: Cours de Droit Commercial, Tome second, Troisième édition, Paris 1825

Peters, Egbert: Die Preisberechnung nach Rügeversäumnis in den Fällen des § 378 HGB, AcP 164 (1964), S. 340–353

Pfeiffer, Thomas: Unkorrektheiten bei der Umsetzung der Verbrauchsgüterkaufrichtlinie in das deutsche Recht, Teil 1: Sachmangelbegriff – Hierarchie statt Kumulation der Mangelkriterien, ZGS 2002, S. 94–95, Teil 2: Sachmangelbegriff – Ausklammerung der Zuviellieferung, ZGS 2002, S. 138–140

Piltz, Burghard: Internationales Kaufrecht, Das UN-Kaufrecht in praxisorientierter Darstellung, 2. Auflage, München 2008 (zitiert: *Piltz*, UN-Kaufrecht)

Planck, Gottlieb: Kommentar zum Bürgerlichen Gesetzbuch, Hrsg.: *Strohal, Emil*, 4. Auflage, (zitiert: Planck/*Bearbeiter*, BGB)

– Band II, Teilband 2: Recht der Schuldverhältnisse (Besonderer Teil), Berlin 1928

Pöhls, Meno: Darstellung des gemeinen Deutschen und des Hamburgischen Handelsrechts für Juristen und Kaufleute, Erster Band, Allgemeiner Theil, Hamburg 1828 (zitiert: Pöhls, Darstellung des Handelsrechts, Bd. 1)

Probst, Martin: Rückabwicklung und Rechtskenntnis – zur Interpretation des § 819 Abs.1 BGB, AcP 196 (1996), S. 225–255

Prütting, Hanns/Wegen, Gerhard/Weinreich, Gerd: Bürgerliches Gesetzbuch, 12. Aufl., Köln 2017 (zitiert: PWW/*Bearbeiter,* BGB)

Puchelt, Ernst Sigismund: Kommentar zum Allgemeinen Deutschen Handelsgesetzbuch, Band 2, 3. Auflage, Leipzig 1885 (zitiert: Puchelt, ADHGB)

Rabel, Ernst: Das Recht des Warenkaufs, Eine rechtsvergleichende Darstellung, 2. Band, Neudruck von 1958, Berlin u.a. 1967

Raisch, Peter: Geschichtliche Voraussetzungen, dogmatische Grundlagen und Sinnwandel des Handelsrechts, Karlsruhe 1965, zugl.: Bonn, Univ., Habil.-Schr., 1964

Raisch, Peter: Zum Einfluss des Weiterverkaufs mangelhafter Waren auf die Gewährleistungsansprüche des Käufers, in: Festschrift für Konrad Duden zum 70. Geburtstag, Hrsg.: *Pawlowski, Hans-Martin/Wiese, Günther/Wüst, Günther*, München 1977, S. 399–421 (zitiert: *Raisch*, FS Duden)

Recknagel, Christian: Die Trennung von Zivil- und Handelsrecht unter besonderer Berücksichtigung der Untersuchungs- und Rügepflicht nach § 377 HGB, Frankfurt am Main u.a. 1985, zugl.: Gießen, Univ., Diss., 1984

Reinhart, Gert: UN-Kaufrecht, Kommentar zum Übereinkommen der Vereinten Nationen vom 11. April 1980 über Verträge über den internationalen Warenkauf, Heidelberg 1991 (zitiert: *Reinhart*, CISG)

Reinicke, Dietrich/Tiedtke, Klaus: Kaufrecht, 8. Aufl., Köln 2009

Reitz, John C.: A History of Cutoff Rules as a Form of *Caveat Emptor*: Part I – The 1980 U.N. Convention on the International Sale of Goods, The American Journal of Comparative Law, Volume 36 (1988), S. 437–472 (zitiert: *Reitz*, Am. J. Comp. L. 36 (1988))

Resch, Reinhard: Zur Rüge bei Sachmängeln nach UN-Kaufrecht, ÖJZ 1992, S. 470–479

Reuter, Dieter/Martinek, Michael: Ungerechtfertigte Bereicherung, 2. Teilband, in: Handbuch des Schuldrechts, Band 4/Teilband 2, Hrsg.: *Gernhuber, Joachim*, 2. Auflage, Tübingen 2016 (zitiert: Reuter/Martinek/*Reuter*, Ungerechtfertigte Bereicherung, Teilbd. 2/2)

RGRK: Das Bürgerliche Gesetzbuch mit besonderer Berücksichtigung der Rechtsprechung des Reichsgerichts und des Bundesgerichtshofes, Band II – 5. Teil (§§ 812–831), 12. Auflage, Berlin u.a. 1989 (zitiert: RGRK-BGB/*Bearbeiter*)

Ritter, Carl: Kommentar zum Handelsgesetzbuch, 2. Auflage, München u.a. 1932

Rodemann, Tobias: Strenge Untersuchungsobliegenheit vor dem Einbau von Baustoffen, Anmerkung zu OLG Karlsruhe, Urteil vom 19.07.2016 - 12 U 31/16, IBR 2016, S. 3087–3088

Röhricht, Volker/Westphalen, Friedrich Graf von/Haas, Ulrich: Handelsgesetzbuch, 4. Auflage, Köln 2014 (zitiert: Röhricht/Graf von Westphalen/Haas/*Bearbeiter*)

Rosenkranz, Frank: Die Auslegung von „Ausnahmevorschriften“, Jura 2015, S. 783–788

Rudolph, Helga: Kaufrecht der Export- und Importverträge, Kommentierung des UN-Übereinkommens über die internationalen Warenkaufverträge mit Hinweisen für die Vertragspraxis, Freiburg u.a. 1996 (zitiert: *Rudolph*, CISG)

Rust, Ulrich: Das kaufrechtliche Gewährleistungsrecht, Eine kritische Untersuchung der Reformvorschläge der Schuldrechtskommission, Berlin 1997, zugl.: Trier, Univ., Diss. 1996/1997

Rüthers, Bernd/Fischer, Christian/Birk, Axel: Rechtstheorie mit juristischer Methodenlehre, 9. Auflage, München 2016 (zitiert: *Rüthers/Fischer/Birk*, Rechtstheorie)

Saenger, Ingo/Aderhold, Lutz/Lenkaitis, Karlheinz/Speckmann, Gerhard: Handels- und Gesellschaftsrecht, Praxishandbuch, 2. Auflage 2011, Baden-Baden (zitiert: Saenger/Aderhold/Lenkaitis/Speckmann/*Bearbeiter*, HaGesR)

Schaeffer, Marcus: Der Handelskauf nach der Schuldrechtsreform, Eine Untersuchung zu den persönlichen Anwendungsbereichen des geltenden Kaufrechts, Frankfurt am Main u.a. 2007, zugl.: Hamburg, Univ., Diss. 2006

Schäfer, Hans-Bernd/Ott, Claus: Lehrbuch der ökonomischen Analyse des Zivilrechts, 5. Auflage, Berlin u.a. 2012 (zitiert: *Schäfer/Ott*, Ökonomische Analyse des Zivilrechts)

Scheer, Paul: Die Besonderheiten der Gewährleistung für Sachmängel beim Handelskauf, Diss. Rostock 1904

Schimmel, Roland/Buhlmann, Dirk: Fehlerquellen im Umgang mit dem Neuen Schuldrecht, Neuwied 2002 (zitiert: *Schimmel/Buhlmann*, Fehlerquellen)

Schimmel, Roland/Buhlmann, Dirk: Frankfurter Handbuch zum neuen Schuldrecht, Neuwied 2002 (zitiert: Schimmel/Buhlmann/*Bearbeiter*, FrHdbSR)

Schlechtriem, Peter: Anmerkung zu Schiedssprüchen des Internationalen Schiedsgerichts der Bundeskammer der gewerblichen Wirtschaft in Österreich – SCH-4366 und SCH-4318 vom 15.06.1994, RIW 1995, S. 592–594

Schlechtriem, Peter: Einheitliches UN-Kaufrecht, Das Übereinkommen der Vereinten Nationen über internationale Warenkaufverträge, Darstellung und Texte, Tübingen 1981

Schlechtriem, Peter/Schmidt-Kessel, Martin: Kurzkommentar zu BGH, Urt. v. 04.12.1996 – VIII ZR 306/95, EWiR Art. 39 CISG 1/97, S. 653–654

Schlechtriem, Peter/Schmidt-Kessel, Martin: Kurzkommentar zu BGH, Urt. v. 25.06.1997 – VIII ZR 300/96, EWiR Art. 39 CISG 3/97, S. 1079–1080

Schlechtriem, Peter/Schroeter, Ulrich G.: Internationales UN-Kaufrecht, 6. Auflage, Tübingen 2016 (zitiert: *Schlechtriem/Schroeter*, UN-Kaufrecht)

Schlechtriem, Peter/Schwenzer, Ingeborg: Kommentar zum Einheitlichen UN-Kaufrecht, 6. Auflage, München 2013 (zitiert: Schlechtriem/Schwenzer/*Bearbeiter*, CISG)

Schlegelberger, Franz: Handelsgesetzbuch, Hrsg.: *Geßler, Ernst/Hefermehl, Wolfgang/Hildebrandt, Wolfgang* u.a., 5. Auflage, München 1982 (zitiert: Schlegelberger/*Bearbeiter*)

– Band 5, Drittes Buch Handelsgeschäfte (§§ 373–382)

Schlegelberger, Franz: Handelsgesetzbuch, Hrsg.: *Geßler, Ernst/Hefermehl, Wolfgang/Hildebrandt, Wolfgang* u.a., 3. Auflage, Berlin u.a. 1956 (zitiert: Schlegelberger/*Bearbeiter*, 3. Aufl.)

– Band 3, Drittes Buch Handelsgeschäfte

Schlinker, Steffen: Wirkung und Rechtsfolgen einer überobligationsmäßigen Leistung, JR 2007, S. 221–226

Schlodtmann, F. W.: Ueber die Anwendbarkeit der Art. 347 ff. des Handelsgesetzbuches, wenn statt der vertragsgemäßen eine Waare anderer Gattung geliefert und empfangen wurde, ZHR 37 (1890), S. 1–22

Schmidt, Karsten: Handelsrecht,

– 6. Auflage, Köln 2014 (zitiert: *K. Schmidt*, HR)

– 5. Auflage, Köln 1999 (zitiert: *K. Schmidt*, HR, 5. Aufl.)

Schmidt, Rudolf: Die Falschlieferung beim Kauf, NJW 1962, S. 710–716

Schmitt, Ralph: Die Rechtsstellung des Kleingewerbetreibenden nach dem Handelsrechtsreformgesetz, München 2003, zugl.: München, Univ., Diss. 2002

Schneider, Konrad: Zwei Urteile zu § 378 des Handelsgesetzbuches, ZHR 54 (1904), S. 90–98

Schönfeld: Die Tragweite des § 378 HGB, Das Recht 1905, S. 365–366

Schreiber, Klaus: Leistungen an Erfüllung Statt und erfüllungshalber, Jura 1996, S. 328–331

Schröcker, Stefan: Unternehmenskauf und Anteilskauf nach der Schuldrechtsreform, ZGR 2005, S. 63–100

Schroeter, Ulrich G.: Das Recht zur zweiten Andienung im System des Schuldrechts, AcP 207 (2007), S. 28–63

Schubert, Werner: Entwurf eines Handelsgesetzbuches für das Königreich Württemberg mit Motiven (1839/40), I. Teil: Entwurf, Nachdruck von 1986, Frankfurt am Main 1986 (zitiert: *Schubert*, HGB-E für Württemberg)

Schubert, Werner: Entwurf eines Handelsgesetzbuchs für die Preussischen Staaten. Nebst Motiven (1857), Nachdruck von 1986, Frankfurt am Main 1986 (zitiert: *Schubert*, HGB-E für Preußen)

Schubert, Werner/Schmiedel, Burkhard/Krampe, Christoph: Quellen zum Handelsgesetzbuch von 1897 (zitiert: *Schubert/Schmiedel/Krampe*, Quellen zum HGB, Bd.)

– Band I, Gesetze und Entwürfe, Frankfurt am Main 1986

– Band II, Denkschriften, Beratungen, Berichte, Zweiter Halbband, Frankfurt am Main 1988

Schultz, Dietrich: Aliud und Gewährschaftsrecht, NJW 1980, S. 2172–2174

Schulze, Götz: Falschlieferung beim Spezieskauf – Unzulänglichkeiten des Gesetzes?, NJW 2003, S. 1022–1023

Schulze, Reiner/u.a.: Bürgerliches Gesetzbuch, Handkommentar, 9. Auflage, Baden-Baden 2017 (zitiert: Hk-BGB/*Bearbeiter*)

Schumacher, Friedrich C.: Spanisches Handelsgesetzbuch, Hamburg 1832

Schumann, Hans: Handelsrecht, Band II, Wiesbaden 1954 (zitiert: *Schumann*, Handelsrecht II)

Schuster, Heinrich Maria: Das Wiener Stadtrechts- oder Weichbildbuch, Wien 1873

Schwark, Eberhard: Auswirkungen einer Verletzung der Rügeobliegenheit nach § 377 HGB auf deliktische Ansprüche – Nachbetrachtung zu BGHZ 101, 337 –, JZ 1990, S. 374–380

Schwartze, Andreas: Die Obliegenheit des Käufers zur Mängelrüge in Liechtenstein aufgrund von § 347 ADHGB im Lichte neuerer Entwicklungen dieses Rechtsinstituts, in: 90 Jahre Fürstlicher Oberster Gerichtshof, Festschrift für Gert Delle Karth, Hrsg.: *Schumacher, Hubertus/Zimmermann, Wigbert*, Wien 2013, S. 951–967 (zitiert: *Schwartze*, FS Delle Karth)

Sieber, Anke: Die Mängelanzeige beim Warenkauf, Dresden 2008, zugl.: Dresden, Univ., Diss. 2007

Siehr, Kurt: Der internationale Anwendungsbereich des UN-Kaufrechts, RabelsZ 52 (1988), S. 387–616

Singer, Reinhard: Sonderprivatrecht für Kaufleute? – Zu den Rechtsfolgen der Schlecht- und Falschlieferung im Bürgerlichen Recht und Handelsrecht, ZIP 1992, S. 1058–1068

Soergel, Hans-Theodor: Kommentar zum Bürgerlichen Gesetzbuch, 13. Auflage (zitiert: Soergel/*Bearbeiter*)

- Bd. 3/2, Schuldrecht 1/2 (§§ 243–304), Stand: Mai 2014, Hrsg.: *Siebert, Wolfgang*, Stuttgart 2014
- Bd. 5/3, Schuldrecht 3/3 (§§ 328–432), Stand: August 2009, Hrsg.: *Pfeiffer, Thomas*, Stuttgart 2010
- Bd. 11/3, Schuldrecht 9/3 (§§ 780–822), Stand: Sommer 2011, Hrsg.: *Hadding, Walther*, Stuttgart 2012
- Bd. 13, Schuldrechtliche Nebengesetze 2 (CISG), Stand: Frühjahr 2000, Hrsg.: *Stein, Ursula*, Stuttgart 2000

Soergel, Hans-Theodor: Kommentar zum Bürgerlichen Gesetzbuch, 12. Auflage (zitiert: Soergel/*Bearbeiter*, 12. Aufl.)

- Bd. 2, Schuldrecht I (§§ 241–432), Stand: Juli 1990, Hrsg.: *Siebert, Wolfgang/Baur, Jürgen F./Abraham, Hans-Jürgen* , Stuttgart u.a. 1990
- Bd. 3, Schuldrecht II (§§ 433–515), Stand: Frühjahr 1991, Hrsg.: *Siebert, Wolfgang/Baur, Jürgen F./Abraham, Hans-Jürgen*, Stuttgart u.a. 1991

Staub, Hermann: Handelsgesetzbuch Großkommentar, Hrsg.: *Canaris, Claus-Wilhelm/Habersack, Mathias/Schäfer, Carsten*, 5. Auflage, Berlin 2013 (zitiert: Staub/*Bearbeiter*)

- Neunter Band §§ 373–376; 383–406

Staub, Hermann: Handelsgesetzbuch Großkommentar, Hrsg.: *Canaris, Claus-Wilhelm/Schilling, Wolfgang/Ulmer*, Peter, 4. Auflage, Berlin 2004 (zitiert: Staub/*Bearbeiter*, HGB, 4. Aufl.)

- Vierter Band §§ 343–382

Staudinger, Julius von: Kommentar zum Bürgerlichen Gesetzbuch, Berlin 2007 ff. (zitiert: Staudinger/*Bearbeiter*, BGB, Neubearbeitung)

- Leistungsstörungsrecht 1 (§§ 255–304), Neubearb. 2014, Hrsg.: *Bittner, Claudia u.a*
- Leistungsstörungsrecht 2 (§§ 315–326), Neubearb. 2015, Hrsg.: *Rieble, Volker u.a.*
- Leistungsstörungsrecht 2 (§§ 315–326), Neubearb. 2009, Hrsg.: *Otto, Hansjörg u.a.*
- Erfüllung, Hinterlegung, Aufrechnung (§§ 362–396), Neubearb. 2016, Hrsg.: *Gursky, Karl-Heinz u.a.*
- Kaufrecht (§§ 433–480), Neubearb. 2014, Hrsg.: *Beckmann, Roland Michael u.a.*
- Wiener UN-Kaufrecht (CISG), Neubearb. 2013, Hrsg.: *Magnus, Ulrich*
- Ungerechtfertigte Bereicherung (§§ 812–822), Neubearb. 2007, Hrsg.: *Lorenz, Stephan*

Steinbeck, Anja: Handelsrecht, 4. Auflage, Baden-Baden 2017

Stöber, Michael: Beschaffenheitsgarantien des Verkäufers, Berlin 2006, zugl.: Marburg, Univ., Diss. 2005

Stoffer, André: Gegenstand und Normzweck des Art. 50 CISG, IHR 2007, S. 221–231

Straube, Manfred: Kommentar zum Handelsgesetzbuch, Band 1: §§ 1–188, §§ 343–453, 3. Auflage, Wien 2003 (zitiert: Straube/*Bearbeiter*, HGB)

Teichmann, Artur: Handelsrecht, 3. Auflage, Baden-Baden 2013

Thier, Andreas: Aliud- und Minus-Lieferung im neuen Kaufrecht des Bürgerlichen Gesetzbuches, AcP 203 (2003), S. 399–428

Thöl, Heinrich: Das Handelsrecht, Erster Band, 3. Auflage, Göttingen 1854

Tiedtke, Klaus/Schmitt, Marco: Die Falschlieferung durch den Verkäufer, JZ 2004, S. 1092–1100

Tischendorf, Sven: Die Schuldtilgung nach den §§ 366, 367 BGB, Frankfurt am Main u.a. 1993, zugl.: Hamburg, Univ., Diss., 1993

Treitschke, Georg Carl: Der Kaufcontract in besonderer Beziehung auf den Waarenhandel nach römischem Rechte und den wichtigsten neueren Gesetzgebungen, Leipzig 1838 (zitiert: *Treitschke*, Der Kaufcontract)

Tröger, Tobias: Grundfälle zum Sachmangel nach neuem Kaufrecht, JuS 2005, S. 503–511

Ulber, Daniel: Aktuelles Gesetzgebungsvorhaben: Änderung der kaufrechtlichen Mängelhaftung, JuS 2016, S. 584–587

Unberath, Hannes: Die richtlinienkonforme Auslegung am Beispiel der Kaufrechtsrichtlinie, ZEuP 2005, S. 5–42

United Nations Commission on International Trade Law: Yearbook (zitiert: UNCITRAL YB. Vol.)

- Volume III: 1972, New York 1973
- Volume IV: 1973, New York 1974
- Volume VII: 1976, New York 1977
- Volume VIII: 1977, New York 1978

United Nations – Secretariat: Commentary on the draft Convention on Contracts for the International Sale of Goods – Document A/CONF.97/5, in: United Nations Conference on Contracts for the International Sale of Goods, Official Records, S. 14–66, New York 1991 (zitiert: Sekretariatskommentar, Art. …, Anm. …)

United Nations – Secretary-General: Analysis of Comments and Proposals by governments and international Organizations on the Draft Convention on Contracts for the International Sale of Goods, and on Draft Provisions concerning Implementation, Reservations and other final clauses – Document A/CONF.97/9, in: United Nations Conference on Contracts for the International Sale of Goods, Official Records, S. 71–82, New York 1991 (zitiert: Ländervorschläge, Official Records)

United Nations – Summary Records oft he First Committee: 14th Meeting – Document A/CONF.97/C.1/SR.14, in: United Nations Conference on Contracts for the International Sale of Goods, Official Records, S. 307–312, New York 1991 (zitiert: Diskussion des 14. Treffens der Ersten Kommission, Official Records)

Walter, Gerhard: Kaufrecht, in: Handbuch des Schuldrechts, Bd. 6, Hrsg.: *Gernhuber, Joachim*, Tübingen 1987

Wang, Peter Jen-Huong: Das Wiener Übereinkommen über internationale Warenkaufverträge vom 11. April 1980, Unter Berücksichtigung des Außenhandels, ZVglRWiss 87 (1988), S. 184–203

Weitnauer, Hermann: Die elektive Konkurrenz, in: Strukturen und Entwicklungen im Handels-, Gesellschafts- und Wirtschaftsrecht, Festschrift für Wolfgang Hefermehl zum 70. Geburtstag am 18. September 1976, Hrsg.: *Fischer, Robert u.a.*, München 1976, S. 467–488 (zitiert: *Weitnauer*, FS Hefermehl)

Weller, Marc-Philippe/Prütting, Jens: Handels- und Gesellschaftsrecht, 9. Auflage, München 2016 (zitiert: *Weller/Prütting*, Handels- und GesellschaftsR)

Welser, Rudolf: Die Vertragsverletzung des Verkäufers und ihre Sanktion, in: Das UNCITRAL-Kaufrecht im Vergleich zum österreichischen Recht, Hrsg.: *Doralt, Peter*, Wien 1985, S. 105–132 (zitiert: *Welser*, UNCITRAL-Kaufrecht)

Wenzel, Henning: Kaufrechtliche Probleme in der Unternehmenspraxis und Lösungsvorschläge, DB 2003, S. 1887–1894

Werner, Olaf: Die Quantitätsabweichung beim Handelskauf, BB 1984, S. 221–227

Westermann, Harm Peter: Das Schuldrecht 2002, Stuttgart u.a. 2002 (zitiert: Westermann/*Bearbeiter*)

Wiese, Volker: Der Rückgewähranspruch des Verkäufers bei aliud- und sonstig mangelhaften Lieferungen, Ein Lösungsansatz jenseits des Bereicherungsrechts, AcP 206 (2006), S. 902–945

Windel, Peter A.: Mankoleistungen im modernisierten Schuldrecht, Jura 2003, S. 793–798

Winkler, Sabine: Das Bundes- und spätere Reichsoberhandelsgericht. Eine Untersuchung seiner äußeren und inneren Organisation sowie seiner Rechtsprechungstätigkeit unter besonderer Berücksichtigung der kaufmännischen Mängelrüge, Paderborn u.a. 2001, zugl.: Bochum, Univ. Diss. 2000

Witz, Claude/Wolter, Gerhard: Die ersten Entscheidungen französischer Gerichte zum Einheitlichen UN-Kaufrecht, RIW 1995, S. 810–813

Witz, Wolfgang/Salger, Hanns-Christian/Lorenz, Manuel: International einheitliches Kaufrecht: Praktiker-Kommentar und Vertragsgestaltung zum CISG, 2. Auflage, Frankfurt am Main 2016 (zitiert: Witz/Salger/Lorenz/*Bearbeiter*, CISG)

Würdinger, Markus: Die Analogiefähigkeit von Normen – Eine methodologische Untersuchung über Ausnahmevorschriften und deklaratorische Normen, AcP 206 (2006), S. 946–979

Zeiss, Walter: Leistung, Zuwendungszweck und Erfüllung, JZ 1963, S. 7–10

Zimmer, Daniel: Das geplante Kaufrecht, in: Zivilrechtswissenschaft und Schuldrechtsreform, Hrsg.: Ernst, Wolfgang/Zimmermann, Reinhard, Tübingen 2001, S. 191–204 (zitiert: Ernst/Zimmermann/*Zimmer*, Zivilrechtswissenschaft und Schuldrechtsreform)

Zivilrechtliche Schriften
Beiträge zum Wirtschafts-, Bank- und Arbeitsrecht

Herausgegeben von Arnd Arnold, Dorothee Einsele, Jan Lieder und Hartmut Oetker
Begründet von Peter Kreutz und Dieter Reuter

Band 1 Sabine Koch: Eigenkapitalleistungen und eigenkapitalersetzende Leistungen des Kommanditisten in der gesetzestypischen Kommanditgesellschaft. 1992.

Band 2 Knut Weigle: Die leitenden Angestellten zwischen Sprecherausschuß und Betriebsrat. 1993.

Band 3 Stephan Worpenberg: Die konzerninterne Arbeitnehmerüberlassung. 1993.

Band 4 Carsten Führling: Sonstige Unternehmensverträge mit einer abhängigen GmbH. 1993.

Band 5 Heike Grote-Seifert: Das englische Arbeitskampfrecht unter besonderer Berücksichtigung der Entwicklung seit 1979. Zugleich: Vergleichende Analyse der Rechtslage in Deutschland und England. 1994.

Band 6 Uwe Theobald: Gesamthaftungsverhältnisse. Die Gesamtschuld als Ausgleichsmodell bei der mehrfachen Drittsicherung einer Forderung. 1994.

Band 7 Kay-Uwe Jacobs: Die Wahlvorstände für die Wahlen des Betriebsrats, des Sprecherausschusses und des Aufsichtsrats. 1995.

Band 8 Horst-Jürgen Michallek: Die Verteilung des wirtschaftlichen Risikos der Nothilfe. Eine rechtsvergleichende Studie. 1995.

Band 9 Sibylle Kessal-Wulf: Die Innenverbände. Am Beispiel Publikumsgesellschaft, Franchising, Mitarbeiterbeteiligung und Betriebsverband. 1995.

Band 10 Britta Holdorf-Habetha: Der Übergang von gewerblich genutztem Vermögen im Wege der Erbfolge im Einkommensteuerrecht. 1996.

Band 11 Sönke-Peter Nehlsen: Nutzungsausfallersatz. Ein notwendiges Übel? Versuch einer dogmatischen Begründung und Alternativlösungen. 1997.

Band 12 Sebastian Graf von Wallwitz: Tarifverträge und die Wettbewerbsordnung des EG-Vertrages. Wettbewerbsbeschränkende Tarifverträge und das Kartellverbot des Artikel 85 EGV. 1997.

Band 13 Hans-Joachim Arnold: Die Bilanzierung des Geschäfts- oder Firmenwertes in der Handels-, Steuer- und Ergänzungsbilanz. 1997.

Band 14 Volker Hoes: Die Überschuldung Privater als Problem von Ungleichgewichten. 1997.

Band 15 Dörte Christiansen: Betriebszugehörigkeit. Die Zuordnung von Arbeitnehmern aus betriebsverfassungsrechtlicher Sicht. 1998.

Band 16 Axel Boysen: Betriebsverband und Arbeitsverhältnis am Beispiel der Gruppenarbeit. Ein Beitrag zur Entwicklung der arbeitsrechtlichen Dogmatik im Wandel der Industriearbeit. 1998.

Band 17 Kristoffer Blydt-Hansen: Die Rechtsstellung der Destinatäre der rechtsfähigen Stiftung Bürgerlichen Rechts. 1998.

Band 18 Per Christiansen: Über die reale Seite der Verbände. Die Bedeutung der tatsächlichen Zweckverfolgung in einem Verband für dessen Legitimität, Existenz und Kontinuität. 1999.

Band 19 Annette Grotkamp: Die Bedeutung des Gesamtbetriebsrats und die Abgrenzung seiner Zuständigkeit zu den Einzelbetriebsräten im Rahmen des Strukturwandels in der deutschen Wirtschaft. 1999.

Band 20 Oliver Ebert: Die Kosten der Einigungsstelle gemäß § 76 a BetrVG 1972 unter besonderer Berücksichtigung der Honorierung von Einigungsstellenmitgliedern. 1999.

Band 21 Christoph Nawroth: Die steuerliche Anerkennung von Familienpersonengesellschaften bei fehlerhaftem Gesellschaftsvertrag. Zur Anwendung der Lehre von der fehlerhaften Gesellschaft im Steuerrecht. 1999.

Band 22 Kai Litschen: Die juristische Person im Spannungsfeld von Norm und Interesse. Am Beispiel der Gesellschafterhaftung in der GmbH. 1999.

Band 23 Eva Günther-Gräff: Kündigung und Kündigungsschutz von Absatzmittlungsverträgen. Dargestellt am Beispiel des Handelsvertreters, des Vertragshändlers und des Franchisenehmers. 1999.

Band 24 Martin Steiner: Entgelte der Kreditinstitute. Regelungen beim Girovertrag mit rechtsvergleichender Darstellung des anglo-amerikanischen Rechts. 2000.

Band 25 Sven Claussen: Grenzen der Insichgeschäfte im Gesellschaftsrecht. 2000.

Band 26 Sönke Peters: Der gesellschaftsrechtliche Grundsatz der Einheitlichkeit der Mitgliedschaft. 2000.

Band 27 Gabriele Komp: Die juristische Person als Geschäftsführungsorgan einer Kapitalgesellschaft. Betrachtungen zu §§ 76 Abs. 3 S. 1 AktG und 6 Abs. 2 S. 1 GmbHG. 2000.

Band 28 Gunnar Mayer: Das außerdienstliche Verhalten von Arbeitnehmern. Ein Beitrag zu Geschichte, Grundlagen und Erscheinungsformen außerdienstlicher Verhaltenspflichten. 2000.

Band 29 Michael Mönke: Die Sicherung der Bauunternehmer nach § 648 a BGB. Unter besonderer Berücksichtigung der Vereinbarkeit der Regelung mit den Prinzipien des Zivilrechts. 2000.

Band 30 Oliver May: Die Zulässigkeit der Regelung von Lohn und Arbeitszeit in Betriebsvereinbarungen. 2001.

Band 31 Robert Pape: Die tarifvertragliche Unkündbarkeit. Zugleich ein Beitrag zu den Grenzen der Tarifautonomie im Kündigungsschutzrecht und zum partiell zweiseitig-zwingenden Charakter des § 1 Abs. 2 und 3 KSchG. 2002.

Band 32 Wilm-Christian Jaekel: Die Bindung an formnichtige Grundstücksverträge nach Treu und Glauben. 2002.

Band 33 Susanne Müller: Die Gesellschafterklage als rechtsformübergreifendes Institut. 2002.

Band 34 Freia Peters: Treuhand und Unterbeteiligung an Gesellschaftsanteilen. Eine vergleichende Betrachtung für den Bereich des Gesellschafts- und des Steuerrechts. 2003.

Band 35 Mario Nahrwold: Die wirtschaftliche Betätigung von Idealvereinen am Beispiel der Ausgliederungsvorhaben der Fußballbundesligavereine. Eine Untersuchung zu Geltungsgrund und Grenzen des Nebentätigkeitsprivileges. 2003.

Band 36 Henning Plöger: Sonderarbeitsrechte im Pressebereich. Auswirkungen eines institutionellen Grundrechtsverständnisses auf das Arbeitskampf- und arbeitsrechtliche Statusrecht der Presse. 2003.

Band 37 Christian Springmann: Der Betriebsrat und die Betriebsbeauftragten. Ein Vergleich zweier betrieblicher Funktionsträger unter besonderer Berücksichtigung ihres Verhältnisses zueinander. 2004.

Band 38 Holger Meyer: Der Tatbestand des Betriebsübergangs nach der Rechtsprechung des Europäischen Gerichtshofs und des Bundesarbeitsgerichts. 2004.

Band 39 Philipp Christopher Brügge: Das Gesetz über Teilzeitarbeit. Eine Analyse unter arbeitsrechtlichen und beschäftigungspolitischen Gesichtspunkten. 2004.

Band 40 Sebastian Klausch: Unmöglichkeit und Unzumutbarkeit im System des allgemeinen Leistungsstörungsrechts nach der Schuldrechtsmodernisierung 2002. 2004.

Band 41 Felix Hütte: Die individualistische GbR als Mitglied anderer Vereinigungen. 2005.

Band 42 Tobias Schommer: Die Berücksichtigung und Gewichtung der Interessen der Arbeitsvertragsparteien im Rahmen des kollektiven und allgemeinen Weiterbeschäftigungsanspruchs des Arbeitnehmers. 2005.

Band 43 Christa Wettzel: Die unternehmerische Entscheidungsfreiheit im Rahmen der betriebsbedingten Kündigung. 2006.

Band 44 Andrea Scheibe: Die Mitbestimmung der Arbeitnehmer in der SE unter besonderer Berücksichtigung des monistischen Systems. 2006.

Band 45 Sebastian Ritz: Die Auswirkungen des Gesetzes zu Reformen am Arbeitsmarkt auf den Anwendungsbereich der dreiwöchigen Klagefrist gemäß den §§ 4 bis 7 KSchG. 2007.

Band 46 Anne Pfister: Die Übertragung von Aufgaben auf Arbeitsgruppen gemäß § 28a BetrVG unter besonderer Berücksichtigung der Förderungspflicht aus § 75 Abs. 2 Satz 2 BetrVG. 2007.

Band 47 Merve Ehlers: Personalkostenabbau durch betriebliche Bündnisse für Arbeit. Welche Gesetzesänderungen des geltenden Rechts sind zur Anpassung an die heutigen Wirtschafts- und Arbeitsbedingungen und zur Legalisierung der gängigen Rechtspraxis erforderlich? 2007

Band 48 Nicole Hasselmann: Die Lehre *Ulmers* zur Gesellschaft bürgerlichen Rechts im Wandel der Jahrzehnte. Das Rechts- und Haftungssystem der Gesellschaft bürgerlichen Rechts. 2007.

Band 49 Ina Maria Wiesner: Die Schriftform im Betriebsverfassungsgesetz. 2008.

Band 50 Christian Rebel: Grundprobleme des Nachteilsausgleichs gemäß § 113 Abs. 3 BetrVG. 2008.

Band 51 Benedikt von Wissel: Die Beeinflussung des eigenen Börsenkurses durch die Aktiengesellschaft. Erscheinungsform, Zulässigkeit und Grenzen im deutschen Kapitalmarktrecht. 2008.

Band 52 Malte Kriebitzsch: Die Inhaltskontrolle von Allgemeinen Arbeitsbedingungen anhand der §§ 305 ff. BGB. 2008.

Band 53 Torsten Volkholz: Geltung und Reichweite der Privatautonomie bei der Errichtung von Stiftungen. Die Weiterentwicklung des Stiftungsrechts nach Neufassung der §§ 80 bis 88 BGB durch das Gesetz zur Modernisierung des Stiftungsrechts zum 1. September 2002. 2008.

Band 54 Kirstin Trautvetter: Die Übernahme von Aktiengesellschaften und die Verhaltenspflichten von Vorstand und Aufsichtsrat der Zielgesellschaft. 2008.

Band 55 Petra Boldt: Ethikregeln als verbindlicher Verhaltensmaßstab für die Arbeitsverhältnisse in deutschen Unternehmen. 2008.

Band 56 Liv Heimbach: Das Verhältnis der außerordentlichen Kündigung des Arbeitgebers zur ordentlichen Kündigung nach dem KSchG. 2009.

Band 57 Entwicklungen im Arbeits- und Wirtschaftsrecht. Festgabe für Peter Kreutz zum 70. Geburtstag. Herausgegeben von Jakob Hoffmann und Claudia Schubert. 2009.

Band 58 Marlena Hütte: Gefahrverteilung und Schadensersatz im Rückabwicklungsschuldverhältnis nach gesetzlichem Rücktritt. Unter Berücksichtigung der Auswirkungen auf die Rückabwicklung nach Leistungskondiktion. 2010.

Band 59 Tim Ebert: Stille Gesellschaft, Genussrecht und partiarisches Darlehen als mezzanine Kapitaltitel zur Finanzierung einer GmbH. Eine Analyse der historischen Entwicklung und Abgrenzung dieser Finanzierungsinstrumente sowie der mit diesen verbundenen Kompetenz- und Eigenkapitalersatzfragen im GmbH-Recht. 2010.

Band 60 Ingo Krist: Grenzen des Tarifsozialplanes. 2010.

Band 61 Jakob Hoffmann: Zusammenlegung und Zulegung rechtsfähiger Stiftungen des bürgerlichen Rechts. 2011.

Band 62 Nils J. Herrmann: Verjährung, Verjährungsbeginn und Regress bei Bürgschaft und Gesamtschuld. 2012.

Band 63 Sarah Nitsche: Die Rechte der außenstehenden Aktionäre bei qualifizierten Nachteilszufügungen. 2013.

Band 64 Matthias Dumke: Streikrecht i. S. des Art. 6 Nr. 4 ESC und deutsches Arbeitskampfrecht. Vorgaben, Vereinbarkeit und Umsetzung. 2013.

Band 65 Inga Hildebrand: Arbeitnehmerschutz von geschäftsführenden Gesellschaftsorganen im Lichte der *Danosa*-Entscheidung des EuGH. 2014.

Band 66 Sylvia Witt: Auswirkungen materiell unrichtiger Entsprechenserklärungen auf den Bestand von Hauptversammlungsbeschlüssen. 2015.

Band 67 Philipp Mohr: Die offene Investmentkommanditgesellschaft. Investmentrecht, Gesellschaftsrecht und Anlegerschutz. 2016.

Band 68 Daniel Berneith: Die Konversion. Eine rechtsdogmatische und am Parteiwillen orientierte Untersuchung des § 140 BGB unter besonderer Berücksichtigung nichtiger Verfügungen von Todes wegen und Nachfolgeklauseln bei Personengesellschaften. 2016.

Band 69 Philipp Hohmann: Die Genehmigungsfiktion nach § 377 HGB bei Falschlieferung und Quantitätsabweichung. Eine Untersuchung zur Interessenharmonisierung bei Handelskäufen unter vergleichender Berücksichtigung des internationalen Einheitsrechts. 2017.

www.ingramcontent.com/pod-product-compliance
Ingram Content Group UK Ltd.
Pitfield, Milton Keynes, MK11 3LW, UK
UKHW021126041026
8980IPUK00026B/723

9 783631 733202